U0455597

北京师范大学历史学院双一流学科建设经费资助出版

北京中轴线承载的中华传统文化精髓研究

姜海军　著

北京燕山出版社

图书在版编目（CIP）数据

北京中轴线承载的中华传统文化精髓研究 / 姜海军著. — 北京 : 北京燕山出版社, 2023.1
ISBN 978-7-5402-6804-6

Ⅰ. ①北… Ⅱ. ①姜… Ⅲ. ①中华文化—研究 Ⅳ. ① K203

中国国家版本馆 CIP 数据核字（2023）第 004254 号

北京中轴线承载的中华传统文化精髓研究

作　　者：姜海军
责任编辑：王长民
封面设计：张　蒴
出版发行：北京燕山出版社有限公司
社　　址：北京市西城区椿树街道琉璃厂西街 20 号
邮　　编：100052
电　　话：010-65240430（总编室）
印　　刷：北京虎彩文化传播有限公司
开　　本：880mm×1230mm 1/32
字　　数：358 千字
印　　张：18
版　　次：2023 年 5 月第 1 版
印　　次：2023 年 5 月第 1 次印刷
ISBN 978-7-5402-6804-6
定　　价：68.00 元

目录

绪　言 / 001

一、研究北京中轴线文化精髓的价值与意义 / 003

1. 有助于深入理解北京中轴线的价值与意义 / 004

2. 极大地推动人文北京、北京文化中心的建设 / 009

3. 更好地传承弘扬中华优秀传统文化 / 012

二、北京中轴线文化的研究现状及不足 / 017

1. 北京中轴线文化研究现状 / 017

2. 北京中轴线文化研究的不足及反思 / 023

三、北京中轴线研究的思想与方法 / 026

1. 历史学的方法 / 027

2. 传统文化学的维度 / 028

3. 多学科的交叉融合分析 / 030

4. 全球化的视野 / 031

一、永定门 / 033

（一）永定门的历史沿革 / 033

（二）永定门承载的中华传统文化精髓 / 035

1. 追求和平，抵御侵略 / 035

2. 礼乐和合，国泰民安 / 040

3. 守正创新，继往开来 / 044

（三）永定门价值的保护与开发 / 047

1. 注重科学规划，绿色发展永定门区域 / 048

2. 基于永定门，丰富南中轴线的文化属性 / 051

小结 / 054

二、先农坛 / 056

（一）先农坛的历史沿革 / 057

（二）先农坛承载的中华传统文化精髓 / 059

1. 敬天尊祖，重农固本 / 059

2. 民为邦本，本固邦宁 / 063

3. 为政以德，身先士卒 / 067

4. 敬畏自然，行之以礼 / 071

（三）先农坛的现代价值及其保护 / 075

1. 尊重历史，整体性保护文化建筑 / 075

2. 发掘其所承载的农耕文化价值及意义 / 076

3. 恢复祭祀礼仪，传承古代文化 / 079

小结 / 079

三、天坛 / 081

（一）天坛的历史沿革 / 081

（二）天坛承载的中华传统文化精髓 / 083

1. 天生万物，天人合一 / 084

2. 敬天法地，以德配天 / 089

3. 注重祭祀，以礼治国 / 093

4. 重农务本，与民同乐 / 097

（三）天坛的现代价值及保护开发 / 101

1. 中华文化遗产的艺术杰作 / 101

2. 整体保护，进一步发掘其文化意义 / 103

小结 / 104

四、正阳门及箭楼 / 106

（一）正阳门及箭楼的历史沿革 / 106

（二）正阳门及箭楼承载的中华传统文化精髓 / 108

1. 天人合一，中正和谐 / 109

2. 礼仪有序，内外有别 / 113

3. 与民同乐，以民为本 / 117

（三）正阳门及箭楼的现代保护与开发 / 123

1. 与时俱进，发掘正阳门的文化价值 / 124

2. 加强对正阳门一带历史文化遗产的保护、开发 / 125

3. 利用 AR 技术，建立城门数字化博物馆 / 126

小结 / 127

五、人民英雄纪念碑 / 129

（一）人民英雄纪念碑的历史沿革 / 129
（二）人民英雄纪念碑承载的中华传统文化精髓 / 130
1. 前赴后继，英勇斗争 / 130
2. 家国情怀，舍生取义 / 133
3. 以民为本，以德治国 / 137
（三）人民英雄纪念碑的现代价值及其弘扬 / 140
1. 人民英雄纪念碑具有现代价值 / 140
2. 整体而科学地发掘人民英雄的精神 / 141
小结 / 142

六、天安门广场 / 143

（一）天安门广场的历史沿革 / 143
（二）天安门广场承载的中华传统文化精髓 / 144
1. 以民为本，兼济天下 / 145
2. 坚持进步，日新月异 / 147
3. 兼容并包，协和万邦 / 151
（三）天安门广场的现代价值及开发 / 155
1. 天安门广场是中华民族精神的象征 / 155
2. 发掘其价值，实践教育的主阵地 / 156
小结 / 157

七、天安门 / 159

（一）天安门的历史沿革 / 159

（二）天安门承载的中华传统文化精髓 / 160

1. 敬天法地，大宗正统 / 160

2. 以民为本，天下大同 / 163

3. 求同存异，和平发展 / 167

（三）天安门的现代价值及其保护 / 170

1. 天安门是中华民族的标识 / 170

2. 与时俱进，实现创新性发展 / 172

小结 / 173

八、社稷坛 / 175

（一）社稷坛的历史沿革 / 175

（二）社稷坛承载的中华传统文化精髓 / 176

1. 天人合一，礼乐有序 / 177

2. 尚农重农，以民为本 / 182

3. 继往开来，守正创新 / 186

（三）社稷坛的现代价值及其保护 / 190

1. 客观保留其历史本来面目 / 190

2. 文化价值与自然生态发展的有机结合 / 191

小结 / 192

九、太庙 / 194

（一）太庙的历史沿革 / 194
（二）太庙承载的中华传统文化精髓 / 195
1. 敬天法祖，追养继孝 / 196
2. 礼乐有序，天下一统 / 199
3. 守正创新，以人为本 / 204
（三）太庙的现代价值及其保护 / 208
1. 中华传统文化的重要承载者 / 208
2. 有形建筑的保护与具有普世价值的发掘 / 210
小结 / 211

十、故宫 / 213

（一）故宫的历史沿革 / 214
（二）故宫承载的中华传统文化精髓 / 215
1. 象天法地，天人合一 / 215
2. 阴阳和合，中正和谐 / 219
3. 以礼治国，以仁兴邦 / 224
（三）故宫的现代价值及其保护 / 228
1. 发掘故宫承载的中华文化精髓 / 228
2. 宫城与皇城的一体化保护 / 231
小结 / 232

十一、景山 / 234

(一)景山的历史沿革 / 234

(二)景山承载的中华传统文化精髓 / 237

1. 天人合一，阴阳和合 / 237

2. 尊祖敬宗，忠孝之道 / 242

3. 崇礼重儒，尊师重教 / 247

4. 重农务本，本固邦宁 / 252

(三)景山的现代价值及其保护 / 254

1. 科学定位，修旧如旧 / 255

2. 景山公园的综合协调发展 / 257

小结 / 259

十二、万宁桥 / 261

(一)万宁桥的历史沿革 / 261

(二)万宁桥承载的中华传统文化精髓 / 264

1. 诗情画意，情景交融 / 264

2. 与民同乐，以民为本 / 268

3. 勤劳智慧，独具匠心 / 272

4. 敬畏自然，人文荟萃 / 274

(三)万宁桥的现代价值及其保护 / 277

1. 万宁桥是大运河的最北起点 / 277

2. 未来发展中传统与现代的有机融合 / 278

小结 / 281

十三、鼓楼、钟楼 / 282

（一）鼓楼、钟楼的历史沿革 / 282

（二）鼓楼、钟楼承载的中华传统文化精髓 / 283

1. 晨钟暮鼓，天人合一 / 283

2. 钟鼓礼乐，政通人和 / 286

3. 以民为本，以仁兴邦 / 289

（三）鼓楼、钟楼的现代价值及其保护 / 293

1. 钟鼓楼与周边发展的协调性 / 293

2. 传统商贸经济的继承 / 296

小结 / 297

十四、北京中轴线承载的中华传统文化精髓 / 299

（一）中轴线的历史沿革 / 300

1. 中轴线的发生与发展 / 301

2. 北京中轴线的形成与完善 / 305

（二）北京中轴线承载的中华传统文化精髓 / 309

1. 效天法地，天人合一 / 310

2. 以人为本，以民为本 / 318

3. 尊祖敬宗，孝悌之道 / 323

4. 与民同乐，天下大同 / 325

5. 兼容并包，和而不同 / 330

6. 生生不息，厚德载物 / 335

7. 等级有序，多元一统 / 340

8. 崇儒重道，以德治国 / 344
9. 仁民爱物，协和万邦 / 351
10. 因地制宜，情景交融 / 354
11. 勤劳智慧，自强不息 / 358
12. 崇尚正义，爱好和平 / 361
13. 博大精深，源远流长 / 363
14. 与时俱进，守正创新 / 368
15. 允执厥中，尽善尽美 / 372
小结 / 377

十五、北京中轴线文化的特征 / 379

（一）典型性、民族性与独一无二性 / 379
1. 中华传统文化精髓的典范 / 379
2. 中华民族的文化代表 / 384
3. 具有独一无二性 / 389
（二）象征性、继承性与发展性 / 392
1. 中华文明的象征性 / 392
2. 具有一脉相承的继承性 / 396
3. 守正创新的历时性 / 401
（三）时代性、多元一体性与全球性 / 406
1. 功能与价值的阶段性 / 406
2. 多元一体的包容性 / 411
3. 文化价值的全球性、普世性 / 417
小结 / 422

十六、北京中轴线文化的特质 / 424

（一）自然性、人文性与社会性 / 424

1. 天人合一 / 425

2. 以人为本的人文精神 / 429

3. 社会公共性 / 432

（二）礼仪性、伦理性与政治性 / 438

1. 以礼治国 / 438

2. 注重伦理道德 / 443

3. 政治秩序性 / 448

（三）国家性、全球性与现代性 / 451

1. 国家民族的象征 / 452

2. 全球共享性 / 455

3. 与时俱进的现代性 / 459

小结 / 464

十七、北京中轴线的保护、开发与未来展望 / 466

（一）北京中轴线的保护、开发与规划 / 467

1. 完善法律法规，审慎对待北京中轴线 / 467

2. 处理好北京中轴线有形、无形之文化遗产 / 471

3. 规划建设的文化属性及首都示范意识 / 476

4. 北京城区发展的人性化与全球性 / 479

（二）北京中轴线发展的未来展望及思路 / 482

1. 北京中轴线认知的现代意识 / 482

2. 传统京城与国际大都市之间的有机融合 / 487
3. 北京中轴线价值的国际话语建构 / 491
4. 管理、服务意识及能力的与时俱进 / 495
小结 / 499

十八、全球化视野下北京文化遗产的发展与未来 / 501

（一）北京文化遗产的历史、现实与未来 / 502
1. 辉煌灿烂的北京历史文化遗产 / 502
2. 北京是中华传统文化传承弘扬的主阵地 / 506
3. 守正创新，发掘遗产丰富的内涵及精神 / 511
（二）国际社会文化遗产保护的经验与启示 / 515
1. 加强保护，完善相应的法律法规 / 515
2. 文化遗产保护要尊重客观历史 / 517
3. 深入发掘文化遗产所具有的文化价值 / 519
4. 文化遗产保护的科学化与现代化 / 521
5. 强化民众文化遗产保护的自觉意识 / 524

余 论 / 528

一、北京中轴线的发展历史及其功能变迁 / 529
二、文化强国背景下北京中轴线及文化发展 / 532

参考文献 / 540

后 记 / 558

绪 言

北京城始建于公元前1046年（当时称之为蓟城），经历了古蓟城、唐幽州、辽南京、金中都、元大都、明北京、清京师、民国北平、新中国首都等多次历史演变，至今已经有三千多年的历史了。北京作为世界历史文化名城，充分体现了中华民族悠久的历史与灿烂的文化。北京作为元明清时期的首都，既是当时的必然选择，更是北京作为历史悠久的北方重镇的优势体现。北京作为历史文化名城，城内外遍布着丰富的名胜古迹，这些文物古迹是中华文明的结晶，更是北京作为首都文化、中华文化的集中体现。

北京城之所以成为中国古代都城建筑的杰作与典范，这离不开千百年来它对中国古都建筑精神的继承与弘扬，更离不开它所充分展现的中华传统文化精神。可以说，它不仅是中华民族都城建筑史上的经典之作，也是中华优秀传统文化的重要载体。其中，作为北京旧城的坐标、脊梁——中轴线则是整个城市的灵魂与精髓，这条中轴线南起永定门，中经正阳门、天安门、故宫三大殿（太和殿、中和殿、保和殿）、后庭三大宫（乾清宫、交泰殿、坤宁宫）、神武门、景山、地安门、鼓楼、钟楼，全长约八公里。元明清时期的北京城正是围绕着这条中轴线，完成了中国建筑史上，也是人类建筑史上的杰作。北京中轴线决定了北京城市的空间格局，也是北京城市的骨架与灵魂，更是由此成就北京独有的空间秩序与雄伟气势。梁思成就曾这样评价道："北京独有的壮美秩序就由这条中轴的建立而产生。前后起伏、左右对称的体形或空间的分配都是以这条中轴为依据的；气魄之雄伟就在这个南北引申，一贯到底的规模。"[①] 直到今天，基于北京中轴线所形成的北京城，依然展示着它的精神文化魅力，更是作为具有现代意义的大都市文化根柢，继续发挥着它的价值与意义。

北京城作为金元明清的首都，基于中轴线所形成的建筑是中华文化、文明的重要体现。正因为如此，近代以来人们对于北京中轴线的认知与重视与日俱增，新中国成立之后，北京城的改造与建设基本上保存了中轴线及其所属建筑。1982 年，北京被确立为国家历史文化名城之后，北京市政府为此做了大量的保护工作。1992 年，《北京城市总体规划（1992—2010）》明确提出要保护、发展中轴线等相关建筑。2004 年，《北京城市总体规划（2004—2020）》明确提出了要保护从永定门到钟鼓楼 7.8 公里长的明清北京城中轴线的传统风貌特色。2011 年，全国政协委员、原国家文物局局长单霁翔提出"关于推动北京传统中轴线申报世界文化遗产的提案"，建议北京市政府加大传统中轴线的整体保护力度。北京文物局在同年 6 月正式宣布启动北京中轴线申遗工作。随后，与之相关的保护修复、研究、整治等工作都进入了新阶段，为北京中轴线的申遗工作

① 梁思成：《北京——都市计划的无比杰作》，《梁思成全集》第五卷，北京：中国建筑工业出版社，2001 年版，第 107 页。

提供了强大的助力。

总之，北京中轴线是中国古代都城中轴线的代表与集大成之作，更是北京城市的脊梁与灵魂，它不仅担负着北京城市空间格局的建设功能，也承载着丰厚的中华历史与中华传统思想文化的精髓。它作为物质文化与精神文化的集合体，从元代开始，便已经将建筑理念与中华文化融为一体，充分彰显了传统的政治理念、治国思想与道德伦理。可以说，北京中轴线不仅是北京旧城建设的坐标，更是中华文化发展的集大成之作。近代以来，北京中轴线也为北京作为国际大都市的建设提供了坚实的文化基础。

一、研究北京中轴线文化精髓的价值与意义

北京中轴线作为有形与无形的财富集合体，充分展现了它的历史价值、社会价值、艺术价值、政治价值、文化价值等。对于北京中轴线，长期以来海内外学者多关注与其相关建筑的历史、建筑形制、史料整理、典章制度、修缮与保护等方面，而对于北京中轴线及相关建筑所具有的文物价值或历史文化价值、精神内涵的考察却非常少。另外，随着北京中轴线申遗工作的全面展开，有关研究、保护及修缮工作也更加全面细致。有关北京中轴线所承载的文化价值及精髓的发掘也至关重要，这也符合联合国教科文组织颁布的《实施〈保护世界文化与自然遗产公约〉的操作指南》的精神，即凸显世界文化遗产所具有的“突出的普遍价值”。实际上，北京中轴线不仅承载

着中华传统文化的精髓，它所体现的价值观比如仁爱、秩序、规则、智慧等都具有普遍的意义。总之，深入探究北京中轴线承载的传统文化精髓及价值有十分重要的学术意义，也有切实的现实意义。

1. 有助于深入理解北京中轴线的价值与意义

数百年来，北京中轴线是北京城发展的空间之轴，也是文化之轴，决定了北京城市发展的整体空间格局与社会秩序，更是凝聚了北京乃至中华历史文化遗产的精华。可以说，北京中轴线作为实体的存在，是中华文明五千年来建筑、科技、艺术、园林、设计等综合成就的集中体现，更是中国古代都城建筑史上的伟大杰作，更是中华民族传统文化的重要承载。如有学者所言：

只要登上景山之巅，就可以清晰地看到北京城南北有一条由建筑组成的轴线，她气势恢宏，辉煌壮丽。在中国，没有一个城市像北京这样完整地保留着一条可以证明自身历史价值的城市建筑轴线。这不仅是一条建筑轴线，而且还充满了历史的谜团、艺术的魅力和文化的内涵。因为她所承载的一切都是极致的代表，无论建筑的等级和规制、使用的材料和建造质量、美化国都的艺术效果和蕴涵的文化特色，都反映出了古老的“天轴”观念，而将这种观念体现到城市规划中，最早可以追溯到四千年前的夏商时期。到了周代，根据《周礼·考工记》“匠人营国，方九里，旁三门。国中九经九纬，经涂九轨。左祖右社，面朝后市。市朝一夫”的记载，说明周代王城的建设规划和空间布局等理论已经纳入了国家法制的轨道。北京的城市布局和北京城中轴线是中国延续了几千年的“天轴”观念和商周时期城市规划建设理论最完美的体现。[①]

北京中轴线作为北京城的骨架与脊梁，在中轴线上的建筑，是中国数千年来都城建筑的精华及成就的集中体现，这里不仅有气势雄伟的宫殿群，还有祭祀天地鬼神的天坛、地坛、社稷坛、先农坛、太庙等，还有反映百姓生活的天桥、地安门、万宁桥、什刹海等地的商业民俗。总之，北京中轴线作为北京城市发展的基准线、起始线，是整个北京城建筑布局的坐标，而北京城由此汇集了中华民族各种建筑遗产的精华。

北京中轴线承载着北京历史文化的发展演变，更是古代都城建筑史上的集大成之作。在这里遍布着皇家宫殿、园林、宗教场所、商业街区、人文景观等。也就是说，北京中轴线不仅仅包括核心区域、重要的遗产点，也包括金元明清时期所形成的具有层累叠加的文化、民俗、思想等价值及意义，这自然也符合 2011 年联合国教科文组织发表的《关于城市历史景观的建议书》中，将城市历史景观明确的定义为“一片作为文化和自然价值及特性的历史性层积结果的城市地区，这也是超越‘历史中心’或‘建筑群’的概念，包含更广阔的城市文脉和地理环境”。所以，北京中轴线并不是局限于已经确定的 14 个文化遗产点，还有围绕着它们及周围的建筑群、民居区、街

① 张富强：《从城市学和城市文化的视角探讨北京中轴线》，《北京规划建设》，2012 年第 2 期。

道、水系、文化遗产等，如有学者所说的：

以此观点（注：指联合国教科文组织的建议）对中轴线各类遗产进行分类和价值重要性分级：按照遗产构成要素在中轴线整体格局与空间秩序中承担的功能、与价值的关联性与重要性进行分类，将中轴线各类遗产以四个段落为单位进行分类，分别包含城市节点、历史边界、历史区域、中轴道路与广场、历史水系。其中历史区域又包含：核心建筑群、内部道路系统和古树名木。在此分类基础上明确各类遗产的价值重要性分级，分别为：核心价值载体——文物古迹，以及重要价值载体——历史环境。文物古迹的保护内容包含：城市节点、历史边界、核心建筑群、古树名木。历史环境的保护内容包含：历史区域、历史道路、历史水系。在此体系下，中轴道路作为中轴线遗产区与缓冲区的交接界面所在，也是中轴线与周边历史街区、水绿环境的联系纽带，更是中轴线文化遗产的核心构成，反映了中轴线的历史沿革和中微观特性，具备多元丰富的“层积”性，需要对其进行重点研究。①

北京中轴线文化遗产具有多区域、多层次、多元化的特征，所以就不能拘泥于某一板块、某一方面、某一维度的思考，而是要综合全面的考虑。这既有核心的价值载体——文物古迹，也有重要的价值载体——历史环境。换言之，北京中轴线的价值既体现为实物方面，也体现为精神领域。所以，在对

① 庞书经：《“层积”的揭示：北京中轴线沿线街道风貌管控城市设计导则编制思路》，《北京规划建设》，2019 年第 1 期。

北京中轴线进行具体的考察探究、保护与开发的历程中，自然要根据分级、分类的原则进行，比如有核心的遗产点，还有相关的建筑、文物古迹、历史环境、古树名木、历史道路、历史区域等，还有历史文化遗产承载的精神文化等。

可以说，对于北京中轴线价值的了解，并不仅仅局限于实物信息，还包括北京中轴线及其建筑所承载文化内涵、价值观念等等，这也是北京中轴线之所以备受世人关注、价值巨大的原因所在。也就是说，北京中轴线的价值是由有形的实物建筑与无形的精神文化所构成的有机整体，两者缺一不可，唯有如此，才能真正理解北京中轴线的文化价值所在。如有学者所言：

北京传统中轴线的突出价值和意义不仅仅体现在历史建筑等物质载体方面，其结构布局和建筑设计背后所蕴含的丰富文化内涵也值得我们深入思考与研究，也就是既要重视物质的研究，又要同步开展非物质的、文化内涵的研究，两者不可孤立看待。在文化内涵方面，除了周礼、周易等经典文献所确定的城市规划思想外，还包括礼乐文化、儒家思想、道教思想等传统文化；在建筑的背后蕴含了儒家所提倡的君臣伦理、顺应天意等礼制要求与统治思想，也蕴含了道教所宣扬的天人合一、道法自然的社会管理乃至生活理念。……除了上述这些文化传统，北京传统中轴线还体现了中国文化中关于宏大的城市选址视野与细腻的文人士大夫精神。中国传统城市建设思想很注意城市选址与周边较大范围的地理环境、地形地貌的结合，是讲究“风水”学的，讲究山水相依的文人精神以及人与自然和谐相处的生活理念，也就是城市或者居所、墓葬等往往选择背山面水、藏风聚气的地理环境；对于北京都城来说，北有巍峨的燕山山脉，西、南、东三面有永定河、金水河、潮白河等众多河流拱卫，既有利于城市供水灌溉与水利运输，又有利于进行城市防御。在城市规划气度上，与《宸垣识略·形胜》等文献记载的北枕居庸、南襟河济、正天地中间等理念相吻合，既体现了宏大的城市选址与规划建造的视野与气度，又体现了刚柔相济的文人士大夫精神。①

北京中轴线作为北京旧城的脊梁与纲领，是中国古代建筑学史上的集大成之作，更是世界宫殿建筑史上独一无二的伟大杰作。它的价值不仅仅体现为实体的建筑及可见的空间布局，也集中体现为它所承载的丰厚的历史文化价值。毕竟，北京中轴线作为世界上独一无二的文化景观，既包括可视的物质景观，比如宫殿、坛庙、园林、道路等，也包括无形的文化观念、礼仪制度、风俗习惯、艺术创作、哲学思想，等等。

总之，北京中轴线并非只有所属的14个遗产点，广义上的北京中轴线自然也包括北京城及其他相关遗产，这些遗产都堪称是中国古代各类历史文化遗产、自然遗产的精品与典范。更为主要的是，北京中轴线及所属遗产点所承载的中华传统文化，是古代文化、思想、礼仪、哲学等的典范。所以，深入探

① 刘保山：《北京传统中轴线文化景观保护管理研究》，北京建筑大学硕士学位论文，2015年6月未刊本，第2页。

讨北京中轴线所承载中华传统文化对于了解中华文化、中华文明都有十分重要的价值与意义。

2. 极大地推动人文北京、北京文化中心的建设

北京作为首都，有着悠久的历史。北京中轴线作为北京旧城的骨架，是中国古代独一无二的文化遗产，其中既包括实物的建筑群，也包括非物质的文化精神。有形的建筑与无形的文化是表里如一、不可分割的关系。对于有形的实物保护、研究已经非常多了，但是对于北京中轴线文化价值及内涵的发掘依然还需要强化。可以说，研究北京中轴线承载的文化精髓，发掘其厚重的文化内涵，实际上是为了更好地保护北京中轴线，也是为了更好地开发北京中轴线。毕竟，北京中轴线不仅是有形的建筑集群，也是无形的文化精髓。如有学者所言：

> 广义的城市轴线是城市发展方向的轴，包括有形和无形的城市轴线，其中有形的城市轴线通常与城市空间形态紧密相关；无形的城市轴线存在于城市意识文化中，是不以物质为表现方式的意识轴线。[①]

北京中轴线是一个有形、无形文化遗产的有机整体，更是一个承载着中华传统文化的载体，所以对于北京中轴线的保护、开发，不能仅停留在物质的层面，还要透过建筑、坛庙、宫殿、城门、园林等有形的存在，深入发掘其文化价值与

① 刘亚男：《北京城中轴线文化价值评价研究》，首都师范大学硕士学位论文，2013 年 5 月未刊本，第 6 页。

意义，从而为北京中轴线的保护、开发提供更好的指引，进而提高北京中轴线保护、开发的质量，最大限度地发挥其社会效益。对此，就有学者也这样说道：

北京城中轴线建筑景观群，体现了古代历史都城弥足珍贵的文化价值，其深厚的历史文化积淀将会跨越时间与空间的界限，成为中华民族代代相承的文化遗产。随着北京城中轴线申报世界文化遗产工作的推进，加深了对于中轴线历史内涵与文化价值的理解，加强了对于中轴线历史文化遗产的保护力度，进一步挖掘以中轴线建筑遗产为代表的古都历史遗存的核心价值，从而思考历史遗产展示与阐释、修缮与复原、保护与利用和现代社会价值之间的依存关系，在历史人文环境中，为“人文北京”建设添加浓墨重彩的一笔。同时，也应当进一步加大宣传力度，积极营造出人人为北京中轴线保护做贡献的社会氛围。①

对于北京中轴线的保护开发，人们一般多注重的是具体的实物层面，对其建筑材料、外在色彩、建筑实体等做具体的维修防护，但很少对其所承载的中华传统文化精髓进行深入探究、传扬。实际上，北京中轴线作为北京兴衰的历史见证，也是中华优秀传统文化的重要承载，它的价值并不仅仅是艺术的、科学的，还有文化层面的，而这也是根本的、本质的东西。所以，对于北京中轴线我们在关注具体的建筑实体及其维

① 王菲：《清代永定门建筑意象及环境特征研究》，北京建筑大学硕士学位论文，2018年6月未刊本，第1页。

护工作之际，也要从历史社会、思想文化层面分析其形成的缘由，以及其所承载的中华优秀传统文化精髓等，只有这样我们才能做到切实地保护、开发它，才能让更多的人、全世界的人认可它的价值与意义，并将重心放在关注并考察其存在的文化意义与全球价值。

可以说，北京中轴线的保护、开发与利用，旨在服务于北京的战略发展、中华文化的传承弘扬，所以基于这个中心，我们还应该将视野拓展到整个北京的历史文化遗产、甚至是全国文化遗产的保护、开发与利用之上。毕竟，如何认识、保护、开发与利用中华文化遗产，不仅仅关系到中华文化的传承弘扬，也关系到了当代文化的建构问题。由于文化是文明的核心与基石，所以如何处理好这个问题，也关系到中华文明的伟大复兴。在具体的操作方面，这就涉及到了如何认识传统文化与现代文化之间的关联，做好传统与现代的有机融合发展的问题，真正做到既能够传承弘扬中华文化固有的思想精髓，又能够结合时代的需要，实现创造性的转化、创新性发展。这样一来，对于“人文北京”及北京作为世界文化中心的建设都有着十分重要的推动作用，也可以为北京作为首都、国际大都市提供更加丰富且深厚的文化支撑。

总之，我们希望通过对北京中轴线尤其是遗产点的历史文化内涵分析，让人们明白它们是历史形成的，进而具有了深厚的历史文化底蕴，也承载着中华传统文化的思想精髓，所以发掘其思想文化的价值、探讨新时代文化遗产的保护与开发，这些对于其他地方文化遗产的保护、开发与利用也都具有一定的启发意义。这样可以增强北京作为首都、国际大都市的文化特色，推动首都“四个中心”的建设，以及对于中华民族的文化自信、主体性建设都有十分重要的意义。

3. 更好地传承弘扬中华优秀传统文化

文化强国一直是我国重要的发展战略。五千年源源不断的中华文明，拥有丰富灿烂、底蕴深厚的传统文化，这些是我们今天建设文化强国的资源宝库。北京中轴线作为元明清时期首都北京的框架与脊梁，也承载着丰富的文化精神，这不仅对于北京建设文化中心、文化强市有十分重要的意义，也是国家传承弘扬中华优秀传统文化、建设文化强国的重要资源。北京中轴线作为璀璨的历史文化遗产，既有有形的建筑群、商业民俗街，也有无形的文化传统、思想观念，这些都是北京中轴线的内容所在。所以，我们在探讨考察北京中轴线价值与意义的时候，就不能只看到有形的存在，还要看到很多无形的文化遗产。北京中轴线的无形文化遗产，主要体现为对中华优秀传统文化的承载。在这里，中华传统文化的思想观念，比如天圆地方、天人合一、道法自然、民本思想、礼乐和合等都有集中的体现，如有学者所说的：

在古人思想中，天圆地方的观念根深蒂固。圆形象征天，方形象征地，作为敬天的建筑应该为圆的，城市应该是方的，方形城池的出现与古人对于大地的认识不谋而合，北京城就体现了这种思想。天坛作为祭天建筑是圆的，地方的居所要占据城市中心，而人世间象征皇权的建筑如天安门是方的。我国的房屋、城市的建筑都是以方形为主，也是体现了这种思想。方形的城池，往往容易形成对称格局，庄严的礼制秩序也由此展开。[①]

天圆地方是古人对于宇宙的基本认知：上天为圆，大地为方。并基于此观念，从而将祭天的天坛建为圆形，地坛为方形。另外，北京的故宫、天安门等的设计也在很多方面充分体现了古代天圆地方、天人合一等观念。更为主要的是，在古代，身居基于中轴线而建设的北京城里的统治阶层，也时刻注重以德治国、以礼治国、以民为本、以人为本等治国思想。也就是说，北京城及中轴线是中国古代建筑史上的集大成之作，是中国历史文化变迁的见证，更是中华传统文化及治国之道的载体与象征，如有学者所言：

北京城作为中国六大古都之一，世界上最著名的历史文化名城和中国最具特色的古代社会帝王都城，在世界城市建设史上占有独特的地位。北京城南起永定门，北至钟鼓楼7.6公里的中轴线建筑景观群凝练了北京这座城市传统文化的精华，是对北京人文历史、风俗民情、道德教化的高度总结和升华，是从古至今历代都城建筑演变的见证。[②]

---

① 单晓燕：《北京旧城传统中轴线保护和控制区域色彩控制研究》，北京建筑大学硕士学位论文，2014年6月未刊本，第65页。

② 王菲：《清代永定门建筑意象及环境特征研究》，北京建筑大学硕士学位论文，2018年6月未刊本，摘要，第1页。

北京城及中轴线是历史的产物，也是历史的见证，更是中国古代建筑历史上具有独特地位的古代帝王都城。北京中轴线上的建筑群，集中体现了中国古代礼仪制度、宗法伦理、治国之道、宗教信仰等各方面的思想文化。不能不说，北京中轴线是中国古代都城建筑的象征，也是中华传统文化的重要载体。

进而言之，北京中轴线不仅是实实在在的物质客观存在，也是深入人心的客观存在的精神存在，是实轴、虚轴的有机统一体，如有学者所言：

北京的城市轴线是客观存在的，它通过各种建筑物的空间序列强化了北京城市空间的形象，构成了北京城市的肌理，具有重要的功能性。同时，北京城市的南北轴线上具有重要的宫殿建筑和古代商业街区，是皇权政治与市井文化相融合的体现。这种皇权政治与市井文化的融合强化了其作为精神轴线在人们心理上的认知，即在人们的心理上，不仅有一条人们看得见的由建筑构成的轴线，还有一条存在于人们心里的精神轴线。[①]

北京中轴线是元明清时期都城建筑史上的杰作，更是承载着中华传统文化的思想精髓，透过它我们可以明了古人的宇宙观、世界观、人生观、价值观及治国理念等多种思想。北京中轴线是中国古代物质文明的典范，也是中华传统文化的集中

---

① 汪芳：《北京城市南北轴线与东西轴线的认知比对》，《城市问题》，2014 年第 4 期。

展现，很多思想观念比如礼乐和合、孝悌之道、人文教化等已经融入到了血液之中，成为中华民族的性格所在，成为了人之所以为人的基准线。同时，北京中轴线所承载的治国之道，比如以德治国、仁义孝悌、礼仪规范、与民同乐、天下一家、君民一体等思想，即使在现在依然是我们治国理政需要注重的思想观念，值得我们吸收借鉴，这也是人类政治思想的荟萃精华。

可以说，北京中轴线并不仅仅是历史遗迹，也不仅仅承载有中华传统文化的精神与价值，它们也有现代的价值与意义。尤其是随着北京奥运会的举办、北京城南的开发及长远规划，北京中轴线向北、向南的延伸，充分体现了它所具有的现代性、科学性及全球性。所以，北京中轴线是空间轴线与文化轴线、物质文明与精神文明、传统与现代等的多元有机体。北京中轴线日渐符号化，成为一种载体与象征，是中华传统文化的标志。文化不仅是一个城市的灵魂，它也是提升城市内涵、发展质量的重要手段。毕竟，文化是一种软实力，也是一种生产力，文化产业具有稳定性、低碳、高附加值等特点，符合未来产业发展的方向。所以，北京要想真正成为世界一流的大城市，不仅要拥有一流的经济水平与规模，更为主要的是还要打造北京特色的文化软实力。在当今世界，如果要在多元化文化环境中获得胜利，就不能单纯强调北京中轴线及其所表现的中华传统文化，而是要强调其所承载的传统文化精髓或曰文化传统，以此显现出文化的独特性、典型性，只有这样才能获得全球文化竞争上的话语权。

尽管当今北京在文化传承、创新及认同诸方面面临着巨大的挑战，但北京也有自己的诸多优势。北京历史悠久，战国以来一直是中国北方的重镇，作为我国六朝古都，有三千多年的建城史。在元明清时期，北京开始作为首都，更是产生了丰富而璀璨的文化成就。今天，北京作为首都及国际大都市拥有着众多闻名海内外、底蕴深厚的历史文化遗迹，故宫、周口店猿人遗址、长城、颐和园、天坛、明十三陵等被列入世界文化遗产。总之，悠久而丰厚的历史文化积淀，是北京的重要优势。可以说，历史上，北京曾是世界上最繁荣、最发达、最辉煌的城市，其代表的东方文化、儒家文化具有世界影响。党的十八大报告明确提出要“建设优秀传统文化传承体系，弘扬中华优秀传统文化”，从而将我国建成文化强国，以推动中华民族的伟大复兴，“中华民族传统文化有着十分丰富的内涵，是中华民族赖以生存和发展的道德根基、精神支柱”。实际上，北京丰富的历史文化遗产是北京建设全国文化中心的基石与源泉，如有学者所言：

北京历史文化荟萃了中华民族优秀的思想文化、价值文化、方法文化和艺术文化，是一座充满了知识、思想和智慧的宝库；是推进首都现代化建设，建设人文北京、科技北京、绿色北京的底色和基石；是推进全国文化中心建设的历史依据和智慧源泉。[①]

① 北京市人大常委会课题组编：《推进全国文化中心建设》，北京：红旗出版社，2011 年版，第 32 页。

总之，以北京中轴线为核心的中华历史遗产，具有十分丰富的历史价值、文化价值，深入考察北京中轴线对于全面而系统地了解中华传统文化，增强文化自信、民族自信及政治自信都有十分重要的现实意义。与此同时，也有助于基于中华传统文化建构符合时代需要的全新文化体系，由此进一步传承弘扬中华文化，为中华民族的伟大复兴提供助力。

二、北京中轴线文化的研究现状及不足

北京中轴线是北京历史文化的荟萃，更是中华传统文化的重要承载，对此有很多学者从不同的维度做了探究，并从历史沿革、建筑规制、文化价值、保护开发等多个角度提出了一系列的观点，这些都极大地推动了北京中轴线的研究。但是，也有一些不足，比如在研究的对象、资料、切入点、视野、研究方法等方面，还需要在前人的基础上作进一步的分析、研究与思考。

1. 北京中轴线文化研究现状

北京中轴线及北京城，作为北京历史文化的重要内容，得到了社会各界的普遍关注。历史上，元明清时期的正史、档案、笔记小说、明人别集等对其已经有了一定的记载和评价，为今天我们进一步认识北京城及中轴线提供了很好的借鉴。比如明人刘侗、于奕正《帝京景物略》对北京城内的风景名胜、风俗民情都有详细的记载。清人于敏中《钦定日下旧闻考》记载了北京中前期宫室、寺庙、园林、古迹等的沿革历史，由于

此书参考的文献非常多，所以这是我们研究北京城非常重要的史料。清人陈宗蕃《燕都丛考》对北京城的宫殿、苑囿、坛庙、衙署等的建置沿革做了记录。清人震钧《天咫偶闻》对北京的历史掌故做了记述。清人富察敦崇《燕京岁时记》、潘荣陛《帝京岁时纪胜》等则记载了北京城中的名胜古迹、风物人情。等等。可以说，元明清时期的正史、档案、笔记、别集等都对北京城及相关文化做了记载，这对于我们了解北京中轴线及北京城提供了丰富的史料。

近代以来，随着北京中轴线及北京城市的功能转向，关注并研究它们的论著也越来越多，比如 1951 年梁思成在《北京——都城规划的无比杰作》一文中明确提出了“北京城市中轴线”的概念，并对北京中轴线给予了高度评价：“贯通这全部署的是一根直线。一根长达八公里，全世界最长，也最伟大的南北中轴线穿过了全城。北京独有的壮美秩序就由这条中轴的建立而产生。前后起伏左右对称的体形或空间的分配都是以这中轴为依据的。气魄之雄伟就在这个南北引申，一贯到底的规模。”[①] 新中国成立以后，北京旧城的改造与建设基本上基于以故宫为中心的中轴线。随后，侯仁之的《北京城市历史地理》《北京城的起源和变迁》等论著对北京城的起源、发展及历史、民族、宗教、文物古迹、社会生活等各个方面都做了记载与研究。曹子西《北京通史》、吴建雍《北京城市发展史》、王岗《古都北京》、于德源《北京史通论》以及北京社科院组

① 梁思成：《北京——都城设计的无比规划》，《梁思成文集》第五卷，北京：中国建筑工业出版社，2001 年版，第 107 页。

织撰写的《北京专史集成》系列丛书等，则对北京的历史文化、政治、经济、宗教、城市发展、园林、环境变迁、名胜古迹等也都一一做了梳理与分析。

对于北京中轴线历史文化研究的针对性论著也有一些，它们尤其注重对北京中轴线的历史、形制、建筑、色彩、价值、文化等各个方面作以考察，比如王吉美与李飞《北京城中轴线的时空演化与旅游发展研究——基于廊道遗产视角》、刘亚男《北京城中轴线文化价值评价研究》、李建平《魅力北京中轴线》、沈方与张富强《北京中轴线历史文脉》等，侧重对北京中轴线的历史变迁、文化内涵等做了梳理与分析。刘保山《北京传统中轴线文化景观保护管理研究》[①]对北京中轴线的文化价值做了相关的研究。等等。其他还有如孟凡人《明朝都城》[②]、朱祖希《营国匠意——古都北京的规划建设及其文化渊源》、蔡蕃《北京古运河与城市供水研究》、单晓燕《北京旧城传统中轴线保护和控制区域色彩控制研究》，等等，它们都对北京中轴线的历史文化做了相关的探讨。

其他很多对于北京中轴线的研究论著，大多针对北京中轴线的历史文化遗产点，尤其对它们的历史、规制、保护、文化价值等做了探讨。比如王菲《清代永定门建筑意象及环境特征研究》[③]对永定门历史沿革、建造体系与环境体系做了探讨。

① 刘保山：《北京传统中轴线文化景观保护管理研究》，北京建筑大学硕士学位论文，2015 年 6 月未刊本。

② 孟凡人：《明朝都城》，南京：南京出版社，2013 年版。

③ 王菲：《清代永定门建筑意象及环境特征研究》，北京建筑大学硕士学位论文，2018 年 6 月未刊本。

韩洁《北京先农坛建筑研究》[①] 对北京先农坛的建筑规制、价值与意义等做了探讨。邹怡情、刘娜奇、剧楚凝《北京社稷坛（中山公园）整体保护策略研究》[②] 对社稷坛提出了一些具体的保护方案。李铁《国家中央政务区纪念性城市空间研究》[③] 对天安门广场的设计、规划及其意义做了深入分析。李丽丽《明清北京天坛建筑中皇权象征的研究》[④] 考察了天坛的皇权政治文化特征。闫凯《北京太庙建筑研究》[⑤] 对北京太庙的历史渊源、格局与空间布局等做了探讨。张伟《北京故宫的建筑伦理思想研究》[⑥] 对北京故宫布局、装饰、命名等方面所体现的伦理思想进行了深入探讨。李建平《魅力北京中轴线》[⑦] 对北京中轴线的历史、文化内涵、发展等做了探讨。刘亚男《北京城中轴线文化价值评价研究》[⑧] 对北京中轴线的历史、科技、政治、文化等方

---

① 韩洁：《北京先农坛建筑研究》，天津大学硕士学位论文，2005年6月未刊本。

② 邹怡情、李娜奇、剧楚凝：《北京社稷坛（中山公园）整体保护策略研究》，《北京城市规划建设》，2019年第1期。

③ 李铁：《国家中央政务区纪念性城市空间研究》，北京交通大学硕士学位论文，2017年6月未刊本。

④ 李丽丽：《明清北京天坛建筑中皇权象征的研究》，黑龙江大学硕士学位论文，2019年4月未刊本。

⑤ 闫凯：《北京太庙建筑研究》，天津大学硕士学位论文，2004年6月未刊本。

⑥ 张伟：《北京故宫的建筑伦理思想研究》，湖南工业大学硕士学位论文，2010年3月未刊本。

⑦ 李建平：《魅力北京中轴线》，北京：文化艺术出版社，2012年版。

⑧ 刘亚男：《北京城中轴线文化价值评价研究》，首都师范大学硕士学位论文，2013年5月未刊本。

面的价值做了探讨与分析。等等。此外，对于北京中轴线与北京城、北京文化作为全国文化中心的内在关联，也有学者做了一定的探讨，比如郑珺《北京“两轴”与全国文化中心建设》[①]对北京中轴线与北京文化中心的建设关系做了一定的分析，等等。

北京中轴线作为北京文化遗产中最重要的组成部分，自然引发了人们对它的关注，希望得到有效的保护、开发与利用，并由此涉及对北京其他历史文化遗产的保护问题。所以，北京中轴线及北京文化遗产的保护也是这些年学者研究关注的重点所在。对此，学者在这方面的研究也不少，这些对于我们进一步深入理解北京中轴线、北京文化遗产乃至全国的文化遗产的保护、开发与利用都有十分重要的启示意义。比如单晓燕《北京旧城传统中轴线保护和控制区域色彩控制研究》[②]一文对北京中轴线保护中的色彩控制进行研究。张艺《北京北中轴历史文化街区环境设计研究》[③]对北京中轴线北段历史文化街区的保护、开发进行探讨，提出了很多具有实践意义的思想与方法。单超《北京城市副中心定位下通州城市遗产保护利用研究》[④]对北京通州历史文化遗产的保护做了探讨，提出了很多建

---

① 郑珺编著：《北京“两轴”与全国文化中心建设》，北京：经济科学出版社，2018年版。

② 单晓燕：《北京旧城传统中轴线保护和控制区域色彩控制研究》，北京建筑大学硕士学位论文，2014年7月未刊本。

③ 张艺：《北京北中轴历史文化街区环境设计研究》，北京建筑大学硕士学位论文，2014年6月未刊本。

④ 单超：《北京城市副中心定位下通州城市遗产保护利用研究》，北京建筑大学博士学位论文，2020年8月未刊本。

设性的建议。古玉玲、刘蕊、李卫伟《北京中轴线文化遗产保护规划研究》[①]结合北京中轴线申遗工作提出了实地调研、确定空间保护区等几点建议及思路。侍文君、边兰春《未来之轴——北京南中轴的保护与发展》[②]对未来南中轴线的开发与利用提出了新的思想，极力突出了中轴线的时代性特征。杨琴《北京传统中轴线"一轴九门"与地安门建筑的数字化复原研究》[③]对北京中轴线及城门价值、数字化复原等方面做了探讨，等等。

总的来说，对于北京中轴线，学者们都从不同的角度进行了探讨，有的涉及到了具体的建筑历史沿革、有的涉及到了建筑的具体形制、遗产点的保护与环境设计、遗产点所具有的文化意义，等等。也就是说，对于北京中轴线的研究，学术界在近十年来成为了北京城市历史研究的热点问题，并结合北京中轴线的申遗工作而做了多方面的探讨，这些研究论著也从不同的维度提出了很多具有建设性的意见，这些成就对于我们继续深入研究北京中轴线及遗产点来说，无疑有十分重要的借鉴与启示意义，也是我们基于前人、超越前人进行研究的必经之路与坚实基础。

① 古玉玲、刘蕊、李卫伟:《北京中轴线文化遗产保护规划研究》,《北京城市学院学报》, 2021 年第 2 期。

② 侍文君，边兰春:《未来之轴——北京南中轴的保护与发展》,《北京城市规划》, 2012 年第 2 期。

③ 杨琴:《北京传统中轴线"一轴九门"与地安门建筑的数字化复原研究》, 北京建筑大学硕士学位论文，2013 年 6 月未刊本。

2. 北京中轴线文化研究的不足及反思

对于北京中轴线文化的研究，很多论著都有所涉及，这自然为当前进一步深入研究北京中轴线文化提供了研究基础与成果借鉴。但是，前人的研究依然还有很多需要丰富、完善及强化的地方，这也是我们当下研究需要关注并考虑的地方。

首先，研究对象的聚焦点需要深化。以往学者多集中于北京中轴线的历史、史料整理、建筑规制、典章制度、保护与修缮等方面，这些固然重要，也为继续深入研究北京中轴线提供了坚实的基础。但是不能否认的是，北京中轴线不仅仅是具体的文化实物、可见的文物，也蕴含着深厚的历史文化价值，前贤时哲对于北京中轴线遗产点及整体文化价值、精神内涵的探讨虽然有所触及，但整体上依然不够深入、系统，并缺乏普遍的认知共识。

所以，对于北京中轴线的研究，我们一方面继续就历史、典籍、建筑、制度、保护、修缮等方面进行深入的探讨，另一方面更要强化对北京中轴线所蕴含的文物价值、历史文化精神等方面作深入思考。毕竟，北京中轴线的文化精髓及价值体系并非单一，也并非只是表现为建筑格局所展现的天人合一、阴阳和合、皇权至上等理念，也体现了古人治国理政的一些理念，比如以农为本、以民为本、以礼治国、崇尚正义、以仁兴邦、和而不同、协和万邦、守正创新、允执厥中等等思想，而这些思想既具有中华民族性，也具有世界的普遍性。此外，民国以来，随着北京中轴线相关建筑的对外开放，海内外游客可以自由参观考察，这也充分体现了其人民性、公共性、社会性、全球性、包容性、开放性等文化属性。可以说，深入探讨北京中轴线的文化内涵、价值体系，对于北京中轴线的保护、传承与开发等都有十分重要的意义。

其次，对于北京中轴线文化的特征、特质，还需要深入分析、总结。对于北京中轴线文化的分析，很多学者也做了一定的分析，并总结了北京中轴线的文化内涵及特征，比如天人合一、皇权至上、重农务本等。但是不能否认的是，绝大部分对北京中轴线的文化分析，多具有静态或者单一化的思维倾向。一般多集中于北京中轴线所具有的古代文化价值的某一方面，而不顾其余；或者集中于元明清时期某一段，或者古代部分，而忽略了民国以来北京中轴线社会功能及文化价值、文物功能的转变问题，比如社稷坛民国时期转变为了中山公园，它的功能更加具有了人民性、公共性，由此更加凸显了它所承载的以民为本的传统文化精髓，以及以德治国的政治理念。另外，随着北京中轴线的南北向延伸，充分体现了它的现代性、商业化、全球性等属性，等等。

可以说，北京中轴线的文化及价值并非单一展现，也并非体现为阶段性，而是具有多元性、整体性，也具有层累叠加的特征在内。所以，我们分析北京中轴线文化精髓及价值意义的时候，就不能只考虑元代的，或者明代的、清代的，也不能考虑某一方面的价值，更不能过分凸显皇权至上的思想。毕竟，中国古代强调“一阴一阳之谓道”[①]的宇宙观、世界观及价

① ［魏］王弼注，［唐］孔颖达疏：《周易正义》卷七《系辞上》，北京：北京大学出版社，2000年版，第315页。

值观，这就使得很多的文化概念、思想理念、精神内涵等都是同时呈现的，比如君本与民本、秩序与和谐、礼制与德治、守正与创新、一统与多元等等。所以，我们在深入而系统地分析北京中轴线文化价值的时候，就需要综合而全面、系统而抽象地来分析并总结它们。也就是说，我们不仅要考虑到北京中轴线所展现的至尊性、等级性，也要考虑到它的人民性、公共性，既要考虑到其文化的国家性、民族性，也要考虑其现代性、全球性，等等。

最后，北京中轴线文化研究的方法还需要多样化、综合性。我们在研究北京中轴线文化的时候，学者们多从历史学、文化学的维度出发，对北京中轴线的文化内涵及价值做了探讨，提出了很多观点，不过大多数表述具有相似性，比如天人合一、阴阳和合、仪礼有序、道法自然等等，实际上北京中轴线文化具有多元性，它不仅仅涉及到了历史、美学、艺术等方面，还涉及到了与北京中轴线有关的统治阶层的思想观念，比如元明清时期统治阶层的治国理念：以德治国、以民为本、以仁兴邦、求同存异、协和万邦、天下大同等等，这些尽管和北京中轴线建筑本身没有直接的关系，但却是北京中轴线精神层面的具体展现。毕竟，身处北京城的统治阶层所践行的治国之道，也属于北京中轴线文化的重要组成部分。可以说，北京中轴线实物价值与文化内涵是有机的整体、缺一不可。

所以，我们研究北京中轴线的时候，就不应该仅仅注重历史学、文化学的视角分析，更要考虑到社会学、政治学、管理学、教育学、道德伦理学、经济学、民族学等多种学科的交叉融合，因为北京中轴线作为一个整体而言，它是一个文化集群，是一个多元文化的汇集体，所体现的不是某一个特征，而是具有复合型、多元性、历时性的特征。也就是说，在分析总结北京中轴线的文化精神及思想，以及文化价值与意义时，就要综合分析，并用具有发展的、全球化的眼光去看待。唯有如此，才能真正发掘北京中轴线的文化精神，以及它在未来的社会发展、全球化的视野中所具有的价值与意义。

总体来看，对于北京中轴线的研究论著越来越多，大多数基于历史沿革、建设规制、保护、旅游、发展等方面展开，真正深入发掘北京中轴线历史文化做系统研究的论著并不多，尤其是对于北京中轴线所承载的中华传统文化精髓的研究更是凤毛麟角。实际上，北京中轴线并不仅仅是客观的历史存在，也是思想文化的荟萃，更是中华传统文化精神的体现。所以深入发掘北京中轴线的文化精神及价值显得十分重要。不仅如此，还要结合现代社会的审美、价值与社会需要，以及全球化的发展趋势，对之进行价值的现代演绎与转化，只有这样才能真正将北京中轴线的存在价值展示出来，并发挥其在现代社会中的应有价值。

三、北京中轴线研究的思想与方法

对于北京中轴线的研究需要全面而系统地进行，在研究对象上自然不能拘泥于 14 个历史文化遗产点，还要考虑到与之相关的建筑群、民居、街道、习俗、文化以及保护发展、未来的规划等等。基于此，研究北京中轴线是一个系统工程，所以需要通过文献学、历史学、建筑学、民俗学、文化学、考古学、社会学、政治学、民俗学等交叉学科的方法进行探究，从而对北京中轴线的历史与文化做一个全面而系统的梳理与分析。

1. 历史学的方法

北京中轴线是历史形成的，是历史的产物。所以，首先要基于历史学的考察与分析，才能系统了解其发展演变的历史，这自然也包括其文化内涵的古今演变。北京中轴线作为文化遗产，我们就要从历史的角度来分析其发展沿革，来考察它们的历史原貌、历史演变、历史意义、历史价值等方面。如何进行历史的研究，这就需要我们借助扎实的古文献学、考古学、建筑学等学科方法，从而对它们有一个全面而系统的研究。同时，对之不仅要客观地还原历史，还要描述其历史内涵、历史价值与意义。唯有如此，才能为当下的保护、复原、发展提供扎实的历史文化支撑。

毕竟，北京中轴线作为历史文化遗迹，它们的建设完善充满了很多谜团，直到今天依然有很多的空白需要去探讨，有很多的疑惑需要解释。更为主要的是，北京中轴线有其自身的历史沿革、发展演变以及不同时期的历史地位、意义与社会价值。比如北京中轴线虽然出现于金中都建设之际，但是具有首都意义的中轴线及对全国影响甚大的则开始于元大都中轴线。尽管明清时期对中轴线多有继承，但是也处在不断发展、变化之中。即使民国以来，中轴线不论是长度，还是内涵、功能都有巨大的变化。这种变化，体现了北京城的社会性质及文化转向，体现了中国社会性质的历史变迁。也就是说，历史是北京中轴线本身所固有的特征属性。所以，研究北京中轴线就需要从历史的视野出发，对其进行历时性考察分析，这对于评价它的历史地位、历史影响以及未来的保护开发都有重要的现实意义。

对于北京中轴线的历史考察，不仅仅涉及到了基本的历史文献资料，包括元明清时期的传世文献，也包括自古以来与北京城相关的出土文献。毕竟，这些出土文献也构成了北京中轴线相关的历史与文化，它们也可以说是北京中轴线文化不可或缺的重要组成部分。不仅如此，近代以来随着北京中轴线的被重视、保护、修复及开放，不论是其功能转化，还是新建建筑本身也都被赋予了新的价值，具有了公共性、人民性。换言之，近代一百多年来的修复、保护及新建又赋予了北京中轴线新的价值与意义，并由此产生了一大批有关的历史文化资料，这些既有有形的，也有无形的，比如人民英雄纪念碑、毛主席纪念堂等，以及与之相关的革命文化、社会主义文化等。无论如何，这些都需要我们通过历史的视野去分析看待，从而发掘其所承载的文化意义及精神，从而传承、弘扬它们，使之成为北京中轴线生生不息的精神力量与文化传统。

2. 传统文化学的维度

前人对于北京中轴线及北京城的关注大多停留在具体的历史沿革、建筑规制及保护开发等层面，而对于北京城及中轴线所承载的传统文化精神以及与之相关的价值与意义，探讨比较少。实际上，北京中轴线及北京城作为历史文化遗产，它们的价值也体现在内在的文化意义上，这也是它们越来越受重视的原因所在。毕竟，中华传统文化源远流长、博大精深，作为留存至今的很多历史文化遗产都充分体现了中华传统文化的精神，元明清北京中轴线及北京城产生于中华传统文化发展最繁盛的时代，其本身自然凝聚了古人在历史学、文学、艺术学、审美、建筑、哲学等各方面的文化创造及成就。相比其他历史文化遗产而言，北京中轴线及北京城所承载的传统文化精髓更加丰富、完备，也更加具有代表性、典型性。

所以，要深入发掘北京中轴线所承载的文化精髓，因为北京中轴线的价值就在于它的文化意义、象征意义、教化意义及政治意义，它是中华传统文化最为典型的物质承载者。毕竟，在北京城 800 年的建都历史上，它不仅发挥着城防、居住、政治等功能，还展现着中华传统文化精髓，比如社稷坛、先农坛的祭祀表达了古人敬畏自然、以民为本、以农为本、尊祖敬宗等观念；北京中轴线的建筑设计、规制大小，充分体现了天人合一、皇权至上、等级有序、天下一统、中庸和谐等思想；太庙向天下昭示着尊祖敬宗、以孝治天下的理念；毛主席纪念堂、人民英雄纪念碑则承载着社会主义文化、红色文化等，其中也蕴含了天下为公、舍生取义、家国情怀等理念；天安门广场承载着天下大同、多元一体、兼容并包、协和万邦等文化内涵；等等。也就是说，北京中轴线蕴含着丰富的中华传统文化精髓，这些精髓之中最重要的是政治观念，它既是传统帝制时代文化的展现，也具有民国以来新文化、社会主义文化、革命文化等新时代文化的内涵及价值意义。

总之，北京中轴线不仅仅是有形的存在，也是无形的文化传统、价值体系的展示，更是中华传统文化精神、精髓的集中体现。这在中国古代尤其是元明清时期对于国家治理、社会控制、伦理教化等方面都有十分重要的意义。只有深入发掘北京中轴线的文化价值与意义，才能充分体现中华传统文化的精神实质与魅力所在，这也是北京中轴线在当代文化传承、文化自信与文化重建的重要价值。

3. 多学科的交叉融合分析

对于北京中轴线文化的研究，涉及到很多学科，包括建筑学、文化学、社会学、政治学、历史学、文学、艺术学、考古学、文化遗产学、人文地理学、历史地理学等多种学科，这实际上也是北京中轴线文化的基本展现。毕竟，北京中轴线文化具有多重性、层累叠加性、历时性等特征。

对于北京中轴线的梳理，作为实体建筑，有其自身的历史发展演变过程，而这个过程发展体现了不同时代的观念与思想；即使是同一时代，北京中轴线上不同建筑的安排也体现了不同的价值与功能，比如社稷坛、天安门同属中轴线建筑但却有不同的文化内涵及功能展示。不论如何，历史性的思维只是认识中轴线的概貌，要深刻认识中轴线的内涵及意义，还得借助建筑学、政治学、文化学、社会学、民俗学、哲学、宗教学、伦理学等学科知识，只有这样才能更加深刻而全面地理解北京中轴线文化及其思想内涵。

尽管目前学术界对于北京中轴线的价值发掘还是停留在

保护方面，都从不同的维度出发提出了一系列卓有创见的思想与方法。但是，不能否认的是，北京中轴线的核心价值依然是历史文化价值，这种价值是其他价值的基础与核心所在，也是未来北京中轴线开发、利用的前提与起点。基于此，才能更好地发掘北京中轴线的相关价值，也才能更好地保护、开发并利用北京中轴线，使之随着时代的推移而不断焕发出新的生机，并生成与时代相匹配的新价值、新思想。

4. 全球化的视野

北京中轴线文化研究，并不仅仅局限于北京，在古代的长安、广州等也都有中轴线。不仅如此，在海外的很多城市也有城市轴线，比如古罗马、巴黎、彼得堡、美国费城、华盛顿等，这就说明城市轴线并非北京所独有，也并非中国所独有。所以，我们在研究北京中轴线的时候，就不能只是考察北京中轴线及其文化，我们不仅要将之放在中华文明的整个历史长河中，还要将之放在整个人类文明的发展历史上，通过古今中西比较的方式，对北京中轴线文化有更加深刻而全面的认知与理解。

实际上，北京在元明清时期已经是世界性的国际大都市，这里汇集了来自世界各地的商人、游客、政治家、建筑师、文学家、艺术家等人群，以及儒学、佛学、道家、伊斯兰教、基督教、犹太教等不同的宗教文化，这里是全球商贸的交流中心，更是文化思想的交流中心。北京中轴线的建筑尽管集中展现了以儒学为核心的中华传统文化，但是也容纳了世界上不同的宗教文化，这里也有基督教堂、清真寺、寺庙、道观以及西方化的建筑，等等。总之，北京中轴线及北京城以其兼容并包、和而不同的理念，使之成为了东亚乃至全世界的文化中心所在。

不仅如此，北京中轴线所承载的文化内涵，并非是静止的存在，它是动态的发展，更是随着时代的发展尤其是新中国成立之后而具有了现代意义的文化价值体系，其中也包含了全球化的理念与思想。所以，我们对于北京中轴线文化的研究还要基于现代的、全球化视野来考察北京中轴线的新价值。在当前全球化的时代，随着中华文明的复兴，中华文化的价值与魅力，也日益得到了世界各国的关注与思考，并引发了人们新一轮对中华文化学习的热潮。北京中轴线及北京城所承载的中华传统文化自然也得到了世界各国的高度重视，在这里不仅有数以百万计的海外游客前来参观考察，更是容纳了各种各样的思想文化，从而为北京及中华文化的传承发展，注入了新鲜血液与发展活力，更是为北京建设全球的文化交流中心打下了坚实的基础。

一、永定门

永定门是北京外城七座城门中最大的一座，修建于明朝嘉靖年间，旨在保卫北京城君民的安全，由于它位于北京中轴线的南端，且在左安门和右安门之间，由此具有了“一城永定，左右相安”的文化寓意。正是由于明代修建北京外城，并在元代中轴线的基础上，将中轴线的南端向南推移到了永定门，使得这条中轴线成为世界古代城市规划建设史上，现存里程最长、时间最久、建筑最雄伟、建筑物数量和种类最多的城市中轴线。

（一）永定门的历史沿革

与永定门相关的燕墩，始建于元代，是当时用土堆积而成的火神祭坛——烽火台。随后，烽火台被后人改名为烟墩，也叫燕墩。

永定门，是明清时期北京外城城墙的正大门，位于中轴线之上，始建于明嘉靖三十二年（1553），寓“永远安定”之意。对此《明世宗实录》记载云：“嘉靖三十二年（1553）十月辛丑新筑京师外城成，上命正阳外门名永定，崇文外门名左安，宣武外门名右安，大通桥门名广渠，章义街门名广宁。”[①]嘉靖年间，在建设北京外城及永定门的时候，对燕墩也进行了改造，将它的四周包砌了城砖。嘉靖四十三年（1564），永定门又增建了瓮城。

清乾隆十五年（1750），永定门增建了箭楼，并又重修了瓮城。清乾隆三十一年（1766），对永定门进行改建重修，提高了城门的规制，由城楼、箭楼、瓮城组成。城楼面阔7开间，进深3开间，三重檐，通高26米，这属于外城最为高大雄伟的城门。

乾隆年间，燕墩得到修缮，据乾隆五十年至五十二年（1785—1787）刻版成书的《日下旧闻考》记载：“燕墩在永定门外半里许，官道西，恭立御碑台，恭勒御制《帝都篇》《皇都篇》。其制，瓷砖为方台，高二丈许。北面西偏门一，以石为之。由门历阶而上数十级，至台顶，缭以周垣。碑立正中，形方而长，下刻诸神像，顶刻龙纹，面北恭镌御制《帝都篇》，面南恭镌御制《皇都篇》，均清汉书。”[②]碑文落款是“大清乾隆十八年夏四月之吉御笔勒石永定门南皋”。南皋，指的就是都城的外门。清道光十二年（1832）、宣统二年（1910）曾对永定门进行了修缮。

永定门城楼于1957年被拆除，前后存在404年。当时北

---

① 《明世宗实录》卷四〇三，台北：“中央研究院”历史语言研究所校印，1962年版，第7060页。

② ［清］于敏中等：《日下旧闻考》卷九十《郊坰·南》，北京：北京古籍出版社，1985年版，第1520—1521页。

京外城的7座城门，全被拆除。2004年，政府复建永定城楼。重建后的永定门城楼门洞上方所嵌石匾，楷书“永定门”三字，苍劲雄健，是仿照明代原配石匾雕刻的。永定门是北京外城城门中最大的一座，是从南进入北京城的交通要道。与此同时，长期被民居围裹的燕墩，也露出来了。

（二）永定门承载的中华传统文化精髓

永定门作为北京外城的正门，也是北京中轴线南段标志性的建筑，明清两朝皇帝外出巡视的必经之地。永定门与正阳门、故宫、社稷坛、太庙等共同构成了世界上独一无二的中轴线体系。在这里，历史上也发生了抗击侵略、保卫和平的战争，永定门被命名为“永定”旨在永远安定，也表达了古人对和平的期盼、侵略的反对之精神。可以说，永定门作为北京中轴线最南端的大门，承载着丰富的中华传统文化精髓[①]。即使在今天，永定门所承载的文化价值、所象征的民族精神依然光辉灿烂，值得我们传承弘扬。

1. 追求和平，抵御侵略

永定门，顾名思义，永远幸福安定之意，这是古代北京城居民也是中华民族自古以来追求的梦想。当时明朝之所以建设永定门，这也与朝廷抗击蒙古军队的侵扰有直接的关系。嘉

---

① 对于永定门所承载的中华传统文化精髓，也有学者做了一定的探究，比如杨琴：《北京传统中轴线“一轴九门”与地安门建筑的数字化复原研究》，北京建筑大学硕士学位论文，2013年6月未刊本。

靖年间，朝廷为了保证安全、避免侵扰，于是决定在北京的外围建设外城。由于当时的正阳门以南商铺林立，又有祭祀的天坛、先农坛等位于此地。所以，朝廷率先建筑南面的城墙，但由于建筑过程中财力有限，于是将原来计划建设 20 里的南城墙缩短为 13 里，东西两侧的城墙则直接与内城衔接，这样原计划的“回”字形外城，变成了“凸”字形的南城。外城于嘉靖三十二年（1553）完工之后，由于建造外城的本意是为了确保北京城的安全，于是嘉靖皇帝将南边城门命名为永定门、左安门、右安门等，寓意是“永保安定”之意。从永定门建设的初衷及命名来看，我们可知永定门承载着当时人期待和平、反对侵略之意。

另外，永定门外的燕墩（烟墩），是古代烽火台的遗址，在土丘之上，记忆着历史上战争的场景。燕墩作为古代边塞的军事设施，主要是通过白天焚烟、夜间举火的形式来告知敌情。当时，就有一首《都门杂咏》来描述永定门外的燕墩：

燕台日落暮山青，榆塞悲笳不忍听。闻道羽书飞翰海，京畿戎马满郊坰。[①]

这首诗表达了燕墩在战争期间的作用与功能，体现了人们爱好和平、反对战争的思想观念。相传清朝曾在永定门外驻扎了 72 座兵营。所以，当地流传有“永定门外七十二营一挡”

① 转引自刘建斌：《龙脉贯京华——北京城市中轴线景观》，《北京古都历史文化讲座》，北京：北京燕山出版社，2009 年，第 318 页。

之说，而这“一挡”指的就是燕墩。不论从战略制高点还是城南镇物的角度去理解，燕墩都被看作是人们心理上抵挡外来侵犯的屏障象征。

元明清时期，永定门多次遭受外敌入侵并被攻破，虽然永定门不是百战百胜，但永定门及燕墩记载着元明清时期北京永定门附近及北京城的抗争历史，传达了人们对于和平的渴望、反对战争与侵略。对此正如清同治年间杨静山《燕墩》七言绝句中所说：

沙路迢迢古迹存，石幢卓立号燕墩。大都旧事谁能说，正对当年丽正门。[①]

燕墩经历了元明清数百年的历史，记载了当时永定门附近发生的历史，可谓历经了岁月沧桑。

但是，在明清之际，燕墩成了当时京城中文人雅士重阳登高饮酒赏菊的地方，更反映了人们对和平生活的祈盼。

另外，以永定门为起点的北京南中轴线上，是著名的南苑，也叫南海子，这是辽、金、元、清等少数统治时期的皇家苑囿，这里水草丰茂，又靠近北京宫城，是当时朝廷进行围猎、阅兵、演武的重要场所。尽管元明清时期，朝廷集中主要精力用于建筑北京城，但对于周边的区域也做了规划与建设，南苑便是当时朝廷围猎阅兵的重要场所。在清代，南苑是清廷

① 转引自天水：《前门外的两座乾隆御制碑》，《建筑创作》，2003年11月，第18页。

举行阅兵典礼最重要的场所，晾鹰台作为阅兵遗迹至今尚存。在这里，清朝的诸帝还多次接见外国使者，这对于维护国家安全起到了重要作用。1910 年，清政府还利用南苑驻军操场修建了中国历史上第一座机场——南苑机场。1946 年，国民政府编制的《北平都市计划大纲》也将北京城的中轴线向南延伸至南苑机场。随后，南苑地区也陆续建设了中国第一个航空工厂、航空学校、飞行器、运载火箭技术等科研机构。1949 年，中国人民解放军第一个飞行中队也在南苑机场成立，成为了保护首都安全的重要保障，并成功执行了开国大典的飞行任务。总之，这里作为重要的军事之地，曾开展了一系列维护首都安全与稳定的实践活动，并成为了首都安全稳定的重要屏障，由此充分体现了古人对和平美好生活的向往。

实际上，和平美好的生活离不开战争。历史上，在永定门这里，发生了很多次为了追求和平而发生的战争，如明清之际，皇太极曾兵临北京城下，在永定门与明朝袁崇焕率领的军队展开了浴血鏖战。尽管最终城门被攻陷，但是明军不屈不挠的精神，也令后金部队非常敬畏。清末，南苑成为了当时清廷驻扎保卫北京城军队的重要场所，这里也由此成为了北京南部重要的军事屏障。民国初年，张勋复辟，段祺瑞组织“讨逆军”与之在永定门外大战，成就了“三造共和”之名。随后，冯玉祥发动“首都革命”，由南苑进入永定门，推翻了直系军阀的反动统治。1935 年，汉奸石友三等企图攻破永定门，但被镇压于永定门外，结束了其建立伪政权的梦想。1937 年，二十九军在永定门外英勇抗击日寇，佟麟阁、赵登禹等先后战死沙场，等等。可以说，永定门不论是建设之初，还是作为历史的见证，都充分体现了人们对和平的期盼，希望永远安定，如有学者所总结分析的：

一城永定，左右相安（永定门、左安门、右安门）。古代修建城池的主要目的是保护城内人的生活，永定门修建于明嘉靖年间，当时北方游牧民族不断南下，尤其是嘉靖二十九年（1550年）“庚戌之变”，南下的蒙古部族对北京城周边进行劫掠。由此，北京开始修建外城，永定门正是在这样的历史背景下修建的。永定门既是外城的重要标识，又是“城以卫民”、期盼永远安定的象征。永定门位于外城南城墙正中，同时成7.8公里北京中轴线的最南端。当人们从城市南郊乡间道路来到永定门前，看到城楼，就知道要进城了。这座城门的文化内涵与北京的永定河、永定楼、永定阁、永宁阁一样，追求的是天下永远安定。在外城南城墙上，永定门居中，左安门与右安门东、西对称，相互呼应，形成“一城永定、左右相安”的文化寓意，这也是人们对城市保障人们安定生活的一种祈盼。2010年上海世博会提出“城市让生活更美好”，追踪其文化渊源也是出自“城以卫民”之说。[①]

永定门作为北京城中轴线的最南端，不论是从其命名，还是历史上在那里发生的故事，都充分展现了它的和平使命。从数百年前的明朝开始，人们为了追求和平，而抗击外敌的入

---

① 李建平：《北京中轴线的文化内涵》，《北京联合大学学报》（人文社会科学版），2020年第4期。

侵。永定门的命名蕴含着保境安民、幸福祥和之意。随着新时代的到来，永定门所象征的“城以卫民”、期盼永远安定的寓意，得到了认同与继承。

永定门虽然寓意是和平，但这种和平并不是永恒不变的，其真正的本意是追求幸福祥和，所以每当朝廷腐朽不堪之际，也就是改朝换代之时，老百姓也会推翻腐朽政权、迎接新生。所以，在民国时期，随着北京城的和平解放，解放军于1949年2月3日举行入城仪式，并从永定门进入，得到了老百姓的拥护，由此中华民族结束了近代以来战争不断的历史。尽管新中国成立后，永定门作为“危楼”且妨碍交通而被拆除。但是，2004年，政府复建永定门，这里又变成了地标性的建筑，也标志着新中国的安定祥和、太平兴盛。

总之，永定门及燕墩是历史上抗击侵略的屏障，更是人们寄托和平的堡垒。虽然，在永定门附近发生了很多抵抗侵略的行动，但它没能保证政权的永远安定，然而它作为一种象征与期盼，始终得到了人们的重视。直到今天，永定门作为历史文化的遗迹得到人们的观览，也承载着人们对和平的追求、对侵略的反抗精神。

2. 礼乐和合，国泰民安

永定门是明朝出于抵御蒙古军队的侵扰、加强京师防卫而建设，由此也成为北京城南最重要的军事防御屏障，是北京城的南大门。由于古代统治者在都城的建设上更加突出政治的意义，而淡化经济社会的意义，所以永定门所在的外城规制与设计，也继承了以往的城市文化的传统。在明清时期，永定门是皇帝南游、围猎的车驾必经之地，所以关系到国体、国威，体现了尊卑有别的礼制规定。对此，如有学者所言："永定门城门在城市制度表现出的皇权属性一方面体现了北京城城门是权力中心的物化象征，一方面呈现出以城市城墙为主体标志的权力结构并没有根本性的变化。"[①]

可以说，永定门作为北京中轴线南端最重要的城门，是北京城最重要门户之一，它不仅仅展现了它的军事战略功能，更是体现了古代政治礼制的意义，如有学者所言：

城墙对于都城而言是极为重要的构成要素，除了具有重要的军事防御作用外，围合的城墙同时还匡正了城市轮廓、界定了城市边界，是统治阶级对其正统权势的宣告以及划清不同阶级的手段。在封闭的城垣上设置的城门楼铺，成为了城市边缘界线上的突出的节点，在政治、文化、军事等因素影响下，城垣边界与城门节点共同构成了城墙这一连贯的空间系统。城市对外联系的交通路网和对内划分城市空间的街道网络共同决定了城门的位置，更重要的是城门的位置以及城门间的相互关系除了受军事防御与地理限制，也受到了文化礼制、政治制度上的要求与制约。城门作为城墙系统上的标志物与重要节点，具有明确突出的形式，作为统治阶级对其权势的宣告还表现出强烈标识性与代表性。[②]

① 王菲：《清代永定门建筑意象及环境特征研究》，北京建筑大学硕士学位论文，2018 年 6 月未刊本，第 31 页。

② 丁佳昕：《明清北京都城中轴线之右安门复原研究》，北京建筑大学硕士学位论文，2020 年 6 月未刊本，第 15 页。

自古以来，都城的建筑是军事战略的体现，与此同时也是政治经济的产物，在城内的基本上是君臣、贵族、手工业者、商人等统治阶层及其利益攸关者，城外则是平民百姓。这是传统社会政治发展的必然，也是古代礼仪制度的基本规定。作为北京城的城门也体现了这种意义与内涵，它既展现了它的军事政治功能，也体现了传统礼乐文化的意义。所以，永定门本身也是这种政治、礼仪文化的重要体现，是“统治阶级对其权势的宣告还表现出强烈标识性与代表性”。

清朝建都北京之后，曾将北京城各城门上的匾额撤下，改用满汉两种文字书写的匾额，在名称上并没有改变，这也是一种文化传承，说明永定门的寓意，依然值得清人尊崇。更为主要的是，安定是发展的前提与基础。永定门外大街上的燕墩有乾隆的诗碑，集中表达了对发展繁荣的赞叹之情。碑文是乾隆的两首诗:《帝都篇》《皇都篇》，极力赞颂北京的盛景与繁华。其中,《帝都篇》认为长安、洛阳、南京、北京这四座历史古城中，只有北京最适宜作为都城。《皇都篇》则认为北京人杰地灵、品物繁盛，就像北斗星一样君临天下。总之，这两首诗集中展现了北京城作为首都及历史文化名城的绝佳之处，也极力展示了清王朝的盛世繁华。

实际上，永定门一带自古以来也是北京经济社会发展的重要地区，一方面永定门作为城南最大的城门，是当时周边百姓进出京城最主要的通道，另一方面也是当时商业、手工业者在这里进行贸易往来的重要场地之一。如有学者对清朝永定门一带的商业发展进行分析说道:

永定门城门由于位于外城南垣正中的部位，区域手工业和商业发展繁荣，从永定门城门的护城河以南，东西进城的步道两侧错落大量的商业建筑，通过护城河在城门外侧也有可供商队，军民歇息的茶铺以及贩卖货物的商店等，瓮城内还有大大小小各式的店铺，包括简易搭建的茶水铺子，小吃店铺等旧式店铺，以供来往行人歇脚或购买简易的物资，商业氛围浓厚。[①]

到了清代，永定门附近的商业非常发达，在这里不仅出现了手工业、商业的店铺，更是错落分布着大量的茶铺、店铺、小吃店铺等，它们推动了当地的经济发展，也方便了往来路过的行人。总之，永定门不仅仅展现为军事政治意义，也有了经济社会的价值与意义。

不仅如此，永定门往北的天桥一带更是景色宜人，在这里，商贾往来频繁，艺人云集如潮。天桥是元明清时期民众生活交流的重要场所，这里可以说是当时城南一带最重要的商品物资交流中心，更是百姓休闲娱乐的场所，由此展现了一派国泰民安的祥和景象：

元明时期，天桥一带水缠堤绕，颇多水乡韵味。文人雅士常来此游玩观赏，桥旁有零星酒楼茶馆和若干小集市。清康熙年间，曾一度将灯市移至天桥西。乾隆时，又疏通天桥河道，于东西河岸补种杨柳。彼时京中名胜，多属禁地，平民百姓不能涉足，天

① 王菲：《清代永定门建筑意象及环境特征研究》，北京建筑大学硕士学位论文，2018 年 6 月未刊本，第 49 页。

桥有风物之美，故前往游玩者很多，加之每年来京候试举子多住宣南会馆，天桥一带是他们举步可游的地方，附近的酒楼茶肆逐渐兴盛起来。道光咸丰时，小商小贩利用天坛及先农坛坛根不必纳地租的有利条件，摆设浮摊，出售杂货。光绪末年，北京新春娱乐场地忽然间已不敷用，茶棚、戏棚、杂技、小贩等，全部奔了天桥。每年一进正月，市内贫民游玩购物，纷至沓来，天桥遂形成融游玩与购物于一体的平民市场。①

在永定门以北的天桥既是当时皇亲国戚进出城的必由之路，更是当时黎民百姓在这里聚集休闲游乐的重要场所，这里不仅酒楼茶肆林立，也有各种货摊，更有各种街头艺术展示，极大地丰富了当时君民的日常生活。

总之，永定门寓意为永远安定、不受侵略而永享太平，尽管在历史上它也见证并经历了内外交攻的场景，但是在绝大部分的历史时期，这里都是礼乐和合、国泰民安，都是一派繁荣富足的生活场景，这不能不说永定门是和平安定的期盼，更是盛世繁华的象征。

3. 守正创新，继往开来

永定门作为传统北京中轴线的最南端，尽管新中国成立之后，这里的发展不及中轴线中北部，但是随着亚运会、奥运会的召开，也极大地推动了南中轴线的治理与发展。比如2007年，北京市第十次党代会上市政府的工作报告就明确提

① 高智瑜：《紫气贯京华》，北京：中国人民大学出版社，1994年版，第113页。

出了“加快南城及南部地区发展，把南城建成新北京富有活力的地区”的发展思路，南中轴线的发展也由此进入了全新的阶段。在21世纪初期，北京已经是国际性的大都市，为了更好地发展，体现时代性，不仅永定门得以复建，与之相关的护城河也完成淤泥清除，并在附近建成了大片公共的绿地公园，以供百姓散步，此举保留了历史的原貌，也再现了元明清北京城完整的中轴线。总之，复建改造后的永定门、护城河及相关环境，成为了具有历史与现代相结合，充满了自然和谐的永定门公园，该公园也充分体现了中华传统文化中以民为本、以人为本的思想。

可以说，随着社会历史的发展，永定门尽管失去了它传统的军事功能，但经过时代化的改造建设，代之以休闲娱乐、历史文化的功能。更为主要的是，也成为新时代经济社会发展的新起点，如有学者所言：

> 南中轴地区北起永定门、南至南苑集团，长约12.5公里，是北京市“两轴——两带——多中心”城市空间结构中南北轴线的重要组成部分；是中轴线历史文化风貌的重要保护区；是落实城南行动计划的重要发展空间。[①]

北京的中轴线从元代开始，经过数百年的发展，至今已经超越了固有的7.8公里的明清北京中轴线的范围。目前，北

---

① 郑瑄、吕海虹：《对北京南中轴区域发展的一些思考》，《北京规划建设》，2012年第2期。

京中轴线已经呈现为北起奥运公园、南至南苑集团，长达 30 公里的城市中轴线。其中，新时代北京中轴线向南延伸，开始于永定门。

不能否认的是，元明清时期，永定门外的发展相对于北城而言，比较滞后。近年来，一些城市的重要建筑，比如亚运会、奥运会场馆、重点高校、重要公共服务设施等几乎都集中在北城。永定门外的流动人口多，这里遍布着大量的小商品市场，是北京乃至华北地区最大的小商品交易中心，商贸的发达繁盛也是社会发展的具体表现。永定门作为城南开发的起点，自然也得到了政府的关注与支持，这里未来也必将成为北京城市发展的新天地。的确，随着南城大兴机场的兴建，为南中轴线的开发提供了更多的发展奇迹，永定门作为南中轴线的起点也展现了它新时代的景象。

当然，在北京城南的开发建设之际，我们也不应该忽视永定门的传统文化价值与意义，如有学者所言：

永定门在北京城的环境定位不仅仅是外城的正门，更是绵亘南北 7.5 公里中轴线建筑空间序列的起点，呈现出北京城壮美的秩序。左右对称的建筑布局、棋盘式的大小街巷都是在中轴线的基础上向城市四周展开。从某种程度上来说，中轴线是北京城的文化之根，融合了中国传统文化与宗教祭祀文化，是城市发展的一条命脉。巍峨的永定门矗立在北京城中轴线的最南端，一方面呈现了北京城完整的中轴线空间序列，一方面也展示着北京城的文化底蕴，是北京城“凸”字形格局中不可缺少的重要标志。[①]

尽管永定门在新时代失去了它传统的军事、政治功能，但是它数百年来所沉淀的历史文化底蕴，以及作为传统礼制、宗教、信仰等诸多文化精神的承载，依然在未来北京城市的规划、建设中具有十分重要的价值与意义。这种价值与意义，不仅仅是历史形成的，更是元明清时期传统文化精神的外显。在当前国家重视传承弘扬中华优秀传统文化之际，永定门所承载的文化精神及意义依然值得思考，这也体现了中华传统文化中守正创新、继往开来的精神追求。

总之，永定门是历史文化遗产，充分展现了它在历史上的重要价值，也承载着古人对和平的渴望，这里也曾经是经济社会发展的场地。随着新时代的到来，永定门并没有墨守成规，这里也成为了新发展的重要起点，也为新的发展、规划注入了文化元素与历史底蕴，为北京进一步成为“四大中心”提供了重要的资源支持。

（三）永定门价值的保护与开发

永定门，作为北京外城的大门，随着历史文化的变迁，虽然失去了它固有的军事政治功能，但是它本身所承载的追求和平、国泰民安等文化意蕴与精神却永远存留。作为老北京城

① 王菲：《清代永定门建筑意象及环境特征研究》，北京建筑大学硕士学位论文，2018 年 6 月未刊本，第 32 页。

的标志，永定门以内称作南城，出了永定门就是城南。虽然，在新中国成立以前，永定门以南的城南地区，相对于北城而言比较落后，但也为社会经济的发展提供了广阔的空间，尤其是随着亚运会、奥运会举办之后，永定门以南的南中轴线地区进入了全新的发展阶段，永定门也由此成为了新时代发展的新坐标、新起点。

1. 注重科学规划，绿色发展永定门区域

政府于 2004 年到 2005 年间，本着对客观历史的尊重，重建了永定门，该建筑基本上恢复了历史本来面目，如建筑学家罗哲文曾这样评价复建后的永定门："永定门仍然是文物，并非没有根据，这是因为永定门复建坚持了五个原来，即建在原来位置，按照原来形制，遵照原来结构，使用原级别材料，使用原来的工艺，这五点都得到了完全再现。"[①] 复建后的城门楼依然采用"永定门"这个传统名称，由此也体现了我们对和平的追求。

永定门外的南中轴线作为近年来政府关注的发展地带，一方面，在这里建立了永定门公园，民众可以自由出入，享受那里的空气与美景，体现了不论高低贵贱、远近老幼，都可以在那里一起享受永定门公园的绿色环境。另一方面，与永定门相关的研究、开发等工作也都相继展开。不能否认的是，尽管永定门作为传统的商业地带，为未来的规划、发展提供了起点，但由于历史原因，它在投资环境、市场环境、政府服务、

① 王菲：《清代永定门建筑意象及环境特征研究》，北京建筑大学硕士学位论文，2018 年 6 月未刊本，第 37 页引。

人文环境、生活环境等方面依然比较落后。

实际上，永定门以南的城南，虽然发展滞后，但也为未来的发展提供了广阔的空间。一方面，那里有清朝最大的皇家苑囿——南苑。这里曾经是一个兼有农、林、牧、渔、药多种产业发展的基地，也是一个具有观赏、游览、休闲、生态等多种功能的园林。南苑的营建早于圆明园、颐和园等清代皇家园林，是北京园林建设中早期代表，也是一个支撑北京城健康运行的重要生态系统。但在清朝瓦解之后，这里日渐衰败，风采不再。尽管如此，永定门外广阔的地理空间，为未来北京的发展提供了强大的后盾。不过，由于未来发展的不确定性，如何科学规划永定门区域依然是一个重要课题。另一方面，随着北京南站、大兴机场等交通设施的兴建，这里开启了新的发展征程。对此，也有学者对于南中轴线一带的保护、开发提出了建设性的思想：

首都第二国际机场不仅是未来中轴线上的重要节点，还将成为国家参与全球竞争的战略性节点，为北京世界城市定位提供有力保障。南部地区是北京产业梯度转移的低端产业遗留区，产业升级是未来南城建设的重要任务。按照《南城计划》“一轴一带多园区”的构想，借鉴世界城市发展趋势和空港城市构建经验，结合首都第二国际机场的建设，可以在南中轴上布局支撑北京建设世界城市的战略性产业，包括国际交往、商业服务、科技创新、先进制造、金融商务和国际门户六大功能，充分利用南城在制度和技术上的后发优势，优化城市功能，实现产业集聚升级。从而丰富南中轴的现代功能，提升北京南部城市形象和公共配套水平，带动整个京津冀地区的发展。①

从永定门南向开始的南中轴线尽管发展滞后，但是也有广阔的空间，随着大兴机场的兴建、雄安新区的规划发展，这些都为南中轴线的开发、布局提供了更多的发展契机。在这种大背景下，一方面我们需要继续保护开发南中轴线上固有的历史文化遗产，另一方面结合新时代的主题、区域经济的需要对之进行全方位的规划，既体现了其传统性，也体现了北京作为“四大中心”的国际地位，由此实现了南中轴线历史性的跨越式发展。

当然，在南中轴线开发的过程中，我们依然不能忽视人文环境的保护与开发。当然，在这方面政府也已经从各个方面发掘其资源潜力，比如在人文环境方面，继续利用永定门及燕墩等历史文化遗产，进一步丰富提升人文环境的质量。对此，正如有学者所说：“南中轴地区作为北京市中轴线的重要组成部分，是民族文化继承与发展的重要承载空间。”②所以，永定门作为南中轴线的起点，继续向南延伸发展，这既可以作为城市建设的坐标轴、脊梁，也是传统文化空间建设、人文功能强化的重要举措。这样一来，未来的发展既可以突出南中轴线与

① 侍文君、边兰春：《未来之轴——北京南中轴的保护与发展》，《北京城市规划》，2012 年第 2 期，第 33 页。

② 郑瑄、吕海虹：《对北京南中轴线区域发展的一些思考》，《北京城市建设》，2012 年第 2 期，第 35 页。

北中轴线的一体性，也可以体现北京城市开发建设的一体化、一盘棋思维。

总之，基于永定门向南延伸的北京城市规划与发展，并由此形成了南中轴线发展的新时代。未来，南中轴线的发展具有广阔的空间，它可以参照北中轴线的做法，设置重要的标志性建筑、人文景观、经济带等，与北中轴线形成南北呼应，这既是对传统中轴线的有效继承和发展，也体现了南中轴线一带发展的现代性。另外，空间布局的科学性、全球性，也凸显了北京作为全球化大都市的城市形象，由此也进一步强化全国政治文化中心、科技中心的地位。

2. 基于永定门，丰富南中轴线的文化属性

在永定门城门楼南，有一个历史遗存“燕墩”。燕墩在元明时期就已经存在，主要是为了应合北京“五镇”之说。其中，南方之镇就是“南墩”，由于南方在五行中属于火，所以堆烽火台体现了这种文化蕴意，因此燕墩也叫“烟墩”。今天的燕墩，底座高八米，碑座四周雕刻着 24 尊神像，顶部有龙纹；墩台之中矗立着七米高的方形大石碑，碑上以满汉两种文字刻写《帝都篇》《皇都篇》。该碑文刊刻于乾隆十八年（1753），距今 270 年。

永定门是非常重要的北京城南门，在历史上发挥过巨大的作用，而且有很多的历史故事。所以，可以充分发掘其历史文化价值，找到与之相关的史实、故事，可以通过展示墙等形式，以呈现它的发展历程。比如明朝时期，永定门附近流行养蟋蟀，这在公园里可以开辟特色文化区，让更多的人参与到文化习俗中去。

随着对永定门南部的开发，产生了一系列现代的规划与建筑，比如世贸商业中心、南苑机场等等，由此丰富了南中轴线在政治、经济、社会、文化等方面的内容，进一步强化了北京“四个中心”的建设。但是，永定门作为当代南二环文化景观的中心，对于未来南中轴线地区的整体规划布局，在基于现代理念的同时，也要注意南中轴线地区作为大兴国际机场进入北京中心城区的南部门户、北京历史文化名城的窗口意义，如有学者所言：

南中轴地区是从首都第二机场进入北京中心城的南部门户，理应成为传承传统与现代文明、统筹城乡区域发展的城市活力轴、魅力轴与张力轴，成为南部地区的精神文化脊梁、后奥运时期首都城市建设的典范地区。[①]

就是说，未来南中轴线地区的规划与建设，不仅仅要凸显其现代经济的发展与繁荣，也要充分考虑到北京文化中心的时代定位。更为主要的是，南中轴线地区作为传统中轴线的延伸与发展，也要充分考虑到对传统的继承与发展。基于这些综合考量，南中轴线地区的发展，也要突出其文化引领功能，使之成为北京南部地区的精神文化脊梁、后奥运时代首都城市建设的示范区。其中，自然离不开以永定门为核心的坐标参

① 郑瑄、吕海虹：《对北京南中轴线区域发展的一些思考》，《北京城市建设》，2012 年第 2 期。

照物。

作为南中轴线的延伸之地——南苑，这里也曾是皇家苑囿，辽金时期是皇家的“春捺钵”之地，元代是皇族狩猎之所，明代在这里建筑围墙，形成了新的皇家园林，民间因此有“北有海子，故别名南海子”的说法。[①] 在清朝，朝廷更是在以往基础上，在这里建设了大量的庙宇行宫、疏通水系，由此形成了一派鹿鸣虎啸、鹰飞鱼跃、莺歌燕舞的景象。清朝结束之后，这里出现了大量的村落，以及近代化的机场、兵营等。尽管如此，南苑作为当时的皇家苑囿，尤其在清朝与北京北部的木兰围场共同构成了当时皇家猎苑，所谓“南苑春蒐、木兰秋狝”，是清廷重要的围猎传统活动，这由此成为古代尤其是清朝皇家文化、传统文化的汇集地。总之，在辽金元清时期，南苑是当时少数民族为了保持游牧民族生活习惯而进行围猎、演武的重要场所，由此体现了当时皇家的游牧文化与尚武传统，更是古代皇家苑囿文化的重要展现。如有学者这样说道：“早期苑囿除豢养动物外，也具有生产、储备、军演的功能。东汉以降，苑囿的游憩功能增强，逐步形成后世的园林。但是，南苑自辽金始至明清盛，始终以物资生产、资源储备、行围狩猎、阅武练兵为主，承袭了苑囿的本质，堪称中国古苑囿的活化石。”[②]

---

① ［清］于敏中等：《日下旧闻考》卷七十五《国朝苑囿·南苑二》，北京：北京古籍出版社，1985 年版，第 1264 页。

② 王军、李亚星：《重读南苑：探寻尘封的京南明珠》，《人类居住》，2019 年第 1 期。

总之，作为历史文化遗产的永定门并没有过时，更没有失去其固有的魅力与思想，随着时代的发展，人们对于和平、发展的渴望，永定门所承载的和平理念、礼制文化等依然有时代价值，这就需要我们继续发掘其历史文化价值，通过创造性转化、创新性发展，使之成为未来北京城市发展规划的明珠。随着北京城市的发展，永定门作为南中轴线的起点，在文化上依然具有引领作用。所以，如何发掘其作为南中轴线的文化标识价值，依然是北京作为首都、国际大都市规划与发展必须要面对及考虑的重要问题。

小结

永定门到了清朝时期，它是外城门中规格最高的，这里不仅体现了明清时期朝廷对和平的渴望，也展现了当时人们的思想观念，比如在永定门门洞附近，当时分别设有关帝庙、观音寺、永寺庵、佑圣庵等。永定门作为当时拱卫都城的城门，已经不仅仅是单纯的军事防御设施，而是变成皇权政治的象征，“中国古代城市的城门与城墙并不仅仅是单纯的军事防御设施，更是权力中心的物化象征，逐渐演变成了王公贵族的堡垒”[①]。不仅如此，由于这里是明清皇帝南游车驾必经之地，所以也具有了礼仪威仪之象征。

未来以永定门为起点的南中轴线地区的发展，离不开对

① 王菲:《清代永定门建筑意象及环境特征研究》，北京建筑大学硕士学位论文，2018 年 6 月未刊本，第 30 页。

北京中轴线的整体观照，更离不开其传统意义的政治文化内涵，所以在对南中轴线区进行现代化的规划、建设之际，依然要考量以永定门为起点的南中轴线历史文化价值及其现代化，进而通过发展与传统文化相关的产业，进一步丰富、强化北京市中轴线的象征意义、引领意义。

二、先农坛

先农，远古时期称为帝社、王社。到汉代，改称先农。曹魏时期，先农被封为国六神之一（六神：风伯、雨师、灵星、先农、社、稷）。古人祭祀先农，唐代以前利用帝社，祭坛称藉田坛，唐垂拱（685—688）间改为先农坛。

先农坛目前所见主要是清朝修缮之后的建筑，其中一共有建筑群五组，分别是庆成宫、太岁殿（含拜殿及其前面的焚帛炉）、神厨（包括宰牲亭）、神仓、俱服殿。另外，还有坛台四座：观耕台、先农坛、天神坛、地祇坛。这些组群建筑与坛台基本都坐落于内坛墙里，仅庆成宫、天神坛、地祇坛位于内坛墙之外，外坛墙之内。此外，内坛观耕台前有一亩三分耕地，这是供皇帝行藉田礼时亲耕之地。

每年开春，古代皇帝便带领文武百官在先农坛进行藉田礼来祭祀先农。北京先农坛是明清两代皇帝祭祀先农神和举行藉田礼的地方，更是北京中轴线上非常重要的历史文化遗址，承载着中华民族重农务本、勤于稼穑的优良传统。明清以来，每到春季，皇帝们一般都会来到此地进行亲耕，以此向天下人昭示重农务本的传统。

（一）先农坛的历史沿革

先农坛是皇帝祭祀先农、藉田的场所。北京的先农坛始于金建中都时。到了元朝，北京城有两处先农坛，一个在元大都旧城，一个在新城。元大都旧城的先农坛，在元朝正式建设元大都之前曾祭祀过先农，对此《元史·世祖四》记载“立藉田大都东南郊”。[①] 有学者认为，这个就是元大都旧城东南郊的先农坛，与金朝无关。[②]

元大都新城的先农坛，元武宗于至大三年（1310）四月根据大司农的建议，在藉田之内建立了先农坛、先蚕坛。当时建造的先农坛、先蚕坛具体地址已经不详，不过规制与后来的太社坛、太稷坛的规制相同。当时先农坛祭祀的对象是神农氏，配神是后稷神。

明朝建立之初，在南京应天府正阳门外建立了山川坛，先农坛就在山川坛正殿的西南。在明朝迁都北京之后，于永乐十八年（1420），在正阳门的西南侧建立了山川坛，当时的山川坛是若干祭坛的总称，其中也包括先农坛。嘉靖十一年（1532），山川坛改名为天地神祇坛。

到了明万历四年（1576），朝廷又将之更名为先农坛。先农坛也是若干祭坛的总称，只不过其最主要的标志性建筑祭坛

---

① ［明］宋濂等：《元史》卷七《世祖四》，北京：中华书局，1976年版，第130页。

② 朱正伦、李小雁：《城脉：图解北京坛庙》，北京：北京大学出版社，2013年版，第46页。

为先农坛。其中，还包括了太岁坛、天神坛、地祇坛、斋宫、旗纛庙、观耕台。

在清朝，经过雍正、乾隆时期的改建，先农坛逐渐形成了今天的规模。清朝祭祀先农的礼仪开始于顺治十一年（1654），清朝诸帝都十分重视祭祀先农，如雍正皇帝在位13年，几乎每年都亲自祭祀先农、亲耕藉田。乾隆年间，天地神祇坛改名为先农坛。总之，从明代始建，迄今历经400余年，先农坛不断有修缮，不过整体布局基本完整，建筑的构筑特色及艺术风格基本保留了明代特征。

1900年，八国联军入侵北京，先农坛成了美军司令部和兵营，太岁殿成了军队医院。后来，军队撤走时，将殿内的设施、祭品洗劫一空。

1916年，先农坛被辟为城南公园。1936年，在原址东南角盖起北平公共体育场，后更名先农坛体育场。1949年7月，华北育才小学（后称北京市育才学校）迁入北京，进驻先农坛。先农坛太岁殿被育才学校占用，具服殿被中国医学科学院药物研究所占用。1979年被列为北京市市级重点文物保护单位。1997年，育才学校图书馆从具服殿搬出。2001年被列为全国重点文物保护单位。

1998年和2000年，世界文化遗产基金会为先农坛的修缮提供了资金。1998年和1999年，美国运通基金会为北京先农坛的俱服殿和神厨的修缮提供了资金。2000年，先农坛收归文物部门管理，现正在进行大规模的抢救性修缮。2001年，北京先农坛被公布为国家重点文物保护单位。

（二）先农坛承载的中华传统文化精髓

在过去几千年里，古人始终将农业看成是社会的根基，也将之看成是国家事务的重心所在。农业文明的创始人，就是被尊称为“神农”的炎帝，北京先农坛就是明清两代祭祀神农的祭坛建筑的典范之作，具有十分重要的历史文化价值。先农坛作为中国现存古代祭祀先农的最高祭祀场所，集中体现了古人对农业的重视，也体现了他们的为政之道，也承载了中华传统文化中敬天尊祖、重农务本、民为邦本等多种文化精神[①]，也正是这种文化精神推动了中华文化、文明的传承与发展。

1. 敬天尊祖，重农固本

敬天明德是中国古代的传统，这也是古代王朝以德治国的具体展现。首先，先农坛集中体现了古人的天人观，即敬畏自然、天人合一、敬天明德、以德配天的思想。先农坛是古人根据天圆地方的理念所建设。值得注意的是，先农坛内的主要建筑一般都采用黑琉璃瓦绿剪边，这是明朝的建筑礼制。当然，这也是天人一体的体现，因为古人认为太岁统管十二月，月有月将，月属阴，阴在北，方色为黑，与祭祀先农有关的殿宇，也因农时与月令有关，所以都用黑色。

另外，在先农坛之中，不仅仅有祭祀的神农、后稷等农

---

① 对于北京先农坛承载的中华传统文化精髓，也有学者做了一定的探讨，比如张小古：《北京先农坛建筑群整体价值与保护利用研究》，《中国紫禁城学会论文集》（第七辑），北京：故宫出版社，2012年版，第228—242页。

神，还有天地山川、风雨雷电、五岳四海等，由此展现了古人对大自然的敬畏，体现了敬天明德的理念。另外，在这里进行祭祀先农神，也是古人尊祖敬宗的集中体现。毕竟，这种传统源远流长，更是中华民族的先祖们传承下来的传统，能够继承弘扬这个传统，这本身就是尊祖敬宗的集中体现。

先农坛祭祀的先农是神农氏，即炎帝，是华夏的始祖之一。神农氏是中国农耕文明的奠基人，也是农业之祖，因为“教民耕农，故号曰神农”。[①] 神农不仅教人耕种、发明农具、亲尝百草，还发明了弓箭、制陶、建房等。从南朝开始，神农被尊封为先农，并列入祭祀对象。每到春季，朝野上下都对他进行祭拜，祈求五谷丰登。总之，神农是中华文明的奠基人，对他的祭奠，体现了中华民族对祖先的崇敬，尊祖敬宗，同时也是对农业的重视，体现了古人以农为本的治国理念。基于这个理念，实际上在每年春季都会进行祭祀先农神、天地神祇，并率领三公九卿亲自耕地。

到了清代，皇帝在藉田之际，还演奏音乐《三十六禾词》。值得一提的是，清代《三十六禾词》又称《禾词谱》，这是清皇帝祭祀先农神专用的词曲，由当时的大学士蒋廷锡撰写，这首词集中体现了清皇帝敬天明德、尊祖敬宗的思想，其文曰：

---

① ［汉］司马迁撰，［南朝宋］裴骃集解，［唐］司马贞索隐，张守节正义：《史记》卷一《五帝本纪》，北京：中华书局，1959年版，第3页。

光华日月开青阳，房星晨正呈农祥。帝念民依重耕桑，肇新千耤考典章。

告蠲元辰时日良，苍龙銮辂临天阊。青坛峙立西南方，牺牲簠簋升芬芳。

皇心祗敬天容庄，黄幕致礼虔诚将。礼成移跸天田旁，土膏沃洽春洋洋。

黛犁行地牛服韁，司农穜稑盛青箱。洪縻在手丝鞭扬，率先稼穑为民倡。

三推一拨制有常，五推九推数递详。王公卿尹咸赞襄，甸人千耦列雁行。

耰锄既毕恩泽滂，自天集福多丰穰。来牟荞苍森紫芒，华芗赤甲糾秆秎。

秬秠三种黎白黄，稷粟坚好硕且香。穈芑大穗盈尺长，五菽五豆充垄场。

穄粱穈黎九色粮，蜀秫玉黍兼东廧。乌禾同收除童粱，双岐合颖遍理疆。

千箱万斛收神仓，四时顺序百谷昌。八区九有富盖藏，欢腾亿兆感圣皇。①

这首诗肯定了皇帝对农耕、农桑的重视，并记载了当时皇帝亲临先农坛祭祀农神的场景：一方面，皇帝选择良辰吉时来到先农坛，同时预备了丰富的猪牛羊、五谷等祭品；另一方

① 赵尔巽等:《清史稿》卷九十七《乐四》，北京：中华书局，1977年版，第2873—2874页。

面，皇帝非常恭敬地进行祭祀，祈求五谷丰登。随后，皇帝和大臣们亲自到农耕地里耕地，通过身体力行，倡导民众重农。最后，这首诗还对当年农业收成进行了预测，认为必将是风调雨顺、五谷丰登。在这首诗里，也集中体现了皇帝及大臣们对天地鬼神的敬畏，对祖先福佑的感恩之情。

也就是说，从周朝开始，天子亲耕是一个礼仪传统，并形成了天子三推之礼制，自此以后这个传统得到了后世君王的继承与发展。到了明清时期，这个传统也得到了朝廷的重视。雍正皇帝还在以往天子三推之礼的基础上，又增加了一推，即多耕作一个来回以表示重农务本之意，这种做法本身就是对传统的继承与发展。乾隆即位之后，也继承了这个四推的礼制。他还曾说道：

我皇祖建此丰泽园于西苑，以劭树艺而较晴雨。至于皇考岁举耕藉之典，必先演耕于园北弄田，以视周家世业，肯获者有过无弗及。[①]

康熙、雍正等亲自藉田，乾隆幼年耳濡目染，深受他们的影响，所以在他即位之后，对于父祖两辈人重视农耕的做法进行了继承，以至于他在位期间曾参加祭祀先农神、藉田礼数十次之多。由此可见，先农坛作为明清时期祭祀农神的重要场所，集中体现了古人对大自然的敬畏、体现了对祖先的感恩之

① ［清］弘历：《御制文初集》卷七《春耦斋记》，台北：台湾商务印书馆，1986年版影印版，第1301册，第68页下。

情，更为主要的是，元明清时期的先农坛作为祭祀农神之地，一直得到朝廷的高度重视，并成为以农为本治国思想的集中体现。

总之，先农坛作为中国古代祭祀农神的重要祭祀场所，充分体现了古人重农固本的思想。毕竟，在古人看来，农业是社会稳定的基础，也是财富的来源，《周易》有云："不耕获，未富也。"[①]重农务本是中华民族非常重要的理念，并得到了历朝历代君王的高度重视，不仅通过专门祭祀的方式体现这种思想，更是将此作为国家治理的基本观念，并在民间广泛流传有"谷乃国之宝，民以食为天"的俗语，等等，这些都充分体现了古人重农的观念。

2. 民为邦本，本固邦宁

在中国古代历朝历代对祭祀都很重视，在古人看来，"国之大事，在祀与戎"。[②]祭祀是古人非常重视的日常行为，更是皇家为了凸显尊贵的重要方式。其中，祭祀农业也是古代礼仪的重要组成部分，更是对人事重视的体现。根据《礼记》记载，在周朝就已经有了"耒礼"，即天子作为表率，亲自躬耕于田野之中，以此勉励民众勤于稼穑。《谷梁传·桓公十四年》也记载说，当时的诸侯在春秋时期会亲自耕地以供奉农神。后代都有继承与发展。

---

① ［魏］王弼注，［唐］孔颖达疏：《周易正义》卷三《无妄》，北京：北京大学出版社，2000 年版，第 137 页。

② ［周］左丘明传，［晋］杜预注，［唐］孔颖达疏：《春秋左传正义》卷二十七《成公十三年》，北京：北京大学出版社，2000 年版，第 867 页。

先农坛作为明清时期皇家祭祀农神的地方，也得到了前所未有的重视。根据《大明会典》卷九十二记载，朱元璋于洪武二年（1369）二月，在南京南郊建造先农坛，每年祭祀农神并亲自耕田。后永乐皇帝在北京仿照南京先农坛建造了山川坛，包括皇帝更换祭服的具服殿、面积为一亩三分地的演耕地、演耕地北面的观耕台、储藏皇帝亲耕地所产粮食的神仓等，并规定后嗣皇帝都要在登基之际，来山川坛举行亲耕礼，以表示对农业、民生的重视。明万历四年，山川坛更名为先农坛，更加凸显了朝廷重农的理念。

到了清代，祭祀也是国家大事，在当时吉、凶、宾、军、嘉五礼之中，光吉礼就分为大、中、群祀三类78种之多。在清代，祭祀先农坛属于中祀中的重要礼仪，这与当时的祈谷礼一并作为农业祭祀的礼仪。清朝皇帝都重视农业，比如雍正皇帝在位13年，就多次在先农坛进行祭祀，并绘制了《祭先农坛图》（此图共两卷，一卷今藏于故宫博物院，一卷今藏于法国巴黎吉美东方艺术馆）[①]。从这可以看出来，清朝对祭祀农业非常看重，尤其是看重农业作为社会发展的基础地位。

在古代，天子祭祀完先农，一般都要到藉田进行亲自耕种。藉田是周代就专门为天子开辟的一块土地，以供天子亲耕。按照《礼记》记载："天子亲载耒耜，率三公九卿诸侯大

---

① 对于这幅图今人有学者进行分析，参考刘潞：《〈祭先农坛图〉与雍正帝的统治》，载于《清史研究》，2010年第3期。

夫躬耕帝藉。天子三推，三公五推，卿诸侯九推。”[①]这种藉田礼在中国延续了三千年左右，充分体现了天子对农业的重视。比如清朝雍正皇帝不但自己亲自祭祀先农，还亲自进行藉田礼，不仅如此他还为此亲自写诗咏赞此举：

农事惟邦本，先民履亩东。
翠华临广陌，彩轭驾春风。
礼备明神格，年期率土丰。
劝耕时廑虑，敢为异劳躬。[②]

雍正认为农业是社会发展的根本，工商等事业可比，“农为天下之本务，而工贾皆其末也”[③]，故为此他亲自祭祀先农，礼仪都非常完备，以此来表达了对经济发展、民生事业的重视。乾隆皇帝作为康乾盛世的创造者，对农业更是重视有加，他曾多次参与祭祀先农神，并在其《劭农纪典》写下了多首表达了对农业重视的诗歌，比如开篇诗句就这样说道：“布政宜敦本，当春乃劝农。良辰耕帝耤，膏雨遍畿封。”[④]这首诗是乾隆五十四年（1789）即他79岁在先农坛进行藉田礼时所作，

① ［汉］郑玄注，［唐］孔颖达疏：《礼记正义》卷十四《月令》，北京：北京大学出版社，2000年版，第539—540页。

② ［清］胤禛：《世宗宪皇帝御制文集》卷二十八《耕藉》，台北：台湾商务印书馆，1986年影印版，第1300册，第212页上。

③ 《世宗宪皇帝实录》卷五十七，北京：中华书局，《清实录》第七册，1985年影印版，第867页上。

④ ［清］弘历：《御制诗集》卷五《辛酉仲春耕藉》，台北：台湾商务印书馆，1986年影印版，第1302册，第149页下。

这首诗集中表达了乾隆对农业的重视，并认为它是治国理政的根本所在。正因为如此，他本人也亲自耕地，以做天下人的表率。

可以说，先农坛是中国古代祭祀先农的重要场所。一方面古代君王重视祭祀神农，另一方面他们也通过不断丰富完善祭祀礼仪，以此凸显对农业的重视。其中，藉田礼是重要的体现。君王亲耕礼源远流长，殷墟甲骨中就有相关的记载。周代，天子亲耕礼非常完备。汉代以后，每逢正月，皇帝都会选择吉日祭祀农神，并亲自扶犁耕田，王公大臣也会仿效进行。到了明清时期，皇帝亲耕礼更加的具体化、丰富化。这些都充分体现了古代君王、皇帝对农业的高度重视，毕竟它是社会发展的根本所在，更是维护社会稳定的基础。对农业的重视，也是对民生、百姓的重视，这也是中国古代以民为本、民本思想的重要体现。

到了清朝后期，先农坛的祭祀曾遭到破坏，尤其是鸦片战争爆发后，祭祀制度也开始废弛。清朝灭亡后，祭祀礼仪基本废止。在民国时期，先农坛被开放作为公园，成为了民众游览场所。先农坛的功能从传统的祭祀场所，变成了民众可以自由游览的公园，从而体现了它的公共性、人民性。正如当时的开放公告所说：

本所……爰就永定门街西先农坛屋宇，为开办地点……兹定于民国二年一月一日，共和大纪念之日起，十日止，为本所开幕之期。是日，各处一律开放，不售入场券，凡我国男女，吾界外邦人士，届时均可随意入内观览。[1]

从这条开放公告就可以看出，先农坛的开放对象是全国的公民，也包括在中国的外国人士。由此充分体现了以人为本、以民为本的治国思想。1917 年，北京京都市政公所甚至将先农坛的外墙拆除，北部开辟为市场，南部开辟为城南公园，对公众开放。不仅如此，当时市政公所还积极修缮先农坛建筑，广种树木，使先农坛真正成为民众自由游览的大众公园。20 世纪 30 年代，政府还将先农坛的东南角修建为体育场。这些种种举措都充分体现了政府及先农坛管理的基本理念，即以民为本、以人为本，就是要让人人都共享先农坛承载的中华传统文化及优美的人文景观。

总之，自古及今，先农坛作为古人祭祀神农的重要场所，充分体现了对农业、民生的高度重视，这自然是古代政治理念中以民为本、民本思想的重要体现。不仅如此，随着民国以来，先农坛的修缮及开放，这里已经成为了中外游客自由参观、游览的重要场所，这也体现了中华传统文化中以人为本的思想。不能不说，先农坛是中华传统文化人文精神、民本思想的集中体现之地。

3. 为政以德，身先士卒

在中国古代，儒家学说一直是官方意识形态，儒家国家治理的目标就是要建立一个王道社会。怎么建立呢？孔子主张

---

① 中国第二历史档案馆整理编辑：《政府公报》第 8 册，上海：上海书店，1988 年版，第 817 页。

“为政以德”[①]，就是说以道德的原则治理国家，这种“以德治国”的思想其实就是对上古三代尤其是西周“以德治国”思想的继承与发展。在“以德治国”理念中，孔子非常强调最高统治者的模范作用，这自然也是古人勤政爱民的集中体现。如孔子说：

政者，正也。子帅以正，孰敢不正？（《论语·颜渊》）

其身正，不令而行；其身不正，虽令不从。（《论语·子路》）

苟正其身矣，于从政乎何有？不能正其身，如正人何？（《论语·子路》）

意思是说，对于统治者而言，执政最关键的就是自身要“正”，扮演好自己的角色，上行下效，自然会形成无为而治的效果。在孔子看来，社会治理主要取决于统治阶层的德行、价值倾向，他们对社会有重要的示范作用，如孔子在回答季康子如何执政的时候就说道：“君子之德风，小人之德草；草上之风，必偃。”（《论语·颜渊》）

正是由于儒家强调治国理政的关键在于君王的表率作用，所以历朝历代的君王都非常注重自己言行的示范意义。其中，中国古代的亲耕礼尤其是明清时期的皇帝在先农坛的祭祀礼仪，充分体现了这一点。对此如有学者所言：

① ［魏］何晏注，［宋］邢昺疏：《论语注疏》卷二《为政》，北京：北京大学出版社，2000年版，第15页。

皇帝在一亩三分地示范春耕，不仅仅寓意该演耕地为皇帝专用，更寓意皇帝号召自己统治国土范围内的全民，在春天到来之际及时开展耕作活动，以利于来年五谷丰登、国泰民安。此外，古人把农业当作万物之本，通过祭祀农神来表达对农业丰收的祈愿，是古人朴素哲学观的表现。而古代帝王在春耕时分，亲自下地耕田扶犁，为天下做示范，以劝诫全民课农，鼓励农业发展，体现了一种表率精神。由此可以认为，亲耕礼为我国传统文化精华的重要组成部分。[①]

中国古代也都注重通过自己的具体行动来表达示范带头的作用，其中亲耕礼便是如此。明清时期的皇帝在先农坛通过亲耕礼向天下的官员、百姓表达了对农业的重视、对民生的关注。总之，在中国古代源远流长的藉田礼，充分体现了古代君王为政以德、勤政爱民的治国理念。

可以说，藉田礼从西周开始，一直到清代，被历朝历代皇帝及官员继承，成为了一项基本的礼仪制度，这也是古代治国理念的集中体现。比如雍正曾亲自祭祀先农，并亲自耕藉，不仅如此，他还曾颁布诏令让全国各级官员都要亲自进行藉田礼：

朕欲令地方守土之官，行耕藉之礼，使之知稼穑之艰，悉农

① 周乾：《“一亩三分地”：古代农业发展的朴素哲学观》，《科技日报》，2020年3月20日，第8版，第2页。

民之苦，量天时之晴雨，察地力之肥硗。[①]

皇上躬亲胼胝之劳，岁行耕耤之典，嘉禾叠产，异瑞骈臻。今复行令地方守土之官，俱行耕耤之礼，仰见皇上敬天勤民，重农务本之至意。宜恪遵上谕，通行直省督抚，转行各府州县卫所，各择洁净之地设立先农坛及耤田，自雍正五年为始，每岁仲春亥日各率所属官以及耆老农夫致祭先农之神，照九卿耕耤行九推之礼。[②]

所以，当时朝廷要求各地都要仿照皇帝祭祀先农的礼仪及做法进行推广，以此来彰显朝廷对农业的重视。总之，从周代开始，当时的天子为了鼓励民众重视农业与耕作，就开始推行“耒礼”，到了清代这项礼仪继续得到了继承。康熙时期更是将之称之为“亲耕”“演耕”。这些种种的史实，都充分体现了古人对于政事的重视，希望五谷丰登、社会太平，正如《乾隆十七年御制祭先农坛诗》所写的：“三推敢懈勤民志，七奏唯宣望岁情。”[③]

总体来看，“天子亲耕”源于《周礼》，是古代的重要礼制，也是古代重要的政治事务，天子通过亲耕礼，来表达对社会政治、民生事业的关注，以及对农业、民生的重视。总之，亲耕礼是古代政治的重要象征，更是“以德治国”政治思想的

---

① ［清］光绪:《大清会典事例》礼部中祀耕藉，卷三一三。

② ［清］光绪:《大清会典事例》礼部中祀耕藉，卷三一三。

③ ［清］弘历著，蒋溥等编:《御制诗二集》卷三十三《先农坛》，台北：台湾商务印书馆，1986 年影印版，第 1303 册，第 619 页下。

重要内涵所在。

4. 敬畏自然，行之以礼

先农坛中的山川坛是明清两代皇帝祭祀先农、山川、太岁、神祇诸神的地方。山川坛明永乐十八年（1420）建于北京南郊，嘉靖九年（1530）改建，次年改名为天神地祇坛。清乾隆十九年（1754）重修。山川坛由先农坛、天神坛、地祇坛、太岁坛、地祇坛等13坛组成。先农坛是其中的一坛，是祭祀先农神的地方，建于明嘉靖年间。清代将山川坛称为先农坛。这些都体现了古人对于自然的敬畏。毕竟，在古人看来，天地、山川、雷电、风雨等都与农业有直接的关系，所以在生产劳动中，与自然和谐相处，对它们持敬畏的态度，是十分必要的，这也是古代天人合一的思想。

正因为如此，古人对于天地鬼神的祭祀非常重视，故在建筑规制上也体现它的隆重性。作为先农坛中最重要的建筑——太岁殿建筑群位于先农坛的中心地带，是祭祀太岁及春夏秋冬等自然神灵之地。其东邻神仓，西近神厨，南为俱服殿。太岁殿是明清时期专门祭祀太岁神和从祀十二月将神的祭坛。太岁殿是先农坛中最雄伟的一组建筑，占地800平方米，包括太岁殿、拜殿和东西庑殿，其跨度仅次于故宫太和殿。可以说，先农坛及太岁殿是我国古代敬畏自然、重视礼制的典范，如有学者研究后认为：

北京先农坛，从选址、规划以及祭祀礼仪等方面，是中国古代礼制制度与古代建筑、规划设计思想以及中国古代方位观、时空观等思想学说完美结合的产物，它成功地把古人对先农神的崇拜、对山川、太岁、天地神祇的敬仰以及对这些自然神的祈愿表现得淋漓尽至。纵观历史，各朝各代几乎均建坛祭拜，而北京先农坛是完整保存下来的仅有一例，是古人的杰作。[①]

先农坛作为古人敬畏自然、重视祭祀礼仪的载体，是目前现存唯一完整的祭坛。其中，宰牲亭院落是祭祀先农坛内诸神时宰杀牺牲的地方。室内明间正中心有一洗牲池，池上下都有排水口，宰牲过程中产生的毛血等物可流入其中。宰牲亭的屋顶形式为重檐悬山顶，这种形式在国内现存的明代官式建筑中是罕见的，被誉为“明代官式建筑中的孤例”，其集中体现了古代的祭祀礼仪细节。可以说，先农坛及其所属建筑所承载的中华传统礼乐文化，体现在各个细节之中。

由于先农坛是祭祀天地山川、鬼神之地，所以自古以来形成了一套非常烦琐的祭祀礼仪[②]，由此充分体现了古代帝王对自然及农神的敬畏与感恩之情。到了明清时期，皇帝继续继承了古礼，并亲力亲为，更加恭敬谨慎。如《明史》记载了弘治皇帝亲耕礼的流程。亲耕礼之前，参加亲耕礼的百官都要提前斋戒。相关官员会提前将耕种用的耒耜、种子呈给皇帝验看。亲耕礼开始之后，由户部尚书、顺天府官员分别向皇帝敬上耒

---

① 韩洁：《北京先农坛建筑研究》，天津大学硕士学位论文，2005年6月未刊本，第1页。

② 对于古代祭祀先农神的礼仪，可参考韩洁：《北京先农坛建筑研究》，天津大学硕士学位论文，2005年6月未刊本，第24—27页。

耜、鞭子。皇帝就一手持鞭、一手扶着耒耜，在地里来回耕种三次。顺天府的官员就在后面撒播种子。随后，皇帝将耒耜、鞭子交给官员，然后自己登上观耕台，观看官员耕地。亲耕礼完成之后，百官向皇帝行庆贺礼，皇帝对参加礼仪的官员进行赏赐。这就是明代皇帝举行亲耕礼的基本流程。

清朝建立之后，康熙、雍正、乾隆等皇帝基本上继承了明朝亲耕礼。不仅如此，他们为了重视这个礼仪，还在丰泽园进行演练。对亲耕礼的重视，本质上是对农业、民生的重视，如雍正曾经下诏说道：

> 礼曰：天子为藉千亩，诸侯百亩，则耕藉之礼亦可通于臣下矣。朕意欲地方守土之官俱行耕藉之礼，使之知稼墙之艰难，悉农民之作苦，量天时之晴雨，察地力之肥硗，凡为官者存重农课稼之心，凡为农者无苟安怠惰之习，于养民务本之道大有裨益。[①]

从雍正的诏令，就可以看出，朝廷重视亲耕礼，以及恭敬举行比较烦琐的礼仪，实际上是对农业的重视，对民生事业的关注，由此通过身先士卒、行之以礼的作法，来彰显自己重农、重民的态度，“养民务本之道大有裨益”。

正是由于古人对于农业的重视，所以在北京城专门建立了祭祀农神的祭坛，以此表达对农神、农业的重视，这也是中国古代礼仪的重要内容之一，成为皇帝日常礼仪不可忽视的重

① 《钦定皇朝通典》卷四十四，台北：台湾商务印书馆，1986年影印版，第642册，第545页下—546页上。

要组成部分：

北京先农坛，自明永乐营建北京城兴建始，至清朝灭亡失去其历史功能，在这段近600年的岁月里，先后有25位皇帝270余次或遣官或亲自御驾先农坛，祭享先农、扶犁亲耕。明清时期，躬耕藉田已经成为封建帝国的一项不可忽视的典章制度。尤其是清朝康乾盛世，皇帝基本每年都要御诣先农坛行亲耕礼，甚至亲耕前后还要在宫苑内行演耕礼。无论是祭享先农还是行耕藉礼，各项有关的规章制度、典礼仪程以及禾词乐歌，都要进行仔细修订、认真演练，其制度之周详完备、规模之隆重盛大、皇帝之重视程度，在此时都达到高峰。[①]

在中国古代祭祀礼仪是五礼之一，是国家重大的事宜，明清诸帝在先农坛举行亲耕礼、祭祀礼仪都充分体现了对农业的重视，以及以礼治国的基本思想。正是由于这种以礼治国的理念，极大地维护了明清时期的社会秩序与国家控制，从而为大一统王朝提供了有力的保障。

总之，明清时期北京先农坛的存在，充分体现了明清诸帝对大自然的敬畏，对农业的高度重视，从而在先农坛恭敬地践行礼仪，以此来表达对农业的重视。进而言之，这种基于对大自然的敬畏、对礼仪的恭敬，也充分彰显了他们以农为本、以民为本的治国理念，正因为如此，为明清时期的社会政治、

① 董纪平：《北京先农坛三析》，《中国紫禁城学会论文集》，第五辑，北京：紫禁城出版社，2007年版，第783页。

思想文化的发展，提供了强有力的物质保障。

（三）先农坛的现代价值及其保护

先农坛作为元明清时期祭祀农神的重要场所，集中体现了古人对于农业的高度重视，正因为如此，推动了中华文明、文化的传承与发展。尽管清朝结束以后，先农坛被开放作为了公共活动场地，但是先农坛所承载以农为本、以民为本的文化精神，依然得到了现代社会的认可与称赞。可以说，先农坛依然是我们重农传统的精神标志，依然需要我们关注。在申报世界文化遗产之际，先农坛的保护开发更应该与时俱进，做好保护开发工作，由此传承古人对农业、民生的重视。

1. 尊重历史，整体性保护文化建筑

对于先农坛的保护，在民国时期已经开始。在先农坛内，存在着很多的参天松柏，民国时期的人民已经开始重视并积极保护，《燕都丛考》记载云：

> 然园中古柏参天，苍松偃地，神祇坛内左右森列数十株，偃蹇扶疏，实较他处为奇古。民国十六年，内务部以薪俸无所出，几欲伐之以为薪，嗣以市民力争，事始中辍。[①]

从这可以看出，民国时期随着先农坛被辟为公园，人们

① 陈宗蕃：《燕都丛考》，北京：北京古籍出版社，1991 年，第 160 页。

已经注重保护先农坛中的古树，说明人们也认识到了古树的价值。新中国成立之后，先农坛继续向民众开放，但是先农坛的部分被先农坛体育馆、育才中学等单位占用。这在某种意义上，也起到了保护作用。

随着当代北京中轴线申遗工作的推进，先农坛作为其中的标志性建筑之一，其作为历史文化遗产自然需要得到有力的保护。毕竟，在先农坛内，大部分建筑都保留了明代的风格，比如太岁殿的主体建筑、观耕台、神仓、庆成殿等。另外，先农坛内的众多文物都被一些单位占用，以至于文物建筑分散各处，这对于先农坛的整体性保护、开发有极大的影响。所以，如何腾退或者采取合作的形式，实行对先农坛最大程度的保护显得十分必要。其中，也包括对先农坛内的名木古树的保护。总之，先农坛依然是明清时期祭坛的典范建筑，具有十分重要的历史文化价值、文物遗产价值等，保护刻不容缓。

2. 发掘其所承载的农耕文化价值及意义

对于先农坛，以往海内外的学者多关注先农坛的历史、史料、祭祀礼仪、典章制度及现有建筑的保护与修缮，而对于其本身所承载的传统文化精髓鲜有作系统深入的研究，这种研究现状实际上与世界文化遗产申遗的要求还有一定的差距。毕竟，先农坛是我国数千年农耕文化的重要载体，它也从各方面体现着历史、文化、科技、艺术等方面的价值。由于世界文化遗产组织也非常注重对文化遗产所具有的文化价值、普遍价值的揭示，以此让更多人分享这种精神财富。可以说，先农坛作为中国古代祭祀先农的祭坛，具有十分重要的历史意义，也是具有很重要的艺术价值，如有学者所言：

中国古代大规模的建筑组群，如城市、宫殿、坛庙、寺观、陵寝、皇家园林等等，其建筑外部空间的布局处理，鲜明显现了中国传统建筑艺术的一大突出特色和卓越成就。北京紫禁城、天坛都是杰出的典范，就是已有582年历史的北京天坛，它们分别作为我国、也是全世界现存最大最完整的古代宫殿、坛庙建筑群，在建筑外部空间设计方面，表现出高超精湛的艺术造诣，达到了极高境界，以其非同凡响的气势和魄力，为举世瞩目，交口赞誉。北京先农坛作为北京城南北中轴线上一处与天坛东西相对的坛庙建筑群，在建筑外部空间设计方面，也具有强烈的艺术感染力。[①]

先农坛作为中国古代祭祀农神的地方，非常庄重、严肃，所以这里的建筑的规制、礼仪等都非常讲究，由此造就了高超的建筑艺术造诣，成为中国古代建筑史上的杰作。不仅如此，先农坛承载着中国古代重农务本、以民为本、为政以德等文化精髓，这对于我们今天依然有十分重要的价值与意义。所以，传承弘扬其所蕴涵的思想意义，依然极为必要。

另外，在中国古代，农业是社会的根本，也是国家安全、稳定的重要保障。所以，历朝历代的君王都注重农业生产与发展，祭祀农神自然也成为了重要的政治活动。即使在今天，农业对于我们社会主义建设来说依然十分重要，“三农”问题依

① 韩洁：《北京先农坛建筑研究》，天津大学硕士学位论文，2005年6月未刊本，第112页。

然是构架社会关注的焦点所在。不仅如此，重视农业不仅仅是中华文化的传统，也是世界范围内的普遍意识，所以先农坛所承载的重农观念、以民为本的思想具有全世界普遍的意义，如有学者所总结的：

对农神的崇祀在世界上许多农业文明古国都曾有过。北京古代建筑博物馆的展厅里我们可以看到古印度的地母神、玛雅文化的农业女神、印第安的玉米神、两河流域的丰产女神等等。东南亚、日本、韩国等地受中国文化影响以及本土文化中都有对各种农神的祭祀活动。韩国汉城每年的四月在城东门广场举行大型的祭祀先农活动，据说活动由具有一定地位的人担任主祭人，同时举办大型的欢庆活动，农者欢跳农乐舞，高举着“农者天下之大本”的字幛，以此预祝一年的好收成。在韩国的汉城，祭祀先农活动被列入有形文化遗产的名录中，历史文化得到很好的保护与发扬。[①]

就是说，在人类文明的早期，不同的文明都注重农业生产，都对农业充满了敬畏而深厚的感情，所以祭祀农神是世界上主要文明体系的基本做法。东南亚各国也深受中华文化的影响，对农业及农业神非常重视，并形成了具有东亚模式的祭祀农业神的传统。

总之，重视农业、祭祀农业是世界主要文明体的共识，

① 董纪平：《北京先农坛三析》，《中国紫禁城学会论文集》，第五辑，第780页。

具有普遍的意义。基于此，我们基于对先农坛的保护、开发，继承弘扬中华文化中以农为本、以人为本的理念，进一步发掘先农坛的文化价值，在世界范围内传承弘扬中华文化，为中华文化的现代化、全球化做出进一步的努力与贡献。

3. 恢复祭祀礼仪，传承古代文化

在中国古代，农业是国家的根本，得到了社会各界的重视，先农坛作为皇家祭祀先农的重要祭祀场所，充分体现了古代的祭祀文化、治国理念。农业至今依然是国家非常关注的产业。所以，通过在先农坛举办相应的祭祀先农的活动，可以激发人们对于“三农”问题的关注，也可以号召人们珍惜粮食、传承文化。

另外，在先农坛已经建成了北京古代建筑博物馆，向公众介绍大量古代建筑的历史文化知识。当然，这依然不够。在这里，我们不仅可以收藏中国古代的建筑文物，还可以通过互联互通、合作共建等多种形式，并借助现代的技术，将很多濒危消亡的古建筑实物、技术等进行数字化保存或者复原，让人们可以通过数字化的方式进行了解，让人们更加重视中华传统的古建筑文化，从而传承文化、弘扬民族精神。

小结

先农坛是中国古代重农、民本思想的集中体现，更是传承、弘扬了中国古代以礼治国、以德治国的传统。所以，作为中国古代尚农重农、民本思想的精神载体——先农坛，极大地继承弘扬了这个传统。明清诸帝在这里举行亲耕礼，已经不是简单意义上的耕作，以及礼仪的举办，而是体现了其内在的重要精神价值与政治意义。所以，北京先农坛已经超越了祭祀农业本身的价值与意义，它具有十分重要的社会政治性，体现了中华民族“以德治国”“以民为本”“重农务本”等治国思想。

不仅如此，基于北京先农坛所展现的重农思想也具有当前的现实意义，今天的“三农”问题依然是国家社会关注的焦点，是国家社会稳定与发展的定海神针。发展农业、粮食生产也是全球普遍存在的社会议题，所以如何基于北京先农坛传承弘扬中华传统重农、民本的思想，既有深厚的历史文化传统意义，更有普遍的全球化意义。

三、天坛

天坛是明、清两代帝王祭祀皇天、祈五谷丰登之场所。它始建于明永乐十八年（1420），清乾隆、光绪时曾重修改建，后改为天坛公园。天坛现为世界文化遗产，全国重点文物保护单位，国家AAAAA级旅游景区，全国文明风景旅游区示范点。

天坛是圜丘、祈谷两坛的总称，它有坛墙两重，形成内外坛，坛墙南方北圆，象征天圆地方。主要建筑在内坛，圜丘坛在南、祈谷坛在北，二坛同在一条南北轴线上，中间有墙相隔。圜丘坛内主要建筑有圜丘坛、皇穹宇等等，祈谷坛内主要建筑有祈年殿、皇乾殿、祈年门等。根据现代人的测算，外墙周长6553米，南北墙的距离为1657米，东西墙的距离为1703米。总占地面积为273公顷，这比明清故宫紫禁城的面积还大。天坛是目前所存占地面积最大的古代祭祀性建筑群。

（一）天坛的历史沿革

如果追溯历史的话，天坛祭天的历史源远流长，开始于先秦。不过，就北京的天坛祭天的传统，一般开始于金人所建的中都南郊坛。

金中都的南郊坛，是金海陵王迁都金中都以后建造的。它位于金中都正南门丰宜门外的东侧。南郊坛为圆形，所以也称为南郊圜丘坛或圆坛。圆坛共有三层，每一层之间有十二级台阶。在每年的冬至日，当时的皇帝就率领群臣在这里祭祀天地。由于当时的祭祀是天地合祭，非常的隆重，所以称为大祀。

到了元代，将元中都改为大都，并在元大都的东南七里建造祭坛，大体位置在今天的永定门外。有学者认为这个有可能就是金中都的南郊坛[①]。那就是说，在元代初年，朝廷沿用了金中都的南郊坛。后来，元朝建立新城，并在新城的南正门丽正门外建立了南郊坛。当时依然采用的是昊天上帝与皇地祇并祭。

天坛最初建于明成祖永乐十八年（1420），最初的名字为“天地坛”，就是说这里是皇帝祭祀天地的地方。

明嘉靖九年（1530），嘉靖皇帝根据大臣所言：“古者祀天于圜丘，祭地于方丘。圜丘者，南郊地上之丘，丘圜而高，以象天也。方丘者，北郊泽中之丘，丘方而下，以象地也。”[②]于是决定天地分祭，在大祀殿南建圜丘祭天，在北城安定门外建方泽坛祭地。

嘉靖十三年（1534）圜丘改名天坛，方泽改名地坛。明

---

① 朱正伦、李小雁：《城脉：图解北京坛庙》，北京：北京大学出版社，2013年版，第5页。

② ［清］于敏中等：《日下旧闻考》卷五十七《城市·外城、南城·一》，北京：北京古籍出版社，1985年版，第916页。

世宗专门下旨称："圜丘、方泽今后称天坛、地坛。"[①] 大祀殿废弃后，改为祈谷坛。嘉靖十七年（1538）祈谷坛被废，于嘉靖十九年（1540）在坛上另建大享殿。嘉靖二十四年建成。

清世祖福临定都北京之后，在明朝圜丘坛、大享殿的基础上，重修改建了圜丘坛、祈谷坛，并合称为天坛。当时天坛的主要建筑为圜丘坛、皇穹宇、祈谷坛、祈年殿、斋宫、神乐署等等。

清乾隆十二年（1747），改建天坛，加大了圜丘的尺寸，重新雕刻了当时的地面、台基、栏杆，并将大享殿改为祈年殿，将原来颜色不同的三重檐，全部改为青色。光绪十五年（1889），朝廷对天坛进行大规模的修缮，这次修缮是清朝最后一次大规模修缮的工程。1918 年，天坛辟为公园。1949 年，新中国成立后，经过多次修缮，天坛成为了我们今天看到的规模与状态。

（二）天坛承载的中华传统文化精髓

中华文明是基于农耕生产而兴旺发达、长盛不衰，正因为如此，古人对于天地自然产生了深深的崇敬与祈盼之情。于是，古代帝王为了风调雨顺、国泰民安，就会通过祭祀天地的形式，以获得它们的护佑。天坛作为明清时期帝王与天神沟通的重要媒介，是对上古以来帝王对天地祭祀文化的继承与发

① ［清］于敏中等：《日下旧闻考》卷五十七《城市・外城、南城・一》，北京：北京古籍出版社，1985 年版，第 922 页。

展。可以说，以天坛为代表的坛庙文化在中国古代非常繁荣，是中华礼乐文明的重要体现。

天坛作为祭祀天帝的重要场所，集中体现了我国古代天人合一、感恩意识，以及孝道、教化等思想。圜丘坛作为天坛内的主体建筑，始建于明嘉靖年间，经过明清两代的修缮成为了我们今天看到的基本形制。圜丘坛的设计，从建筑的数字、功能、造型等多个方面都充分体现了古人的祭祀礼仪、哲学理念，是中华祭祀文化的集中体现[①]。

1. 天生万物，天人合一

在中国古代，上天有着至高无上的地位，它是天地万物的源头，更是一切价值的内在根据。基于先民们对天的崇敬，所以古人重视天、祭祀天。对于上天的祭祀，充分体现了人们对于自然的敬畏，并通过各种形式来展现上天的至高无上性，由此形成了一套系统的祭天礼仪。

古代祭祀上天的礼仪源远流长，并在周代形成了非常完备的祭天礼仪，根据周礼，冬至日，天子要到南郊的圜丘祭祀上天，《周礼·春官·大司乐》称："冬日至，于地上之圜丘奏之。"[②]唐人贾公彦疏曰："土之高者曰丘，取自然之丘。圜者，

① 对于天坛相关的文化内涵，有学者做了一定的探讨，比如周乾:《天坛圜丘坛的数字"密码"》,《科技日报》，2020年9月4日第8版。王辉:《北京天坛及其周围街区的历史保护研究》，北京林业大学硕士学位论文，2004年6月未刊本。刘媛:《北京明清祭坛园林保护和利用》，北京林业大学博士学位论文，2009年6月未刊本。

② ［汉］郑玄注，［唐］贾公彦疏:《周礼注疏》卷二十二《春官宗伯·大司乐》，北京：北京大学出版社，2000年版，第689页。

像天圜也。”[①] 唐代初年在长安城南专门建有圜丘坛，在每年冬至日祭祀昊天上帝，宋代沿袭了此礼。金中都的南郊圜丘坛或曰圆坛，也是当时金人在每年冬至日祭祀昊天上帝的重要场所。当时，金人的南郊坛祭祀是天地合祭。元人也基本继承了这一传统。明朝迁都北京之后，在明世宗时期将南郊坛专门用来祭天，并在北边建立了方泽坛来祭地，此后天地分祀的制度正式确立。

可以说，元明清时期最终建成的天坛充分体现了古人天生万物、天人合一的思想观念，不仅如此，在天坛的建筑规制上也充分体现了这一思想。一方面，作为天坛的祈年殿是中国古代所有攒尖建筑物中等级最高的，其中供奉着蓝底金字的“皇天上帝”的神牌。祈年殿为圆形建筑物，象征着天圆。殿内有龙井柱四根，代表着一年四季，外圈有内柱（金柱）和外柱（檐柱）各十二根，分别代表了天干地支，一天的十二个时辰、一年的十二个月、二十四节气以及东西南北中、金木水火土五行等。这些都充分体现了古人的精神理念。

在圜丘坛背面的皇穹宇中，放置着“昊天上帝”的牌位。“昊天上帝”又称皇天上帝、天帝等，他是中国神话传说中的“众神之主”，是中国古代万事万物的主宰。昊天上帝，也叫上帝，在古代是“天”的别称，如郑玄就曾说：“上帝者，天之

---

① ［汉］郑玄注，［唐］贾公彦疏：《周礼注疏》卷二十二《春官宗伯·大司乐》，北京：北京大学出版社，2000年版，第691页。

别名也。”[①]为了体现天帝的至高无上，在天坛中的圜丘坛设计、建设中融入了数字“9”的存在，充分彰显了这一思想。在古人看来，数字9是最大的天数，寓意着至大至高。所以，在圜丘坛中，圜丘坛每层的地砖都有9圈石块铺设而成，每一圈石块数量也是9的倍数。之所以每层地砖为9圈，因为古人认为上天有9层，俗称“九重天”。圜丘坛最顶层的第一圈有9块石头，由此向外扩展，每一圈比上一圈多9块石头。到了底层最外圈即第27圈的时候，其石块的数量是243块。另外，圜丘坛的台阶来看，四个方向上下各层的台阶数量都是9级，也符合“天数”。此外，圜丘坛的栏板数量也都是9的倍数，其中顶层栏板有36块，中层有72块，底层栏板有108块，每层栏板都是9的倍数。这样上中下三层的栏板总数为216块，这与《周易》所记载的“乾之策二百一十有六”相符合，[②]而“乾”在《周易》中象征着“天”。这样一来，自然有天人合一的意味在内。

在中国古代，“天”始终被视为宇宙万物、人类社会及人伦纲常的源泉，更为主要的是“天”实际上也是现实王权的来源，如汉代董仲舒在解释什么是“王”时，就说“王”是践行天道、天意的人：

---

① ［汉］司马迁撰，［南朝宋］裴骃集解，［唐］司马贞索隐，张守节正义：《史记》卷二十八《封禅书》，北京：中华书局，1959年版，第1358页。

② ［魏］王弼注，［唐］孔颖达正义：《周易正义》卷七《系辞上》，北京：北京大学出版社，2000年版，第331页。

古之造文者，三画而连其中，谓之王。三画者，天地与人也，而连其中者，通其道也。取天地与人之中以为贯而参通之，非王者孰能当是？[①]

董仲舒认为，王就是能够贯通天道、地道、人道的人，而天是宇宙万物、人类社会的主宰，所以王实际上就是天在人间的代言人。所以，古代的王、皇帝都自称为“天子”。所以，天坛祭祀上天，实际上也是皇帝旨在期望自己的王位、皇权稳固，得到上天的护佑。为了体现君权天授的思想，天坛中的圜丘坛也通过具体的建筑进行了表达，即通过数字9与5的组合，来表达天人合一、九五之尊之意。其中，天心石宽度为0.95米，每层栏板的高度是0.95米。另外，圜丘坛顶层的直径是9丈，中间层的为15丈，底层的为21丈，合计45丈。45乃9与5的乘积，体现了九五至尊之意，等等。由此就充分说明了天坛作为人与天沟通的重要媒介，充分体现了古人天人合一、君权天授的思想。

正因为天坛的设计与建筑充分体现了中华民族的古人信仰与政治观，是人类历史上祭祀文化史上的杰作。所以，天坛被列入世界文化遗产，英文名字是Temple of Heaven。当时世界遗产委员会对天坛建筑群的评价，就特别强调了天人合一的思想特质：

---

① 苏舆撰，钟哲点校：《春秋繁露义证·王道通三第四十四》，北京：中华书局，1992年版，第328—329页。

天坛建于公元15世纪上半叶，坐落在皇家园林当中，四周古松环抱，是保存完好的坛庙建筑群，无论在整体布局还是单一建筑上，都反映出天地之间的关系，而这一关系在中国古代宇宙观中占据着核心位置。同时，这些建筑还体现出帝王将相在这一关系中所起的独特作用。

这个评价集中体现了它的传统文化意蕴，那就是天坛建筑群集中体现了古人的宇宙观，即天为万物主宰，同时强调天地之间的关系乃是天人合一。可以说，天坛集中体现了中国自古以来的宇宙观、天人观及思维方式。天坛在中国思想观念中的地位，和西方基督教的圣殿地位有一定的相似性，比如从世界文化遗产对天坛所起的英文名就可以看出这一点。天坛的英文名 Temple of Heaven，翻译过来便是天国的神殿，就可以知道天坛的地位在西方相当于基督教的圣殿，如有学者研究认为：

如果阅读一点西方历史文化中的典籍，我们就会知道，在西方的文化传统中，往往将他们最为尊崇也最神圣的地方或事物称之为“天国的”某某物。比如，作为犹太教、基督教与伊斯兰教所共有的圣城巴勒斯坦的耶路撒冷，就是西方历史文献中所经常提到的并称之为“天国的耶路撒冷”（Heavenly Jerusalem）。而曾经在耶路撒冷矗立的见于圣经《旧约》记载的由古代以色列王所罗门所建造的犹太教圣殿——耶路撒冷的所罗门圣殿，也常常被西方人称为“天国的圣殿”（Heavenly Temple of Solomon in Jerusalem）。

所罗门圣殿甚至成为西方历史上基督教教堂建筑所尊崇的原型。

无独有偶，古代中国也有这样一座建筑，以其神圣、崇高与典雅，而备受世人的尊崇。不惟历代的中国帝王们要在它面前顶礼膜拜，而且，它也受到了西方人的崇敬。在西方人所转译的语汇中，它也同样被称之为“天国的神殿”（Temple of Heaven）。它就是举世瞩目的北京天坛。[①]

的确，结合西方文化，中国天坛如同西方犹太教、基督教、伊斯兰教将共有的圣城耶律撒冷称之为“天国的耶路撒冷”以及耶路撒冷的所罗门圣殿一样，具有神圣的精神象征意义。天坛在中国人的精神世界里，的确是自古以来宇宙观、天人关系的集中体现。

总之，天坛作为北京“九坛八庙”之首，它是古人祭祀昊天上帝的地方，这是中国数千年的信仰体系，也充分展现了“天”在人们日常生活中的主导地位。不仅如此，天的主导意义无所不在，这不仅仅展现在观念中，也表现在社会政治、经济生活、伦理道德、纲常名教等等领域。可以说，天在中华文化传统中具有核心的位置，人间的秩序及相关的道德如仁、义、孝、悌、礼、忠、信等多由此而发，这不能不说天坛祭天集中体现了古人的天人观、政治观、道德观等。

2. 敬天法地，以德配天

天坛在明永乐十八年（1420）建设的时候，就被称为

① 王贵祥：《北京天坛》，北京：清华大学出版社，2009年版，第5—6页。

"天地坛"，顾名思义就是祭祀天地的地方。这种天地合祭的做法一直持续了一百多年，直到嘉靖九年（1530），朝廷又在北京城的北郊建立了专门祭祀土地的地坛。此后，天坛就成为了明清两代皇帝专门祭祀上天的地方。从当初建设的本意就可以看出，当时的天坛体现了当时人们敬天法地的思想。

天坛集中体现了敬天法地的思想，这也体现在了建筑的规划设计上，天坛分为内外宫墙，其中北边的设计为圆形，而南边设计为矩形，从而体现了整座天坛建筑群"天圆地方"的宇宙观念。不仅如此，在天坛内的相关建筑也有这样的理念，比如乾隆十二年（1747）对圜丘坛的改造，充分体现了对天道的尊崇，根据《清史稿》的记载：

> 十二年，修内外垣，改筑圜丘，规制益拓。上成径九丈，二成十五丈，三成二十一丈，一九三五三七，皆天数也。通三成丈四十有五，符九五义。量度准古尺，当营造尺八寸一分，又与九九数合。坛面瓷砖九重，上成中心圆面，外环九重，砖数一九累至九九。二三成以次递加。上成每面各十有八，二成各二十七，三成各四十五，并积九为数，四乘之，综三百有六十，以应周天之度。[①]

从《清史稿》的记载，我们可以看出当时圜丘坛的改造，不论是每一层坛台的数量，还是砖石的铺设，都集中体现

---

① 赵尔巽等:《清史稿》卷八十二《礼一》，北京：中华书局，1977 年版，第 2488 页。

了“天数”。也就是说，将祭祀昊天上帝的圜丘彻底打造成与“天数”、天道合一的建筑，以此彰显敬天法地的思想。

不仅如此，当时人为了营造祭天的意境，还对天坛的空间布局进行了巧妙的设计：在进门的时候，需要通过两重门，而每一重门内都种植了茂密的、高大的柏树林，这样让人步入到一种远离城市、进入空旷而幽静的情境中，从而营造出了一种庄严肃穆、静谧神圣的气氛。在密林深处，通过台阶等上甬道，透过低矮的蓝色墙，高高耸立的祈年殿就映入眼帘。整体来看，祈年殿的蓝色琉璃瓦、大片的柏树密林等，都让人有一种进入了“天”的环境世界之中。

此外，天坛的内部设施也都充分体现了人们对于天道的尊崇及对自然的敬畏，所以在天坛的大祀殿所设的三坛之中，除了正中的皇天上帝、皇地祇之外，从祀的诸神还有日神、月神，以及东西二十坛，东十坛分别是北岳、北镇、东岳、东镇、东海、太岁、历代帝王、山川、天下神祇、四渎；西十坛分别是北海、西岳、西征、西海、中岳、中镇、风云雷雨、南岳、南镇、南海。从这些祭祀的对象来看，涉及到了日月星辰、山川河流、风雨雷电等各方面的神祇。除了大祀殿所陈设的诸神之外，在皇穹宇之中东西两侧的配殿之中，也供奉着各种神牌，如东配殿有“大明之神”“北斗七星之神”“木火土金水之神”“二十八宿之神”“周天星辰之神”等，西配殿有“夜明之神”“云师之神”“雨师之神”“风伯之神”“雷师之神”等。这些所供的神祇牌位，都充分体现了古人对于天地与自然的敬畏，希望通过祭祀来获得护佑。

古人重视祭祀天帝，希望通过丰盛的祭祀来获得上天的护佑，更为主要的是这种基于对天地鬼神的敬畏，事实上也包含着祭祀者对自身的要求。毕竟，对于鬼神的敬畏，并不仅仅体现在礼仪的完备与祭品的丰盛上，也体现在祭祀者自身的虔诚与日常的德行。所以，明清时期的皇帝在祭祀之际，都会提前三天在斋宫进行斋戒，不吃肉、不饮酒、不听乐、不入内寝、不理刑名等，以表示虔诚，《乾隆十八年正月御制诣斋宫作》中也这样说道："即事拈毫前后异，存心虔诚始终同。"①

实际上，古人敬天法地、以德配天，不仅体现在祭祀之际，也充分体现在日常生活、政治事务处理等各个环节，比如中国古代以德治国的理念事实上就是对上天的崇敬所致，这也是孔子儒家天命观的具体呈现。孔子对道德的重视，乃是基于对天的敬畏，以及天人合一思想的具体呈现。换言之，孔子的天命中突出了对道德的重视，这也是基于对天命、圣人敬畏的一种道德自觉而已。毕竟，在孔子看来，天与人为一体，而天命在人间的体现已经转化为了对人文、道德的基本要求。在孔子看来，作为有道德之人，应当对天命保持敬畏。毕竟，天是宇宙万物的主宰，是客观而超越的存在，如孔子说道："获罪于天，无所祷也。"(《论语·八佾》)②

总的来说，天坛是古人宇宙观、世界观的重要体现，对

---

① ［清］弘历著，蒋溥等编：《御制诗二集》卷三十八《诣斋宫作》，台北：台湾商务印书馆，1986年影印版，第1303册，第682页上。

② ［魏］何晏注，［宋］邢昺疏：《论语注疏》卷三《八佾》，北京：北京大学出版社，2000年版，第39页。

天的祭祀，集中展示了“天”在宇宙万物、人类社会中的主导性地位。明清时期统治阶层通过对天的祭祀，不仅展示了君权神授的意义，也集中体现了古人替天行道、以德配天的思想。

3. 注重祭祀，以礼治国

中华民族自古以来基于农耕，而形成了世界上独树一帜的礼乐文明体系。其中，祭祀文化更是源远流长，相传在黄帝时代具有作为祭祀场所的明堂。从夏商西周开始，祭祀礼仪日渐丰富完善，并形成了祭祀上天的圜丘、祭祀上帝的明堂。祭祀上天的礼制不断被继承、发展，到了明清时期就非常完备，如《明史》志第二十四·礼二（吉礼二）中就详细说道：“《周礼》一书，于祭祀为详。《大宗伯》以祀天神，则有禋祀、实柴、槱燎之礼，以祀地祇，则有血祭、薶沈、疈辜之礼。《大司乐》冬至日，地上圜丘之制，则曰礼天神，夏至日，泽中方丘之制，则曰礼地祇。天地分祀，从来久矣。”[①] 其中，圜丘指的就是祭祀上天的建筑，为圆形；而方丘是祭祀地祇的建筑，为方形，这也是遵循天圆地方的礼制思想。

可以说，天坛作为古代祭祀上天场所的集大成之作，不仅是祭祀天帝的地方，更是彰显古代礼乐、祭祀制度的地方，也集中体现了古代以礼治国的理念。关于祭祀天帝，在古代主要体现为郊祀。郊祀，即郊外祭祀天地，南郊祭天，北郊祭地。郊祀在礼仪中是非常重要的礼仪，如唐人刘肃《唐新语》卷十三《郊禅》一节中说道：“郊祀，礼之宗主也。传曰：国

---

① ［清］张廷玉等：《明史》卷四十八《礼二》，北京：中华书局，1974 年版，第 1248 页。

之大事，惟祀与戎。”[①]就是说，祭祀天地是礼仪中最重要的体现。唐肃宗也曾这样明确指出：

国之大事，郊祀为先，贵其至诚，不美多品。黍稷虽设，犹或非馨，牲牢空多，未谓能享。今以元元乎佑，至道为心，将臻太和，不欲多杀。礼乐殊制，孝敬同归，圜丘方泽，任依恒享。宗庙诸祠，但临时献熟，用怀明德之馨，庶合西邻之祭。[②]

从这我们可以看出，祭祀上天是当时的重要礼仪，更是国家的重要政治事务。这种将祭祀天帝政治化，无疑凸显了祭祀昊天上帝在当时国家治理、意识形态建设中的重要意义，也由此体现了当时以礼治国的思想观念。

实际上，这种重视祭祀天帝、以礼治国的传统得到了继承。作为天坛在元明清时期的南郊祭天的传统，实际上也是对以往祭祀礼仪、思想观念的继承与发展。比如元大都建成之后，在当时元大都正南门的丽正门（即后来的正阳门一带）建立了南郊坛，皇帝亲自主持祭祀。这种对祭祀天帝的重视，既是蒙古族对自身传统祭天礼仪的继承，更是对中原礼乐文化的传承与发展，对此如元人甘立《郊祀庆成诗》所说的：

---

① ［唐］刘肃撰，许德楠、李鼎霞点校：《大唐新语》卷十三《郊禅》，北京：中华书局，1984年版，第196页。

② ［清］董诰：《全唐文》卷四十五《肃宗四》，北京：中华书局，1983年影印版，第498页下。

圜丘亲祀自吾皇，夙驾銮舆建太常。冕服并行周典礼，乐歌不数汉文章。

清台夜奏灵光紫，温室朝迎瑞日黄。今代侍臣多马郑，明时应许议明堂。[①]

作者在这首诗中描述了当时元朝皇帝对祭祀天帝的重视，不仅礼仪完备，而且祭祀时言行举止也非常恭敬。虽然元朝是蒙古族建立的，但是他们对于天帝的祭祀却是沿袭了周代以来的礼制，并在这个基础上进行了发展。到了清代，冬至日祭祀昊天上帝的礼仪更加完备，当时祭祀活动从日出前七刻开始。祭品用玉璧、牛，皇帝行三叩九拜之礼，并演奏礼乐歌舞。

尽管元人在开始祭祀的时候，依然采取的是天地合祭的形式。但是，在元武宗至大二年（1309），朝廷根据大臣的奏请，在当时的北郊建立了方丘坛祭祀皇地祇。尽管这种天地分祭的做法及礼仪没有严格执行，但为随后明朝的天地分祭打下了基础。明朝建立之初，也推行的是天地合祀的制度。明成祖迁都北京之后，在北京城的南郊建立了天地坛——大祀殿，也继承了明初南京应天府天地合祀的礼制。不过，在明嘉靖九年（1530），明世宗根据《周礼》的制度，采取了天、地、日、月分祀的做法，在当时的大祀殿以新建了南郊圜丘坛，作为专门祭祀昊天上帝的祭坛。并在北京北郊新建了方泽坛——地坛，来祭祀皇地祇。在东郊建立了日坛，西郊建立了月坛。嘉靖十

① ［清］顾嗣立：《元诗选二集·己集》，北京：中华书局，1987年版，第898—899页。

三年（1534），明世宗专门下旨称："圜丘、方泽今后称天坛、地坛。"[①]

由于天坛是祭祀上天最重要的场所，所以明清诸帝在以往祭祀天帝礼仪的基础上进一步丰富完善，形成了"春正月天地合祀""春正月祈谷大祀""孟夏常雩大祀""仲夏大雩大祀""冬至祭天大祀""升配""告祭"等祭祀活动。所有这些祭祀天帝的礼仪，都由礼部主持，其他吏、户、兵、刑、工、太常寺、光禄寺、鸿胪寺、钦天监、奉宸苑、内务府等众多部门的相关官员都要参与筹备实施。如果皇帝亲自祭祀，众多的王公大臣还要陪同祭祀。总之，根据明清时期的祭祀礼仪，祭天大典非常隆重，不仅耗费时日、礼仪烦琐，所费的人力、物力、财力也相当可观。这种隆重的礼仪，也充分体现了古人礼莫大于敬天的思想。

总之，天坛作为古人祭祀天地神祇的场所，充分体现了古人对于祭祀传统的重视。祭祀是中华礼乐文化的重要体现，这个传统由来已久，根据考古发现，山顶洞人就已经形成了祭祀礼仪，古代先民们的祭祀对象已经涉及到了对天地、日月等的祭祀。在《周礼》中，祭祀天地被列入吉礼之中。设坛祭天这在《礼记·祭法》中就曾提及，"燔柴于泰坛，祭天也"。[②]在北京的民间有"九坛八庙"的说法，其中天坛就是最重要的

---

① ［清］于敏中等:《日下旧闻考》卷五十七《城市·外城、南城·一》，北京：北京古籍出版社，1985年版，第922页。

② ［汉］郑玄注，［唐］孔颖达疏:《礼记正义》卷四十六《祭法》，北京：北京大学出版社，2000年版，第1509页。

祭祀形式，一般都由皇帝亲自主持进行。天坛在在元明清时期祭祀天地神祇，也配享有祖宗牌位，如清朝皇乾殿内就供奉着清太祖、清太宗、清世祖、清圣祖、清世宗、清高宗等的神位，充分体现了尊祖敬宗的文化传统。

4. 重农务本，与民同乐

中华民族是一个基于农耕文明的民族，在古人眼里，上天是一切的主宰，更是风调雨顺、五谷丰登的主导者。所以，自古以来，人们对于上天颇为崇敬，并最终形成了一套祭祀上天的礼仪体系。历朝历代的君王为了治理国家、百姓安康，也将祭祀天帝视为头等大事，并定期率领黎民百姓祭祀上天，以此祈求风调雨顺、五谷丰登。

正因如此，嘉靖时期，在正阳门外的大祀殿之南，设置了专门用来祭祀上天的圜丘坛，并在安定门外设置了祭祀土地的方泽坛。不仅如此，还在大祀殿进行祈谷。《明史》记载云：

> 因诸臣固请，乃许于大祀殿祈谷，奉二祖配。嘉靖十年，始以孟春上辛日行祈谷礼于大祀殿。[①]

由于在大祀殿进行祈谷的仪式，于是大祀殿被称之为祈谷殿，此后在大祀殿举行祈谷礼成为了常态，并为明清诸帝所继承。

---

① ［清］张廷玉等：《明史》卷四十八《礼二》，北京：中华书局，1974年版，第1256页。

清顺治元年（1644）规定，每年正月上辛日祭祀皇天上帝于天坛大祀殿，为民祈谷，皇帝亲自进行祭祀行礼。清乾隆皇帝于乾隆十六年（1751）将大祀殿直接改称为祈年殿，专门向昊天上帝祈求五谷丰登。雩祀是在天坛举行的一场重要祭祀礼仪，旨在专门求雨，祈盼风调雨顺，明清诸帝对此颇为重视。如乾隆皇帝曾作《大雩云汉诗》八章以表达对风调雨顺、五谷丰登的期盼，如其中有云：

维国有本，匪民伊何。维民有天，匪食则那。蝼蝈鸣矣，平秩南讹。我祀敢后，我乐维和。鼍鼓渊渊，童舞娑娑。（二章）

惟天可感，曰维诚恪。惟农可稔，曰维力作。恃天慢人，弗刈弗穫。尚劝农哉，服田孔乐。咨尔保介，庤乃钱镈。（七章）

我礼既毕，我诚已将。风马电车，旋驾九阊。山川出云，为霖泽滂。雨公及私，兴锄利畛。亿万斯年，农夫之庆。（八章）[①]

乾隆在这首诗里充分表达了对农业的重视，在他看来，农业是国家的根本，百姓的依赖。所以，他祈求上天鉴于君臣祭祀时的虔诚、礼乐的完备，能够风调雨顺，降下甘霖润泽万物，使得五谷丰登，百姓安乐。乾隆的祈盼，实际上也是古代建筑天坛祭祀天帝神灵的初衷，旨在能够得到上天的护佑。

祈年殿是天坛建筑之中，规制最高的建筑，也是北京城

---

① ［清］弘历撰，蒋溥等编：《御制诗初集》卷八《仿云汉诗体敬制雩祭乐章以申诚恳》，台北：台湾商务印书馆，1986 年影印版，第 1302 册，第 191 页下—192 页上。

形制中最为独特的建筑。祈年殿的三重屋檐最上层用青色琉璃瓦，中檐用黄色琉璃瓦，下檐用绿色琉璃瓦，以此来象征天、地、万物。清乾隆十六年，改为三檐统一为覆青色琉璃瓦，这就是我们今天所见到的景象，这较明代更为庄重、大气，由此也进一步凸显了天的主导性。祈年殿是祈祷农业丰收的，它在设计上也具有一定的象征意义，所用到的数字都和农业有一定的关系。比如祈年殿分内外三层柱，外檐十二根，象征一日十二时辰；金柱十二根，象征一年十二个月；井口柱四根，象征一年四个季节。外檐柱和金柱相加象征二十四节气，再加上四根井口柱，又象征二十八星宿。二十八星宿加上八根铜柱合计三十六，象征着三十六天罡，等等。古人的这些设计，都充分体现了对天地、大自然的敬畏，也体现了古人对农业的高度重视。

另外，祈年殿的“年”字，《说文解字》曰：“年，谷熟也。”[①]《谷梁传》称：“五谷皆熟为有年。”[②]由此可见，祈年殿的“祈年”实际上就是祈求年年有成、五谷丰登之意，也充分体现了当时帝王以农为本、重农务本的思想。对此，清人徐乾学在其《孟春扈从祈谷坛诗》也这样说道：

銮舆晓出凤城边，圣主劝民为祝年。苍辂初阳方布令，瑶台

---

① ［汉］许慎撰，［清］段玉裁注：《说文解字注》卷十三《七篇上》，上海：上海古籍出版社，1981 年影印版，第 326 页下栏。

② ［晋］范宁集解，［唐］杨士勋疏：《春秋谷梁传注疏》卷三《桓公三年》，北京：北京大学出版社，2000 年版，第 46 页。

瑞气早占天。

风和宛宛闻仙乐，日丽遥遥敞御筵。执简小臣随豹尾，欣逢盛事赋甘泉。

从这可以看出当时的帝王对于农业的重视，希望通过祭祀、祈福的形式，获得丰收，以此也希望民众能够勤勉农事。总之，祈谷坛的存在，充分体现了明清诸帝对于农业的重视，农业毕竟是古代经济社会的根本所在，更是社会政治稳定的保障。当然，这也是对古代向昊天上帝祈求五谷丰登传统的继承。《礼记·月令》："是月也，天子乃以元日，祈谷于上帝。"[①] 周代礼制："因以祈谷，其坛曰泰坛，在国南五十里。"[②]

天坛体现了古代对农业的重视，由于农业是国富民强的基础，也是百姓安康的重要保障，由此也可见古代君王与民同乐的思想。近代以来，天坛功能发生了巨变，由原来神圣的祭祀场所变成了民众公共空间。在这里，中外游客不仅可以欣赏中国古老祭祀文化，也可以在这里健身、游乐。这里是老百姓的乐园，不仅有各种民间的乐团、舞蹈团等在这里演练，而且还有民众在这里栖息、娱乐。总之，这里已经是北京民俗民风的重要组成部分，也是中外游客及文化交汇展示的重要场所。

总之，天坛充分体现了自古以来对上天的崇敬之情，也

---

① ［汉］郑玄注，［唐］孔颖达疏：《礼记正义》卷十四《月令》，北京：北京大学出版社，2000年版，第539页。

② ［唐］杜佑撰，王文锦等点校：《通典》卷四十二《郊天上》，北京：中华书局，1988年版，第1163页。

表达了古代君王对农业的高度重视。其中，祈年殿更是直接展现了古人对农业的关注，毕竟这是国家稳定、民生富足的重要保障。换言之，天坛作为古代祭祀上天、重视农业的重要场所，集中反映了古人对农业价值与意义的高度认知，正因如此，中华文明及文化的发展有了坚实的保障，从而在世界文明史上源远流长、独树一帜。

（三）天坛的现代价值及保护开发

天坛作为中国古代皇家祭祀昊天上帝的地方，集中体现了古人的宇宙观、世界观及价值观。正是由于它是中华民族古代信仰与文化的集中体现，在世界历史上也独树一帜。所以，天坛于1998年被列入世界文化遗产名录。天坛由此进入了全新的历史时期。尽管如此，有关天坛的保护开发工作依然还有存在巨大的空间。当然，不论是政府，还是学术界、社会各界就天坛的保护、开发都做了出巨大贡献[①]，共同推动了天坛文化价值的传承弘扬，为今后天坛的发展提供了坚实的基础。

1. 中华文化遗产的艺术杰作

天坛是中国古代祭祀昊天上帝的地方，是中国古代坛庙建筑中的典范与杰作，在世界建筑艺术史上都独树一帜，如有学者评价道：

① 有关天坛的保护、开发，学术界也有一定的关注与研究，比如项瑾斐：《从文物保护规划谈天坛保护的真实性和完整性》，《北京规划建设》，2019年第1期。

中国古代大规模的建筑组群，如城市、宫殿、坛庙、寺观、陵寝、皇家园林等等，其建筑外部空间的布局处理，鲜明显现了中国传统建筑艺术的一大突出特色和卓越成就。北京紫禁城、天坛都是杰出的典范，就是已有582年历史的北京天坛，它们分别作为我国、也是全世界现存最大最完整的古代宫殿、坛庙建筑群，在建筑外部空间设计方面，表现出高超精湛的艺术造诣，达到了极高境界，以其非同凡响的气势和魄力，为举世瞩目，交口赞誉。北京先农坛作为北京城南北中轴线上一处与天坛东西相对的坛庙建筑群，在建筑外部空间设计方面，也具有强烈的艺术感染力。[①]

中国古代大规模的建筑群，不仅是建筑、景观设计上的杰作，更是集中展现了中国古代宇宙观、世界观及价值观，集中承载了中华传统文化的思想精髓。古人正是通过天坛祭祀，来表达他们对宇宙、政治与人生的态度。不仅如此，以天坛为代表的祭坛在中国古代有十分重要的文化意义，它不仅是儒家文化的集中体现，也是东亚文化成就的杰出代表。

诚然，天坛作为中国古代祭祀昊天上帝的代表，这不仅仅体现的是统治阶层的意志与观念，也是广大劳动人们的智慧与劳动结晶。从世界范围内来说，天坛与世界其他祭祀场所也有类似之处，它们都是人类发展史上精神文明的集中体现。天坛除了具有中华文化的个性之外，它所蕴含的精神理念比如天

① 韩洁:《北京先农坛建筑研究》，天津大学硕士学位论文，2005年6月未刊本，第112页。

人合一、和谐圆通、以德配天、以民为本等也具有世界普遍的价值与意义。就此来说，天坛在新时代依然有它十分重要的价值与意义，它不仅仅是中华民族的，也是全人类的。

2. 整体保护，进一步发掘其文化意义

天坛是圜丘、祈谷两坛的总称，有坛、墙两重，分为内外坛，主要建筑在内坛，圜丘坛在南、祈谷坛在北，二坛同在一条南北轴线上，中间有墙相隔。圜丘坛内主要建筑有圜丘坛、皇穹宇等等，祈谷坛内主要建筑有祈年殿、皇乾殿、祈年门等。由于历史原因，天坛外坛被天坛医院、北京自动化仪表二厂、天坛南里居住小区等多家单位所占用。天坛内外的历史景观及格局，较原初有了巨大变化。另外，由于天坛、先农坛、社稷坛、太庙等都是北京中轴线上的重要坛庙类建筑，所以应当做整体性的考虑，进行保护与开发。当然，这并不影响天坛作为北京中轴线上的代表性建筑，而与其他建筑资源的有机整合与保护开发。

实际上，天坛作为世界历史文化遗产，已经失去了传统祭祀昊天上帝的功能，而转化为了历史文化遗产、公共性的文化资源，那么就应该在对坛庙、文物、遗址、古树等物质载体进行保护之外，更应该注重其非物质文化价值的发掘与传播。毕竟，天坛作为世界文化遗产，作为中华传统文化的重要载体，其固有的文化意义及内涵已经为全世界所认知，但这些依然不够，需要我们结合时代的精神需求，进行创造性转化、创新性发展，从而强化其文化功能、教育功能、交流功能等。

在具体的操作层面，不仅需要我们将天坛作为中国古代祭天的典范进行研究之外，更要将之与同类建筑进行整体性分析研究，从古代的哲学、思想、文化、信仰、宗教、社会、政治、历史、艺术、民俗等多维视野出发，来深入阐发其所承载的思想观念、价值体系。不仅如此，还要从人类文化发展史的整体维度出发，来考察其所具有的普遍性意义。基于此，还要结合当代先进的科技手段，通过 VR、AI 等数字化手段，实现虚拟现实模拟，让更多的人分享天坛的价值与意义。同时，还可以结合时代的审美、文创、教育、实践等需求，发掘其所拥有的音乐、祭祀等非物质文化遗产等。

小结

天坛作为古代祭天建筑的典范，不仅通过规划设计、空间布局、建造技术等多个方面，展现了它所具有的超高艺术与技术价值。不仅如此，天坛内外的景观设计、古树栽植等也都体现了古人天人合一、道法自然等理念。此外，天坛作为中国现存最完整、最具有代表性的祭天建筑群，集中体现了古人祭祀昊天上帝的礼仪文化，由此它也成为中国古代宇宙观、世界观及价值观的承载者。当然，天坛作为具有世界意义的文化遗产，它所承载的天人合一、道法自然、以民为本、以德配天等理念也具有世界普遍的意义。

天坛作为北京“九坛八庙”之首，在祭祀理念上具有统领之意，更是在建筑成就上具有典范的意义。天坛不仅充分体现了古代建筑理念及哲学思想，更是在具体的细节设计、技术处理上巧夺天工。另外，天坛也是古代祭祀园林的杰作，这里不仅遍布着有数百年历史的古树，体现了古人的自然观、世界观，而且在园林结构的设计上也汇集了古人的智慧，体现了古人精湛的造园艺术。

四、正阳门及箭楼

正阳门，原名丽正门，是明清时期北京内城的正南门，也称前门、前门楼子、大前门。正阳门位于北京中轴线上天安门广场的最南端，它是北京城内唯一保存较为完整的城门。正阳门是老北京城“京师九门”之一，它是集正阳门城楼、箭楼、瓮城、正阳桥、五牌楼为一体的古代防御性建筑体系。正阳门的规格高于其他八门，并有“四门三桥五牌楼”的做法。其中，四门指的就是正阳门。1988 年，被列为第三批全国重点文物保护单位。

正阳门位于北京中轴线之上，作为北京内城南面正中的城门，是古代皇帝出行的必经之路。不仅如此，正阳门作为北京内城中九门的正门，建筑规制在当时为最高等级，它与天安门、午门都有“国门”的称誉。正因如此，正阳门不论在建筑史上，还是在礼仪文化等方面都是古代文化的重要承载。

（一）正阳门及箭楼的历史沿革

明成祖朱棣即位之后，将北平改为北京，并从永乐四年（1406）开始营建北京城。当时建设的北京城立足于元大都，并将元大都南城墙向南拓展一公里左右。其中，正阳门始建于明成祖永乐十七年（1419），于永乐十九年（1421）建成，当时沿用旧称丽正门。

到了明英宗正统元年（1436）至正统四年（1439），朝廷大规模修建京城城墙、城门，疏通护城河等，修建了箭楼、瓮城、东西闸楼，从而形成了“四门、三桥、五牌楼”的格局，并改丽正门为正阳门。正阳门的箭楼始建于正统四年（1439），城台高 12 米，并在城台正中开设有五伏五券拱券式的门洞，这也是北京内城九门之中唯一箭楼开设门洞的城门，且专供皇家车辇行走。

明嘉靖三十二年（1553），朝廷为抵御蒙古俺答汗部对京师的侵扰，明世宗诏令修筑北京外城，当时仅用半年时间就建成了，“新筑京师外城成，上命正阳门外名永定，崇文外门名左安，宣武外门名右安，大通桥门名广渠，彰义街门名广宁”(《明世宗实录》)。[①] 而此时，正阳门便成了京师内城的正南门了。

有清一代，正阳门及箭楼多次遭到毁坏，且多次重建，如史籍所载的有清乾隆四十五年（1780)、道光二十九年（1849)、光绪二十六年（1900)、光绪二十七年（1901)、光绪三十三年（1907）等。

1915 年，民国政府委托德国人罗思凯・格尔改建正阳门箭楼，并添加了护栏、西洋图案装饰等，同时拆除了正阳门的瓮城月墙、东西闸门等，1916 年竣工。

---

① 《明世宗实录》卷四百三，台北：“中央研究院”历史语言研究所校印，1962 年影印版，第 7060—7061 页。

1928年，正阳门被辟为国货陈列所，30年代增设了电影院，1949年魏喜奎等组织大众游艺社在正阳门箭楼演出。

1949年，中国人民解放军在正阳门举行了盛大的入城仪式。

1976年，唐山大地震，正阳门及箭楼严重受损，随后北京文物主管部门对之进行了全面大修。

1989年，北京正阳门管理处对之又做了大修。1990年，正阳门及箭楼对游人开放。

（二）正阳门及箭楼承载的中华传统文化精髓

正阳门俗称“前门”，为永乐十七年（1419）修建，正统元年（1436）改名为正阳门，取“圣主当阳，日至中天，万国瞻仰”之意。随后，又添建了箭楼，该箭楼是北京所有箭楼中最高大的一座，由此正阳门箭楼一直被看成是老北京的象征。正阳门是北京中轴线南段的重要连接部分，是明清诸帝从内城出发前往天坛、先农坛举行祭祀的必经之地。这里也是明清时期民俗商业区域，老字号店铺云集，充分体现了当时以民为本的治国思想。

正阳门及箭楼作为元代丽正门的发展，至今已经有数百年的历史，曾经在军事防御、礼仪象征、交通通行等多个方面扮演着重要角色，拥有丰富的历史文化内涵。另外，在正阳门外，也是自古以来北京城重要的商业街区，众多老字号商铺林立其间，是古代商贾行旅会聚之地，因此正阳门一带也是老北京商业文化的代表。总之，正阳门及箭楼承载着丰富的中华传统文化[①]，依然是北京传统文化的重要标识。

1. 天人合一，中正和谐

正阳门位于北京中轴线的南端正中位置，集中体现了它的重要性，以“正阳”命名，也体现了古代的文化精神。其中，“正”为《周易》中所说的“正位”“中位”之意，而“阳”则符合阴阳之道中的天、乾、君、父等寓意。正阳门正是取“日者众阳之表，至尊之象”[②]之意，加上古人又以南面为阳、为正，故命名为“正阳门”。不仅如此，正阳门俗称“前门”，与地安门（民间俗称后门）南北呼应，以此体现了它在北京城门中至高无上的地位。

由于明清时期，正阳门常年关闭，只有当皇帝去天坛祭天、先农坛亲耕之际，才从这里出入，由此就体现了它的独尊地位，所以正阳门也被称之为“国门”，这些都展现了正阳门基于天人合一中至尊地位。不仅如此，在正阳门往南的一段大街被称为“天街”，天街上有一条桥为“天桥”，天街、天桥通往南边皇帝祭天的天坛、祭祀农神的先农坛。每次皇帝祭祀天帝，一般都从正阳门、天街前往天坛、先农坛，以此体现了正

① 对于正阳门及箭楼的文化，有学者对此做了一定的探讨，比如杨婧：《试论明清时期的正阳门》，《北京史学》，2018年秋季刊，第194页；李晴：《正阳门文化旅游价值的挖掘与利用》，载于北京联合大学、北京数字科普协会主编：《博物馆的数字化之路》，北京：电子工业出版社，2015年版，第342页。

② ［汉］班固撰，［唐］颜师古注：《汉书》卷八十一《孔光传》，北京：中华书局，1962年版，第3359页。

阳门的重要地位。总之，不论是空间布局，还是君王行为，这些都充分展现了“君权神授”的思想，同时展现了皇权至上的理念。

另外，在明清时期，北京城的各个城门都建有庙宇，有“九门十庙”之说。在当时，北京内城除了德胜门、安定门的瓮城内供奉的是真武大帝之外，其他各门都供奉的是关圣帝君。正阳门的关帝庙是当时香火最为旺盛的一座，这里也曾是皇帝重视的地方，以此实现人与神之间的沟通，据沈榜《宛署杂记》记载：

永乐年，庙祭于京师……特颁龙凤黄紵丝旗一面，揭竿竖之，以彰威灵，每岁正旦、冬至、朔望祭祀，香烛等仪具有恒品。[①]

从这可以看出，当时的关羽也得到了皇家的重视，皇帝亲赐龙凤旗悬挂，以此彰显皇帝的旨意。实际上，明初关羽崇拜开始升级，朱棣在重修北京城墙时，在各城门的瓮城中都建造了关帝庙。万历年间，明神宗加封关羽为“三界伏魔大帝神威远镇天尊关圣帝君”，还派遣司礼监太监李恩捧九旒珍珠冠一顶、玉带十四根、蟠龙袍服一套、黄牌一面，上书关羽新加的十六字封号，到正阳门关帝庙供奉。这些也充分展现了明代的信仰与价值观。

① ［明］沈榜：《宛署杂记》，北京：北京古籍出版社，1980 年版，第 216、242 页。

清朝对于关羽也非常推崇，为了强化政治统治，他们更是将关羽推崇到了一个至高无上的神圣地位。《慧因室杂缀》记载：

关帝封号祀典之盛，以清代为最。相传康熙帝为刘先主转世，关帝屡次显灵翊卫，故一再加封，尊崇备至。至京师正阳门内之关庙，数百年来，居民游客无不啧啧道其灵异。[①]

清朝作为少数民族入主中原而建立的王朝，为了强化统治，他们对关羽推崇备至，康熙甚至自诩为刘备转世，并期待获得关羽的护佑，此后清朝诸帝对关羽也都是推崇有加。总之，明清时期的皇帝对关羽非常推崇，并在每次祭祀先农坛之后，也都会在正阳门关帝庙那里停留上香，以此体现了正阳门及关帝庙的至尊地位，更是展现了明清时期正阳门所象征的帝王信仰。

当然，正阳门一带也并非为皇权所专有，这里也是明清时期百姓聚集之地。明清时期，当时的关帝庙内外都坐满了道士，以接待当时的香客占算，根据清《帝京岁时纪胜》中记载云："（每年）除夕开正阳内门，由内城居人瞻拜；夜子后开西门，城外居人瞻拜。"[②] 民国时期，在庙会期间这里也是香客

① 佚名：《悔逸斋笔乘（外十种）· 慧因室杂缀 · 京师正阳门内之关帝庙》，北京：北京古籍出版社，1999 年版，第 198 页。

② ［清］潘荣陛：《帝京岁时纪胜》，北京：北京古籍出版社，1981 年版，第 23 页。

云集，热闹非凡，这些都体现了人们的关帝信仰，也体现了人们对上天、自然的敬畏之情，但这也体现了天与人的和谐之道。

总体来看，正阳门作为北京中轴线上天安门广场最南端的城门，是城市规划的重要组成部分，在古代发挥着至关重要的军事、社会、文化等多种功能。如果将北京中轴线及北京城比喻成一个人的面目，那么正阳门大体上相当于“人中”位置，与其他东西南北的城门共同构成了一个完整的人面形象。如有学者就这样说道：

> 城门是限定城市空间边界上的重要节点，是城市在空间、文化、军事、阶级上界分内外的标志物，也是城市空间结构的重要组成要素，在中轴线对整个城市格局的统辖下，城门这一要素与中轴线间存在着互动关系。中轴线上的城门是中轴空间序列起始与变化的标志，中轴线两侧的城门则对称分布，两耳双眼虽居面部两侧，却突出确定面部中线，中轴线两侧的城门正是起到这“两耳双眼”的定位作用。[①]

基于北京中轴线所建构的北京城，是一个有机的整体，更是一个民族文化的集中汇集。以正阳门为代表的北京城的城门也是这种民族文化的体现之一。它一方面是北京城构成的重要节点与要素，另一方面更是比其他城门更能体现北京中轴线

① 丁佳昕：《明清北京都城中轴线之右安门复原研究》，北京建筑大学硕士学位论文，2020年6月未刊本，第8页。

的文化意义。

总之，从正阳门的建设理念及设计，以及与之相关的关帝信仰，都充分展现了明清时期天人合一、君权神授的思想。当然，这并非体现了正阳门所独有的皇权性，在这里不论是关帝庙，还是前门大街等一带都是百姓活跃的地方，也充分展现了当时天与人、人与人之间的中正和谐之道。

2. 礼仪有序，内外有别

北京正阳门及箭楼作为内城与外城的重要通道，尽管不像永定门等外城城门在军事战略上的那么重要，但是它在礼乐文化传统的继承与发展方面表现非常明显。正阳门作为“国门”，其礼仪规制最高，是天子出行或祭祀时才开启的必经之门，而且这里不能够走灵车等。实际上，作为正阳门的前身丽正门，在元代时期就成为了最高等级的礼仪之门。在当时，元世祖每年出城进行郊祀之礼，其仪仗必经过丽正门。丽正门也是当时文武百官上朝集中之地，故多呈冠盖如云之壮，时人黄文仲《大都赋》就称丽正门为“衣冠之海”。

明朝在丽正门的基础上，大规模修建北京城各门，正阳门在内城城门之中，建筑的形制最高，体量也最大，由城楼、箭楼、闸楼三种建筑组成。它是重檐三滴水楼阁式建筑，四面带廊，面阔九间，进深五间，内城其他八门与外城的永定门在礼制上都次于正阳门。不仅如此，正阳门瓮城东西两侧各带一个单檐歇山顶闸楼，比内城其他城门多一个闸楼。箭台下也带有门洞，这有别于内城其他城门只有闸楼、城楼下带有门洞。瓮城北侧城台处城墙有两个庙，这也比其他八个内城门多一座庙，分别是西侧的关帝庙、东侧的观音庙。可以说，正阳门在北京城门的建筑规制充分体现了古代的礼仪等级，高低有序、内外有别。如有学者所言：

> 通过上述对内城、外城的城楼建筑形制与建筑体量分析可以看出城楼在中轴线对城市空间的安排以及对于单体建筑的作用。建筑形制最高的是位于中轴线上内城城楼正阳门城楼，内城其余城楼与正阳门屋顶形制相同，在此基础上面阔减少至七开间。永定门城楼与广安门虽然都经历扩建，但扩建中也能够体现出一定的秩序逻辑。永定门位于中轴线上，但由于是外城城门，因此其形制是外城城楼中最高的，与内城中轴线两侧的城楼等制；体量是外城城楼中最大的，但小于内城的九个城楼。[①]

正阳门的建设规制，在北京内、外城的规制是最高的，它不仅坐落在中轴线上，而且在城内正南位置。其他城门则分布在中轴线的两侧。这种规制充分体现了正阳门在北京中轴线及北京城门中的至尊位置，更是体现了礼仪有序、内外有别的传统文化精神。

的确，正阳门作为北京中轴线上的重要关口，与北面的大明门（清代称大清门，民国后改为中华门）、棋盘街相连，并向北与皇城的千步廊形成了礼仪有序的至尊存在，在当时只有皇家、官员才可以从这里进出，是礼仪、身份的象征。对

① 丁佳昕：《明清北京都城中轴线之右安门复原研究》，北京建筑大学硕士学位论文，2020年6月未刊本，第35页。

此，《清稗类钞》中就这样记载道：

京都城禁綦严，向夕即闭，正阳门外城有门三，中央者正对天桥，为驰道所经，故终年不启，车马往来咸取道于左右两门。旧例，京朝官吏除宗室亲贵旗人外，皆居外城，每日哺则两门皆闭，至三鼓时，左右两门启一次，以备各官入朝。内城居人之偶留于外城者，即乘此时随入，故俗有倒赶城之说，又谓之赶夜城，然只许入不许出，防宵遁也。[①]

从这段记载可以看出，当时的正阳门一般是不允许百姓出入的，即使是左右两侧的门，也是定时开关，这个主要方便官员上朝所用。由此可见，当时正阳门的等级之高，要求之严。在明清时期，正阳门是皇权的象征，清吴长元《宸垣识略》记载："正阳外门设而不开，惟大驾由之。月墙东西设二洞子门，为官民出入。"[②]这就表明当时的正阳门是专供皇帝出入的大门，官民只能走瓮城两侧的门洞。不仅如此，当时规定正阳门只允许轿子出入，而车辆尤其是灵车禁止通行，等等。这些都充分体现了当时正阳门在城门中的等级之高、礼仪之严。

正是由于正阳门有崇高的地位，故在礼制上它较其他城门更显得尊贵，从而彰显了它的政治地位与国家权力的象征意

① ［清］徐珂：《清稗类钞》，北京：中华书局，1984年版，第118页。

② 转引自章永俊：《气象巍峨正阳门》，《前线》，2021年第1期，第90页。

义，如有学者所分析的：

> 正如玄武门之于古西安城，中央门之于古南京城，城门常常被当成是一个城市的名片，正阳门则是首善之区北京的名片。正阳门在北京的九门之中建筑规模最大，地位也最为重要，在封建时代仅供国家的最高统治者皇帝出入，成为至高无上的皇权象征。民国建立后，帝制废除，正阳门的重要性未减，又被人们尊为“国门”。显然，无论是帝制时代皇帝的专用之门，还是共和时代的“国门”，正阳门都不纯粹是物质性的建筑，还联系着权力与民族国家的身份想象。[①]
>
> 在北京的城门中，正阳门的城楼与箭楼最为瑰丽壮观。正阳门城楼的整体高度为42m，在北京所有城门中是最高大的一座。位于城楼南边的箭楼，宽62m，进深12m，楼高26m，连城台通高38m，也是北京所有箭楼中最高大的一座。而且顶部为灰筒瓦绿琉璃剪边的砖砌壁垒式正阳门箭楼，在内城九门中，只有它正中辟门，标志出它的“国门”地位，以其独特的建筑形态，一直被看成是老北京的象征。[②]

正阳门在明清时期是北京内城的正南门，是皇帝南下祭祀、外出的必经之地，由此也被视为国家与政权的象征，故被

---

① 王谦：《民初北京正阳门的改造与北京城市空间的变迁》，《文化研究》（第20辑，2014年·秋），第241页。

② 秦红岭：《论北京旧城中轴线的设计特征与文化价值》，《先锋论坛》，2014年第3期。

称为“国门”。正因为如此，正阳门在当时北京城中的各城门里规制最高、地位最重要，以其独特的建筑形态，一直被看成是北京城的象征。

总之，正阳门充分体现了古代礼乐有序、内外有别的文化内涵，这种表现主要通过城门楼的位置、规制及颜色等多方面进行展现，它所蕴含的这种礼仪思想也是北京中轴线的基本特征。当然，这种礼仪有序的内涵，并非是彰显了等级性，而是体现了兼容并包、和而不同的文化特征，毕竟这里也是当时民众生活、交流之地，商业发展的重要区域。

3. 与民同乐，以民为本

正阳门虽然突出了安全、保卫的功能，但是在其周围也出现了繁荣的商业街道，并成为了明清以来北京繁华的商业地带。在明朝嘉靖年间，正阳门外大街已经是北京城繁华的商业区之一。明代《皇都积胜图》就描绘了明中后期正阳门外的繁华景象。高承埏《鸿一亭笔记》也记载说：“正阳门前搭盖棚房，居之为肆，其来久矣。”[①] 就是说，当时正阳门前的繁华由来已久，这里商铺林立、商贾云集。根据当代学者的研究认为，在正阳门外大街两侧曾经是明朝北京城最大、档次最高的商业中心区：

明嘉靖末到万历初的《皇都积胜图》，形象地描绘了从大明门前到正阳门外大街两侧各处店铺林立，布棚高张，商货从衣裳布

① ［清］于敏中等：《日下旧闻考》卷五十五《城市》，北京：北京古籍出版社，1985 年版，第 886 页。

四、刀剪陶瓷、纸花玩物，到珠宝古董、绸缎皮货、字画笔砚等，一应俱全，生动地反映出这一带商业的繁荣景象。由此可见，朝前市与正阳门外大街两侧正东、正西坊的商业是连为一体的，它们共同构成了明北京城最大、档次最高的商业中心区。[①]

正阳门附近的商业区不仅货物丰富，而且也是明朝重要的商品集散地。商业店铺遍布的正阳门，充分体现了当时朝廷对民生的重视，也反映了民众丰富的物质文化生活。当时，正阳门外大街店铺林立，商业繁华。到了明末清初之际，这里依然非常繁华，故明末清初诗人吴伟业就写诗道：

布棚摊子满前门，旧物官窑无一存。王府近来新发出，剔红香盒豆青盆。[②]

尤其是正阳门前东西街一带，店铺林立，买的东西虽然并不是官方生产，但也汇集了丰富的商货。明末清初正阳门一带成为商贸繁荣地带，这与明代漕运终点从元代的积水潭南移到这里有直接的关系。

到了清代，正阳门外的商业较以往更加兴盛，对此清人于敏中在其《日下旧闻考》中就这样说道："正阳门前棚房比

---

① 孟凡人:《明朝都城》，南京：南京出版社，2013年版，第185页。

② ［清］朱一新:《京师坊巷志稿》卷下，北京：北京古籍出版社，1982年版，第184页。

栉、百货云集，较前代尤盛。”[①]《都门杂咏》中有首诗这样说道：“五色迷离眼欲盲，万方货物列纵横。举头天不分晴晦，路窄人皆接踵行。”[②]以此描述了当时商货种类众多、游客熙熙攘攘的情形。在正阳门附近，这里人口集聚、商贸繁荣，当地所售卖的商货都为人所称道，近人崇彝在其《道咸以来朝野杂记》中有段这样的记载：

正阳门内户部街路东月盛斋，所制五香酱羊肉为北平第一，外埠所销甚广，价之昂亦无比。所称一斤者，不过十两。装以铁匣，其精致也与罐头金华火腿等。[③]

崇彝记载的是当时正阳门附近的月盛斋所做的羊肉，尽管价格昂贵、缺斤短两，但是其味道鲜美，堪称京城第一，为人所喜欢。在当时，正阳门一带不仅美食众多，这里也分布着众多的戏院[④]。由此可见，正阳门作为当时北京城商货最重要的场所，充分体现了朝廷对民生的重视。戏院的分布，更体现了当时君民同乐的思想。

北京正阳门一带作为明清时期非常繁华的地带，充分体

---

① ［清］于敏中等：《日下旧闻考》卷五十五《城市》，北京：北京古籍出版社，1985 年版，第 887 页。

② ［清］阙名：《燕京杂记》，北京：北京古籍出版社，1986 年版，第 123 页。

③ 转引自章永俊：《月盛斋的生意经》，《清华管理评论》，2015 年第 5 期，第 100 页。

④ 杨婧：《试论明清时期的正阳门》，《北京史学》，2018 年秋季刊，第 212 页。

现了它的包容性、兼收并蓄，所以各地的商货、各族的民众都在这里汇集，共同造就了繁华的北京都市生活，对此如当时人所记载的：

凡天下各国，中华各省，金银珠宝、古玩玉器、绸缎估衣、钟表玩物、饭庄饭馆、烟馆戏园，无不毕集其中。京师之精华，尽在于此；热闹繁华，亦莫过于此。[①]

京师最尚繁华，市廛铺户，妆饰富甲天下，如大栅栏、珠宝市、西河沿、琉璃厂之银楼、缎号，以及茶叶铺、靴铺，皆雕梁画栋、金碧辉煌，令人目迷五色。至肉市、酒楼、饭馆，张灯列烛，猜拳行令，夜夜元宵，非他处所可及也。[②]

正阳门作为当时南北的交通要道，也是北京城的中心位置，在这里汇集了当时各国、各省的商货，包括金银珠宝、古玩玉器、绸缎钟表等等，在这里商铺林立，五光十色，灯红酒绿，成为了当时北京城的一景，极大地体现了当时北京城的包容性、多元性，也充分体现了当时以民为本、与民同乐的治国思想。

正阳门以南的天桥更是展现了它的平民世界，体现了民本思想。在天桥那里，聚集了太多的平民百姓、艺人，这里还

① 仲芳氏：《庚子纪事》，戴逸、郭大松主编：《中国近代史通鉴 1840–1949 戊戌维新与义和团运动》，北京：红旗出版社，1997 年版。

② ［清］杨静亭：《都门纪略》，沈云龙：《近代史料丛刊三编》716 册，台北：文海出版社，1985 年版，第 251 页。

有价廉物美的商品，都是老百姓的乐园，如有人所说的：

如果说皇城为中心的是皇家贵族的北京，那么天桥为代表的就是平民的北京。老北京到天桥逛的人，一个是想买点日用百货，另一个目的是看各种民间艺术，再一个目的就是到天桥的吃食摊上品尝一下物美价廉的风味食品。天桥杂耍项目繁多，技艺高超。为什么天桥会这么繁荣？有一种说法：离天桥不远的山涧口（现在有山涧口街）是“人市”，大量的苦力聚在这里等活儿。赶上永定门火车站卸车，就会有大批的苦力有活干，可以挣到辛苦钱。挣来了钱，就近上天桥，吃喝已毕，购买些日用品，手里还有些零钱，就逛天桥——赏“撂地”的艺人一碗饭吃。周而复始，这样的人很多，促成了天桥的繁荣。现在的天桥附近有一座民俗文化博物馆，展示市井文化；老天桥遗留的文化遗产——曲艺，可以到天桥乐茶园一睹为快。天桥文化，生根于贫民之中，历经沧桑经久不衰，成为很多人心中的情结。①

天桥作为正阳门附近的标志性建筑，并不为皇亲国戚所有，而是平民百姓待的地方，这里在以往是劳动力聚集的市场，更是各种便宜的日常用品、风味小吃、民间艺术的汇集地。平民百姓在这里，既可以找到合适的工作，也能够购买便宜的物品，还可以在闲暇欣赏当时老百姓爱看的曲艺节目，等等。这些都充分体现了天桥的人民性、公共性与社会性的一

① 刘阳：《百年回望北京城中轴线建筑旧影》，《紫禁城》，2015 年第 4 期。

面。不能不说，在北京皇城之内，出现这样的场地，可以是当时皇权至上、天下一统之下的另一种风景。不过，这也是中国古代与民同乐、以民为本治国理念的集中体现。

民国时期，前门外大街新建了火车站，每天都有大量的旅客，前门大街更加拥挤。另外，多家百货商店、服装店、照相馆等都在这里开设店铺。新中国成立之后，在正阳门以南的天桥附近，更是民众聚集之地，这里充满了浓厚的商业气息：

> 如今的正阳门大街、天桥、地安门、地安门外大街与永定门等单元属于商业或休闲空间。天桥、正阳门大街、地安门外大街单元的民俗商业文化空间性质，经历几百年的历史洗礼，仍然延续到了今天。中轴线南段正阳门大街的改造、天桥演艺区和历史文化景观桥的建设，进一步强化了正阳门大街和天桥单元的文化休闲和商业空间功能。地安门单元，经历了多次拆除、改造工程，由明清时期的安全防御空间，先是转变成商业空间，后又向休闲空间转变。①

民国以来，北京中轴线上的正阳门及其附近的地区，日渐成为了百姓生活、休闲的重要场所，它的功能进一步凸显了公共性、人民性的特征。不仅如此，这里建设了现代化的文化、商业设施，为正阳门、天桥等所承载的传统商业文化的转向，起到了重要的推动作用。

---

① 张宝秀等：《北京中轴线的文化空间格局及其重构》，《北京联合大学学报》（人文社会科学版），2015 年第 2 期。

总之，虽然正阳门是皇家权力、政治礼仪的象征，但是基于正阳门所形成的君民一体、与民同乐的生活空间，也充分体现了古代与民同乐、以民为本的思想。也就是说，尽管正阳门内外形成了礼仪有序、内外有别的政治空间，但是它们作为一个有机的整体，也凸显了古代政治文化中以人为本、与民同乐的政治理念。不能不说，正阳门及箭楼是古代政治文化的重要体现，也是古人治国之道的重要施展场所。

（三）正阳门及箭楼的现代保护与开发

正阳门作为北京城代表性的城门，也是中国古代都城城门的典范，也是元明清时期皇帝南出巡狩、祭祀等活动的必经之门，具有政治上的特殊意义。由于正阳门礼制等级最高，是关乎国体、国威的礼仪之门。所以，在中国古代都城史上，也是基于城门、都城研究古代建筑形制、政治空间的重要对象。可以说，正阳门是中国古代都城大门的集大成之作，充分体现了古代的建筑理念及建造技术，更是体现了古人的都城发展理念及政治思想。

正阳门作为老北京城的国门，是北京城市文化的重要载体，更是当时礼仪、政治思想的集中体现。它不仅承载着中国古代建筑文化、都城文化，也蕴含着丰富的礼仪文化、政治文化。所以，对正阳门高度重视，并采取一系列举措发挥其应有的价值与意义，这样不仅对于推动北京文化中心的建设有重要的意义，更是可以在世界范围内传承、弘扬中华传统文化，让全球感受到中华文化的魅力与内涵。

1. 与时俱进，发掘正阳门的文化价值

对于正阳门及箭楼的未来保护、开发，依然需要基于客观的历史史实与科学的测算进行[①]，民国初年由朱启钤倡导的正阳门改造工程，颇值得我们今天借鉴。对于当时的改造，很多学者做了梳理与总结[②]，经过这次改造，正阳门也实现了传统与现代的完美结合，如瑞典学者奥斯伍尔德·喜仁龙就这样描述道：

> 瓮城城垣已完全拆除，原来封闭的空地成为开放场地，雄阔的箭楼孑然屹立在这矩形场地的南端。在原门楼城门两侧主墙，又各新辟通道。为了方便去城门东西两侧火车站的交通，这里又修有宽阔街道。这条街道分岔绕原瓮城围墙外侧通过，汇于护城河大桥上……此外，北面位于门楼与中华门之间的广场，亦铺以石板，经过一番改建，原来在广场北端的哨所，现移近城墙，用铁链围起，在哨所北面前方不远，新辟一眼装饰性喷泉。广场较远的另一半，一直到中华门一带，以欧洲方式栽种着一排排树木，周围用铁链栏杆围起……新平面规划的宗旨，在于疏通内、外城之间的交通，由于城楼两旁修建了两条直贯南北的平行街道，并使之从城门两侧新辟的两个通道穿过，无疑使这一目地卓有成效

---

① 对此已经有学者做了一定的研究，可供参考，如陈晓虎：《明清北京城墙的布局与构成研究及城垣复原》，北京建筑大学硕士学位论文，2015 年 6 月未刊本。

② 潘景林：《1915 年正阳门改造对北京城市现代化的推动》，《城市学刊》，2016 年第 5 期。

地实现了。[1]

改造后的正阳门不仅极大地缓解了当时的交通压力，更是通过一系列科学而严谨的规划、设计，既保留了正阳门传统的规制、风格，同时也融入了具有西方及现代的理念与做法，从而使得正阳门成为内外城之间非常有特色的城市建筑。可以看出，当时的改造，并没有对传统古建筑产生致命的破坏，反而这种新旧、中西理念与实践的融入，让正阳门实现了其价值的现代转化。

可以说，经历了历史文化的变迁，正阳门已经失去了传统的军事、政治意义，而具有了更多的文化意义、社会意义与实践意义。基于此，可以结合正阳门及北京其他城门的价值与文化，进一步发掘其所具有的文化价值，出版图书、开展讲座、进行更多丰富多彩的社会实践教育活动，让正阳门成为北京城门开发的典范。另外，正阳门作为北京中轴线上天安门广场的最南端、保存完好的大门，具有十分重要的历史文化价值。尽管周围的城墙基本上被拆除，但是正阳门外的前门大街自古以来是北京重要的商业街区，也是当时中外商旅聚集之所，具有十分重要的历史价值。

2. 加强对正阳门一带历史文化遗产的保护、开发

正阳门附近的历史文化遗产非常丰富，在正阳门以南有天安门广场、人民英雄纪念碑、毛主席纪念堂、东交民巷使馆

---

① ［瑞典］奥斯伍尔德·喜仁龙著，许永全译：《北京的城墙和城门》，北京：北京燕山出版社，1985 年版，第 147 页。

建筑群、西交民巷近代银行建筑群等，以及正阳门北边东琉璃厂、近代商业区、四合院群等，这些主要都是明清以来新建的建筑、街区。可以说，这里拥有丰富的各种类型的历史文化遗产，这些遗产承载的文化精髓及思想，依然值得我们去研究与发掘。

尽管新中国成立之后，对正阳门南北进行了一系列的改造、新建，但也面临着很多问题，比如新旧建筑之间的协调、旧有遗产的保护等，这些都是未来正阳门一带历史文化遗产保护、开发所要面临的基本问题。另外，在正阳门一带所产生的民风、民俗包括天桥文化，也是非物质文化遗产，尤其是一些老字号的店铺需要通过转型完成时代的价值转化，它们也承载着中华传统文化中商业文化及其理念，即是未来文化传承发展需要关注的部分，其商品经济理念所具有的传统义利观，对于我们今天社会主义市场经济的运行依然有一定的启示与借鉴意义。

3. 利用 AR 技术，建立城门数字化博物馆

正阳门在元明清有着“国门”的美誉，光绪二十九年（1903）《正阳门楼工程奏稿》明确指出：“正阳门宅中定位，气象巍峨，所以仰拱宸居，隆上都而示万国。现在奉旨修复，其工费固宜核实撙节，而规模制度，究未可稍涉庳隘，致损观瞻。”[①] 从这篇奏稿中我们看出，时人将之视为中华文明的象征，具有“隆上都而示万国”的重要意义。

---

① 转引自章永俊：《气象巍峨正阳门》，《前线》，2021 年第 1 期，第 89—90 页。

我们应当高度重视正阳门所具有的文化、政治意义。毕竟，正阳门是北京城内城九门之首，规制最高，也是目前北京仅存的一座城、箭楼俱在的城门。随着信息化、大数据的盛行，我们一方面要基于正阳门建立古代城门、箭楼的博物馆，包括吸收海外有关城门及箭楼的相关文物及信息，从而建立具有全球意义的博物馆，让更多旅客感受到其中的文化；另一方面，要加强正阳门博物馆的数字化建设，通过互联互通、资源共享和业务协同等多种方式，并利用现代 AR 技术、微博直播、微信参观等多种形式，让全球游客领略到正阳门及北京城的文化景观及深厚底蕴。

小结

北京旧城基于中轴线形成了由皇城、内城、外城构成的多重空间，这既彰显了古代的等级礼制思想，也体现了古代政治理念。作为分割不同政治空间的城墙及其城门，也具有了权力与政治的象征意义。作为权力核心的北京内城有九座城门，矗立于天安门广场南端的前门，除了具有军事防御、礼仪规制的意义之外，也有政治上的文化象征，即它是天子祭天、南巡的必经之路，是象征最高权力的“国门”。也就是说，正阳门成了象征最高权力及政治意义的实物存在。

正阳门是北京至关重要的城门，是国家权力的象征。另外，在正阳门一带也是明清时期最为重要的交通、商业中心之一，在这里交通便利、物资丰富、商业发达，是当时君民在这里进行物资交流、购买商货之地，也可以说是展现古代经济文化的重要场所。对于如何保护、开发这些物质文化、非物质文化遗产，尤其是传统商业的义利观，依然需要我们利用历史唯物主义、辩证思想去看待，它们所具有的这种传统价值意义、精神内涵依然值得我们传承与发展。

五、人民英雄纪念碑

在新中国成立并举行开国大典的前一天，中国人民政治协商会议第一届全体会议决定为了纪念为新中国成立而牺牲的革命先烈，在天安门广场修建一座人民英雄纪念碑。纪念碑是对中国历史上立碑纪念重要人与事精神理念的继承，更为主要的是正如碑文中所指出的，这是为了纪念自1840年以来，为了中华民族的独立、人民的幸福自由而前赴后继牺牲的革命先烈们及其精神。

（一）人民英雄纪念碑的历史沿革

1949年9月30日，在开国大典的前一天，中国人民政治协商会议第一届全体会议决定，为了纪念在人民解放战争、人民革命中牺牲的人民英雄，在天安门广场修建一座人民英雄纪念碑。当天下午六点，毛泽东率领全体代表，在天安门广场上举行了纪念碑的奠基典礼。

1952年5月10日，首都人民英雄纪念碑兴建委员会正式成立。该委员会主任由当时北京市委书记彭真同志担任，副主任由建筑家梁思成同志担任，秘书长为薛子正。1952年8月1日开工。

1955年6月9日，毛泽东为纪念碑正面的碑心石题写了八个大字“人民英雄永垂不朽”。周恩来负责书写毛泽东在全国政协第一届全体会议上起草、并在纪念碑奠基仪式上宣读的碑文。

1958年4月22日人民英雄纪念碑落成。同年5月1日，举行揭幕仪式。

2006年，修复纪念碑存在的漏水、有裂缝、部分地方错位、风化严重等问题，是47年来首次大规模的修缮。

（二）人民英雄纪念碑承载的中华传统文化精髓

人民英雄纪念碑虽然是现代建筑，但是却承载了一百多年来中华儿女为了国家崛起、民族独立而不懈努力、牺牲生命的革命精神纪念。不仅如此，人们英雄为了中华民族的崛起、新中国的建设也付出了生命，这些都承载了中华儿女为了国家富强、民族独立所表现来的舍生取义、杀身成仁、不折不挠、永垂不朽的精神情怀。

1. 前赴后继，英勇斗争

人民英雄纪念碑上有八块浮雕，这八块浮雕的主题分别是“虎门销烟”“金田起义”“武昌起义”“五四运动”“五卅运动”“南昌起义”“抗日游击战争”“胜利渡长江”。另外，在“胜利渡长江”的浮雕两侧，另有两幅以“支援前线”“欢迎中国人民解放军”为题的装饰浮雕。整个浮雕高2米，全长40.68米，雕刻着170多个人物，生动记载了一百多年来中华儿女为反抗压迫、侵略而奋不顾身、牺牲自我的伟大革命史实。可以说，这八块浮雕都集中体现了一百年来中国人民为了幸福自由而反抗压迫、英勇斗争的精神面貌。

第一块浮雕“虎门销烟”，主要讲的是清道光十九年（1839），林则徐下令开始在虎门海滩当众销毁西方列强贩卖的鸦片。经过20多天，鸦片全部销毁。虎门销烟这一壮举沉重打击了外国侵略者的气焰，表明了中国人民反抗外来侵略、不畏牺牲的坚强决心。

第二块浮雕是“金田起义”，这是由太平天国领袖洪秀全于1851年领导的广西农民起义。该起义的爆发实际上也是针对当时的社会压迫，当时鸦片战争已经爆发，中国的社会矛盾也由此进一步激化。金田起义虽然最后失败了，但是农民群众不甘于压迫、剥削的精神唤醒了当时千百万农民群众，起义也直接打击了当时清朝统治者及西方资本主义对中国的殖民与侵略。

第三块浮雕是“武昌起义”，这是1911年10月10日爆发于湖北武昌的一场旨在推翻清朝统治的革命起义，这场起义革命党取得了胜利，并促使清朝走向灭亡，建立了亚洲第一个民主共和国——中华民国，这在中国历史上具有里程碑的意义。这场起义意义重大，在结束了清朝统治的同时，也开启了新的时代。

第四块浮雕是“五四运动”，该运动是于1919年5月4日爆发于北京的一场以学生为主体，广大群众、市民、工商业者等参与的爱国主义运动，是对帝国主义侵略中国、损害中国主权的反抗。这场运动的爆发，沉重地打击了当时的军阀政府。此次运动也直接促成了中国共产党的诞生与发展，成为了旧民主主义革命和新民主主义革命的分水岭。

第五块浮雕是“五卅运动”，这是于1925年在上海爆发的广大群众为了反抗帝国主义压迫的革命运动，这场运动极大地提高了全民的觉悟，这为随后国民革命军的北伐准备了群众基础。该运动影响范围广，运动得到了海内外中国人民的声援，沉重地打击了帝国主义在中国的侵略与压迫，为中国共产党的崛起起到了重要的推动作用。

第六块浮雕是“南昌起义”，该起义于1927年8月1日爆发，当时中国共产党联合国民党左派，打响了武装反抗国民党反动派的第一枪，揭开了中国共产党独立领导武装斗争和创建革命军队的序幕。这场起义也体现了中国共产党对压迫、屠杀的反抗，通过英勇斗争，最终取得胜利，标志着中国共产党独立创造了革命军队和领导革命战争的开始，也是创建人民军队的开始。

第七块浮雕是“抗日游击战争”，该战争主要讲的是中国人民为了抵抗日本对中国的侵略而进行的全民战争。该战争是中国人民全民参与的战争，最终打败了日本对中国的侵略。这场战争中华民族赢得了独立，民众获得了解放。

第八块浮雕是“胜利渡长江”，这是1949年中国共产党为了统一全国而进行的解放战争。该战争在广大百姓的支援下，一举突破国民党军的长江防线，为中国共产党解放华东、华南、西南地区创造了重要条件。

总之，通过雕刻在人民纪念碑上的浮雕，我们就可以看出，这些都在传达一百年来中国人民为了反抗压迫、反抗侵略而进行了前赴后继、不折不挠的斗争，最终取得了胜利，赢得了幸福自由与民族解放。对压迫、侵略的反抗，并不仅仅是一部分人所为，而是全民所秉承的中华文化传统，在“胜利渡长江”的浮雕两侧以“支援前线”“欢迎中国人民解放军”为题的装饰浮雕，也充分体现了老百姓对反抗压迫与侵略的大力支持。可以说，人民英雄纪念碑表现了一百多年来中国人民反抗压迫、侵略与殖民的斗争，充分体现了数千年来中华儿女反抗压迫、自强不息的精神与传统。

2. 家国情怀，舍生取义

人民英雄纪念碑修建后了之后，由毛泽东起草、周恩来亲自撰写了人民英雄纪念碑的碑文，碑文极力强调了一百多年来无数革命先烈奋不顾身而保家卫国的不朽精神：

> 三年以来，在人民解放战争和人民革命中牺牲的人民英雄们永垂不朽！
>
> 三十年以来，在人民解放战争和人民革命中牺牲的人民英雄们永垂不朽！
>
> 由此上溯到一千八百四十年，从那时起，为了反对内外敌人，争取民族独立和人民自由幸福，在历次斗争中牺牲的人民英雄们永垂不朽！

碑文指出了一百多年来为了中华民族的独立、人民的自由幸福，在历次斗争中牺牲的无数先烈献出了生命，为了国家民族而舍生忘死、视死如归。

人民英雄纪念碑的碑文客观地描述了一百多年来的革命历程，人民英雄纪念碑作为对过去一百多年为了国家、民族利益而奋不顾身的有志之士的纪念，也承载着这些人民英雄反抗压迫、反抗侵略的英雄精神，如有学者所言：

这座纪念碑也坐落在中轴线上，碑身上分别有毛泽东、周恩来等党和国家领导人的题词。碑座上有着十分精美的八幅浮雕，表现了8个重大的历史事件，即：林则徐虎门销烟、太平天国金田起义、辛亥革命武昌起义、爱国主义五四运动、工人阶级五卅运动、人民军队南昌起义、全国人民抗日战争、人民解放军横渡长江。这座巨型的纪念碑历时6年才告竣工，反映了自“鸦片战争”以来中国人民反抗帝国主义侵略、艰苦奋斗建立新中国的全部历程，具有重要的历史意义和现实意义。[①]

人民英雄纪念碑作为对过去一百多年为了民族独立、国家崛起的有志之士的纪念，其中雕刻着虎门销烟、金田起义、五四运动、抗日战争等历史场景，这些都充分体现了中国人民反抗帝国主义侵略、追求国家统一等精神诉求。

在碑文提到的8个历史事件中，都包含着革命先烈为了国家的崛起、民族的独立而战斗，在这些先烈的眼里，天下兴

---

① 王岗：《北京中轴线的历史文化内涵与当代政治意义》，《北京联合大学学报》（人文社科版），2015年第2期，第10页。

亡，匹夫有责，所以通过忘我的斗争、奉献甚至是牺牲，从而换得国家的强大、民族的独立，让更多的人幸福自由。在他们看来，这就是责任，就是使命，如有学者所言：

为了建设一个全新的世界，为了创造一个美好的未来，为了实现一个伟大的梦想，中国共产党自成立以来，就一直努力奋斗着。成千上万的先进分子，为了人民的幸福、民族的复兴，贡献心血智慧和力量，甚至奉献生命。为之立碑，是后来者的纪念，也是对先烈的尊崇，更是对先贤的深情缅怀，对使命的庄严宣誓。[①]

先烈这种前赴后继、不懈努力奋斗的革命精神，实际上也是传统文化中舍生忘死、甘于奉献的志士仁人的精神，他们秉承了这种仁义精神，为了国家、民族及百姓的福祉而肝脑涂地、甚至是奉献自己的宝贵生命。

不能否认的是，人民英雄这种舍生忘死、舍生取义的精神，实际上也是中国古代生死观的一种继承与发展。中国古人非常强调生命的价值，强调终极关怀，希望实现价值的永恒，故而追求不朽。古人一般说的不朽就是“三不朽”，《左传·襄公二十四年》中就这样说道：“太上有立德，其次有立

① 殷陆君：《英雄丰碑——中华民族最闪亮的坐标》，《学习时报》，2019年8月2日，第4版，第1页。

功，其次有立言，虽久不废，此之谓不朽。”[①] 这里说的立德、立功、立言，就是古人追求不朽的基本方式。其中，立德指的就是通过树立良好的道德形象，从而实现了不朽；立功，就是通过事业上的不懈努力，取得重要成绩，获得世人的认可；立言，主要指的是通过著书立说，让自己的思想在后世传扬。这种不朽的文化精神，已经成为了中国古人对生死意义的理解，这也影响了近代以来的中国人民，人民英雄纪念碑所记载的英雄们的不朽精神，也是这种不朽价值观的重要体现。

中华民族的发展史就是一部凝结了无数英雄烈士鲜血的奋斗史。新中国的成立，正是这些上千万革命烈士前赴后继、忘我奉献的结果，所以通过传统立碑纪念的方式，“以文勒石”，以文“述德”“铭功”“记事”，让他们的精神得到永远流传。所以，在人民英雄纪念碑的碑文中就连续用了三个“永垂不朽”，这本身就是以此表明革命烈士实现了自身的人生价值，为后人所永远铭记。

总之，自古以来中华民族都崇尚修身明德，强调修身、齐家、治国、平天下的崇高道德精神，革命先烈们继承了这种道德情怀，为了国家富强、民族独立，而尽心竭力，甚至是奉献自己的生命，不能不说这是对中华优秀传统文化精神的继承与弘扬。

---

① ［周］左丘明传，［晋］杜预注，［唐］孔颖达疏：《春秋左传正义》卷三十五《襄公二十四年》，北京：北京大学出版社，2000 年版，第 1152—1153 页。

3. 以民为本，以德治国

人民英雄纪念碑，顾名思义，不仅是对一百多年来广大人民群众为了幸福自由、民族国家而奋斗不息的纪念，也是对几千年来中华民族反抗压迫、自强不息精神的传承与弘扬。换言之，人民纪念碑的树立，也是为了彰显了国家以民为本、以德治国的政治理念。

中国从尧舜禹开始就非常强调以德治国、以民为本的政治方略。比如在《古文尚书·皋陶谟》中记载，舜在位时，与大臣皋陶、大禹三个人讨论政务，究竟如何治国？皋陶虽然是掌管刑法诉讼的，但是却强调为政者一定要修身明德，所谓“慎厥身，修思永。惇叙九族，庶明励翼，尔可远，在兹”。[①]他认为一定要注重以德治国，反对刑法，提出了治国之人一定需要具备“九德”，比如治国要宽大，不能过于严苛；要虚心接纳不同的意见；要提升治国者自身的道德品质，这些话与《大学》中所宣扬的“修身、齐家、治国、平天下”的政治思想也非常相近。“九德”在中国历史上影响非常深远，成为历代君臣所秉承的基本为政之道。

中国古代之所以在三四千年前就非常强调以德治国，强调君王对自身德行的重视，其目的就是为了获得上天的护佑，从而让政权长久稳定。以德治国理念的具体表现就是以民为本。在中华文明的早期，古人就充分认识到了民众的重要性，经过尧、舜、夏、商、周时期的发展演化，民本思想最终成为

① ［汉］孔安国传，［唐］孔颖达疏：《尚书正义》卷四《皋陶谟》，北京：北京大学出版社，2000 年版，第 122 页。

治国理政的基本理念。在春秋时期，孔子作为儒家学派的创始人，继承发展了以往的民本思想，也反复强调以民为本的重要性，如《论语·学而篇》载："子曰：道千乘之国，敬事而信，节用而爱人，使民以时。"[①]孟子、荀子作为先秦儒家的重要传承者也都非常推崇民本思想，"民为贵，社稷次之，君为轻"(《孟子·尽心下》)，[②]"天之生民，非为君也；天之立君，以为民也"(《荀子·大略》)。[③]

从汉代开始，随着儒家学说成为官方意识形态，以民为本、以德治国的理念影响了中国两千多年，始终成为统治阶层重视的治国思想，比如唐太宗曾专门写了《民可畏论》，其中有"天子有道则人推而为主，无道则人弃而不用，诚可畏也"的论断，[④]体现出他对民本思想重要性的深刻认识。宋代理学家朱熹也强调说："天下之务莫大于恤民，而恤民之本，在人君正心术以立纪纲。"[⑤]正是由于历朝历代的统治者重视民众利益，所以出现了文景之治、贞观之治、开元盛世、康乾盛世等繁荣时代。另外，很多史学、文学著述也反复强调民生、民本思想

---

① ［魏］何晏注，［宋］邢昺疏：《论语注疏》卷一《学而》，北京：北京大学出版社，2000年版，第5页。

② ［汉］赵岐注，［宋］孙奭疏：《孟子注疏》卷十四《尽心下》，北京：北京大学出版社，2000年版，第456页。

③ ［清］王先谦撰，沈啸寰、王星贤点校：《荀子集解》，北京：中华书局，1988年，第504页。

④ ［清］董诰：《全唐文》卷十《太宗七》，北京：中华书局，1983年影印版，第122页下。

⑤ ［元］脱脱等：《宋史》卷四百二十九《道学三》，北京：中华书局，1977年版，第12753页。

的重要性，以至于民本主义成为了中华文化的基本理念。

中国数千年的文明由于统治者的以德治国、以民为本，所以为中华文明的一脉传承、源远流长奠定了坚实的民众基础。当然，在中国古代也并非所有的王朝能始终如一地贯彻以德治国、以民为本的治国方略，尤其是在每一个王朝的中后期，随着思想观念的滞后、社会政治的紊乱，统治阶层的压迫、剥削成为了常态，由此也引发了民众对压迫、剥削的反抗。在中国历史上，民众反抗压迫、剥削的起义与革命层出不群，都对统治阶层的统治造成了或大或小的打击，甚者改朝换代，重建新的王朝。

人民英雄纪念碑所记载的一百多年来，八次重要的反抗压迫、剥削及帝国主义的侵略，这些都是中华民族数千年来人民反抗压迫、剥削的缩影，这些都充分体现了民众的力量。人民英雄纪念碑尽管是对过去一百年来民众反抗精神的传承、弘扬，但另一方面也是在昭告世人“水可载舟，亦可覆舟”的道理。换言之，人民英雄纪念碑也是在向人们传达了治国理政一定要以德治国、以民为本，让民众切实享受幸福安康，而不是压迫、剥削，否则就会导致起义与革命。

总之，人民英雄纪念碑是对过去一百多年数以千万计革命先烈不畏强暴、反抗压迫与剥削精神的讴歌，也是对中华民族数千年来自强不息、英勇斗争文化传统的继承与弘扬，与此同时也是对古代以德治国、以民为本治国理念、文化传统的宣扬。

（三）人民英雄纪念碑的现代价值及其弘扬

人民英雄纪念碑作为北京中轴线上最晚建成的建筑，体现了北京中轴线的时代性、包容性。人民英雄纪念碑不仅是对过去一百多年来中华儿女为了民族独立、幸福自由而斗争的纪念，也是对中华传统文化中自强不息、舍生取义、以民为本、以德治国等精神的传承弘扬，所以它即使在今天依然有十分重要的价值与意义。人民英雄纪念碑作为北京中轴线的重要文化遗产，也需要我们结合时代的需要进行保护开发，使之为中华民族的伟大复兴继续贡献它的价值。

1. 人民英雄纪念碑具有现代价值

人民英雄纪念碑是红色文化的象征，也是新时代中国人民为了国家富强、人民幸福而不懈奋斗的重要精神象征。对此，如 2018 年 5 月 1 日开始实施的《中华人民共和国英雄烈士保护法》中所强调的："矗立在首都北京天安门广场的人民英雄纪念碑，是近代以来中国人民和中华民族争取民族独立解放、人民自由幸福和国家繁荣富强精神的象征。"这种近代以来中华儿女所表现出来的精神依然具有时代意义、现代意义。换言之，我们今天在建设富强国家、复兴中华民族依然需要这种精神，需要对这种精神的继承弘扬。

在具有国家民族象征的天安门广场建设人民英雄纪念碑，也并非中国所独有，很多国家也都有这样的做法。也就是说，革命先烈的精神与奉献，并非属于历史，也是当今社会发展不可分割的重要组成部分。随着北京中轴线的申遗，人民英雄纪念碑的精神不仅是中国的，也具有世界意义，毕竟反抗压迫、侵略，是人类共同的诉求。

2. 整体而科学地发掘人民英雄的精神

国家以立碑的形式来纪念过去的人民英雄，以此来表彰他们自强不息、英勇斗争、家国情怀、舍生取义、以民为本、以德治国等所承载的人文精神，这种精神在过去一百年中对于新中国的成立、国家的富强、民族的独立都有十分重要的意义。实际上，这种精神并不是过去的、历史的，也是属于现实的、未来的，毕竟在当代社会建设依然需要自强不息的精神，需要为了国家民族而舍生取义。对于国家领导人而言，在治国理政方面，依然需要以德治国的理念，始终要注重对民生、社会发展的关注。

不仅如此，人民英雄纪念碑与北京中轴线上的人民大会堂、国家博物馆等一样，都具有新时代的意义，它们都是社会主义先进文化的代表，在文化遗产的价值与意义上具有共性。所以，在北京中轴线的保护开发方面，应该将人民英雄纪念碑、人民大会堂、国家博物馆等作为一个整体进行考虑，深入发掘其价值与意义，尤其是在人类命运共同体建设方面的普世价值。

通过教育、社会实践的形式，加大对人民英雄纪念碑价值的发掘，让更多的人参观考察纪念碑，让更多的人了解与纪念碑有关的故事。另外，讲好与纪念碑有关人与事的故事，毕竟，纪念碑纪念的人有千千万万，很多人的故事都没有被发掘。通过故事，可以生动地再现革命先烈的英雄事迹，可以由此传承他们的精神，让更多的人通过这些故事、事迹，了解先烈的精神、中国过去一百多年的历史史实，由此让人们对于今天幸福生活倍加珍惜，并积极参与到社会的建设之中。

小结

人民英雄纪念碑不仅仅体现了近代以来一百多年的革命文化，也是对传统文化精神的传承与发展，这些精神包括反抗压迫、舍生取义、天下为公、永垂不朽等。当然，传统文化、革命文化之间并不是孤立的、排斥的，而是不分前后、互通互融的。这些红色文化精神既是对传统文化的继承，也是对传统文化的革新，在继承优秀传统文化的同时，也要大力弘扬红色文化，因为这同样是文化自信的构成之一。

人民英雄纪念碑是对英雄烈士的纪念，更是承载着中华传统文化、红色革命文化、社会主义文化，这些文化理念及精神依然值得我们传承、发展。所以，如何通过实践教育、瞻仰祭拜、文化交流等多种形式传承、弘扬人民英雄的精神依然是我们需要重视的。在新的时代，我们依然要创新传播模式、深入发掘其精神，让人民英雄纪念碑文化发扬光大。

六、天安门广场

天安门广场本是元明清时期的宫廷广场，具有皇权与政治意义。新中国成立后，天安门广场经过改造、兴建，具有全新的中轴线空间意义、象征意义和文化意义，成了北京中轴线的文化重心所在。天安门广场作为中华文化的符号元素，与国旗、国徽、长城、故宫、天坛等一样，充分体现了中华文化的民族特征。它同时也承载着中华传统文化的思想精髓，成为了爱国主义教育的重要场地。

（一）天安门广场的历史沿革

天安门，原名承天门，始建于明永乐十五年（1417）。

清顺治八年（1651），承天门改为天安门。光绪二十六年（1900），八国联军入侵北京，天安门广场成为当时军队演练场地。

民国三年（1914）五月，当时的内务总长朱启钤着手改造北京城，拆除天安门前千步廊、修筑沥青路、瓮城等，这样天安门广场变成了可自由穿行和逗留的开放空间，展现了它的公共性、人民性。民国十七年（1928），蒋介石北伐胜利。当时群众在天安门广场举行庆祝大会。同年 8 月，孙中山遗像挂在天安门城楼之上。这是天安门城楼首次挂个人画像。

1949 年 10 月 1 日，中华人民共和国成立，在天安门广场举行开国大典。1954 年，政府拆除了中华门、长安左门、长安右门、户部刑部、仓库棋盘街等建筑，并在天安门广场中建人民英雄纪念碑。

1958 年，为迎接十周年国庆，政府又对天安门广场进行了史上最大规模的一次改造扩建工作。当时拆除了中华门、棋盘街及广场上的红墙。与此同时，在天安门广场上建立的人民英雄纪念碑、人民大会堂、中国革命和军事博物馆，由此天安门广场成为了社会主义的标志。

1976 年 9 月 9 日，毛泽东逝世。于是，中共中央决定在天安门广场上建设毛主席纪念堂，并最终于 1977 年 9 月 9 日建成毛主席纪念堂。

（二）天安门广场承载的中华传统文化精髓

天安门广场记载了中国人民不屈不挠的革命精神和大无畏的英雄气概。在中国现代革命史上，五四运动、一二·九运动、五二〇运动等都曾在这里留下了浓重的色彩。这里也是无数重大政治、历史事件的发生地，是中国从衰落到崛起的历史见证。可以说，天安门广场是历史的广场，也是文化的广场，这里承载着以民为本、坚持正义、兼容并包、协和万邦等传统文化精神。

1. 以民为本，兼济天下

天安门广场是元明清时期的宫廷广场，旨在极力凸显皇权至上的理念，所以在元代天安门广场已经有了千步廊、显灵门（皇城南门）、丽正门（大都南门）等；明清时期，天安门广场又进一步扩建完善，在其周围的天安门、正阳门、前门、大明（清）门、社稷坛、太庙等重要的城门楼、坛庙等建筑群，进一步彰显了皇权至上的理念。在当时，天安门广场是举行盛大典礼的地方，这里自然是数百年皇权文化集中体现的场所。

随着清朝的结束，这里被改造成为了贯通东西两城的交通中心。不仅如此，民国时期，在这里发生了大大小小的政治活动，进一步体现了人民当家作主、反抗压迫、追求独立自由的精神诉求。新中国的成立，则实现了这些夙愿。可以说，天安门广场是历史形成的，见证了历史，承载着太多的历史文化记忆。新中国成立后，天安门真正转变成为了民主自由、民族独立的重要象征，展现了人民性、公共性的特征，如有学者所言：

1949年1月31日北平和平解放，9月27日，中国人民政治协商会议第一届全体会议通过决议：定都北平，改北平为北京。9月30日会议又决定：为了纪念在人民解放战争和人民革命中牺牲的人民英雄，在天安门广场建立人民英雄纪念碑。当天下午6时，毛主席亲自为纪念碑奠基。10月1日，毛主席在天安门城楼上宣告中华人民共和国成立。从此，古都北京恢复了青春，天安门成为国家的象征载入史册，天安门广场成为全国人民向往的中心广场，从而改变了旧皇城以皇帝为中心的时代，揭开了历史新的一页。①

新中国建立之后，天安门广场也被改造，这里既保留了天安门及其附近的古建筑，同时兴建了很多新时代的建设比如人民英雄纪念碑、人民大会堂等，它们也集中体现了“人民当家作主”、以民为本的社会主义思想。

的确，新中国建立之后，从天安门广场上的人民大会堂的规划与建设来看，由于它代表着国家的形象，所以其定位要充分体现了人民当家作主、以民为本的意义，比如当时北京市委的彭真对此就特别强调说：

我们社会主义国家首都的大会堂，设计思想要体现“以人民为主”“物为人用”“为人民服务”的思想。要使工人、农民一进大会堂，不仅感觉到庄严雄伟，同时也感觉到自己就是建筑物的主人，不能使人走进大会堂像是走进故宫那样有压抑之感。②

当时为了建设人民大会堂，吸收了各方面的思想，可以说是兼收并蓄、博采众长，目的就是要充分展现人民当家作主的属性，由此既不同于古代的故宫，也不同于西方的建筑。的

① 董光器：《〈古都北京五十年演变录〉节选：1956 年以前天安门广场的历史及规划建设》，《建筑创作》，2014 年，第 96 页。

② 彭真：《关于天安门广场和人民大会堂的建设》（1958 年 9 月至 11 月），北京市档案馆、中共北京市委党史研究室编：《北京市重要文献选编》第 10 册，北京：中国档案出版社，2003 年版，第 805 页。

确，随着人民大会堂的建成，这里成为了全国人民表达意愿的重要场所。

新中国成立之后，对天安门广场进行了一系列的改造与新建，使之真正成为了人民的广场，比如相继修建了人民英雄纪念碑、中国革命博物馆、中国历史博物馆、人民大会堂等，切实体现了中国共产党领导下人民当家作主的城市政治文化新主题。比如人民英雄纪念碑是对鸦片战争以来为了争取独立自由而牺牲的中国人民的纪念；中国革命博物馆、中国历史博物馆更是对劳动人民创造历史、改变历史功绩的肯定；人民大会堂则是各族人民代表商讨国家大事的重要场所。另外，在天安门广场的东西两侧的太庙、社稷坛也都成为了人民群众自由参观的文化公园，等等。

总的来说，新中国建立之后，天安门广场开始从功能上，转变为人民集会、游乐、节庆的重要场所，充分体现了人民当家作主的社会属性。不仅如此，在天安门广场四周的建筑也充分体现了这一点，比如劳动人民文化宫、中山公园等，这些也被作为民众休闲娱乐的重要场地，集中体现了天安门广场公共性、人民性的一面。更为主要的是，天安门广场新增加的人民大会堂、国家博物馆、国旗杆、中国历史博物馆等建筑，充分体现了新中国所具有的社会主义属性，由此取代了紫禁城成为了新中国的象征。

2. 坚持进步，日新月异

天安门尽管是历史的产物，但也蕴含着现代的文化，不论是古代还是现代，这些建筑也集中体现了中华儿女坚贞不屈、万众一心为了民族崛起、幸福自由的不懈追求。可以说，天安门不仅见证了王朝的更替、历史的盛衰，更是见证了近现代以来中华儿女为了民族独立、自由幸福而不懈追求的历史，如有学者所分析的：

天安门广场是首都的中心，作为中华人民共和国的象征，它更是凝聚亿万中华儿女的核心，是人们永远关注的焦点。它像是一面镜子，折射着所有的历史，关于动荡与衰败，和平与昌盛。无论是古老的正阳门，还是人民英雄纪念碑，都是可以触摸到的历史真相。明清时期，天安门广场是封建帝王的宫廷广场，是用三面围墙圈成的百姓禁地。近现代，没有一个地方像天安门广场这样如此牵动着每个国人的心，义和团阵亡，“五四”运动爆发、新中国诞生……天安门广场成为无数重大政治、历史事件的发生地，它见证着每一个重要的历史时刻。华表上的伤痕，让我们永远不会忘记外强的凌辱。更不会忘记那些为新中国成立抛头颅洒热血的人们，高高耸立的人民英雄纪念碑是我们中华民族不屈的精魂。五百多年来，从皇家宫廷广场、百姓禁地到人民广场、旅游胜地，天安门广场见证过历史的更迭，也承载着时代的荣耀。每天早上和太阳一同升起的五星红旗，让我们看到了一个民族从衰落到崛起的步伐，从落后到繁荣的历程。[①]

天安门广场是历史的存在，见证了五百年来中华民族兴

① 邹朝霞：《觅踪之旅：北京篇》，北京：中国旅游出版社，2006年版，第37页。

衰荣辱的历史，更是见证了近代以来中华儿女为了摆脱列强的欺凌而坚贞不屈、万众一心抗争的历史。所以，天安门及其广场不仅承载着历史记忆，更是承载着中华民族的伟大精神，这种精神就是面对困难、挑战而坚贞不屈、万众一心的责任意识与使命意识。

尤其是近代以来，天安门见证了中华民族备受屈辱但却坚贞不屈、万众一心的精神。比如在清末，当八国联军入侵北京的时候，当时就爆发了轰轰烈烈的义和团反帝爱国运动。不过，由于清政府的背叛，以至于义和团在天安门前遭到了八国联军与清军的两面夹击，数以千计的义和团民死在了天安门前，以此表现了当时坚贞不屈的抗争精神。一战结束后，中国作为战胜国理应获得正当权益，但却遭到了列强的无视，由此激发了五四爱国运动，这场运动就发生在天安门广场。尽管这场运动遭到了反动军阀的镇压，但最终也迫使北洋政府妥协。五四运动的爆发加速了中华民族的觉醒与爱国精神的蔓延。

天安门广场经过新中国成立后的改建，建成了人民大会堂、国家博物馆、国旗杆等，这些都是新中国权力与政治的象征，更是承载着中华民族百余年前赴后继、浴血奋战获得民族独立的光辉业绩，象征着具有五千年文明史的中华民族在二十世纪的崛起，也标志着中华民族的历史文化在新世纪得到了延伸与发展。对此正如有研究者这样评价道："新中国成立后，根据全国政治文化中心建设的需要，在古都中轴线上形成了国人瞩目的天安门广场、人民英雄纪念碑、毛主席纪念堂、人民大会堂、中国人民历史博物馆和中国人民革命博物馆（现国家博物馆）等具有鲜明民族传统特色的现代文化建筑，使古都中轴线既保留了民族传统文化特色，又体现了历史的发展、社会的进步和民族文化的时代性与先进性，从而使北京中轴线充分展示了中华民族几千年优秀文化发展的一脉相承、绵延数千年而不曾中断的古都历史文化特色。”①

可以说，天安门广场是中华民族不断奋进、追求进步的象征，尤其是在近代以来，中华民族前赴后继、万众一心，最终建立了新中国。新中国成立之后，天安门广场的改造也得到了政府的高度重视，并基于它落成了一批新的建筑，从而充分体现了其所具有的社会主义属性，尤其是随着长安街的建设，与北京中轴线及天安门广场异同展现了北京现代性，如有学者所言：

在城市的角度看，长安街在北京城的地位有着与中轴线一样重要的地位，与中轴线一同构成北京城十字轴线，控制着城市的总体布局。中轴线代表历史，而长安街代表现代，是一个古今同构的城市模式。在这二者的交点，也同样存在着一对古今二元体——故宫和天安门广场，是北京城人文景观的二元式中心。古今轴线与二元式中心共同作用于现代北京城，使北京城市空间，不管是公共空间还是人文景观空间，具有强烈的向心力。另外，长安街作为北京城市的空间与交通的主动脉，以虚轴的方式将北京的道路、建筑和人文景观都一起串联。两侧的街区与建筑空间

① 孔繁峙：《北京中轴线的历史文化意义》，《北京观察》，2017 年第 10 期，第 15 页。

以“实”的体量将“虚”的长安街空间限定出来。[①]

北京中轴线作为传统的皇权、礼仪的象征，虽然随着时代的推移，也兴建了奥林匹克中心的水立方和鸟巢的现代建筑，但在文化内涵上依然体现为底蕴深厚的历史性。相对于基于天安门广场而兴建的东西走向的长安街及所属的首都博物馆、国家大剧院、北京 CBD 等现代建筑，由此形成了具有现代意义的北京城市的十字轴线。可以说，正是由于基于天安门广场而形成的古今交融的东西轴线，使得北京更具有了现代性、时代性与人文性。

总之，天安门广场承载了中华传统文化追求进步、与时俱进的精神理念，在这里不仅有近代以来尤其是新中国成立后所兴建的体现中华民族发展、时代进步的人民大会堂等新建筑，更是有基于东西轴线而形成的长安街及其系列现代化建筑。这些都充分体现了天安门广场所具有的时代性、现代性价值及意义。

3. 兼容并包，协和万邦

天安门广场是天安门城楼正前方的重要场所，它也是北京城的中心所在。在这里，不仅有人民英雄纪念碑、毛主席纪念堂、正阳门等，还有人民大会堂、国家博物馆等现代建筑，这些建筑群集中体现了天安门广场所展现的古今中西兼容并包、多元并存的传统精神理念，对此如有学者所分析的：

---

① 严思远：《北京长安街空间研究》，北京建筑大学硕士学位论文，2017 年 6 月未刊本，第 33 页。

天安门广场位于天门城楼的正前方，是北京城的中心。1957年扩建后的天安门广场南北长880米、东西宽500米，总面积达44万平方米，可同时容纳100万人集会，是目前世界最大的城市广场。广场的中轴线上自北向南依次是国旗旗杆、人民英雄纪念碑、毛主席纪念堂、正阳门和前门箭楼（大前门）。广场东侧是国家历史博物馆，广场西侧是人民大会堂。东西对称，且以暖黄为基调，色彩与古建筑协调，有效保留了天安门城楼的中心地位。天安门城楼两侧的劳动人民文化宫和中山公园同广场一起构成了北京中心的天安门建筑群，成为首都的一大胜景。站在天安门城楼上放眼望去，整个天安门广场宏伟壮观、气势磅礴、古今建筑浑然一体。[①]

天安门广场上汇集了古今以来的很多建筑，这些建筑既有传统的正阳门、前门箭楼（大前门），还有现代的人民英雄纪念碑、毛主席纪念堂、国家历史博物馆、人民大会堂等，这些都充分体现了天安门广场的包容性、多元性文化意义，这种文化意义实际上也是中华传统文化的精髓之一。

天安门广场上建筑的增加，不仅在功能上有了转变，而且也进一步凸显了社会主义文化、革命文化的倾向，成为了新时代国家政治的新地标，如有学者所言：

1959年是中华人民共和国成立的第十个年头。按照传统，官

① 邹朝霞：《觅踪之旅：北京篇》，北京：中国旅游出版社，2006年版，第37页。

方往往在逢十周年大规模庆祝一番。为了向国内外展现十年来新政权在政治、经济、文化、思想等各个领域的成就，配合首都规划改造的需要，中共中央决定上马“国庆十大工程”。其中，突击建成的两大政治地标——中国革命历史博物馆和人民大会堂，同人民英雄纪念碑一道，不仅加强北京传统南北中轴线的格局，而且为展现新政权在国内外的形象增添浓墨重彩的一笔。在这两大政治地标中，人民大会堂最具代表性。这个建筑从建造完成至今，一直以国家最高政治活动中心的姿态出现在公众视野中，成为代表国家形象的一张“名片”。[①]

新中国建立之后，为了加快社会主义建设，对北京中轴线及北京城也做了一系列的改造，天安门及广场一带也有改造。其中，天安门广场建设的中国革命历史博物馆、人民大会堂、人民纪念碑等充分体现了其人民性、公共性的特征。但与此同时，也保留了故宫、正阳门等建筑，充分展现了天安门广场的包容性。

不仅是广场上兼容古今中西文化建筑，而且在具体的建筑上，也是强调与时俱进，兼容并包，希望能够融会贯通，体现社会主义文化的先进性、包容性。比如人民大会堂的建设上，当时的重要指导思想，如吴晗所指出的：

形式不外包括“古今中外”，大家一致的愿望是要用民族形

① 赵传军：《“大跃进的产儿”：人民大会堂的设计与建造研究》，中共中央党校硕士学位论文，2018 年 7 月未刊本，第 9 页。

式，但民族形式并不意味着不吸取外国的好东西，无论古今中外，只要是好的，都应该兼收并举，取其精华去其糟粕。发展自己的优秀传统，提高建筑艺术水平，建筑形式如此，其他专业亦莫不如此。[①]

新中国建立之后，天安门广场也被改造与发展，其中人民大会堂的建设是其中之一。人民大会堂的设计与建设，也充分体现了当时国家对古今中西文化兼容并包的精神，强调在继承传统的基础上，努力吸纳一切优秀的成果，来提升完善自己。

实际上，天安门广场作为中国的国家形象“名片”，也是中国的象征。在这里，国家的政策与举措，也都体现了中国的政治、外交、文化等方面的全球意识，即建立人类命运共同体的梦想，而人类命运共同体实际上也是对古代“协和万邦”理念的继承与发展。“协和万邦”出自《尚书·尧典》：“九族既睦，平章百姓，百姓昭明，协和万邦，黎民于变时雍。”[②]就是说，除了以民为本、积极治理好本国的事务之外，努力团结各国，这就是“协和万邦”。协和万邦就是要团结一切可以团结的力量，各国和平共处、和平协商，通过通力合作，从而实现人类的共同发展与繁荣。

---

① 国庆工程设计审查会议办公室：《国庆工程设计审查会议简报第2号》（1959年2月23日），北京市档案馆藏，档案号：131—001—00359。

② ［汉］孔安国传，［唐］孔颖达疏：《尚书正义》卷二《尧典》，北京：北京大学出版社，2000年版，第31页。

总之，天安门广场作为明清国家权力的重要象征，到了新中国建立之后，其人民性、公共性进一步凸显，而人民大会堂、国家博物馆等的建立，充分体现了这一点。不仅如此，在这里国家所举行的重大活动、发布的重要倡导，都充分展现了中华民族兼容并包、协和万邦的传统意识。

（三）天安门广场的现代价值及开发

新中国之后，天安门广场不仅是人们的广场，这里兴建的人民大会堂、国际博物馆、人民英雄纪念碑等现代建筑，展现了红色文化、社会主义文化，同时天安门城楼、故宫、正阳门城楼等古代建筑，也展现了中华传统文化。在这里，每年、每天都有来自世界各地数以万计的游客，都集中体现了天安门广场的公共性、人民性、世界性。可以说，天安门广场在现代依然有十分重要的价值与意义，所以我们保护开发它，进一步传承弘扬中华文化，为中华民族的伟大复兴提供了助力。

1. 天安门广场是中华民族精神的象征

天安门广场自近代以来，已经从功能上改变了皇权至上、唯我独尊的政治功能，而转向了更具有公共性、人民性的社会功能，成为了中华民族共有的社会空间和伟大象征。天安门广场上的毛主席纪念堂、人民英雄纪念碑、国家博物馆等都构成了这一象征的具体内容。可以说，天安门广场所具有的象征意义，如同其他国家的纪念性广场一样，充满了文化性、民族性：

世界上的很多国家的首都都有纪念性空间，它们在进行首都城市建设的时候也会特别注重纪念性空间的营造。美国首都华盛顿的中心，有一个大的纪念性空间体系，华盛顿纪念碑、林肯纪念堂、杰弗逊纪念堂等都是这一体系的重要组成部分。巴西利亚城市规划也特别注意了对纪念性空间的安排，如将城市中心轴设成纪念轴，在城市最核心的位置建设三权广场。英国、法国等具有悠久历史的国家，在城市的核心位置也有许多纪念性空间，如特拉法尔加广场、协和广场等。[①]

世界很多国家的首都都有纪念性的空间，一般都体现了广场，而纪念性的内容有对国家发展有突出贡献的领袖，比如美国首都华盛顿中心便有林肯纪念堂、杰斐逊纪念堂等；还有的充满了社会政治性，比如巴西的三权广场等等。天安门广场是历史文化遗产，以往的建筑充满了政治性，并不完全具有纪念性。新中国成立以来，在这里建设了人民英雄纪念碑、毛主席纪念堂等，也充分体现了其纪念性。换言之，天安门广场在新中国成立以来，随着新建筑的落成，也富有了新的价值与意义，它是中华民族精神的伟大象征。

2. 发掘其价值，实践教育的主阵地

天安门广场是新中国的象征，承载着中华优秀传统文化精髓，在这里不仅有天安门、故宫、正阳门等古老建筑，也有毛主席纪念堂、人民大会堂、人民英雄纪念碑、国家博物馆等

---

① 李铁：《国家中央政务区纪念性城市空间研究》，北京交通大学硕士学位论文，2017年6月未刊本，第1页。

新时代的建筑，这些都充分展现了社会主义文化的人民性、公共性。

随着新时代思想政治教育的强化，社会实践、参观考察，通过身临其境的方式来感悟传统文化的魅力、提升人的思想境界，是当前思想政治教育的重要手段。思想政治教育也是为了强化文化自信。中华民族的复兴，文化复兴是关键，也是核心。习近平总书记也指出："文化自信，是更基础、更广泛、更深厚的自信。"天安门广场作为文化的重要载体，通过社会实践的形式，让更多的民众、学生等来到这里感受到中华文化的魅力。

当然，天安门广场的价值需要得到发掘，它不仅仅是社会主义文化、革命文化的重要承载者，也是传统文化的重要承载者。所以，如何发掘其价值，实现其价值文化的多元融合，让人们在参观考察之际，也深刻领悟天安门广场所传达的思想精神，这样更容易达到社会实践教育的目的。当然，这也需要我们通过更加丰富的形式进行配合实践考察，比如通过文创的形式，来让更多的人知道其历史发展沿革、文化精神以及时代价值等。

小结

天安门广场在明清时期是皇权至尊的象征，这里也成为了当时皇帝施政的重要场所，集中体现了古代君权神授、礼仪有序、尊卑有别的文化内涵。随着清朝的结束，天安门广场也失去了传统的政治功能，这里开始具有了公共性、人民性的属性。尽管民国以来，这里也是重要政治事件发生的重要场所，但也是民众表达思想的重要场地，也正是在这里，民众表达了对国家民族前途的关注，也表达了对民族独立、国家富强的渴望。尤其是新中国成立之后，这里成为了社会主义国家的象征，充分体现了人民当家作主的社会属性，也充分体现了新中国以民为本、兼济天下、以德治国、协和万邦的治国理念。

七、天安门

天安门是明清两朝北京皇城的正门，位于故宫南端，与天安门广场、人民英雄纪念碑、毛主席纪念堂、人民大会堂、中国国家博物馆等隔长安街相望。天安门作为皇城四门中规制最高的城门，上面有城楼，下面有城台。城楼进深为五间，面阔九间。天安门是明清两代举行盛大典礼的地方，比如皇帝登基、册封皇后等。

（一）天安门的历史沿革

天安门始建于明朝永乐十五年（1417），原名承天门，含有“承天启运、受命于天”之意。明天顺元年（1457）被焚毁，明成化元年（1465）又重建。

清朝顺治八年（1651）更名为天安门。乾隆十九年（1754），在东西长安门外增加了围墙，各设三座门，规模更加宏大严整。天安门是当时朝廷举行大典的重要场所。

1949 年到 1970 年之间，天安门经历了多次修缮，其中 1970 年的修缮工程最为浩大。当时为了安装国徽，不仅提升了上屋檐的高度，还让天安门城楼比原先高了 87 厘米。

（二）天安门承载的中华传统文化精髓

天安门作为皇城中最重要的城门，它见证了历史上重要的盛典，更见证了近代以来中国发生的众多重大事件，比如1919年的五四运动、1926年的三一八惨案、1935年的一二·九运动、1949年的开国大典等等。新中国成立之后，每当有重大政治活动，天安门都是重要的活动地点之一，这也标志着其功能的时代性转换。另外，天安门与地坛、故宫等一样，它们作为北京中轴线上的重要建筑，集中体现了中华传统文化的思想精髓。

1. 敬天法地，大宗正统

天安门建造之初叫“承天门”，以表示当朝皇帝是“承天启运，受命于天”之意。这种寓意自然体现了古人对于上天的敬畏，以此命名来展现敬天法地之意，祈求平安太平、风调雨顺。天安门与北中轴线的地安门遥相呼应，体现了古人对天人之际的重视，对天人合一的强调。不仅如此，在秦朝建立之后，将承天门进行重建，改为城楼，并将承天门改名为天安门。其中，城门五阙，重楼九楹，以此取“九五”之数，这自然象征着皇权上合天数、至高无上。

天安门作为皇宫的正门，在明清时期有“国门”的尊称。在当时，皇帝举行隆重的庆典，比如新皇登基、册封皇后等，一般都要在天安门楼上举行“颁诏”仪式。对此，《大清会典》就这样说道：

长安门内正中南是为天安门，是为皇城正门，门五阙，上覆重楼九楹，彤扉三十六，初仍明旧曰承天门，顺治八年改今名。凡国家大庆覃恩，宣诏书于门楼上。[①]

从这个记载我们可以看出，天安门是皇城的正门，具有很强的象征意义，可以说是国家或皇权的直接体现。正因为如此，所以明清时期，朝廷举行大典，多在这里举行，以此彰显其重要性，更是为了凸显皇权的至高无上性、正统性。就是说，天安门在中国古代实际上已经是国家最高权力的象征，不论是在古代还是在民国时期，都是如此。如有学者所总结的：

天安门虽不在“九门”之列，但它的地位似乎更加重要。尤其是进入民国以后，“天安门”作为政治符号，取代了“紫禁城”的地位，更因其具有某种开放性，兼有“公共空间”与“权力象征”的双重意义，成为政府与民间共同注目的焦点。天安门，已经与北京城紧紧地联系在了一起，每一个初到北京的人，差不多都要去一下天安门。天安门在中国人的心中，起着举足轻重的作用，享有崇高的尊严。天安门正好位居北京城南北中轴线的正中，它是京、皇、宫三城中间那个城，即“皇城”的正门。门外正对的是皇帝专用的御道，东西大街是“天街”，其地位之重要是十分明显的。有人说，北京的门是解读北京的“入门之门”，而天安门

---

① 嘉庆《钦定大清会典事例》卷六六一。

则是“门中之门”。[①]

在元明清、民国时期，天安门是门中之门，是国家、权力的最高象征，这里不仅是当时朝廷颁布重要诏令的地方，更是在空间格局上显现出它是皇城的正门，是当时皇帝初入之门。天安门作为紫禁城的重要组成部分，自然是当时皇权政治的典型符号。民国时期，天安门开始取代紫禁城作为国家权力的象征之所。

天安门在新中国成立之前，始终是最高权力的象征，更是传统皇权的象征，这里具有了政治符号的象征意义。新中国成立之后，天安门这种象征意义得到了延续。也就是说，天安门和它南面的广场及相关建筑物，已经成为社会主义新中国的象征了。近一百年来，在这里发生了无数件大大小小的政治、军事、文化等事件，充分展现了它在政治上的重大意义，如有学者所言：

近一百多年来，由于天安门广场发生了无数大大小小的政治事件，使其具有了强烈的政治性意象符号，尤其是新中国建立后对天安门广场的改造，改变了封建帝王至高无上的地位，展示了人民当家作主的新的城市格局和精神面貌，天安门不仅成为新北京的象征，还成为表达国家形象和民族精神的象征性建筑。[②]

① 高巍等：《漫话北京城》，北京：学苑出版社，2013年版，第102页。

② 秦红岭：《论北京旧城中轴线的设计特征与文化价值》，《华中建筑》，2014年第3期，第27页。

近代以来，一些重大的政治活动都在这里发生，尤其是新中国成立之后，这里更是国家重大政治活动的主要场所。正是近代以来，无数的志士仁人在这里抵抗侵略、发表宣言，充分体现了它的国家意义、民族意义。可以说，由于近代以来民众的觉醒，天安门也由传统的皇权政治转化为民主政治的主阵地，成为时代变革的见证者。

天安门也是新中国的象征。周恩来曾说，中国新民主主义的革命历史，就是从天安门到天安门。1919 年的五四运动，北京的学生们就在天安门前游行，也推动了无产阶级走向历史的舞台，由此标志着新民主主义革命的开始。经过三十年的努力与斗争，1949 年 10 月 1 日，毛泽东、周恩来等新中国的缔造者及民主党派、群众团体的负责人登上天安门城楼，向世界宣告中华人民共和国成立，由此标志着新民主主义革命的胜利，天安门也由此成为了新中国的象征。

2. 以民为本，天下大同

天安门虽然是一座城楼门，但是它矗立在天安门广场，成为北京城南最重要的大门所在。它也是民族精神与文化的象征，也集中体现了古代以民为本、以德治国的理念。这也是清代之所以将明朝承天门改为天安门的理由，以此寓意“外安内和，长治久安”的含义，这也体现了清朝建立之后，人人希望天下太平、祥和安定，如有学者所分析的：

清朝为什么把“承天门”改称为“天安门”呢？这是因为清朝贵族入主中原后，为了达到长治久安的目的，除了采取一些必要的措施外，还在宫殿和城门的名称上煞费苦心。由于当时接连不断的反清斗争威胁着清王朝的统治，因此统治者以“和”“安”为策略，以求达到统治的长治久安。顺治帝将紫禁城前朝三大殿分别改名为“太和殿”“中和殿”和“保和殿”，都带有一个“和”字；而将皇城的四个门分别命名为“天安门”“地安门”“东安门”和“西安门”，都带有一个“安”字。“天安门”取“受命于天，安邦治国”之意，寓有“外安内和，长治久安”的含义。天安门这个名称沿用至今。[①]

不能否认的是，清朝入主中原建立了新的王朝，遭到了明朝遗民的反抗，但是它继承了以往的文化传统，进一步传承弘扬中华文化，推动了中华文明的发展。这一时期的天安门依然是政权的象征，体现了皇权至上的理念。但是，清朝统治者为了治国理政，也推行以民为本、以德治国的思想，希望建立一个多民族和睦相处、天下大同的理想社会。在当时，设立在天安门前、后的四座华表，也是古代社会老百姓监督皇权的重要象征。毕竟，华表的原型是“诽谤木”，即百姓可以在目柱上刻写意见，以此监督当时君臣。尽管“诽谤木”最终演变为装饰意义的宫廷建筑，但也表明了古代社会对民意的高度重视。

在民国时期，天安门以南的建筑相继被拆除，从而形成了今天的长安街，长安街东西延伸的道路两侧，建设了很多现

① 郑珺编著：《北京“两轴”与全国文化中心建设》，北京：经济科学出版社，2018 年版，第 154 页。

代化建筑，由此都充分体现了社会主义的发展繁荣。天安门也成为老百姓很容易看到的建筑了，从而真正实现了家国一体、普天同庆，正如有学者所总结的：

今天，从天安门到原中华门旧址这一区域，面貌一新。东西长安街早已成为交通要道，车辆行人在天安门前来来去去，畅通无阻。不过，在解放以前，长安街只有现在北面半边那样宽；而且，在天安门的左右两边，横街矗立着两座三个拱形门洞的红门，就是内三座门，再走不远又有两座红门，称为外三座门；街的南面，东西各有一道花墙。门洞林立，街道又窄，对交通是很大的障碍。解放以后，人民政府又先后拆除了花墙和内、外三座门，取消有轨电车，将东西长安街拓宽一倍多，就成为横贯全城、宽阔平坦的大道了。到一九五九年国庆十周年，修建包括人民大会堂等的“十大建筑”，在天安门和原中华门之间，东面修起了中国历史博物馆，西面修起了人民大会堂，遥遥相对，昔日从中华门通到天安门的那条狭长的通道，已经不起任何作用而拆除了，展现在天安门前的是一片辽阔的广场。在广场中间，又耸立起一座巍峨的人民英雄纪念碑。这是北京旧“皇城”变化最大的部分。①

从解放以后天安门附近的空间格局变化，就可以看出天安门的功能发生了巨大变化，它不再为皇家所专有，也成为了老百姓司空见惯、与政府共同分享建国成就的重要场所。不仅

① 贺善徽：《北京的旧“皇城”》，《紫禁城》，1982 年第 1 期，第 23 页。

如此，在天安门附近修建起来的中国历史博物馆、人民大会堂等都充分体现了它的人民性、社会性。

从近代开始，随着一系列大大小小的政治事件在天安门附近发生，尽管天安门此时已经失去了传统皇权的象征，但是它依然具有政治的象征意义。当然，这种政治的内涵已经发生了巨大的变化，尤其是新中国成立之后，这里日渐被赋予了人民当家作主、社会主义新时代的国家形象，如有学者所言：

明清两代时，天安门是皇帝举行金凤颁诏礼仪的地方。近一百多年来，由于天安门广场发生了无数大大小小的政治事件，使其具有了强烈的政治性意象符号，尤其是新中国建立后对天安门广场的改造，改变了封建帝王至高无上的地位，展示了人民当家作主的新的城市格局和精神面貌，天安门不仅成为新北京的象征，还成为表达国家形象和民族精神的象征性建筑。[①]

明清时期，天安门是重要政治、礼仪活动的场地，由此凸显了皇权至上的思想。近代以来，随着各种政治事件的发生，这里具有新的政治属性，但这种政治属性有别于传统帝制，而是反映了新时代的政治，尤其在新中国成立之后，这里集中体现了社会主义新中国人民当家作主的国家形象。

天安门作为现代北京中轴线的中心，已经成为了新中国的一种象征符号，也是全国各族人民向往的圣地。北京天安门

① 秦红岭：《论北京旧城中轴线的设计特征与文化价值》，《先锋论坛》，2014年第3期，第27页。

附近的人民大会堂作为中国全国人民代表大会开会地点和全国人民代表大会常务委员会的办公场所，是党、国家和各人民团体举行政治活动的重要场所，也是中国党和国家领导人和人民群众举行政治、外交、文化活动的场所。这里就全国的政治、经济、文化、科技等各方面做出的决策，对全国各方面的发展都有直接的决定意义，由此天安门更是彰显了它的国家意义，同时也体现了国家对民生事业的关注，实现共产主义社会也是国家的重要使命。

总之，天安门作为国家与政治的象征，在明清时期集中体现了皇权至上的理念，不过明清时期的统治者为了最大限度地实现王朝的长治久安，自然也推行以民为本、以德治国的理念，希望建立一个天下大同的理想社会，而这本身也是对中华传统文化精髓的传承与弘扬。

3. 求同存异，和平发展

天安门作为新中国的象征，集中展现了中国的政策与态度，也表达了中国人民追求和平、协和万邦的精神。比如开国元帅陈毅在《天安门照相》一首诗中所写的：

还有那华表下的石座，
常常是革命家发表演说的地方，
那面前的大广场，
革命的人民在那儿与反动军警的

大刀水龙打过好多仗！[①]

的确，近代以来中国人民为了反对各种压迫，纷纷在天安门前汇集、呐喊，并与国内外的敌人生死搏斗，最终换来了人们的幸福自由。反对压迫、追求自由是近代以来中国人民前赴后继而奋斗的重要目标。新中国成立之后，政府更是提出了和平共处五项基本原则，希望整个世界求同存异、和平发展。

不仅如此，北京中轴线及北京城随着时间的推移，这里不仅仅是政治文化中心，也日渐成为全国乃至全世界的经济交流中心，而天安门作为国家的象征，在这里也曾见证了政治文化的变迁、经济社会的繁荣发展。实际上，中国对繁荣富强的追求，既展现了对世界的巨大贡献，也是新中国求同存异、和平共处五项原则立国原则的体现。1955 年 4 月，周恩来在万隆会议上就代表中国政府首次正式提出了“求同存异”的外交原则，这是对之前和平共处五项原则的补充。可以说，天安门作为北京中轴线上最重要的建筑之一，它在各个方面都体现了以德治国、和平共处、协和万邦的理念，如天安门上悬挂的巨幅标语“世界人民大团结万岁”就体现了天下一家、协和万邦之意。

另外，新中国成立后，在天安门一带举行的阅兵也充分体现了中国自古以来求同存异、和平发展的理念。从 1949 年开国大典到 2009 年中华人民共和国成立六十周年，共举行了

① 转引自赵洛、史树青：《天安门》，北京：北京出版社，1980 年版，第 6 页。

14 次国庆阅兵，一般来说国庆节阅兵式五年一小庆、十年一大庆。阅兵不仅仅是为了展示国防力量的发展及成就，也是为了树立民族自信心、表达国家意志的重要形式。具体而言，通过阅兵式，可以定期向全国和全世界展示中国国防与军队现代化建设的伟大成就，以此也可以展示中国在捍卫国家安全、发展利益、维护世界和平方面的坚强决心。随着中国的强盛，也成为了世界和平的重要维护者，所以天安门所象征的中国也成为了世界发展中求同存异、和平发展的重要力量。

天安门寓意着中华民族心怀万邦、追求和平与发展，这种寓意在建设之初就有所体现。天安门始建于明永乐十八年（1420），最初叫“承天门”，此有受承天启运、受命于天之意。清顺治年间，对承天门进行修缮，并改称为“天安门”，同时将皇城的后门——北安门，改为地安门，以此祈求天下安定、国泰民安。由于天安门前是天街，两侧各有长安街，以此表明长治久安之意。在古代，天安门是举行皇帝登基、册立皇后等重大庆典之地，并由此昭示着天下承平之意。1949 年，中华人民共和国的开国大典也在这里举行，充分体现了天安门有太平盛世来临之寓意。此后，天安门便成为新中国举行国庆、阅兵等重大盛典的重要场所。这些都有协和万邦、和平发展的寓意。

总之，天安门作为传统王权的象征，随着清朝的结束及近代的发展，它已经由传统皇权性转向了人民性、公共性，集中体现了人民当家作主的社会属性。不仅如此，这里也成为了国家发展理念的重要体现，它不仅向全国与世界传达了繁荣富强的理念，更是表达了求同存异、维护世界和平的重要理念。

（三）天安门的现代价值及其保护

天安门作为古代权力与政治的中心，是中国古代皇权的象征。随着新中国的成立，天安门迎来了新纪元。天安门作为新中国的标识，也是新北京城的中心，依然是北京中轴线上最具有代表性的建筑。在新中国成立之后，天安门作为权力政治的中心，经历了多次阅兵仪式、民众游行活动，是新中国成长兴盛的历史见证。

1. 天安门是中华民族的标识

天安门自新中国成立之后，就成为了新中国的象征，在这里新建了人民大会堂、人民英雄纪念碑、毛主席纪念堂、国家博物馆等建筑物，由此赋予了它全新的功能与价值，充分体现了它人民性、社会性的一面。可以说，随着时代的发展，天安门已经成为了新中国的象征，是中华民族复兴、发展的窗口所在。

天安门所在的地区，作为世界级的文化中心，每年接待海内外游客上千万人次，不仅如此，这里也成为中国重大政治、外交活动的重要场所，这里可以说是成为了中国对外展示形象、文明示范的重要窗口，如有学者所言：

天安门地区集中承载着首都重大政治与外交活动。它是北京为中央党政军领导机关服务、为日益扩大的国际交往服务、为国家教育科技文化和卫生事业发展服务、为市民的工作和生活服务的一个集中承载区域，是首都各界举行重大政治文化活动的重要舞台，具有独一无二的政治地位。

天安门地区是北京文化宣传与旅游服务的集中示范区，是北京古典与现代文明成就的集中传承区。它是北京历史文化遗存最为密集、古都文化最为深厚的地区，是北京文化旅游的核心景区，是中国旅游的首善之区，也是爱国主义教育示范基地集中区，在传承、弘扬古都风韵和首都风范方面具有不可替代的作用。[①]

天安门地区成为了中国政治、外交活动的重要场所，这是党和国家举行重大庆典、重大机会及用最高规格接待外宾的主要场所，更是首都各界举行重大政治活动的重要舞台，这在全国自然有着“独一无二的政治地位”，是中国的心脏，更是民族的象征。不仅如此，天安门作为历史积淀深厚的文化区域，不仅向人们展示了革命文化、社会主义文化，也向人们展示了精美绝伦的传统文化，由此也成为了中国旅游的首善之区，成为了传统文化教育的重要基地。

基于此，对于天安门的保护，我们依然高度重视，并通过法律法规的形式予以维护。同时，不断发掘天安门承载的中华传统文化精髓，将之作为新中国、中华民族的标识，进行传承弘扬其价值。不仅如此，基于天安门的价值发掘，基于天安

① 王广宏：《关于天安门地区定位的认识》，《前线》，2017年第10期，第78页。

门文化是中华民族传统的重要内容，建构具有新时代意义的文化体系、话语体系。

2. 与时俱进，实现创新性发展

天安门是国家的象征，更是北京作为首都实现“四个中心”的重要窗口，所以就需要我们与时俱进，结合新时代的发展规划，最大限度地发挥天安门一带的价值功能，如有学者所言：

> 天安门地区的政治地位至高无上，天安门地区的光辉形象凝聚民心，天安门地区的功能作用无与伦比。我们要认真贯彻落实习近平总书记系列重要讲话精神和党中央治国理政新理念新思想新战略，进一步提高政治站位，以为人民服务为根本宗旨，牢牢把握“四个中心”的城市战略定位，认真履行“四个服务”光荣职能，按照可能达到的最高标准，科学整合资源，不断推进管理体制和服务机制创新，使公共资源潜力得到更加充分的释放，保障天安门地区的功能布局科学合理、城市景观壮丽辉煌、公共秩序井然呈祥、文化科技融合发展、疏解提升统筹进行，使天安门地区庄严肃穆、包容大气、和谐统一的形象得到更加充分彰显，使天安门地区国家第一客厅、先进文化殿堂、民族精神高地、和谐社会窗口的功能作用得到更好的发挥，为实现“两个一百年”奋斗目标、实现中华民族伟大复兴的中国梦作出新的更大的贡献。[①]

---

① 王广宏：《关于天安门地区定位的认识》，《前线》，2017年第10期，第79页。

天安门作为历史底蕴深厚的古建筑，同时也是新中国建立之后国家与民族的象征，在这里不仅是全国乃至全世界瞩目的中心，更是关系到北京首都“四个中心”建设的窗口。所以，如何最大限度地发挥其政治服务、文化传承、精神凝聚、形象展示等多种功能，这就需要我们发挥主观能动性，与时俱进，结合新时代的发展理念，汲取世界各国广场及政治中心发展的最新理念，以至高的标准、科学的手段，推进管理体制与服务机制的创新，以此使天安门的公共资源潜力实现最大限度的释放，为中华民族的伟大复兴做出突出贡献。

当然，在天安门保护及开发的具体层面，这就需要不同学科、不同领域的专家进行深入探究、群策群力，不仅在保护方面，也需要在科学的管理、开发方面做出判断。另外，基于北京文化中心的建设，努力打造以天安门为核心的文化区，进一步发挥故宫博物馆、国家博物馆、国家第一历史档案馆、皇史宬等博物馆群的价值，使文物活起来。与此同时，腾退天安门附近周边被占用的土地，建设具有现代意义的文化建筑、示范区及文化展览中心，从而形成古今中外融通的文化发展带，等等。

小结

天安门是中华民族的标识，它在过去数百年的时间里始终是权力与政治的最高象征。随着新中国的建立，这里成为了社会主义新中国的象征，更是可以供全球旅游参观游览的恢宏古建筑。天安门作为新北京城的中心，随着新中国对天安门广场的改造、兴建，天安门的政治内涵及意义发生了重大转折，它开始凸显出了它的人民性、现代性，充分反映了人民当家作主的社会主义制度的优越性。在全球化的今天，天安门依然是中华民族的重要象征，更是北京作为全球大都市的标志性建筑，它不仅是传统文化的标志，更是新时代腾飞崛起的中华文明的新标识。

八、社稷坛

社稷坛，始建于明永乐十八年（1420），是明清两代皇帝祭祀土地神和五谷神的地方，位于今天北京市东城区西长安街天安门西侧，占地面积约360余亩。社稷坛与太庙相对，分别位于天安门的一左一右，体现了古人“左祖右社”“一实一虚”的都城设计理念。社稷坛的主体建筑有社稷坛、拜殿及附属建筑戟门、神库、神厨、宰牲亭等。社稷坛早期是分开设立的，称作太社坛、太稷坛，供奉社神和稷神，后逐渐合二为一，共同祭祀。1988年，社稷坛被列为第三批全国重点文物保护单位。

（一）社稷坛的历史沿革

北京的社稷坛，始建于金朝。金朝于贞元元年（1153），下诏迁都燕京，将燕京改为中都，并在大臣的建议下建社稷坛。不过，社稷坛因为战乱未能建成，真正建设社稷坛是在金世宗完颜雍大定七年（1167）。当时的社稷坛由社坛、稷坛两部分组成。

元朝在攻下金中都之后，并于至元四年（1267）在中都城的东北修筑新都城。在至元二十九年（1292）七月，元世祖忽必烈采取了御史中丞崔彧的建议，按照《周礼》“左祖右社”的礼制，在元大都修建了社稷坛。大体位置在今天北京西直门内偏南一处。当时的社稷坛在规制上基本上继承了前代。

1913年，民国政府接管了社稷坛。1914年，内务总长朱启钤将社稷坛改为中央公园，并在南面辟一门（今中山公园南门），后又在西辟一门（今西门）。1915年，民国政府将原在礼部的习礼亭，迁建到了中央公园。1917年，又从圆明园遗址移来了始建于清乾隆年间的兰亭八柱和兰亭碑。

1925年，孙中山逝世后，曾在社稷坛北部的拜殿停灵，于是1928年改拜殿名为中山堂，以志纪念。同时，中央公园又改名为中山公园，并增建了一些风景建筑：东有松柏交翠亭、投壶亭、来今雨轩，西有迎晖亭、春明馆、绘影楼、唐花坞、水榭、四宜轩，北有格言亭等。

（二）社稷坛承载的中华传统文化精髓

社稷坛是古代皇帝祭祀社稷之所。所谓社稷，就是太社和太稷的合称。社是土地神，稷是五谷神。中华民族自古重视农业，土地、五谷及农业是社会政治的基础。所以，祭祀社稷就成了古人一项重要的活动。明清两代，在每年春秋仲月上戊日都会在社稷坛祭祀太社和太稷。如果遇到了出征、班师、献俘等重大事件，也在此举行祭祀大典，这项礼仪一直持续到清朝结束。社稷坛的这些祭祀活动，集中体现了中国古代天人合

一、天下一统、以民为本等各方面的思想[①]。另外，随着民国时期社稷坛的开放，它的功能发生了重大的转向[②]。在这里，社稷坛成了当时民众自由参观、休闲娱乐的地方，由此体现了它的公共性、人民性，而这也充分体现了中华传统文化的精神及价值倾向，那就是对民生、人民的重视。

1. 天人合一，礼乐有序

北京社稷坛是古代帝王祭祀土地、五谷的重要场所，这里也是展现以农为本的中华民族信仰的重要地方，更是展现皇权受命于天的重要祭坛。所以，自商周一直到清代，历代君王建国也必先立社稷坛，举行社稷大典，以此祈求国泰民安、五谷丰登，社稷也由此被看成是国家的象征，比如《韩非子·难一》云："晋阳之事，寡人危，社稷殆矣。"[③]《史记·吕太后本纪》："夫全社稷，定刘氏之后，君亦不如臣。"[④]可以说，正是由于古代对于土地、五谷的高度重视，并基于此所形成的仪式性祭祀与信仰，充分体现了古人的精神世界及思想观念，如有学者所言：

---

① 尤明慧、路瑶：《"社－稷"之于乡土中国的人类学阐释》，《武陵学刊》，2019年第6期。

② 高兴：《北京中央公园与民国文人的文化心态》，《北京社会科学》，2012年第3期。

③ ［战国］韩非子著，［清］王先慎集解，钟哲点校：《韩非子集解》，北京：中华书局，1998年版，第353页。

④ ［汉］司马迁撰，［南朝宋］裴骃集解，［唐］司马贞索隐，张守节正义：《史记》卷九《吕太后本纪》，北京：中华书局，1959年版，第400页。

在中国文化传统中，社与稷综合了土地和五谷的意涵，由此衍生的社稷祭祀及一系列文化行为，影响和渗透在中国的哲学思想、伦理道德、风俗习惯、宗教信仰、文学艺术等诸多领域，蕴含着多元的、深远的、丰富的人文精神与地方性知识，承载着“礼”“智”“信”“恭”等中华文明的核心价值体系，渗透了人们对天地、宇宙、自然一脉相承的尊崇以及在此基础上形成的“天人合一”的自然观和整体宇宙观，体现了人们对生命来源、生命依托以及生命意义的探索和认知，同时通过土地、姓氏、村庙、祠堂等一系列公共象征符号及围绕符号展开的祭祀、庆典等仪式活动形成了特定群体的在地化知识体系，建构并调适着人地关系、人神关系、人际关系，塑造了中国社会的基本架构模式。①

社稷在中国古人眼中具有非常神圣的地位，这是社会存在的根本，也是国家赖以存在的前提所在。正是因为如此，所以形成了基于天人合一、道法自然等相应的自然观、宇宙观，以及相应的礼仪、诚信、恭敬、智慧等一系列的价值观。北京社稷坛作为古代祭祀社稷的最高规格，集中体现了这些思想。

北京社稷坛最初原型与金中都的社稷坛有一定的关系。当时的社稷坛按照五行、五方的观念，设置了五个方位。这个设计理念在金中都所建设的社坛中就有体现，当时的社坛为方形，坛只有一层，每边宽五丈，高五尺，用五色土来装饰。其中，东方为青色，南方为赤色，西方为白色，北方为黑色，中

① 尤明慧、路瑶：《“社－稷”之于乡土中国的人类学阐释》，《武陵学刊》，2019 年第 6 期，第 70 页。

央为黄色。北京社稷坛，在坛顶上覆盖着五色土，并按照金木水火土五行与青黄赤白黑五色进行排列，这种排列既反映古人天人合一的理念，也体现了天下一统的思想。社稷坛的台面上敷了五种颜色的土，寓意“土地广博”。明初，五色土由各地运来，居中的黄土采自河南，居东的青土采自山东，居南的赤土从广东、广西运来，居西的白土是陕西的，居北的黑土则选自北京。五种颜色的土壤来自全国各地，也寓意着全中国的疆土。不仅如此，在每年春秋祭祀前，都由顺天府负责更换新土，新土由全国各地纳贡而来，以此表明“普天之下，莫非王土”之意。

从哲学的角度来讲，金、木、水、火、土是构成万物的基本要素。从方位上来说，东西南北中五个方位，也分别对应了五种颜色。不仅如此，在古人眼里，四时与五色、五个方位也有内在相关。正因为如此，这些色调的存在，也是当时朝廷为了极力彰显天人合一、天下一统的理念。与此同时，由于金木水火土作为万物之本，也象征着“普天之下，莫非王土；率土之滨，莫非王臣”的大一统、皇权至上的思想。

社稷坛的建设也充分体现了古人对礼制的践行，《周礼·考工记》中说道：“匠人营国，方九里，旁三门。国中九经九纬，经涂九轨。左祖右社，面朝后市，市朝一夫。”[①] 社稷坛与太庙东西对称布置，俨然形成了以皇宫为核心的中轴线对称的城市格局，这是对中国古代都城建筑及礼制传统的践行。

---

① ［汉］郑玄注，［唐］贾公彦疏：《周礼注疏》卷四十一《匠人》，北京：北京大学出版社，2000 年版，第 1345—1346 页。

对此，如有学者所总结分析的：

社稷坛是北京皇家坛庙建筑群重要组成部分，规划选址、建筑设计、祭祀礼仪均遵从中国古代《周礼》《周易》的相关规定；社稷坛整体布局严整，采用中轴线对称的布置方式、模数制的规划方法，社稷坛单体建筑的空间位置、建筑形式，以及结合祭拜方位和祭拜路线等形成的建筑群空间是研究古代礼制思想的重要物质遗存；社稷坛规划设计手法成熟，创造出肃穆、崇高、纯净的空间气氛，反映了古人卓越的艺术创造力。从社会价值来说，社稷坛还具有中国礼制文化、建筑营造艺术研究传承的功能。①

社稷坛作为明清时期祭祀太社神、太稷神之地，集中体现了古人对社稷、国家政权的重视，为此古人采取中轴线对称的布置方式、符合礼制的建筑规划等形式，来创造出“肃穆、崇高、纯净的空间氛围”，以此来表达对社稷、国家政权的无比崇敬。

在明清时期，当皇帝祭祀社稷的时候，就把全国各地的“太岁神”都集中到主祭坛台的黄土中央处。这里，有一两尺见方的土龛，里面埋藏着一根长三尺六寸，方一尺六寸的石柱。皇帝每逢冬至、夏至都要来这里主祭，合祭社主和稷主。在当时，不仅有主祭还有分祭，如果两坛分祭，祭太社的坛就叫社坛，龛内埋着一根木柱，叫稷主。不仅如此，社坛的神主

① 邹怡情、李娜奇、剧楚凝：《北京社稷坛（中山公园）整体保护策略研究》，《北京城市规划建设》，2019 年第 1 期，第 38 页。

是栽在正南方的栗树作为标识，这个其实也是对周代礼乐文化的继承，对此《论语·八佾》中有所记载：

哀公问社于宰我，宰我对曰："夏后氏以松，殷人以柏，周人以栗。[①]

从金中都社坛的这种布置来看，就可以知道它是对传统祭祀礼仪的继承与发展，更是对敬天法祖、天人合一文化精神的践行。

正是因为社稷坛祭祀的是象征国家政权的社稷神，所以社稷坛自然也是秩序与权力的象征。所以，历代王朝在开国之初就设坛祭祀，在当时的祭祀礼仪体系中，祭祀社稷的礼仪仅次于祭祀天地，而与宗庙祭祀不相上下，所以古代常常并称为宗社或庙社。当然，祭祀社稷在当时并不是国家所专有，在各府州县也都有祭祀。北京社稷坛作为明清时期国家的象征，是当时最高权力的体现。在社稷坛的外坛墙新辟南门内，有一座三间蓝琉璃顶汉白玉石牌坊，这个牌坊原本在东单北大街，是清廷向 1900 年被杀死的德国公使克林德赔罪而建的。1918 年，第一次世界大战德国战败，1919 年市民砸毁了这座牌坊，后来民国政府命德国重建于此，改名公理战胜坊，1950 年改名保卫和平坊。这也标志着中华民族的觉醒，对世界秩序、和平发展的渴望。

① ［魏］何晏注，［宋］邢昺疏：《论语注疏》卷三《八佾》，北京：北京大学出版社，2000 年版，第 45 页。

总之，社稷坛在北京“九坛八庙”之中属于诞生最早的建筑，它建于明永乐八年（1410）。它不仅仅通过祭祀上天来表达“天授君权”的理念，更是凸显了古代以农为本的观念。明清时期，朝廷通过祭祀礼仪来表达这些观念，由此进一步强化了古代以礼治国、以农为本的国家政治理念。

2. 尚农重农，以民为本

中国自古以农为本，农业对于国家至关重要，所以自古以来将农业祭祀放在与祖先祭祀同样重要的位置上，如《礼记·祭义》中就这样说道：“建国之神位，右社稷而左宗庙。”就是说，从周代开始，人们已经对农业祭祀看得非常重要，而社稷坛的建设自然就是重视农业的重要体现。就是说，古人因为重视农业，将社稷坛作为祭祀土神、谷神之所，旨在祈求风调雨顺、五谷丰登，对此《白虎通·社稷》就这样解释道：

王者所以有社稷何？为天下求福报功。人非土不立，非谷不食。土地广博，不可遍敬也；五谷众多，不可一一祭也；故封土立社示有土尊；稷，五谷之长，故立稷而祭之也。①

从先秦开始，历朝历代都建立了社稷来祭祀社神、稷神。在中国古代，土地、粮食对一个王朝的存亡兴衰影响很大，社会的存在，民众的生存，都离不开土地和粮食。所以，社稷便成了国家的代称。祭祀社稷，如同祭祀国家。社、稷二神在唐

① ［清］陈立撰，吴则虞点校：《白虎通疏证》，北京：中华书局，1994 年版，第 83 页。

代分开祭祀。到了明代则社与稷合祭，清朝延续此制。这也充分体现了明清时期对农业、国土的高度重视。

随着古代帝制社会的结束，进入了民国时期，随着西方民主、自由思想的流行，民国政府也积极推动了社稷坛重农功能的时代性转化，即将对农业的重视，转化为对国民福祉的关注。正因为如此，民国时期，社稷坛被开发为中央公园，这里成为了民众休闲、锻炼、聚会的重要场所，这也集中体现了自古以来以人为本的文化精神：

当春秋之交，鸟鸣花开，池水周流，夹道松柏苍翠郁然，中外人士选胜来游，流连景光不能遽去。至于群众之集合，学校之游行，裨补体育之游戏运动，以及有关地方有益公众之聚会咸乐，假斯园以举行。[①]

中央公园的开放，标志着社稷坛的功能由以往的国家祭祀，转向了对民众生活文化的需要。随着中央公园的开放，民众在天气适宜的时候，来这里游览、休憩、聚会，尽情享受这里的美景与自由的环境。

在当时的中央公园里，文人学者、才子佳人将这里看成是读书、学习、交流甚至是恋爱的重要场所，普通民众也可以在这里随时自由进出，这些都充分体现了民本主义思想。正因为如此，当时的中央公园留下了民众欢乐嘻嘻、谈情说爱的痕

① 中央公园委员会：《中央公园二十五周年纪念册》，北京：中央公园事务所，1939 年版，第 136 页。

迹与感悟，如梁实秋就曾对自己的经历这样记载道：

下次会面是在一个星期后，地点是中央公园。人类的历史就是由一个男人一个女人在一个花园里开始的。中央公园地点适中，而且有许多地方可以坐下来休息……我通常是在水榭的旁边守候，因为从那里可以望到公园的门口。等人是最令人心焦的事，一分一秒的耗着，不知看多少次手表，可是等到你所期待的人远远的姗姗而来，你有多少烦闷也丢到九霄云外去了。①

梁实秋作为民国时期的大文豪，直言不讳地表达了自己曾在这里约会时渴望、焦虑而又烦躁的心情，当对方到来之际，自己又满心欢喜。从这可以看出，中央公园对于民众生活与精神世界的巨大影响。不只是梁实秋，民国时期的胡适、罗隆基、沈从文、徐志摩、赵元任、丁玲、老舍等一大批民国才子佳人，在这里经历了他们人生爱恋的美好时光。②

可以说，在民国时期，社稷坛被开辟为国家公园，是为中山公园，由此实现了其功能的近代转化，真正体现了其人民性、公共性的一面，而这也是对传统以人为本、以民为本思想的继承与发展，对于当时中央公园的发展状况有学者就这样说道：

---

① 梁实秋：《梁实秋散文》，北京：人民文学出版社，2005 年版，第 209 页。

② 高兴：《北京中央公园与民国文人的文化心态》，《北京社会科学》，2012 年第 3 期，第 78–79 页。

自开园始，中山公园为城市居民提供了休闲、娱乐、健身、集会、教育等丰富的社会文化公共空间。公园成为市民的集会、表达民主思想的场所，每逢发生重要的社会事件或国际事件，中山公园都会成为市民表达支持或抗议的空间。当时的社会名流、文化名人、政治活动家相继在中山公园成立了一些日后对中国影响深远的知名社会团体和组织，如少年中国学会、行健会、中国营造学社、中国画学研究会、文学研究会等，促进了民国时期京味文化、京派文学的发展壮大。名噪一时的文化名流在中山公园的活动突出了中山公园的文化教育功能与政治功能；同时它作为中国民主革命先行者孙中山先生举行公祭的纪念地，是全世界中山纪念文化最重要的一处主题公园。孙中山先生作为国共两党共同尊崇的“国父”，是连接海峡两岸关系的重要历史人物，是近代中国政治制度转型的代表性人物。中山公园的价值已经远远超过它的建造初衷，中山公园是民国时期北京的文化地标之一，是近现代北京文化研究的重要对象。①

社稷坛在民国时期转变为中央公园，由此实现了功能的转型，这自然也实现了其价值的转化，更是在文化精神的承载上更加凸显了以民为本的传统理念。在这里，人们进行休闲、娱乐、健身、集会、研讨等丰富的社会文化活动。随着西方学说思想的盛行，这里也成为了当时新思想、新文化传播的重要场所。孙中山去世之后，这里又成为了公祭他的纪念地。总

① 邹怡情、李娜奇、剧楚凝：《北京社稷坛（中山公园）整体保护策略研究》，《北京城市规划建设》，2019 年第 1 期，第 39 页。

之，中山公园具有休闲、教育、政治、交流等多项社会功能。这些功能在新中国成立之后，也得到了进一步传承弘扬，这里已然成为了新时代的地标建筑。

总之，社稷坛作为中国古代祭祀农业、社稷的宗教场所，集中体现了古人对于农业、民生的关注，也体现了古人民本主义思想。当然，祭祀社稷与祭祀先农有所不同，“在古代中国的信仰中，社稷不同于先农，社稷之重在于国土疆域；先农之祭重在不误农时、敦本务农。”[①]更为主要的是，随着民国时期社稷坛的功能转型，这里成为了民众休闲、学习、交流、教育等新场所，以此也充分展现了它以民为本的新文化内涵。

3. 继往开来，守正创新

社稷坛在清朝结束之后，是北京城内第一个开放的公园。清帝退位，当时各界都在呼吁，希望开放皇家园林、名胜古迹为公共场所，以供民众参观游览。在时任北洋政府内务总长朱启钤的推动下，社稷坛最先向民众开放，并起名为“中央公园”，于1914年10月10日正式开放。

随着社稷坛即中央公园的开放，这里成了中外人士游览、休闲的理想场所，更是当时学者、文人以文会友、谈经论道、倡言西学的重要场所，由此推动了当时民主自由思潮的传播，如有学者所总结分析的：

在言论自由受限、公共空间匮乏的旧中国，中央公园这样的

① 董纪平：《北京先农坛三析》，《中国紫禁城学会论文集》，第五辑，第780页。

文化广角实在难寻。于是，文人演讲、结社、展览、闲聊乃至宴会等集体活动都可以置于中央公园。除了南社，《新青年》杂志社、文学研究会、少年中国学会、画学研究会、国语研究会、尚志学会、新学会、新潮社、语丝社、浅草社、沉钟社、光社等近现代社团均与中央公园结下不解之缘。[①]

社稷坛开放之初，正值民国时期，当时西学盛行，学者文人都积极关注时事政治，并通过聚会、成立社团等形式来表达对社会政治、思想文化的关注，并由此推动了西学及新思想在中国的盛行，这对于中国的改革与发展起到了重要的促进作用。由此可见，社稷坛是当时民主自由思潮传播的重要场地。在当时，中央公园不仅是新思想、新思潮宣扬的重要场所，更是马克思主义文化传播的重要场地。在这里，早期的马克思主义者如李大钊、陈独秀、邓中夏、瞿秋白等都曾以各种方式宣传马克思主义。

尽管这里的西学、马克思主义文化非常盛行，但是很多秉承传统旧学的学者也在这聚集，谈经论道，饮茶作诗，为中华文化的传承、发展起到了重要的推动作用。当时的陈寅恪、毛子水、钱穆、汤用彤、蒙文通、熊十力等人，钱穆就曾在其《八十忆双亲·师友杂记》中这样说道：

是年暑假，蒙文通又自开封河南大学来北大，与余同任教于

① 高兴：《北京中央公园与民国文人的文化心态》，《北京社会科学》，2012 年第 3 期，第 77 页。

历史系。锡予在南京中大时，曾赴欧阳竟无之支那内学院听佛学，十力文通皆内学院同时听讲之友。文通之来，亦系锡予所推荐。文通初下火车，即来汤宅，在余室，只人畅谈，竟夕未寐。曙光既露，而谈兴犹未尽。三人遂又乘晓赴中央公园进晨餐，又别换一处饮茶续谈。及正午，乃再换一处进午餐而归，始各就寝。凡历一通宵又整一上午，至少当二十小时。不忆所谈系何，此亦生平惟一畅谈也。

自后锡予、十力、文通及余四人，乃时时相聚。时十力方为新唯识论，驳其师欧阳竟无之说。文通不谓然，每见必加驳难。论佛学，锡予正在哲学系教中国佛教史，应最为专家，顾独默不语。惟余时为十力文通缓冲。又自佛学转入宋明理学，文通十力又必争。又惟余为之作缓冲。[①]

从钱穆的记载可以看出，社稷坛作为当时开放的公园，已经成为了众多学人进行交流、思考的地方，这里既有西学，也有传统学问。正是由于人们在这里对古今中西文化的学习交流，社稷坛由此成为了中华文化转向近代的重要平台。

更为主要的是，随着社稷坛图书馆的开放，越来越多的人接触到了中华传统文化、西学，这为新文化的发展提供了思想资源。1916 年，鲁迅曾到中央公园游览，他到了后戟殿，认为那里是一个绝佳的图书馆之所。于是，他代表教育部与中央公园交涉，商洽在中央公园内开设图书馆事宜，并取得了成功。

---

① 钱穆：《八十忆双亲 · 师友杂忆》，北京：三联书店，2005 年版，第 170—171 页。

1916年9月，教育部拟就中央公园附设通俗图书馆，呈文称：

各国通例，恒于公园中附设图书馆，教育博物馆等，使一般国民于藏修息游之际，无形自然之中，得增进其常识，涵养其性情……本部有鉴于此，拟就园中社稷坛大殿二重附设通俗图书馆及教育博物馆。[①]

从这个呈文可以看出，中央公园不仅仅是人们休闲娱乐、谈经论道、表达思想的地方，更是由于图书馆、博物馆的建立而成为了新时代文化传承发展的重要场所。馆内藏书约8000余种，4万余册，分别由东西两个书库贮藏。东书库为古籍书，按经、史、子、集分类，有一些木刻、石刻善本书，大部头的书有《古今图书集成》《二十四史》《资治通鉴》《十三经注疏》等。西书库为现代图书，有《万有文库》《大学丛书》等。外文书籍较少，只有一书架。阅览室的阅报处在日伪统治前，有京、津、沪出版的报纸及英、法文报纸60余份，还有各种杂志。尽管在新中国成立后，该馆与北平市图书馆一起迁入国子监，成为首都图书馆。但是，不能否认的是，在民国时期，中央公园的图书馆、博物馆成为了文化传承、发展的重要平台。

总的来说，社稷坛作为传统的祭祀场所，承载着中国古代的祭祀文化，更为主要的是随着它的开放，西方文化也在这里传播，比如中山音乐堂是1942年7月建的，目前，中山公

---

① 薛绥之：《鲁迅生平史料汇编》第3辑，天津：天津人民出版社，1981年，第179页。

园音乐堂是北京交响乐团、中国爱乐乐团音乐季的主场，也是北京国际音乐节的主要演出场所。总之，社稷坛成为了古今中西文化的汇集之所，不仅传承弘扬了中华传统文化，也为中华文化的近代化提供了助力。

（三）社稷坛的现代价值及其保护

社稷坛作为中国古代祭祀社神、谷神最重要的场所，集中体现了传统的信仰与文化。尽管随着时代推移，社稷坛失去了往昔的价值与意义，但是它所承载的文化传统、价值意义，依然值得我们传承弘扬。更为主要的是，社稷坛作为中国古代文化遗产的杰作，作为现代北京城市空间布局、规划的重要组成部分，依然是不可忽视，而且还需发掘其价值，结合时代的需要对之进行保护开发，从而最大限度地实现其价值的转化[①]。

1. 客观保留其历史本来面目

北京社稷坛作为中国古代的皇家祭坛，既是国家的象征，更是古代信仰、传统文化的重要载体。随着近代社稷坛的公共化，这里成为了人们休闲娱乐的重要场所。由于北京社稷坛历经了数百年的时间，它的文化意义具有多重性、层叠性，甚至是相对的复杂性，民国时期社稷坛的开放，更是赋予了它

① 对此也有学者做了一定的探讨，比如邹怡情、李娜奇、剧楚凝：《北京社稷坛（中山公园）整体保护策略研究》，《北京城市规划建设》，2019 年第 1 期。程莉：《北京祭坛园林的保护与利用——以中山公园（社稷坛）为例》，北京林业大学硕士学位论文，2007 年 6 月未刊本。

“历史文化名园”的新身份。所以，我们在保护开发上，首先要从历史的视野出发，既要注重对其历史价值的深入发掘，也要考虑到其文化价值的现代意义。尤其是随着社稷坛作为新时代北京中轴线申报世界遗产的遗产点，它作为留存至今唯一的祭祀社稷神的建筑群，其历史文化价值的深入发掘利用，更是未来保护开发的工作重点所在。

对于社稷坛的保护开发，民国时期的做法自然也为我们未来的保护提供了借鉴。民国时期，随着北京社稷坛转变为中山公园，由此使得社稷坛展现了公共性、人民性的一面，这样既可以满足市民对城市空间拓展的生活需求，也实现了对社稷坛空间、文物的保护。更为主要的是，当时的内务总长朱启钤还通过改革公园管理模式，即借鉴西方董事会方式，创立了公园管理机构——中央公园管理局，并成立了社会自治公益团体——中央公园管理局董事会，由此最大限度地发挥了当时的社会力量，并实现了保护社稷坛的效果。

2. 文化价值与自然生态发展的有机结合

中国历代的古建筑往往与林木相连，坛庙也不例外，这样做的目的就是为了烘托祭坛神圣庄严的气氛，由此形成了景观独特的祭坛园林。社稷坛作为历史文化遗产，既有丰富的古建筑及文物，也有丰富多样的古树。由于在现实中，当前的公园管理模式，使得人们对于社稷坛的管理更加关注公园的功能与现实效应，而往往容易忽视历史文化价值。这样一来，社稷坛虽然作为公园缓解百姓的精神压力、放松了心情，但是它作为历史文化遗产由于大流量的游客及无序参观，而会面临古建筑磨损、铺地材料的破损等风险。所以，如何实现社稷坛作为历史文化遗产保护与利用兼顾，这是非常值得考虑的问题。

首先，作为历史文化遗产的社稷坛是不可再生的资源，它保留着大量真实的历史遗存、历史风貌，并蕴含着非常丰富的文化信息资源。基于此，应当最大限度地对之进行开发利用，以此供考古、科研、教育使用，还可以唤起人们对于历史与中华传统文化的热爱。当然，作为不可再生资源，我们要不断丰富法律、法规，并通过教育的方式，让全民提高对社稷坛的保护意识，使之长期良好地存在和发展。

其次，对于社稷坛，我们也根据时代的变化，不断丰富其内容，由此实现历史与现代、保护与开发、传承与创新之间的有机结合，从而做到古为今用、守正创新，以此反映社稷坛的时代性、现代性及传承性。比如补充新的植物景观，便民设施的修建等。

最后，由于社稷坛内的古树甚多，大多植于金、元、明时期，所以如何保护这些古树非常关键。此外，社稷坛内有始建于 1942 年的中山音乐堂，可以继续发挥其中外文化交流的功能。未来，可以在这里演奏更多中国古典音乐，以此传承、弘扬中华优秀传统文化。

小结

今天的社稷坛的历史渊源很深，它最初是唐朝幽州城东北郊的一座古刹，辽代扩建为兴国寺，元代被圈入大都城内，改名万寿兴国寺，明成祖朱棣迁都北京后，在万寿寺的基础上建起了社稷坛。北京社稷坛作为历史文化遗产，见证了古代皇家祭祀的历史，更是承载着近代以来北京历史文化的变迁。它的功能也随着政治文化的变迁，由皇权性、政治性，转向了公共性、人民性与文化性。其中，社稷坛作为中国古代留存至今最完整、唯一一处皇家祭祀太社神、太稷神的建筑群，集中展示了古人的宇宙观、世界观、国家治理等观念，也集中承载了中华传统文化中天人合一、以农为本、以民为本、以德治国等理念。

由于社稷坛承载着丰富的中华传统文化精髓，尽管作为开放公园迎来了数量众多的游客，但是作为历史文化遗产，社稷坛深厚的历史文化底蕴依然需要发掘，并传达给公众，从而让公众感受到传统文化的魅力。另外，社稷坛作为历史文化遗产，需要公众主动参与保护、传播，从而形成公众参与的长效机制，最大限度地发挥社稷坛的历史文化价值及社会文化效应。此外，社稷坛内的新建筑比如中山音乐堂等如何发挥其文化功能，最大限度地与社稷坛本身的功能定位相衔接，从而使公园在经济与社会效应之间形成平衡，从而更好地诠释传统文化与理念，让社稷坛作为传统文化的承载体成为旅游热点，都需要思考。

九、太庙

太庙（the Ancestral Temple）是明清两代皇帝祭祀祖先的地方，它始建于明永乐十八年（1420），占地面积 13.9 万平方米，位于北京市东城区东长安街天安门东侧。太庙整体上坐北朝南，平面呈长方形，占地面积约 200 亩。太庙平面呈长方形，南北长 475 米，东西宽 294 米，共有三重围墙，均为黄琉璃瓦顶红墙身。太庙由前、中、后三大殿构成的三层封闭式庭院，是紫禁城的重要组成部分，太庙在古代按照"左祖右社"建筑理念，与紫禁城同时建成。太庙历经明清两朝数百年，是中国现存较完整的、规模较宏大的皇家祭祖建筑群。

1950 年，太庙改名为"北京市劳动人民文化宫"，并对外开放。1957 年，太庙被列为北京市第一批市级文物保护单位。1988 年，太庙被列为全国重点文物保护单位。

（一）太庙的历史沿革

明永乐十八年（1420），朝廷按照"左祖右社"的古代礼制，建设了太庙。据《明太宗实录》记载："初，营建北京，凡庙社、郊祀、坛场、宫殿、门阙，规制悉如南京。”[①] 弘治四年（1491），为解决寝殿空间不足的问题，朝廷便于殿后添建祧庙一座，由此形成三大殿并置的格局。

嘉靖十四年（1535），明世宗朱厚熜将太庙一分为九，分别祭祀历代祖先。次年，九庙中有八庙遭遇雷火焚毁。嘉靖二十四年（1545），朝廷修复被焚毁的太庙中的八庙，并恢复了“同堂异室”的合祀制度。

顺治元年（1644），清世祖福临将盛京太庙中的太祖、太宗等牌位移到北京太庙供奉。乾隆元年（1736）开始，历经四年，朝廷派人对太庙的三大殿、东西两庑及地面城垣等进行了全面的修缮。乾隆晚年，又将明代9间正殿扩建为11间，把原来5开间的后殿扩建为9开间，同时增建了一些墙、门及辅助性建筑，从而形成了今天我们看到的太庙规模。

1924年，太庙由清室移交北洋政府，随即被改为和平公园，并对外开放，后关闭。1931年，太庙由故宫博物馆接管。

1950年5月1日，太庙改名为“北京市劳动人民文化宫”并对外开放。2006年，太庙进行修缮，随后于2007年恢复向社会开放。

（二）太庙承载的中华传统文化精髓

太庙作为金元明清时期皇家祭祀祖先的重要场所，是目

① 《明太宗实录》卷二百三十二，台北：“中央研究院”历史语言研究所，1962年影印版，第2244页。

前世界上现存最大、最完整的祭祖建筑群，是古代坛庙文化的集中体现。坛庙文化是中华礼乐文化的重要体现，也是古人天人合一、崇祖敬宗、孝悌之道等文化精神的重要体现[①]。

1. 敬天法祖，追养继孝

庙祭开始于先秦，根据礼仪的规定，不同等级的人庙制也有所不同，《礼记》记载说："天子七庙，诸侯五庙，大夫三庙，士一庙。"[②]太庙作为古代帝王的祖庙或家庙在当时也备受重视，这里不仅是祭祀祖先神灵的地方，更是古人筹划国家大事的重要场所。北京作为金元明清四朝的故都，建庙甚多，其中庙制规格最高的就是太庙。

太庙作为当时祭祀祖先的场所，这里也被当时皇帝看成是君权神授、敬天法祖之地，如《高宗实录》卷九百一十九中记载了乾隆曾这样说道：

祀，莫尊于天、祖；礼，莫隆于郊、庙。溯其昭格之本，要在乎诚敬感通，不在乎衣冠规制。夫万物本乎天，人本乎祖，推其原义，实天远而祖近。[③]

---

① 对于太庙承载的中华传统文化精髓，也有学者做了一定的研究，比如闫凯：《北京太庙建筑研究》，天津大学硕士学位论文，2004年6月未刊本。

② ［汉］郑玄注，［唐］孔颖达疏：《礼记正义》卷二十三《礼器》，北京：北京大学出版社，2000年版，第842页。

③ 《高宗纯皇帝实录》卷九百一十九，北京：中华书局，《清实录》第二〇册，1986年影印版，第320页下。

在这句话中，乾隆揭示了祖先与天地一样重要，所以通过祭祖也可以表达对上天的敬重，进而获得上天对皇权的护佑，“万物本乎天，人本乎祖”。所以，在乾隆看来，敬祖实际上就是敬天。

太庙作为清明时期的祭祖之地，是彰显皇权“受命于天”“敬天法祖”的重要场所，明清诸帝因此对太庙祭祀非常重视，如乾隆皇帝即位伊始就发布诏令说道：

国家式崇太庙并奉先殿，妥侑列祖神灵，岁时祇见明禋，典礼允宜隆备。今庙貌崇严，而轩棂榱年久未经增饰，理宜敬谨相视，慎重缮修，以照黝垩示新之敬。[①]

在这里，乾隆皇帝表达了对太庙祭祀的高度重视，并希望能够定期对太庙进行修缮，以此表达对太庙及祖先祭祀的敬意。更为主要的是，太庙祭祀也是表达新政态度及除旧迎新之意。不仅如此，乾隆皇帝在祭祀太庙之际，也写了多首表达励精图治的诗篇，如乾隆七年（1742）他这样写道：“致斋三日礼经载，宫禁森严心倍清。敬默静思付托重，守成建极凛持盈。”这首诗表达了乾隆在祭祀之际，心情志向非常清晰，希望不负众望，持盈保泰，实现国家的繁荣富强。

太庙集中体现了明清诸帝敬天法祖、慎终追远的精神理念。在古代，人们并不会因为父母或祖先的去世，就淡化对他

---

① 《高宗纯皇帝实录》卷十，北京：中华书局，《清实录》第九册，1985年影印版，第343页上。

们的思念与敬重，而是强调“事死如事生，事亡如事存”，这也是古人的生死观念。为了表达这种思念与敬重，人们一般都是通过特定的礼仪进行，以此培养和保持这种思念、敬重之情，这便是宗庙祭祀，其祭祀场所就是所谓的“宗庙”，《白虎通·宗庙》中对此就说道：

王者所以立宗庙何？曰：生死殊路，故敬鬼神而远之。缘生以事死，敬亡若事存，故欲立宗庙而祭之。此孝子之心所以追养继孝也。[①]

古人强调“尊祖敬宗”，为了表达对祖宗的敬重与缅怀之情，就采用非常隆重庄严的宗庙祭祀的制度，由此产生了祭祀祖先的具体场所与礼仪，这种场所就是宗庙。元明清时期皇帝祭祀祖先的地方便是太庙。北京太庙作为元明清两朝祭祀祖先的祠庙，这也是对以往宗庙制度的继承与发展。在太庙之中，供奉着皇帝们的祖先，是他们祭拜祖先的重要场所，这是他们表达孝悌之道的重要时刻。

太庙是当时祭祀祖先的场所，通过太庙祭祀充分体现了古人的孝悌之道，对此乾隆二十七年（1762）在太庙祭祀祖先的时候，也曾写诗表达了这样的心情：“思孝奉先切，维亲

---

① ［清］陈立：《白虎通疏证》，北京：中华书局，1994年版，第567页。

执事同。”[①] 正是因为对祖先的追忆与思念，所以在祭祀之际，乾隆皇帝面对烦琐的祭祀礼仪并不觉得冗长，他曾写诗这样说道：

重檐曙色披，九盖瑞烟蕤，六世非遥脉，一心溯上思。
礼仪惟觉速，废彻那言迟。积月年将转，追怀无尽期。

这首诗是乾隆二十八年（1763）孟冬祭祀太庙的时候所作，他在祭祀中追忆先人，尽管当时的礼仪很烦琐，但是在他看来依然非常快，“礼仪惟觉速”，由此表达了乾隆对祖先无尽的怀念之情。

总之，太庙作为明清时期祭祀祖先之地，集中体现了当时皇帝对上天及祖先无比崇敬的心情，正因为如此，他们将对祖先的祭祀与国家政权的重视等量齐观，希望通过祭祀祖先获得他们的护佑，以此实现政治稳定及长治久安。另外，太庙也集中体现了古人“追养继孝”的孝悌之道，体现了他们对传统以孝治国理念的继承与发展。

2. 礼乐有序，天下一统

太庙的建设是对传统礼制的践行，对此《周礼·考工记》中就明确说：“匠人营国，方九里，旁三门。国中九经九纬，

① ［清］于敏中：《日下旧闻考》卷九《国朝宫室》，北京：北京古籍出版社，1985 年版，第 134 页。

经涂九轨。左祖右社，面朝后市，市朝一夫。”[①] 太庙与当时的社稷坛东西对称布置，是对中国古代礼制的践行，也充分体现了对古代礼制传统的继承与发展。

太庙的空间布局集中体现了古代的礼制规定，其中，前殿又称大殿、享殿，西阔 11 间，进深 4 间，面积约 2240 平方米，两层檐间木匾书满、汉文竖写着“太庙”两字，梁柱外包沉香木，其他构件均为金丝楠木，整个大殿建在汉白玉须弥座上。前殿是供奉皇族祖先牌位的地方，每当岁末、登基、大婚、凯旋、献俘等大典，皇帝、王公都要到此祭祀。前殿有东、西配庑各十五间，东配庑旁有大燎炉一座，西配庑有小燎炉一座，均为焚祝、帛之用。东、西配庑均为黄琉璃筒瓦歇山顶，殿式作法。中殿在前殿的北面，又称寝宫，为黄琉璃瓦庑殿顶，面阔九间，左右都有配殿各五间，为收藏祭器之场所。后殿位于二重院落的最北侧，为黄琉璃瓦庑殿顶，面阔九间，左右都有配殿各五间，为收藏祭器之场所。小金殿位于太庙东南牺牲所正门北侧，琉璃瓦仿悬山顶的正式建筑，下为石基，中为青砖砌墙，外敷红墙，等等。可以说，太庙的空间布局本身就是古代建筑礼制的一种体现。

太庙的建筑设计及具体营建充分体现了古代的礼制精神，更为重要的是，在宗庙祭祀时，祭礼的丰富与完备也体现了古代礼乐有序的精神。重视祭祀，是古代头等重要的大事，对此如《礼记·祭统》中所言：“凡治人之道，莫急于礼；礼有

① ［汉］郑玄注，［唐］贾公彦疏：《周礼注疏》卷四十一《匠人》，北京：北京大学出版社，2000 年版，第 1345—1346 页。

五经，莫重于祭。”[①]《左传·成公十三年》也称：“国之大事，在祀与戎。”[②]由此体现了古人对于祭祀的重视。不仅如此，对于祭祀的场所布置及礼器，古人也有非常严格的要求，《礼记·曲礼下》中就明确指出：

君子将营宫室，宗庙为先，厩库为次，居室为后。凡家造，祭器为先，牺赋为次，养器为后。无田禄者不设祭器，有田禄者先为祭服。君子虽贫，不粥祭器。虽寒，不衣祭服。为宫室，不斩于丘木。[③]

从这项礼仪规定，就可以看出，古人对于祭祀一事高度重视，不仅在祭祀场所的设计、营建上有极高的要求，即使对礼器、祭品、祭器等都有明确要求。也就是说，与祭祀相关的礼仪高于日常生活的一切。不仅如此，在具体的祭祀礼仪上，还有昭穆制度、祭服制度、谥号礼仪等等具体要求。在明清时期，太庙祭祀非常隆重，非正式场合，太庙非常神圣，皇帝也不能轻入，有着更多仪式性、象征性的意味。此外，明清时期在太庙的祭祀也有相应的礼仪规定，比如当时皇帝享祀国家大

---

① ［汉］郑玄注，［唐］孔颖达疏：《礼记正义》卷四十九《祭统》，北京：北京大学出版社，2000年版，第1570页。

② ［周］左丘明传，［晋］杜预注，［唐］孔颖达疏：《春秋左传正义》卷二十七《成公十三年》，北京：北京大学出版社，2000年版，第867页。

③ ［汉］郑玄注，［唐］孔颖达疏：《礼记正义》卷四《曲礼下》，北京：北京大学出版社，2000年版，第133页。

祭，祭祀活动主要集中在三大殿进行，前殿为享殿，在大享和大祫时供奉神主，殿中设置“拜位”，享祀时在殿前月台奏乐行礼；中殿依昭穆次序奉藏历代帝后神主，大享时将神主移至前殿供奉；后殿类似祧庙，室内龛制陈设与中殿相同。

纵观来看，明清诸帝在这里举行祭祀，祭礼的丰富及完备，充分体现了古代的礼乐文化精神，如有学者所言：

“子入太庙，每事问。”当年孔子进入太庙后，认真地考察和学习太庙的礼仪，可见太庙礼仪的重要性和规范性。太庙礼乐文化是极为珍贵的文化遗产。“礼”的广义是指社会人生各方面的典章制度和行为规范，以及与之相适应的思想观念，这是中国传统文化有别于西方文化的特质。狭义的“礼”、“乐”，源自于古代祭祀活动。“礼”是指尊祖、祭祖与祭祀天神地祇活动中的一些仪节规范；而“乐”是与这些礼仪活动相配合的乐舞。“礼”和“乐”相辅相成，形成“礼乐文化”。经过夏、商、周三代的演化，汇集成为一整套典章制度。西周初年，政治家周公依据前世流传下来的礼俗，并根据时代需要加以损益而“制礼作乐”建立了一整套与当时的宗法社会相适应的礼乐制度，使社会秩序处于相对稳定和谐的状态之中，形成礼乐文明极盛期。在“礼崩乐坏”的春秋时代。孔子对“礼乐”进行了全方位和多层次的阐释和论证，使“礼乐”观念逐步升华为全社会普遍接受和认可的社会意识形态，使“礼乐”文化成为中国传统文化的主体内容。“礼之用，和为贵”，高度概括了礼乐文化的根本精神。其特征就是用礼乐展现和处理人际关系，进行社会调节和管理。其终极目标就是通过引导社会各个阶层按照“礼乐”的规范和原则来处理人与社会、人与自然的关系，从而在社会公共生活中形成一种良好的稳定的社会秩序，达到建立和谐融洽的社会人际关系的目的。[①]

明清太庙祭祀礼仪，实际上是对古代太庙祭祀礼仪的继承与发展，这种礼仪包含了古代礼乐文化传统精神，既表达了礼乐有序的秩序与等级，也表达了礼乐中所体现的和而不同、“礼之用，和为贵”的精神，从而形成了一种良好的社会秩序与人人和谐相处的人际关系。

古人非常强调以礼治国，太庙祭祀祖先的做法也是古代吉礼之一，体现了古人对以礼治国的重视与践行。对此，乾隆皇帝在祭祀祖先的时候也表达了这样的态度：

每岁躬冬享，今年倍溯思。丰于何敢尔？续莫大乎斯。
久近究情异，趋跄以礼持。禘尝关治国，夫子昔言之。[②]

乾隆皇帝年纪很大了依然坚持冬季祭祀祖先，他一方面极力表达了对祖先的崇敬与思念，另一方面也恭敬于礼仪制度，毕竟这不仅仅关系到祭祀祖先本身，也关系到对礼制的重视。也就是说，对礼制的重视，也传递着他秉承以礼治国的态

① 贾福林：《北京中轴线申遗和太庙文化传承研究》，《中国紫禁城学会论文集》，第八辑，北京：故宫出版社，2014 年版，第 170 页。

② ［清］于敏中：《日下旧闻考》卷九《国朝宫室》，北京：北京古籍出版社，1981 年版，第 135 页。

度。可以说，明清诸帝在太庙礼制与祭礼方面集中体现了以礼治国的思想，与此同时太庙作为当时天下最大的祭祖之地也体现了王权至上、天下一统之意。根据《左传》记载："凡邑，有宗庙先君之主曰都，无曰邑。"[①]太庙是最北京独特的传统文化元素之一，是中国五千年礼乐文化的汇聚地。中国古代，皇帝供奉和祭祀祖先的地方称为太庙，诸侯供奉和祭祀祖先的地方叫宗庙，宗庙代表地方政权，太庙代表大一统。太庙无小事，历朝历代把宗庙、太庙、社稷与国家视为一体，统称"江山社稷"。正因为如此，太庙在明清时期具有典范的意义，明清北京城乃至全国的宗庙建筑规划基本上以太庙为本源，无论建筑选址、平面布局还是功能定位都是其他宗庙建筑的规划模板。

总之，太庙不论是从建筑礼制方面，还是祭祀过程，都充分体现了传统礼乐文化的精神，这种礼仪既表达了统治阶层对政治秩序的关注与维护，也表达了通过太庙祭祀礼仪最大限度地实现了以孝治国观念的流行，从而营造出仁爱和睦的人际关系。太庙作为当时全国规制最高的祭祖场所，也是国家权力的象征，集中体现了当时皇权至上、天下一统的理念。

3. 守正创新，以人为本

北京太庙作为明清皇帝祭祖之地，集中体现了古代崇祖敬宗、以礼治国的文化精神。更为主要的是，明清时期太庙祭

---

① ［周］左丘明传，［晋］杜预注，［唐］孔颖达正义：《春秋左传正义》卷十《庄公二十八年》，北京：北京大学出版社，2000 年版，第 332 页。

祀是对上古以来祖宗祭祀礼仪及文化的继承与发展，充分体现了古代守正创新的文化精神。其中，清军入关之后，直接沿用了明朝北京太庙，并对之进行适当的修缮与调整。

随着清朝的结束，太庙的祭祖功能，开始转化为公共空间，成为了人们休闲学习、嬉戏娱乐之地。民国时期，北洋政府于1926年将太庙命名为和平公园，并对公众开放。民国二十年（1931），将这里改为故宫博物院分院，次年8月对外开放。这里于是成为了很多人读书学习的重要场所，太庙由此不仅成为人们休息游览场地，也是文化传承之所。当时的钱穆在北京大学教书，寓所离这里很近，便在这里完成了他的鸿篇巨制，据其《八十忆双亲·师友杂记》记载：

自余任北大中国通史课，最先一年，余之全部精力几尽耗于此。幸而近三百年学术史讲义已编写完成，随时可付印。秦汉史讲义写至新莽时代，下面东汉三国之部遂未续写。余之最先决意，通史一课必于一学年之规定时间内讲授完毕，决不有首无尾，中途停止，有失讲通史一课之精神。其时余寓南池子汤锡予家，距太庙最近。庙侧有参天古柏两百株，散布一大草坪上，景色幽茜。北部隔一御沟，即面对故宫之围墙。草坪上设有茶座，而游客甚稀。茶座侍者与余相稔，为余择一佳处，一藤椅，一小茶几，泡茶一壶。余去，或漫步，或偃卧，发思古幽情，一若惟此最相宜。余于午后去，必薄暮始归。先于开学前在此四五天，反复思索，通史全部课程纲要始获写定。

此课每周四小时，共上两堂，每堂两小时。余于开学后上课前，必于先一日下午去太庙，预备翌日下午上堂内容。主要在定其讲述之取舍，及其分配之均匀。如余讲上古史，于先秦部分本极详备，但讲通史则不多及。又如余讲近三百年学术史，牵涉甚广，但讲通史则只略略提到。必求一本全部史实，彼此相关，上下相顾，一从客观，不骋空论。制度经济，文治武功，莫不择取历代之精要，阐其演变之相承。而尤要者，在凭各代当时人之意见，陈述有关各项之得失。治乱兴亡，孰当详而增，孰宜略而简，每于半日中斟酌决定明日两小时之讲述内容。除遇风雨外，一年之内，几于全在太庙古柏荫下，提纲挈领，分门别类，逐条逐款，定其取舍。终能于一年内成其初志。上自太古，下及清末，兼罗并包，成一大体。[①]

民国时期，太庙成了文人学者休息思考的地方，在这里钱穆不仅完成了多部著述的思考与布局谋篇，更是与其他知名学者进行交流的重要场所。换言之，太庙在民国时期，实现了其功能的转换。

新中国成立之后，太庙被改造为北京市劳动人民文化宫，在那里融入了很多现代的包括西方的文化元素，这自然也标志着太庙文化开始呈现出古今贯通、中西合璧的特征来。2015年，太庙迎来了新的身份——太庙艺术馆。这个艺术馆包括了太庙红墙内的全部建筑，包括太庙里的享殿、寝殿、祧殿及六座配殿等。这样一来，太庙也具有了现代社会人民当家作主的

① 钱穆：《八十忆双亲·师友杂忆》，北京：三联书店，2005年版，第164—165页。

精神内涵，如有学者所言：

> 作为明清两代的太庙，到民国时期已经失去了祭祀帝王祖先的功能。到1924年被民国政府改造成为和平公园，以供市民和游客岁时游览。到1931年，这里又被改为故宫博物院的分院。新中国建立之后，中央人民政府把这里改为北京市劳动人民文化宫，并由毛泽东主席亲笔题写匾额，于1950年的“五一劳动节”正式对外开放。这里开始成为北京和全国广大工人群众开展各项文化活动的重要场所，包括举办各种不同内容的展览，举行各种不同形式的演出，以及组织各种欢庆聚会，等等。这座旧时代的祭祀场所，已经被新中国注入了新的文化内涵，表现出工人农民已经成为新中国的主人这一政治主题。[①]

新中国成立之后，这里被改为了北京市劳动人民文化宫，并得到了毛泽东主席的亲自题字，这里开始变成了广大劳动人民开展各项文化活动的重要场所，包括展览、演出、聚会等等，进一步凸显了新中国人民大家做主的政治主题，也反映了国家对民为本传统精神的传承弘扬。

总的来说，太庙作为中国古代最大的、且唯一留存至今的皇家祭祖建筑群，集中体现了中国传统的宗法伦理，也体现了古人以礼治国、以孝治国的思想。清朝结束后，这种隶属于皇权的祭祖之地，转变为了民众休闲娱乐之所，由此标志着其

---

① 王岗：《北京中轴线的历史文化内涵与当代政治意义》，《北京联合大学学报》（人文社科版），2015年第2期，第10页。

社会功能的现代转向。今天，太庙作为历史文化遗产，成为了中华传统文化的重要承载者，同时也成为了中华传统文化重要的传播之地，由此展现了它与时俱进、守正创新的价值与意义。

（三）太庙的现代价值及其保护

太庙作为中国古代“宗庙之首”，是现存规制最高、结构最为完整的祭祀建筑。借助太庙，我们不仅可以了解明清时期的祭祖文化，更可以由此溯源并考察中国古代的敬天尊祖礼俗文化。中国古代的祭祖文化源远流长，充分体现了古人“慎终追远，报本返祖”的思想，同时也充分体现了古人追求礼仪有序、阴阳和合的重要理念，如《礼记·祭统》所言：“夫祭有十伦焉：见事鬼神之道焉，见君臣之义焉，见父子之伦焉，见贵贱之等焉，见亲疏之杀焉，见爵赏之施焉，见夫妇之别焉，见政事之均焉，见长幼之序焉，见上下之际焉，此之谓十伦。”[①] 古人正是通过敬天祭祖的形式，以此来展现人伦道德、纲常名教，从而建构出人与人、人与自然、人与鬼神之间和谐有序的生活图景。这在某种意义上来说，太庙文化也是古代自然观、宇宙观、人生观等哲学思想的重要体现。

1. 中华传统文化的重要承载者

太庙尽管从功能上失去了传统祭祖、礼仪的象征意义，

---

① ［汉］郑玄注，［唐］孔颖达疏：《礼记正义》卷四十九《祭统》，北京：北京大学出版社，2000 年版，第 1581 页。

但是它不论是在建筑规制上，还是建筑艺术上都堪称是古代艺术的精品，如有学者所总结的：

首先，从历史的角度来看，明清北京太庙是华夏文明的积淀，它在规划选址、建筑设计以及祭祀礼仪，无不严格按照中国古代《周礼》《周易》的相关规定，成功地把古人“崇祖敬宗”的文化传统表现得淋漓尽致。历朝历代均建宗庙祭祖，而北京太庙是完整保存下来的仅有一例，是古人的杰作。

其次，从建筑艺术角度来看，太庙一组建筑突出了建筑环境的庄严、肃穆与高贵，虽然其布局仍为宫寝建筑的原形，但经过若干艺术提炼与加工后，显露出了宗庙建筑所特有的风貌。它采用了严格的中轴对称形式，所有建筑都是成双成对均衡布置的；建筑采用了封建皇家建筑的最高等级，如三层台基，黄色琉璃瓦，屋顶形式采用庑殿顶，三座大殿面阔为九开间（前殿主体为九间）；前殿前预留了广阔的殿庭和宽大的月台，以备祭祀仪式之用；太庙周围遍种古柏，使高大的殿堂浮现在绿海之中；建筑用色简单，以红、黄两色为主；殿柱皆为金丝楠木，前殿殿顶、天花、四柱全部贴赤金花，以杏黄为底色，这些都是为了加强悼念气氛而采用的装饰措施。上述各种手法的运用，说明宗庙建筑设计发展到明清时期已经形成具有强烈艺术感染力的空间艺术形态，因而具有很高的艺术价值。

最后，太庙在建筑设计和营造上集明、清建筑技术之大成。主要殿堂都采用了中国传统的木制构件，建筑的形体巨大、工艺精制、构思巧妙。特别是太庙前殿，体态雄伟，构架复杂，殿内梁柱尺寸均为国内现存大型木构建筑之首，是中国现存的三座大型木构殿宇之一，成为古代建筑中罕见的实例。[①]

太庙作为现存唯一的中国古代皇家祭祀建筑群，它将中华传统文化的精神与宗庙建筑设计相结合，集中展现了古代“崇祖敬宗”的文化传统，它由此成为中国古代宗庙建筑的典范。在建筑艺术上，太庙集成并发展了中国历代宗庙设计、殿堂建筑及具体装饰等方面成就，具有很高的历史价值、艺术价值与科学价值。太庙可谓是中国乃至世界上独有的宗庙建筑的精品，集中展现了中华传统文化尤其是宗庙祭祖文化的精髓。

可以说，太庙在建筑设计和营造上可谓是集中国古代之大成，其主殿采用中国传统的木质构件，建筑的形体巨大、工艺精致、构思巧妙，这不仅在中国，即使是在世界建筑史上，太庙也是不可多得的杰作。正因为如此，我们要借鉴国内外保护世界文化遗产的成功经验，一方面要建立健全相应的法律法规，最大限度地保证太庙合理合法的保护与开发；另一方面，也要深入发掘太庙所具有的历史文化价值，使之成为人类共享的物质与精神财富。

2. 有形建筑的保护与具有普世价值的发掘

太庙尽管失去了传统敬天法祖、追养继孝的功能，但是它所承载的天人合一、孝悌之道、礼乐有序、尊卑有别等思想依然具有时代意义。所以，作为具有重要传统文化价值的遗

① 闫凯：《北京太庙建筑研究》，天津大学硕士学位论文，2004年6月未刊本，第1页。

产，自然也应该得到保护开发。当然，这种开发并不仅仅是太庙作为公园向公众开放，而是结合中华传统文化中“尊祖敬宗”的思想，深入发掘其所蕴含的孝道、礼仪、人文精神等，从而传承、弘扬中华传统文化。

尽管太庙体现了具有中国特色的祭祀礼仪，但是不能否认的是，这种具有祭祀、宗教意义的坛庙建筑，也有世界性的意义。毕竟，在世界范围内，西方中世纪以来的很多都城建筑多注重教堂所具有的中心地位，这与中国古代所说的“左祖右社”有内在的相通之处。换言之，太庙所代表的文化价值，在整个世界范围内也有普世的价值，充分体现了人类文明发展史上所具有的共同理念与发展轨迹。所以，如何在全球化的文化语境中，探究太庙所具有的普世性价值，也是太庙走向世界的重要方式。

小结

在中国古代，社稷代表的是国家，太庙代表的是祖先，为国尽忠，为家尽孝，“左祖右社”所表现的文化主题就是“忠”“孝”之道。太庙是明清时期皇帝祭祀祖先的重要场所，也是中国古代祭祖文化的重要载体，更是明清时期孝道的重要展示之所。另外，太庙作为中国古代“敬天尊祖”“天人合一”文化精神的体现者与承载者，对于明清时期的国家治理都有十分重要的推动作用。

随着新中国的成立，太庙作为传统的帝王家庙，在功能及文化上也发生了巨大的变化。太庙也由此成为了劳动人民的文化乐园，开辟了生产技术研究室、艺术活动室、儿童体育场、文化园、图书馆等，使得这座皇家建筑，转变为了具有了人民性、社会性的公共空间，这也充分体现了太庙承载的守正创新、以人为本的中华传统文化精神。

十、故宫

北京故宫，旧称紫禁城，是明清时期的皇家宫殿，它位于北京中轴线的中心。北京故宫始建于明成祖永乐四年（1406），到永乐十八年（1420）建成。北京故宫内的建筑分为外朝和内廷两部分。外朝的中心为太和殿、中和殿、保和殿，统称三大殿，是明清朝廷举行重大典礼的地方。三大殿左右两翼配以文华殿、武英殿两组建筑。内廷的中心是乾清宫、交泰殿、坤宁宫，统称后三宫，是皇帝和皇后居住的正宫。其后为御花园。北京故宫是世界上现存规模最大、保存最为完整的木质结构古建筑之一，是国家AAAAA级旅游景区，1961年被列为第一批全国重点文物保护单位，1987年被列为世界文化遗产。

故宫作为明清时期中轴线的核心所在，它集中体现了中华传统文化的精神与思想，比如天人合一、以礼治国、中庸之道等等思想，这些思想并非只是由建筑本身所承载展现，也是通过住在故宫的君臣所推行的治国理念，以及所践行的君臣之道、家庭伦理等来体现。毕竟，他们是天下百姓的统治者与榜样，所以为政之道旨在强调“子帅以正，孰敢不正”。[①] 正是由

① ［魏］何晏注，［宋］邢昺疏：《论语注疏》卷十二《颜渊》，北京：北京大学出版社，2000年版，第187页。

于故宫及所居住的群体展现出来的思想与文化，集中显现了中华传统文化的精神理念与思想道德。

（一）故宫的历史沿革

北京故宫始建于明成祖永乐四年（1406），当时以南京故宫为蓝本。到了永乐十八年（1420）建成。但是，在第二年（1421）发生大火，前三殿被焚毁。

明正统五年（1440），重建前三殿及乾清宫。

天顺三年（1459），营建西苑。经历永乐、洪熙、宣德、正统四代，整 20 年。

嘉靖三十六年（1557），紫禁城大火，前三殿、奉天门、文武楼、午门全部被焚毁。随即开始重建，至嘉靖四十年（1561）才全部重建完工。嘉靖时期，故宫三大殿名称改为皇极殿、中极殿、建极殿。

万历二十五年（1597），紫禁城大火，焚毁前三殿、后三宫。复建工程直至天启七年（1627）方完工。

1644 年，李自成向陕西撤退，与此同时将紫禁城焚毁，仅武英殿、建极殿、英华殿、南薰殿、四周角楼和皇极门未焚，其余建筑全部焚毁。

康熙二十二年（1683），重建紫禁城其余被毁部分建筑，至康熙三十四年（1695）基本完工。

1924 年，冯玉祥发动“北京政变”，将溥仪逐出宫禁，同时成立“清室善后委员会”，接管了故宫。1925 年 10 月 10

日，故宫博物院正式成立，并对外开放。（正因为如此，此后紫禁城被称为“故宫”。）

中华人民共和国成立之后，对故宫进行了大规模修缮。1961 年，国务院颁布故宫为全国重点文物保护单位。1987 年，故宫被联合国教科文组织列为“世界文化遗产”。

（二）故宫承载的中华传统文化精髓

故宫是我国现存规模最大、水平最高的宫殿群。它以深厚的历史底蕴、丰富的文化内涵，集中承载了中华优秀传统文化精髓，比如天人合一、以礼治国、以仁兴邦、中正和谐等。可以说，它是中国古代历史发展的见证者，也是传统文化的承载者。它既体现了古代统治阶层的意志，也凝聚着古代劳动人们的智慧。

1. 象天法地，天人合一

故宫旧称为紫禁城，紫禁城的“紫”，指的是紫微星垣。它的建设便是对自古以来中国宇宙观中“象天法地”的践行，其中“三垣、四象、二十八宿”都在紫禁城中有充分的展现，这样就形成了象天法地、天人合一的格局，如有学者所分析的：

明朝修建紫禁城的时候，传承的是象天法地的营建手法——天上有紫微垣、人间有紫禁城。古人认为，人间之上有天，天上也有管理者，即天帝，老百姓将其具化为玉皇大帝。皇帝自封为天帝之子，故称“天子”，按照这个逻辑，天子是受天帝指派管理人世间的。由此，天帝居天之中紫微宫（天体紫薇垣），天子居地之中紫禁城，这里是人世间的中心。依据天象，天上紫薇垣内有15颗星宿，人世间紫禁城后寝宫也是15座宫殿，即后三宫（乾清宫、交泰殿、坤宁宫）加上东六宫、西六宫，总计15座宫殿，这样就形成了象天法地、天上人间的宫殿建筑布局，故宫（紫禁城）成为天地日月星辰在人世间的化身。[①]

在古人看来，天上的星宿有三垣、二十八宿和其他星座。三垣指太微垣、紫微垣和天市垣。其中，紫微垣是中垣，又称紫微宫、紫宫，它在北斗星的东北方，古人有“太平天子当中坐，清慎官员四海分”[②]的说法。就是说，紫微垣是天帝居住的地方，古代君王以天帝之子自居，那里自然是他的居所。这样一来，皇宫就是人间的紫微垣，是人间的“正中”之位。皇帝以大帝之子自居，他办理朝政与日常居住的地方也就成了天下的中心。又因皇宫是等级森严的封建社会中最高级别的“禁区”，便用紫禁城的“禁”字来强调皇宫的无比尊严，以及至高无上、不可侵犯性。

另外，太微垣南有三颗星，被古人视为三座门，即端门、左掖门、右掖门，这样就与故宫的建筑命名对应起来。故宫紫禁城就设有端门、午门，东西两侧设有左、右掖门。午门和太

① 李建平：《北京中轴线的文化内涵》，《北京联合大学学报》（人文社会科学版），2020年第4期，第4页。

② ［明］施耐庵著，［清］金圣叹评：《水浒传》第七十回《忠义堂石碣受天文，梁山泊英雄惊恶梦》，上海：上海古籍出版社，2015年版，第979页。

和门之间，又有金水河曲折穿过，象征着天宫中的银河。此外，在北京的皇城中，皇帝、皇后分别居住的乾清宫、坤宁宫，其中“乾”“坤”二字在《周易》中就表示天之意。其东西两侧的日精门、月华门，又分别象征着日月争辉。东、西六宫及其他诸宫殿，则分别象征着天上的十二星辰和各个星座。故宫的结构、命名等都体现了故宫天人合一的思想。

整体上来看，从故宫紫禁城的设计与中轴线上各个建筑的规划、命名都集中体现了当时天人合一、阴阳和合、皇权至上的思想，但也展现了当时皇家乃天下大宗正统的政治地位。不仅如此，当时紫禁城中的建筑颜色也集中展现了天人合一、大宗正统的观念，如有学者所分析的：

紫禁城里大多数建筑都是黄色的屋顶，红色的墙壁。这种颜色的选择蕴涵了古人审美的标准，以及中国古老的五行学说知识。走进紫禁城，就会发现天就是建筑的一部分。蓝色的天连接着大片的黄色屋顶，视觉上的鲜明对比却在无形间变成了不可分割的一体。蓝天与黄瓦、青绿彩色与红柱红门窗、白色台基与深色地面，从上到下、自始至终再也找不出多余的、违和的一种颜色。在这里，多彩的变化造就了纯色的庄严与宁静。而从五行学角度看，金、木、水、火、土中，位置居中的是土，五色中与之相应的是黄色。紫禁城黄色的屋顶寓意着皇宫在全国占据的中心地位。[①]

① 邹朝霞：《觅踪之旅：北京篇》，北京：中国旅游出版社，2006年版，第5页。

在中国古代，建筑的颜色安排除了体现古人的审美标准，更是有一定的思想寓意，尤其是政治寓意，作为古代的阴阳五行学说一直是建筑颜色安排的重要体现，一方面它符合五德终始说，另一方面更是凸显了它的政治意义，如黄色作为皇家专有颜色，体现了它的尊贵，更是体现了作为五方之中的重要意义，所谓“五行学角度看，金、木、水、火、土中，位置居中的是土，五色中与之相应的是黄色。紫禁城黄色的屋顶寓意着皇宫在全国占据的中心地位”，以此也体现了天人感应的思想。

不仅如此，故宫的装饰陈设也都集中体现了天人合一、道法自然、人与自然和谐等思想，比如有祥云、山、江、海等河流，也有龙、凤、虎、龟、狮子、麒麟、鹿、仙鹤、鸳鸯、孔雀等飞禽走兽，也有松、柏、兰、梅、竹、菊、荷花等花草树木等，都体现了天人合一、人与自然的和谐。另外，故宫的三大殿从建设伊始，也充分体现了它们象天法地、天人合一的思想，如明代中轴线上的奉天、华盖、谨身三座大殿，清初重修之后依次改名太和殿、中和殿、保和殿，其命名依据《尚书·泰誓》“惟天惠民，惟辟奉天”[①] 与《易传》“保合大和乃利贞”[②] 等先秦典籍的箴言，反映了法天而治、像天设都的理念。其中，中和则直接体现了天人合一的最佳状态，“中和”出自

---

① ［汉］孔安国传，［唐］孔颖达疏：《尚书正义》卷十一《泰誓中》，北京：北京大学出版社，2000 年版，第 327 页。

② ［魏］王弼注，［唐］孔颖达疏：《周易正义》卷一《乾》，北京：北京大学出版社，2000 年版，第 10 页。

《中庸》“致中和，天地位焉，万物育焉”，[1] 即天人之际，要保持中正和谐，唯有如此，才能兴旺发达。同样，故宫中的后三宫（乾清宫、交泰殿、坤宁宫）的命名也充分体现了象天法地、天人合一的思想。

总之，故宫汲取了中国古代建筑学史上的思想，基于中轴线建成了现存规模最大、结构最为完整的宫殿群。故宫作为古代宫殿建筑群的集大成之作，集中体现了古人象天法地、天人合一的思想。

2. 阴阳和合，中正和谐

在故宫的空间布局方面集中体现了左右对称、阴阳和合的思想，一方面故宫基于中轴线进行布局建筑，这本身就体现了古人的一阴一阳之谓道的宇宙观、世界观，另外在具体的建筑布局方面，也是阴阳交错，集中体现了阴阳和合的思想，如有学者所言：

阴阳变化作为空间的基本属性，在故宫建筑群也得到了充分的体现。进入大清门，狭长逼仄的千步廊使人感到压抑，为阴性空间，到天安门前，变为开阔的广场，人的精神也随之舒展，为阳性空间；天安门与端门之间为一方形的开放院落，为阳性空间，端门与午门之间的封闭空间为阴；午门与太和门间横向广场比较，午门前空间为阳，而与太和殿前空旷的广场相比，则属阴……故宫建筑群从大清门到乾清门，沿纵深方向共布置了八个大小不等

① ［宋］朱熹:《四书章句集注》，北京：中华书局，1983年版，第18页。

的院落，整个空间序列就是利用阴阳的交替变化，突出了整个建筑群的庄严宏大、金碧辉煌和博大恢弘的时空意识。①

故宫不论是在整体的空间布局方面，还是在具体建筑物的建设方面，包括广场、宫殿、大门的安排等等，都集中体现了阴阳和合的思想，以此实现了人与自然、人与建筑之间的有机融合，以此“突出了整个建筑群的庄严宏大、金碧辉煌和博大恢宏的时空意识”。

故宫的中心建筑三大殿：太和殿、中和殿、保和殿，它们是故宫最高大的建筑，其选择与规划也集中体现了古人中正和谐的思想，对此有学者所总结的：

“三大殿”坐落在汉白玉雕砌的三层须弥座台基上，台基呈“土”字形。按照“五行”原理来解释，土居中央，象征着这里是天下的中心。须弥座原是印度佛像的底座。须弥是古代印度传说中神山的名字，据说那里是人们居住的世界中心，日、月环绕着它而回旋出没，三层诸天也是依傍着它而层层建立。因此，用须弥座形式是显示神圣威严和坚固不移。这种建筑形式，历朝皇家无不处处体现。②

① 张伟：《北京故宫的建筑伦理思想研究》，湖南工业大学硕士学位论文，2010年3月未刊本，第9页。

② 李昊：《紫禁城传说》，北京：解放军出版社，2002年版，第46页。

从这我们可以看出，明清时期的帝王及建筑家们追求天人合一的同时，更是追求中正的思想。希望通过三大殿的设计与规划，来彰显中正的思想，并将这种思想融入到政治与生活之中。不仅是三大殿，其他建筑的布局，也都充分体现了这一思想。

实际上，故宫在很多方面都表现出了中正、中庸之道的文化精髓，比如它的建筑布局具有强烈的“中正”情节，中轴线贯穿其中，建筑物左右对称、秩序井然。正如有学者分析的：

故宫（紫禁城）前朝三大殿为太和殿、中和殿、保和殿。“太和”为天地阴阳之大和；“中和”为致中和；“保和”为圆满之谐和。位于北京中轴线上的“紫禁三和”讲述的是中华文化精髓——“和”文化，体现的是中正和谐的城市特点和景观。太和殿及太和广场是“和”文化最大气场；而“和”文化最高境界在于“中和”，也称“致中和”，达到不偏不倚的境界，是儒家的中庸之道；“保和”是“和”文化吉祥、圆满的象征。三大殿与皇城四门（天安门、地安门、东安门、西安门）在名称上形成“内和外安”，即宫城内“三和”，皇城外“四安”，谐音“思安”。①

作为故宫的三大殿，即太和殿、中和殿、保和殿，不仅在位置布局上体现了中正的理念，更是在建筑结构及殿名上凸

① 李建平：《北京中轴线的文化内涵》，《北京联合大学学报》（人文社会科学版），2020年第4期，第4页。

显了中正对称、圆满和谐之意。另外，与三大殿相关的皇城四门在命名上，也展现了和谐安定之意。另外，故宫建筑在颜色的使用方面也体现了这样的用意，故宫里的建筑颜色以黄色、红色居多，其中黄色实际上就是对《周易·坤卦》"黄中通理"思想的展现，其文曰："君子黄中通理，正位居体，美在其中而畅于四肢，发于事业，美之至也。"[①]就是说，黄色象征着君子之德，表现为行为自然是中庸之道。所以，故宫建筑物的色彩多为黄色，虽然体现了皇权，但也是《周易》中正思想的体现。中正凸显了故宫所代表的皇权的正统性，同时这里也处处体现了和谐的理念，比如皇宫三大殿的命名太和殿、中和殿、保和殿；同时，故宫布局的安排也体现了阴阳和合的思想，都是对称存在，人与自然也都是天人合一的有机融合。

当然，故宫的建筑所表现出来的阴阳和合、刚健中正，并不仅仅是一种建筑的思想，其实也是当时统治阶层治国理政需要秉承的基本指导思想，这也是古人的宇宙观、世界观及人生哲理。比如老子就曾对阴阳和合这样说道："万物负阴而抱阳，冲气以为和。"[②]刚健中正，则是《周易》反复强调的为人处世的高尚德行，"龙德中正""德博而化"，"能以中正，可以王矣"等等，以及后来孔子反复强调的"为政以德"等，都强调以刚健中正的态度去为人做事。

---

① ［魏］王弼注，［唐］孔颖达疏：《周易正义》卷一《坤》，北京：北京大学出版社，2000年版，第38页。

② ［魏］王弼注，楼宇烈校释：《老子道德经注校释》四十二章，北京：中华书局，2008年版，第117页。

北京故宫所呈现的中正之道，是对中国古代建筑文化的继承与发展，更是对中国自古以来中正之道的继承与发展，如有学者所言：

中华文化之源的《周易》一书，贯穿着贵中、贵正的中道观念。中庸之道其理相通。所谓中道即为做人做事，既能够保持原则又能够唯变所适、处之有度，从而达到适可而止、止于至善之境界的哲理和途径。按照这种观念，有所谓“古之王者，择天下之中而立国，择国之中而立宫”的观点，在这里国即城，立国即是建立京城，立宫即是建立宫城。以南北中轴为基准的对称、均衡的空间和规划布局即是中道的观念在京城建筑的集中体现。北京旧城由南往北依次坐落着的九座门，永定门、正阳门、天安门、端门、午门、太和门、乾清门、神武门、地安门从其名称和内容上加深了这一文化内涵。①

《周易》是中华文化的源头，它所强调的中和思想，实际上也是对宇宙万物、人类社会深刻反思后所得出的结论，毕竟宇宙社会的变动不居，就是不能固守中庸之道而导致，走向极端自然会返璞归真，所谓“日中则昃，月盈则食。天地盈虚，与时消息”（《丰卦·彖》）、“损刚益柔有时，损益盈虚，与时偕行”（《损卦·彖》）、“亨，以亨行，时中也”（《蒙卦·彖》），等等。基于这些认知，古人提出了“中道”，如孔子就曾说：

① 北京市文物局：《北京传统中轴线文化价值研究》，《中国文物报》，2012年6月6日，第8版，第2页。

“君子之中庸也，君子而时中也；小人之反中庸也，小人而无忌惮也。”（《中庸》）基于传统的中庸之道，北京城尤其是紫禁城的布局，也充分体现了这一思想。

总之，故宫以三大殿的命名充分体现了阴阳和合、中正和谐之意。“太和”旨在强调天地阴阳之气的大和，“中和”为致中和，“保和”则有圆满和谐之意。中和也有儒家所强调的中庸之道，更有中正和谐之意。最为主要的是，居住在故宫内的帝王在治国理政方面，也非常强调人与人、人与自然的和谐，从而达到了阴阳和合、中正和谐的最佳状态。

3. 以礼治国，以仁兴邦

北京故宫作为国都的选择，充分体现了它对传统礼仪的遵循，首先“择国之中而立宫”[①]就是传统的礼仪规定，在具体的建筑规划、设计上，《周礼·考工记》也做了明确的指示：“匠人营国，方九里，旁三门，国中九经九纬，经涂九轨，左祖右社，前朝后市。”[②]就是说，在皇宫的建设方面，也有具体的礼仪规定，这些都是古人经验积累的产物，更是彰显了传统礼仪等级观念。

在古代宫城、皇城的具体规划上，有很多的礼制规定，比如《仪礼》有“天子五门三朝”的建设要求，也叫“三朝五门”，就是非常具体的礼仪规定。但实际上，自战国以后，都

---

① 许维遹撰，梁运华整理：《吕氏春秋集解》卷十七《慎势》，北京：中华书局，2009 年版，第 460 页。

② ［汉］郑玄注，［唐］贾公彦疏：《周礼注疏》卷四十一《匠人》，北京：北京大学出版社，2000 年版，第 1345—1346 页。

城宫室的建设实践中，很少有遵循这个礼制的。但到了隋唐时期，这个礼制得到了具体落实，隋代恢复了三朝五门制度，唐长安在隋大兴城的基础上进行丰富完善，基本布局没有太大的变化。唐长安的五门，分别是承天门、太极门、朱明门、两仪门、甘露门；三朝是外朝承天门、中朝太极殿、内朝两仪殿。

到了元代，这个礼制没有践行。不过，明朝建立之后，在明南京宫殿的建设规划上，又出现了“五门三朝”的礼制实践。其中，五门分别是洪武门、承天门、端门、午门、奉天门，三朝是午门、奉天殿、乾清宫。到了永乐十九年（1421），明成祖迁都北京之后，北京城的建设基本按照南京的布局，进一步践行五门三朝礼制。清朝仍然以北京为都城。顺治时，朝廷将大明门改为大清门，奉天殿改为太和殿，其他没有作太大的变动。清代五门为：大清门、天安门、端门、午门、太和门，三朝为：午门、太和殿、乾清宫。五门三朝不仅仅是简单的礼制，其实也是古代五行学说、三才之道文化传统的具体展现，从而凸显皇权的权威与尊贵。

更为主要的是，在元明清时期基于中轴线所建设的北京城已经是国家、民族的象征，更是以礼治国、以仁兴邦理念的倡导者与推行者。正是在这里，古代的政治文化等事业由此展开，如有学者所言：

北京中轴线自形成以来，就体现出极为丰富的文化内涵，是中华文明最集中的体现。就政治方面而言，紫禁城里面的三大殿是帝王岁时举行各种庆典的地方。如每年元旦、元宵、端午等节日以及帝王生日等，皆在三大殿举行各种庆祝仪式，宗王、大臣、少数民族领袖等在这里受到帝王的款待。而每当有重大的军事活动时，明清帝王们又会在午门或天安门前举行命将出征和回师献俘的隆重仪式。天安门至今仍是中华民族的政治象征，代表了国家和首都的形象。

就文化方面而言，许多重要的文化活动也是在这里举行的。文华殿是明清帝王的课堂，他们在这里聘请著名学者讲授儒家治国的道理，称为“经筵进讲”。与之对称的武英殿，虽然以“武”为名，却也是重要的文化活动场所。这里在明代是皇家画院的主要活动场所，宫廷画家被封为“武英殿待诏”。而到了清代，这里则成为皇家刻印书籍的主要场所，“武英殿聚珍版”书籍名扬天下。而作为国家选拔人才的主要方式的科举考试，最后的殿试也是在三大殿举行的。[①]

元明清时期，作为中国历史上非常重要的大一统王朝时期，它们传承弘扬了中华传统文化，并将以礼治国、以仁兴邦作为治国的基本理念，在各种重大活动包括节庆盛典、军事活动、外交事务中展现了礼仪之邦繁盛的礼仪规范与以礼治国的理念及实践。更为主要的是，中华传统文化作为中华文明的内核与基石，也被元明清三朝所传承弘扬，比如三朝帝王在这里推行经筵讲学的制度，选择大儒为君臣讲授治国之道；在故宫举行科举殿试，以体现传统选贤与能的政治传统；在这里编纂

① 王岗：《“北京中轴线”的文化魅力》，《北京日报》，2017年2月27日，第19版，第2页。

《五经四书性理大全》《四库全书》等大型经典。等等。这些都充分体现了北京城在全国核心与中心的位置，以及它们所具有的国家、民族之象征性。

故宫作为明清时期帝王施政之地，集中表达了统治者们以礼治国、以仁兴邦的治国方略。当然，故宫不仅是建筑设计师的杰作，也是当时劳动人民集体血汗与精神智慧的产物，所以它不仅仅是皇家的，也是民众的，更是当时治国的一种成果结晶。对此梁思成曾在其《关于北京城墙存废问题的讨论》一文中就这样写道：

这环绕北京的城墙，主要是为防御而设，但从艺术的观点来看，它是一件气魄雄伟，精神壮丽的杰作。它的朴质无华的结构，单纯壮硕的体形，反映出为解决某种的需要，经由劳动的血汗，劳动的精神与实力，人民集体所成功的技术上的创造。它不只是一堆平凡叠积的砖堆，它是举世无匹的大胆的建筑纪念物，磊拓嵯峨，意味深厚的艺术创造。[①]

的确，故宫的建筑经历了数十年的时间才最终建设成功，这期间离不开劳动人们的血汗与智慧。毕竟，这种气魄雄伟的建筑离不开劳动人们的参与。比如在保和殿后面的御路上，有一块巨大的雕龙石阶，全长 16.57 米，宽 3.07 米，厚 1.7 米，重达 200 多吨，虽然它采自北京房山一带，但是从房山到京城

---

① 梁思成：《梁思成全集》第五卷，北京：中国建筑工业出版社，2001 年版，第 88 页。

有50多公里路程，在没有现代化工具的时代，能够将数百吨的原石运到这里，自然离不开劳动人们的血汗。其中，也离不开劳动人们的智慧，由于石料太重，于是当时的人们在冬天每隔一里就凿一口井，并通过泼水成冰的冰道，一点点运送到故宫的。

总之，故宫作为北京中轴线的核心所在，它不仅仅通过具体的建筑群展现了传统礼乐传统，更是通过君臣在这里所举行的重要仪式、践行的君臣之道及人伦道德等，以此来昭示天下传承弘扬中华优秀传统文化的态度，从而推动了文化、文明的发展与进步。

（三）故宫的现代价值及其保护

故宫整体上占地72万平方米，呈长方形，分为外朝与内廷。外朝是以太和、中和、保和三大殿为中心，是当时皇帝行使权力、举行盛大典礼的地方。内廷主要是以乾清宫、交泰殿、坤宁宫为中心，是当时皇帝、后妃的居住之所。此外还有文华殿、武英殿、御花园等。可以说，故宫是中国古代宫殿建筑的集大成之作，也是世界宫殿史上的杰作。正因为如此，它被联合国教科文组织列为“世界文化遗产”。

1. 发掘故宫承载的中华文化精髓

故宫的建筑形制严格遵循了中轴线优先的原则，所以在规划布局、建筑色彩等方面都体现出了建筑学上的高超造诣，对此如有学者所总结分析的：

故宫本身的建筑形制上遵循中轴线优先原则，无论是从建筑格局还是建筑色彩方面都有很高的艺术造诣。建筑形制方面，所有建筑依中轴线而东西两侧对称布局，整体建筑格局规整，功能分区灵活便利。在色彩方面匠心独运，大量应用了对比手法，色彩艳丽富丽堂皇，蓝天、白云、绿树与黄瓦、朱红门窗、白色台基以及色彩绚丽的檐下彩画产生色彩的碰撞，给人以视觉盛宴。建筑色彩方面既有大面积的色彩运用，细节的处理方面也很值得推敲，色彩的渐变处理、冷暖对比、色彩比重的大小等方面都达到了平衡和协调。[①]

故宫作为中国古代宫殿建筑的集大成之作，不仅是在整体规划布局上体现了它的高超造诣，即基于中轴线对称的格局安排宫室、建筑，对不同建筑的功能分区也非常科学有序；而且在建筑的色彩运用上，根据不同的建筑及其局部，都做了非常科学而细腻的色彩处理，让人感觉平衡、协调，同时不失威严庄重。

故宫紫禁城的作为中国古代建筑的典范，充分展现了它的巍峨庄严、恢宏壮观，它作为中国古代的艺术宝库，更是中华民族古今文物艺术的荟萃，堪称世界奇迹。对此，正如有学者所说的：

紫禁城闪耀着中国古典建筑和谐整体美的光辉。平直深远的

① 单晓燕：《北京旧城传统中轴线保护和控制区域色彩控制研究》，北京建筑大学硕士学位论文，2014 年 6 月未刊本，第 34 页。

御道上，重重宫门和两侧建筑物开阖伸缩，起伏跌宕，形成一个又一个高潮，烘托出“九重宫禁”的雄伟气势。各庭院空间或纵深平缓，或豁然开朗，秩序井然。黄瓦红墙与檐下青绿彩画衬托照应，金顶蓝天对比强烈，汉白玉石台基托负着稳重建筑主体，明暗清晰，充分展现了装修上色彩的绚烂与协调。紫禁城又是世所罕有的艺术博物馆。中华民族世代相传的稀世文物、奇珍异宝、青铜彝器、名人字画、古瓷珍陶、石雕木刻、镂金镶玉、金绣服饰、钟表玩具、兵器钱币等集于皇宫，无不争奇斗艳，放射异彩。可以说，紫禁城处处有宝，件件是宝，简直就是一座无所不包的文物宝库。瑰丽的宫殿之海，以其肃穆的秩序、宏伟的工程和完美的形制而在世界上独树一帜。①

紫禁城以其高超的建筑艺术，形成了世界上独树一帜的建筑群，这不仅是古代宫殿建筑的集大成之作，也是人类历史上无与伦比的杰作。不仅如此，在故宫之中所珍藏的各类奇珍异宝，更是中华民族自古以来文物精品的荟萃，充分展现了它的艺术魅力。

故宫经过了数百年的传承、发展，也多次修复、改建，从而形成了我们今天见到的状态。它作为我国至今仅存的统一王朝的宫城，也是我国现存规模最大、保存最为完好的古建筑群。事实上，故宫作为中华民族辉煌灿烂的历史文化遗产，已经不是清朝皇帝所有，而是全人类共有的文化遗产；它承载的

---

① 高智瑜：《紫气贯京华》，北京：中国人民大学出版社，1994年版，第17页。

不仅仅是中华传统文化的精髓，也是整个人类文明进步的重要标识。对此，我们既要通过发掘故宫历史文化价值、通过多种展示手段，让民众了解中华文明及文化的博大精深，增强中华民族的文化自信、民族自信及家国情怀；更要让更多的世界人士了解中华文化在建筑、哲学、政治、思想、科技等各方面的辉煌灿烂。

2. 宫城与皇城的一体化保护

明清时期，北京的皇城是紫禁城的外院，明清时期内务府、机关等大多在皇城。我们今天一般看重宫城，而有点忽视宫城的保护，实际上对于紫禁城的保护离不开将宫城、皇城作为一个整体来保护，毕竟它们是一个有机的整体，如有学者所言：

> 总之，紫禁城的保护不可能，尤其更不应该独善其身，需要结合皇城的保护，达到整体性的统一和谐。这个问题在明清王朝完全是为了封建政治目的与礼制功能需要，当然也包括建筑与环境的文化传统与整体风貌的需要。对于今天而言，封建王朝的历史功能早已不存在了，但是作为文物建筑或文化遗产的传统文脉仍不能割断，整体风貌仍必须和谐。[①]

紫禁城作为故宫最核心的部分，需要将它们与皇城进行一同保护，不仅可以有效地实现整体性的保护，也可以最大限

① 郑孝燮：《古都北京皇城的历史功能、传统风貌与紫禁城的“整体性”》，《故宫博物院院刊》，2005 年第 5 期，第 21 页。

度地发挥其历史文化价值，最大限度地发挥其社会效应、经济效应。

另外，故宫作为北京中轴线的核心建筑，是数百年来中国的最高权力中心所在地，它承载着非常丰富的文化内涵。所以，要全面整体的看待故宫的价值，包括建筑技术、园林艺术、哲学思想、治国之道等各方面，甚至要将故宫与中轴线其他建筑作为一个整体进行保护、开发与研究。毕竟，整体看待故宫的历史与价值，这不仅关系到故宫是否能更好地实现其价值的现代转化问题，也关系到北京未来发展旧城与新城的关系处理问题。比如故宫博物馆于 2003 年提出了“故宫学”这个概念，以此更好地发掘故宫的文化内涵与价值。这是非常好的举措。“故宫学”倡导文化整体性理念，将故宫建筑群、文物藏品、故宫博物院视为一个有机的整体，以此推动中华传统文化的传承与发展。另外，对于故宫的开发，既要考虑到其经济效益，也要考虑到其社会效应、文化效应，从而最大限度地发挥其历史文化遗产的价值与意义。

小结

故宫作为中国古代古典建筑的集大成之作，集中体现了中国古代宫廷建筑的思想。不仅如此，故宫从各个方面体现了中华传统文化的精髓，比如天人合一、以礼治国、中正和谐等。这些文化精神不仅彰显了皇权至上的内涵，也同时展现了古代在天人之际、治国理政、为人处世等多方面的态度。故宫建筑群不仅有深厚的历史文化价值，又有非常鲜明的艺术价值，其空间布局体现了中国传统的礼制文化及哲学理念。更为主要的是，故宫作为博物院所珍藏的文物，是中国古代文化艺术的精华，充分体现了中华文明的辉煌灿烂。所以，故宫博物院堪称是中国最大的古代文化艺术宝库，是中国古代物质文明和文化艺术的物质载体和精神象征。

在中华民族的伟大复兴历程中，如何发掘故宫的历史文化价值，推动北京及全国的文化传承与发展，这是新时代赋予的机遇与挑战。当前，故宫博物院采取了各种举措来推动故宫文化的传承与发展[①]。不仅推动“平安故宫”工程的建设，也推动“学术故宫”的大力建设，由此在全球范围内扩大了故宫文化的影响力，使之成为新时代中华传统文化传承发展的重要力量。

---

① 参考单霁翔:《发挥故宫遗产价值，助推中华传统文化复兴》，《北京人大》，2019 年第 7 期。

十一、景山

景山历经了金、元、明、清四代，是当时的皇家御苑，至今已经有八百多年的历史。在古代，景山曾是北京城的最高点，皇亲国戚们经常来此赏花、宴饮、登高观景。今天，景山依旧是景色秀丽、草木浓郁，是北京城内登高远眺、观赏全城景色的佳地。

景山作为北京城的中心、元明清时期的皇家苑囿，也是国内建筑等级最高的园林。景山的设计巧妙、建筑精致，其承载了中华传统文化的精髓，比如道法自然、尊祖敬宗、天人合一、礼仪有序等。它是我们研究古代园林艺术的典范之作，更是探究中华传统文化精神的重要对象。

（一）景山的历史沿革

景山的历史悠久，在远古时期，景山与北海等是永定河的故道，后来永定河改道之后，景山所在的地方逐渐成为了土丘。

到了辽代，当时朝廷在营建行宫（今北海公园琼华岛）之际，就将多余的土方堆积于此。

金代章宗大定十九年（1179），朝廷在金中都东北郊外

（今北京军事博物馆）土山的南侧建太宁宫，开凿西华潭（今北海），继续在景山一带堆积土山，并建成了皇家公园，称“北苑”，山上建有瑶广楼，山下环绕有两重围墙，是为金中都十二景之一。这就是今天景山的雏形。

元朝修建大都，土丘一带正好是元大都的中心，于是将皇宫的中心建筑延春阁建在土山之南，并将土山命名为“青山”，顾名思义，绿色的山。随后，朝廷在青山上下广种花草树木，并修建亭台楼阁，由此成为了皇家禁苑。

明朝永乐年间，朱棣大规模营建北京城，并根据“苍龙、白虎、朱雀、玄武，天之四灵，以正四方”的说法，为了破坏元朝的风水，故在“青山”的基础上堆积更多的泥土，形成了五座山峰，将延春阁基址压在下面，作为“镇山”，称为“万岁山”。另外，明初为了防止北元的反攻，就在万岁山脚下堆积煤块，以备皇宫的需要，所以该山又被称为“煤山”。对此，明人沈德符《万历野获编》云：“今京师厚载门内逼紫禁城，俗所谓煤山者，本名万岁山，其高数十仞，众木森然。相传其下皆聚石炭，以备闭城不虞之用者。”①

作为景山公园中非常重要的寿皇殿，也是在明朝时期建成。据明刘若愚《酌中志》第十七卷《大内规制纪略》中记载：寿皇殿建于明万历三十年（1602）：“北中门之南曰寿皇殿，右曰育秀亭，左曰毓秀馆，后曰万福阁。俱万历三十年春

① ［明］沈德符：《万历野获编》卷二十四《畿辅》，北京：中华书局，1959年版，第604页。

添盖，曰北果园。”[①]当时的寿皇殿主要是皇家游览之地，清乾隆朝《御制重建寿皇殿碑文》中记有：“盖寿皇在景山东北，本明季游幸之地。”[②]

明崇祯十七年（1644），李自成攻入北京，明思宗朱由检在万岁山东麓的槐树上自缢身亡。清军入关后，为了笼络人心，将这棵槐树称为“罪槐”，规定清朝皇家成员路过此地要下马步行。

清顺治十二年（1655），将“万岁山”改为“景山”。该词出自《诗经·鄘风·定之方中》：“望楚与堂，景山与京。”[③]意思是，景山是高大的山脉。乾隆十四年（1749），按照太庙的规划，在北京中轴线上将寿皇殿进行移建。随后在景山五峰顶部建了五亭，其中以万春亭最为高大，在这五座亭子中各供奉一尊佛像。景山此时实际上被视为了皇宫北面的屏风倚靠，如乾隆皇帝在其《御制白塔山总记》中说道：“宫殿屏扆则曰景山。”[④]光绪二十六年（1900）庚子之变，八国联军攻占北京，景山受到重创，景山内的佛像、陈设文物被洗劫一空。

1928年，景山被辟为公园，隶属于故宫博物院，以供游人观览。

---

① ［明］刘若愚：《酌中志》卷十七《大内规制纪略》，北京：北京古籍出版社，1994年版，第138页。

② ［清］于敏中等：《日下旧闻考》卷十九《国朝宫室》，北京：北京古籍出版社，1985年版，第260页。

③ ［汉］毛亨传，［汉］郑玄笺，［唐］孔颖达疏：《毛诗正义》卷三《鄘风·定之方中》，北京：北京大学出版社，2000年版，第235页。

④ ［清］于敏中等：《日下旧闻考》卷二十六《国朝宫室》，北京：北京古籍出版社，1985年版，第364页。

1954 年，景山公园改为北京市少年儿童文化公园，并在这里设立少年宫、儿童体育场等。

1957 年，景山被列为第一批北京市文物保护单位。2001 年，景山被列为全国重点文物保护单位。

（二）景山承载的中华传统文化精髓

景山正好坐落在贯穿北京南北的中轴线上，历经金元明清，历史悠久，景色优美。它作为故宫的屏障，五峰并峙，是全城对角线的中心点。景山也是北京中轴线上最高和最佳的观景点，清康熙皇帝曾在景山上吟诗称赞说道："云霄千尺倚丹邱，辇下山河一望收。"① 景山始建于辽金，历经了元明清三代，至今已经有上千年的历史了，也是中国古代等级最高的皇家园林。景山虽然最后被辟为了公园供游人参观，但是依然也是中华优秀传统文化的承载者②。

1. 天人合一，阴阳和合

景山的建设充分体现了元明清时期天人合一、道法自然的理念，以此展现人与自然的和谐，这在景山规划与设计的很多细节都有体现。

---

① ［清］玄烨著，张玉书等编：《圣祖仁皇帝御制文集》卷三十四《景山春望》，台北：台湾商务印书馆，1986 年影印版，第 1298 册，第 276 页下。

② 陈艳红：《探寻景山的文化价值》，《2014 年学术前沿论坛文集》，2015 年版；张富强：《景山寿皇殿历史文化研究》，北京：金城出版社，2012 年版。

景山到了清代已经比较完备，当时满山苍翠、绿树成荫。在当时景山上所建立的五方亭，集中体现了天子受命于天、居中得正之意。在五方亭中，居于中央的乃是万春亭，高三层，纵深、宽广皆五间。“三”“五”之数，在传统的《周易》中都属于阳数（单数），象征着乾、君、父等之意。同时，万春亭也有永远春天之意，寓意江山永固、四季如春。

在1983年，景山公园在修缮寿皇殿的时候，在屋脊的中间发现了一个宝盒，盒内方的鎏金硬币二十四枚，象征着农历一年二十四节气；还有用金、银、铜、铁、锡五种材质分别制作的元宝，这表示金、木、水、火、土五行；另外还有青、赤、黄、白、黑五色的丝线。还有些许谷物。这些都体现了古人天人合一的思想。古人希望通过这种安排，来表达天下太平、金银满库、五谷丰登等天人合一、以人为本的思想。

天人合一在景山公园的建设也有充分体现，主要表现在对自然的尊重、爱护与顺应，与自然和谐相处，从而形成了人与自然相互依赖、和谐发展的良好关系。在园林植物的选择上，也体现了人们的思想倾向，如将松柏与审美文化、政治等相结合，集中体现了人们对于长寿、永恒的追求，以及寓意着政治的稳定与皇权的独尊。正因为如此，明清时期，朝廷从各地选择古树、草木进行移植，景山目前遗存的古树数量非常多。

天人合一在景山的设计与营建上多有体现，其中景区风水的考虑便是重要表现。中国传统的建筑非常强调风水，而风水的关键就是气，气在《周易》与中国哲学中是宇宙万物化生的元素。阴阳二气的和合，化生万物，所谓“夫阴阳之气，噫而为风，升而为云，降而为雨，行乎地中则为生气”。[①] 基于阴阳平衡有序的原理，乾隆时期对景山进行了重大改造，对原来的寿皇殿、万福阁等进行拆除移建，将寿皇殿移建于景山之中，并新建了万春亭等五亭，山前兴建倚望楼等，从而完成了景山阴阳平衡的调节，如有学者所说的：

乾隆十三年（1748）以后，陆续将原寿皇殿、万福阁等拆除移建，在山体上添建万春亭等五亭，在山前兴建绮望楼等，重新确立了景山的主体建筑格局，明确加强了寿皇殿的功能定位。将寿皇殿居中而建，使其与紫禁城内乾清宫形成内外双龙穴的格局，达到平衡生命元气的效果；同时扩大组群范围，成为神灵汇聚之地，增强了“君权神授”的气势；另外将中轴线上重要建筑空间进行串联，形成了更明确的以外朝、内廷、景山、寿皇殿、钟鼓楼为一体的阴阳相间、阴阳相合的风水格局，更加符合“阴阳之枢纽，人伦之轨模”的意义。[②]

从乾隆时期对景山大规模的改造就可以看出，当时基于阴阳和合的观念对之做了重大改造，从而形成了我们今天看到的景山规模。这种改建的思想，自然是对中国古代阴阳观念的

---

① ［晋］郭璞著，［清］吴元音注：《葬经笺注》，台北：新文丰出版公司，《丛书集成新编》第25册，1981年影印版，第221页。

② 周悦煌：《景山寿皇殿建筑研究》，天津大学硕士学位论文，2015年8月未刊本，第69页。

继承与发展，更是结合了政治学、文化学的思想，从而进一步强化了园林功能的政治功能。

可以说，元明清时期，尤其是清朝对景山的改建，兼顾了建筑艺术与风水文化两个维度，由此形成了中国古代建筑学的美感，以及风水自然上阴阳和合、情景合一的理念，对此，有学者进行了高度评价：

从建筑美学角度来看，这座山是极为必要的。南北长达一公里的紫禁城，大气磅礴，洋洋洒洒。如在宣武门外戛然而止，有损整体布局，而无论是建民房还是修广场都不足以笼住宫廷气势。修建万岁山则赋予紫禁城气势非凡的背景，以大气魄、大手笔落墨而结束全局。从建筑实效而言，这座绿色屏风，以几十米的绝对高度优势，矗立宫城之北，使皇宫既处于背风向阳之地，又与喧嚣闹市相隔；山上草木茂盛，环境清幽，既为宫廷后苑，又改善了小气候。真是一举多得！明代修筑煤山，苦心经营，山上山下，松、柏、槐等“树木葱郁，鹤鹿成群，呦呦之鸣与在阴之和互相响答”，亭台楼阁散布苍翠之中，为帝后登高赏景之处。[①]

从建筑规划学角度来看，景山位置在老北京城中轴线的中段位置，其利用废砖土渣巧妙地堆积成明代北京城中心最为突出的璀璨明珠，是我国古代建筑规划史的一项杰作。景山为老北京中轴线上最高的建筑，不仅弥补的中轴线建筑布局过于单调的方式，将北京城点缀得更加壮丽，而且形成极佳的视点。站在景山之巅，

① 高智瑜：《紫气贯京华》，北京：中国人民大学出版社，1994年版，第288页。

可南望壮丽的紫禁城，北眺中轴线上的钟楼、鼓楼，西观北海白塔，京城美景一览无余。从地理学角度来看，我国的黄河流域处于北半球亚热带季风气候最为显著的地区，冬季在亚洲大陆西北内部形成高气压，有长达数月的偏北寒风，夏季则多刮南风。在这种地理条件下，位于紫禁城的北面的景山犹如一道巨大的天然屏障，在冬天阻隔了北风的侵袭，有利于紫禁城古建筑的御寒，在夏季对紫禁城古建筑群的通风亦不构成明显影响，因而体现一定科学性。①

中国古人对于阴阳风水格外重视，这在景山公园中也有一定的体现，景山公园作为人工堆积的假山，它成为故宫北边的重要屏障与依靠，加上山上有茂密的植物覆盖，从而让故宫成为藏风聚气之所。可以说，无论从建筑学的角度来看，还是地理学的角度来看，景山都很好地发挥了它的地理优势，如果从更大的维度来看，景山作为故宫北边的屏障，可以抵挡来自北方的冷空气，这自然也可以营造出故宫非常适宜的自然小环境。

可以说，在景山公园的设计上，独具特色，也是基于天人合一的理念，充分利用自然观景作为造景的要素，在规模上恢宏大气，景色秀丽，明人刘若愚在其《酌中志》中称说它“山上树木葱郁，神庙时鹤鹿成群，而呦呦之鸣与在阴之和，

① 周乾:《北京景山的那些“曾用名”》,《科技日报》，2020 年 4 月 17 日，第 2 页。

互相响答，闻于霄汉矣"。[①] 由此可见景山当时作为皇家休息娱乐之地，景色秀丽可见一斑。这里也是奇花异果很多，俗称"百果园"，如明人马汝冀在《西苑诗·序》中这样说道：

万岁山在子城东北玄武门外，为大内之镇山，高百余丈，周回二里许。林木茂密，其颠有石刻御座，两松覆之。山下有亭，林木阴翳，周回多植奇果，名百果园。[②]

到了明朝，景山公园有了极大的发展，这里初具规模，而且"林木茂密"，还有各种奇花异果，成为了一个芳香四溢的"百果园"。这些都体现了当时建筑上道法自然的思想。不仅如此，在景山的修建过程中，切实表现了人与自然的密切关系，这也是人们对自然审美感受的直接体现。其中，就包括园林植物的选择，园名题字、御制诗文等充分体现了这样的寓意。

2. 尊祖敬宗，忠孝之道

景山虽然是皇家游览胜地，但也是祭祀祖先的重要场所。景山的寿皇殿，曾在明代就被朝廷作为祭祖的重要场所。清代以后，这里又进一步强化了祭祀祖先的内容。在近代以来，景山中"明思宗殉国处"，也成为有志之士凭吊先祖、宣扬忠孝

---

① ［明］刘若愚：《酌中志》卷十七《大内规制纪略》，北京：北京古籍出版社，1994 年版，第 138—139 页。

② ［清］于敏中等：《日下旧闻考》卷三十五《宫室》，北京：北京古籍出版社，1985 年版，第 550 页。

之道的重要场地。

清朝时期，景山公园的功能由帝王游乐休闲，日渐转变为皇家注重仪礼祭祀、宗教信仰。朝廷根据九坛八庙的祭祀礼仪，在寿皇殿继续进行祭祖，并供奉有清代康熙、雍正、乾隆等皇帝及皇后的御容圣像，对此《大清五朝会典·光绪会典》记载云："寿皇殿大殿中间悬供圣祖仁皇帝圣容，东间悬供世宗宪皇帝圣容，西间悬供高宗纯皇帝圣容，东次间悬供仁宗睿皇帝圣容，西次间悬供宣宗成皇帝圣容，东又次间悬供文宗显皇帝圣容，西又次间悬供穆宗毅皇帝圣容。"① 当时，寿皇殿中，康熙皇帝圣像居中，其他的则按照传统礼制的"左昭右穆"排开，每日被供奉祭祀。

清朝诸帝在寿皇殿内对列祖列宗进行祭祀，以此彰显了古人尊祖敬宗、孝悌之道的美德。当时乾隆皇帝有《清明日拜谒寿皇殿》一诗来纪念此事，诗云：

紫殿彤闱神御凭，清明肃拜典相仍。
羹墙有慕何嗟及，堂构非遥此敬承。
旧礼漫传粳粥荐，新烟还看柳丝凝。
那堪子厚书重展，指日吾将谒二陵。②

① 《钦定大清会典图·卷九·礼九·祀典九》，线装书局 2006 年 4 月第一版，第十八册，第 88 页。

② ［清］于敏中等：《日下旧闻考》卷十九《国朝宫室》，北京：北京古籍出版社，1985 年版，第 261 页。

这首诗表达了乾隆皇帝重视祖宗祭祀。不仅如此，在清代初年，景山中的寿皇殿、永思殿、观德殿等也是皇家办理丧事与供奉祖先神像之地，这些都体现了清朝诸帝对孝悌之道的践行。另外，景山寿皇殿在明清时期是皇帝祭祀祖先的场所，集中体现了明清时期的孝悌之道。

不仅如此，清朝在景山上修建了五方亭，并供奉五方佛，以此希望获得神佛的护佑，进而能够固守祖先的基业，实际上这本身也体现了一种孝道：

清朝在中轴线上最重要的创新应该体现在景山的修建上，着力于对景山山前（倚望楼）、山后（寿皇殿）、山顶（五座山峰上面修建的五座亭子）的精雕细琢。五座山亭的修建看似无心的装饰，实质上进一步突出了中轴线的对称和中心，使得中轴线更加整体划一，同时增强了中轴线的文化内涵和宗教意义。首先，在保证封建统治江山社稷的万岁山基础上不断升华，清朝认可明朝对于镇山北移，并且放在了中轴线上的想法，并将其继续完善。其次，充分体现了统治者的宗教信仰。明朝的中轴线上唯一的宗教建筑是天一门和钦安殿，供奉的是玄武大帝，传达的是中国传统道家文化。而景山上的五方佛则是喇嘛教文化，五方佛坐北朝南，怀抱景山前面的故宫，意境是保佑大清江山社稷，改变了中轴线上宗教色彩的同时丰富了文化景观。

乾隆年间朝廷对景山进行了大规模的改建、扩建，将原来的寿皇殿按照太庙规制，在景山正北进行建设。建设好的寿皇殿内，悬挂着太祖努尔哈赤以后诸帝、后妃的影像，景山由此成为了仅次于太庙的又一个皇家祭祀祖宗之地。另外，朝廷在景山之上建了五个亭子。每个亭子之中都供奉一尊铜佛像，由此强化了祭祀场所的氛围。

尊祖敬宗、传承祖先的丰功伟绩及伟大事业，始终是中国古代孝道的重要内涵所在。这种精神不仅体现在古代，也体现在近现代。明思宗曾经殉国之地，也成为了近代以来人们凭吊先人、宣扬孝悌之道及中华精神的重要之所。如在 1944 年明崇祯皇帝自缢三百周年之际，同时也是中华民族的全面抗战进入第 13 年，国家正处于重大的历史转折关头，为了唤醒民众，不做亡国奴，郭沫若曾撰写了《甲申三百年祭》发表于重庆《新华日报》、延安《解放日报》之上，以此借古喻今，提醒当时的国共两党及全国人民要接受历史教训，团结抗日，一致对外。当时在北京的有志之士，发起了纪念甲申三百年大会，祈祷世界和平，并竖立了“明思宗殉国三百年纪念碑”。碑文借明思宗舍身殉国之事，以古论今，来弘扬忠勇报国、传承中华文明。碑文曰：

余尝综观史籍，三代以下得天下之正者，莫过于有明。及其亡也，义烈之声震烁天地，亦为历朝所未有。盖太祖以布衣起兵，驱蒙兀，扫群雄，光复神州，创业同乎汉高。讫于思宗，运丁阳九，毅然舍身殉国，且遗书为万民请命，其悲壮之情，沦浃于人人心腑者，历千龄万祀而未沫。故明社久墟，而义概英风未尝随破碎山河以俱逝。此人心天理之公，固后世所宜崇敬者也。况碧血遗痕，长留禁苑，吾人怵目恫心，宁不眷念徘徊而思所以播扬休烈也乎？夫明自万历以后，纲纪颓弛，神宗宴居深宫二十年，君臣否隔，政事丛脞。继以光宗之短祚，熹宗之庸懦，妇寺弄权，忠良荼毒，内忧外侮交乘而至，民心离散，国之不亡亦仅矣。思宗嗣统，手除巨憝，召用旧人，奋然欲大有为，无如元气椓丧，大势已倾。朝廷方急于门户之争，边事则已无保障之固。加以饥馑荐臻，税敛横急，民不堪命，流寇四起，遂酿成滔天之祸。嗟乎！以勤俭爱民之主，十七年宵旰忧劳，而终无救于危亡，卒至以万乘之尊，毕命于三尺之组，其事可哀，而其志弥烈矣。观夫甲申之岁，灵武、大同相继沦陷，李建泰疏请南迁，帝召示群臣曰：国君死社稷，朕将焉往？知死国之志固已早决。及垂绝，题襟有任贼分裂勿伤百姓之语。揆之孟子民贵君轻之旨，大义凛然，昭示千古。是帝之一死，可以振一时忠义之气，更足以激励万世不死之人心。故当时上自缙绅，下逮佣保，既多慷慨赴义之徒。而至今登万岁之山，抚前朝之树者，亦未尝不感旧伤怀，欲叩九阍而一抒其悲愤也。今岁纪甲申，夏历之三月十九日，距帝殉国时正三百年矣。燕京旧俗，是日恒有火星之祭，传为前代遗民托此以私祀旧君者，馨香于今不绝。兹者故都人士眷怀先烈，雅具同心，幸逢十世之期，永作千秋之鉴，爰以殉国之日，定为纪念之辰，翕集群伦，虔申祷拜，博征遗事，用示表彰。督余为文，将谋勒石。余乃缅溯明祖开国之功，并阐思宗救民之旨，粗陈梗概，敬告国人。幽光尽发，藉抒耆旧之怀思，盛会常存，俟补春明之掌故，意所未罄，系之以铭。铭曰：

天厌明德，末运不昌。踵祸袭孽，以速乱亡。赫赫思宗，实为英主。沉机锄奸，膏我齐斧。厉政勤民，日不遑暇。求鸾得枭，心劳力寡。外侮日殷，内讧莫戢。豺虎纵横，凭陵京邑。大命俄倾，宸衷自谴。身殉社稷，被发覆面。朕躬可裂，朕民勿伤。数行血诏，哀动昊苍。龙驭莫攀，如丧考妣。都人慕思，瞻日曷已。陵谷贸迁，历年三百。峨峨景山，葱葱松柏。杜鹃啼血，凄绝春城。望帝不归，庶感精诚。此山不骞，此石不涅。煌煌三光，昭兹遗烈。

江安傅增湘撰文，易水陈云诰书丹，濡阳潘龄皋篆额。中华民国三十三年岁次甲申三月十九日立。

当时的人们在民族存亡之际，借崇祯舍身殉国，来激励当时的有志之士，奋起抗击日本侵略者，誓死不当亡国奴的民族气节。这其实也是当时筹备此次纪念活动的初衷，以此“扶持正义，慨然允许，俾此事以完成建立，既慰思宗在天之灵，而后来过此地读碑文者，知有此壮烈悲凉之事，使忠孝节义之心油然而生，殉私忘公之辈惭燃气沮，似于挽回人心拯救国艰不无裨益也”①。当时活动的筹备组们极力表达了要借助纪念明思宗，来弘扬古代忠孝节义之情，以此保家卫国，传承中华民族的伟大事业。换言之，景山也成为人们尊祖敬宗、宣扬孝道的重要场所，成为传扬中华传统文化的重要平台。

3. 崇礼重儒，尊师重教

在景山公园中，充分展示了古代的礼仪，比如观德殿就

① 参见刘晓英：《景山“明思宗殉国三百年纪念碑”史料钩沉》，《历史档案》2005 年第 4 期，第 124 页。

是当时皇帝与臣子举行射礼的重要场所。观德殿的得名源自于《礼记·射义》：

射者，进退周还必中礼。内志正，外体直，然后持弓矢审固。持弓矢审固，然后可以言中，此可以观德行矣。①

就是说，射箭者一定要内心沉静，外表符合射礼要求，从而做到百发百中。在古代礼仪中，通过射箭礼仪，可以考察一个人的德行。也就是说，射礼作为中国古代的“六艺”之一，也被记载在《仪礼》《礼记》等经典之中，并有大射、宾射、燕射和乡射等具体内容。观德殿在明代建设之初，就是为了通过射礼来展现君臣礼仪的，这种功能一直延续到清代中期。可以说，观德殿的存在，充分体现了明清诸帝对礼仪的重视。

其实，不只是观德殿，景山上的很多建筑及设施都充分体现了古代的礼制思想及以礼治国的理念，比如景山中最核心的寿皇殿及相关的建筑，都充分体现了礼制思想，如有学者总结的：

在严格的礼制控制下，寿皇殿形成了十分清晰的三段空间层次，各建筑单体呈现出极其鲜明的等级差异。组群以南牌楼、南砖城门、寿皇门和寿皇殿大殿由南向北依次排列形成强烈的中轴

① ［汉］郑玄注，［唐］孔颖达疏：《礼记正义》卷六十二《射义》，北京：北京大学出版社，2000年版，第1914页。

序列，其他建筑两两对称分列东西两侧，秩序井然。寿皇门和大殿均采用最高等级的庑殿顶，内院附属建筑除碑亭外均为歇山顶，外院神厨、神库及东西值房屋面等级渐次降低，分别为悬山和卷棚硬山。

各建筑细节特征主次分明：彩画方面，寿皇殿大殿、寿皇门、东西正殿、东西碑亭均为金龙和玺彩画，东西配殿、神厨神库为旋子彩画；大殿上檐斗栱为单翘双昂七踩斗栱，下檐斗栱同寿皇门、东西正殿、东西配殿一致为五踩重昂斗栱，神厨神库为一斗三升斗栱；内院建筑柱础为覆莲圆鼓高柱础，外院建筑为素柱础；南北向建筑为龙头须弥座台基，东西向建筑为普通砖石台基。这些级别差异都充分体现了礼制思想。[①]

寿皇殿作为景山最核心的建筑群，又是北京中轴线上承前启后的重要组成部分，它作为景山的统领建筑，在具体的规制、材料、设计、形态等方面集中体现了传统礼制等级的思想。由于寿皇殿是核心建筑，所以明清时期朝廷在这里举行了很多次礼仪，如乾隆以前，皇帝驾崩都会在寿皇殿举行谥号尊封仪式。另外，寿皇殿自从顺治帝在此停灵开始，此后就一直行使这个重要职能；朝廷在这里除举行丧仪之礼外，还在重要节令、先帝忌辰之日接受皇帝拜谒，形成一系列定礼制度。

另外，崇儒重道、尊师重教一直是中国古代优良的文化传统，这在景山也有集中的体现。根据清内府的记载，在康熙

---

① 周悦煌：《景山寿皇殿建筑研究》，天津大学硕士学位论文，2015年8月未刊本，第70页。

时期，在景山这里设立了景山官学[①]。当时景山官学隶属于内务府管理，专门教育内务府子弟。在康熙二十四年（1685）四月庚戌，谕内务府：

今见内府佐领人员，善射及读书善文者甚少。可专设学社，选可教之人，令其学书习射。优者录用，劣者罢黜。学舍应立于朕常见之处，俾习学之人，黾勉肄业。[②]

可以看得出来，当时朝廷建立景山官学目的是为了专门教育贵族子弟，以此教育他们射箭、读书、写作，最后择优录用。《钦定总管内务府现行则例·景山官学》也有这样记载，康熙二十四年（1685）四月奉旨"看得内府竟无书射之人，应设学房，检选材堪学习书射者令其学习。……其学房著在朕常见处设立，朕不是时得见而学习人等亦自尽心。"朝廷对景山官学非常重视，还安排了专门的教授进行讲习，并制定了相应的规章制度。

随后，乾隆、嘉庆年间又进一步丰富完善了景山官学体系。不仅如此，乾隆十五年（1750）六月建成了绮望楼，并在楼内供奉孔子神位。绮望楼高两层，面阔五间，进深三间，四周台基上有汉白玉栏杆。清朝曾在这里祭祀孔子，乾隆皇帝及贵族们曾在这里听老师们讲解四书五经等儒家经典

① 对于景山官学已有学者做了一定的研究，如，沈欣：《清内务府景山官学设置运行考述》，载《故宫学刊》2015 年第 1 期。

② 《八旗通志初集》卷二十五《营建志三》，第 479 页。

及治国思想。

景山官学的设立，实际上也是清朝为了维护统治的必然举措。当时，满族作为少数民族入主中原并建立了清朝。为了有效地治理疆域广袤的多民族国家，尤其是要统治占人口绝大多数的汉族人。一方面从顺治朝开始就反复强调崇儒重道，如在顺治十年（1653），朝廷下诏要求各级官学"崇儒重道"：

国家崇儒重道，各地方设立学宫，令士子读书，各治一经，选为生员，岁试科试入学肄业，朝廷复其身，有司接以礼，培养教化，贡明经，举孝廉，成进士，何其重也。[①]

顺治在上谕中明确提出要"崇儒重道"，令读书人研习儒家经典与程朱理学，并将之作为道德教化、科举取士的重要内容。当时的朝廷急需培养能武也能文的官员，这就需要建立官学教育八旗子弟。景山官学作为当时设立官学的一部分，也充分体现了崇儒重道的祖宗之法，成为清代文治教化中的重要组成部分，如有学者所言："景山官学作为清廷第一个教育内务府三旗包衣子弟的学校，在清代宫廷乃至清史发展中的独特作用不容忽视，是整个清代文教制度中不可或缺的重要

① 《世祖章皇帝实录》卷七十四，北京：中华书局，《清实录》第三册，1985年影印版，第585页下。

组成部分。”[①]

4. 重农务本，本固邦宁

景山尽管是皇家园林，但是在这里还完整地保留着元朝留下来的亲耕地、灌溉水系、粮仓、官硙、水碾、水井等[②]，这些元代农业遗物的存在，充分体现了元代对农业的重视。这些农地及工具的出现，表明当时元朝诸帝通过藉田礼，来实现劝农、重农的目的。

根据古代礼仪，天子也要参与耕地，《春秋谷梁传》中记载云："天子亲耕，以供粢盛；帝后亲蚕，以供祭服。"[③]就是说，古代的天子都要与百姓一样，天子与后妃亲自耕地、桑蚕的形式，实现自给自足。当然，这是理想化的状况。实际上，古代的天子，尤其是从周代开始，天子通过藉田礼的形式，以表达对农业的重视。在景山中出现了这种藉田礼的设施，说明"历史上景山是比先农坛更早的一处皇帝亲耕场所"[④]。

对于元代初年，忽必烈等在景山开辟一块土地进行亲耕，从而实现劝农的效果，史书也有记载，元人熊梦祥《析津志辑佚》云：

---

① 沈欣：《清内务府景山官学设置运行考述》，载《故宫学刊》2015年第1期，第284页。

② 张富强：《景山公园中的元代皇帝亲耕田》，《北京档案》，2014年第2期。

③ ［晋］范宁集解，［唐］杨士勋疏：《春秋谷梁传注疏》卷四《桓公十四年》，北京：北京大学出版社，2000年版，第64页。

④ 张富强：《景山公园中的元代皇帝亲耕田》，《北京档案》，2014年第2期，第44页。

厚载门松林之东北，柳巷御道之南有熟地八顷，内有田，上自构小殿三所，每岁，上亲率近侍躬耕半箭许，若籍（耤）田例。[①]

厚载门乃禁中之苑囿也。内有水碾，引水自玄武池，灌溉种花木，自有熟地八顷，内有小殿五所。上曾执耒耜以耕，拟于籍田也。[②]

这里的记载就可以看出，当时在景山那里留出了8顷地，以供皇帝亲耕，实行籍田礼。当时的灌溉用水，主要引自玄武池，即今天的北海。这条水渠在景山那里依然保存完整、畅通。另外，那里还保存着水碾，也是供水用的。

不仅如此，在景山还保留着两座元代的皇家粮仓，这个粮仓自然和籍田礼有直接的关系。在靠近景山北墙东西两个侧门的里面，西侧的粮仓称为“兴庆阁”，东侧称为“集祥阁”，这就是元代为皇帝在亲耕田边，专门设置的仓库。另外，还有称重的官砝，这个也是当时籍田礼有关的遗物。

总而言之，景山保存的籍田礼及其相关遗物，体现了元代皇帝对农业的重视。尽管元朝是蒙古族建立的，但是他们入主中原，尤其是在北京建都之后，为了体现了对农业的重视，必然通过籍田礼的形式，来表达朝廷对农业的重视。毕竟，在

① ［元］熊梦祥著，北京图书馆善本组辑：《析津志辑佚》，北京：北京古籍出版社，1983年版，第114页。

② ［元］熊梦祥著，北京图书馆善本组辑：《析津志辑佚》，北京：北京古籍出版社，1983年版，第2页。

古代，农业是国家经济的主体与根本，更是关系到社会稳定。由于元代初年，北方经过长期战乱，农业发展衰微，土地荒芜严重。所以，忽必烈通过藉田礼来兴复农业，维护社会稳定。忽必烈还专门设置了掌管农业的机构，即劝农司。顾名思义，就是勉励农民种地的机构。忽必烈还命人编修了一本专门讲如何种地、养蚕的书籍，即《农桑辑要》。这部书编修好了之后，就颁行天下，让天下的农民都学习如何种地养蚕。另外，忽必烈还在北方民间建立了村社，村社负责督促农民种地、开荒、挖沟等事宜。总之，由于忽必烈的重视，元朝的农业获得了一定的发展，人口数量甚至超过了唐代开元盛世时期[①]。在元朝，棉花也得到了广泛种植，朝廷还设置了木棉提举司，这样极大地改善了民众的穿衣问题。由于农业的发展，自然为元朝的社会稳定、经济发展奠定了重要的物质基础。

（三）景山的现代价值及其保护

景山作为明清北京中轴线上的最高点，也是建筑等级最高的皇家园林。本身拥有极高的历史文化价值与科学艺术价值，是我国非常珍贵的自然与文化遗产，同时也是全国重点文物保护单位。目前景山的利用率非常高，很多建筑也得到了保护。但是也有一些问题，比如寿皇殿、永思殿、观德殿等仍然被其他单位占用。景山公园始终处于被损害和蚕食的状态，所

① 陈高华：《元史研究论稿》，北京：中华书局，1991年版，第183页。

以需要正视这些问题，从而实现景山公园作为文化遗产能够健康的传承发展。[①]

1. 科学定位，修旧如旧

景山作为历史文化名园，它本身具有稀缺、脆弱、不可复制、不可再生等特点，所以基于这个重要地位，保护景山是首要的任务。尽管目前景山被开辟为公园，满足广大劳动人民休闲娱乐的需要，但是由于过度使用，景山已经不堪重负。所以，基于这个科学定位与前期预判，控制游客数量、加大保护是首先要考虑的。

另外，景山公园中的建筑以土木结构为主，而土木容易腐蚀、流失，所以需要及时的保护、修复。对于建筑物，一定要保持历史的真实性，修旧如旧，如有学者所分析的：

> 在景山公园建筑修复中，严格按照原工艺、原式样、原尺寸砖细制作和替换，维修后做到“修旧如旧”，这种因地制宜、具体问题具体分析的做法，同样保持了历史建筑的真实性。建立在充实的科学考证和技术支持基础上的维护修复和复原都是值得鼓励的。木结构建筑易腐蚀，所以及时维修历史建筑在历史园林保护

① 对于景山公园的保护，也有学者做了一定的探讨可供参考，如周莉丽:《北京地区皇家园林的保护与利用——以景山公园为例》，中国林业科学研究院硕士学位论文，2013 年 7 月未刊本。张英杰、刘晓明、殷晓峰:《北京景山的保护策略探讨》，《西南大学学报》(自然科学版)，2011 年第 2 期。

工作环节中尤为重要。[1]

景山公园经历了数百年的时间，尽管在明清时期多有修缮增减，且经历了近几十年的历史风雨，但在今天依然保留了过去的基本框架与原貌。所以，在尊重当时历史的基础上，修旧如旧，而不是迎合现代人的审美而对之进行所谓的改造、重建。

根据史书记载，景山是北京城内唯一具有双重围墙的园林，但目前景山的外墙有些被拆毁，有些被遮蔽，有的改为它用。保留下来的只有东北侧的70多米外墙，至今没有得到任何保护。另外，外墙与内墙之间的御道，也已经被开辟为公路。可以说，双重红墙的格局是景山公园的特色之处，尽可能恢复外墙、内墙以及之间的御道，显得十分必要。对于那些史书记载的景点，如果存在就尽可能地修缮，即使不存在也应该保留其遗址。

另外，在景山公园中存在着上百棵古树，这些树主要是松柏、国槐等，这些都需要继续得到保护。另外，可以考虑补充新的树种、植被，因为单一树木、植被的存在也不利于健康成长，以及水土流失的保护。何况有些地方的树木也日渐枯老。可以根据科学研究的结果，对公园中的树木进行补充种植，从而达到传承发展的目的。另外，对于景区内的草坪，要

① 周莉丽：《北京地区皇家园林的保护与利用——以景山公园为例》，中国林业科学研究院硕士学位论文，2013年7月未刊本，第34页。

结合当地的环境地貌，选择适合这里的草坪种植、护理等工作。长期以来，景山公园的低票价、免费政策，使得越来越多的人来这里锻炼身体、游览，人满为患，这极大地危害到了园林的保护，也有很大的安全隐患。所以，可通过提高票价、限制游客流量等形式，减少对园林的损耗，等等。

2. 景山公园的综合协调发展

景山公园作为文化遗产点，得到了很多人的关注，这里的游人如织，由此带动了景山及周边经济的发展。但是，不论是景山内部，还是周围都存在着需要调整完善的地方，从而使景山公园与周边环境形成协调发展的状态。

首先，景山公园内部的设施，尽管也有很多钢铁栏杆、水泥台阶、护栏等方便了游人，但是在设计上可以更加古色古香，与景山公园的风格相一致。另外，景山公园作为传统的皇家苑囿，庄严幽静，但是景山公园内的健身歌唱等嘈杂的声音，也影响了原有的意境。

在景山周围如景山西街、北街周围的餐饮、纪念品、服务业等都很发达，极大地丰富、满足了市民的需要，但是它们的建筑设计、条幅招牌等与景区的风格、色调等不相协调，极大地影响了景区的美感。

其次，将景山与故宫作为一个整体来考虑协调发展。在历史上，景山是皇家的禁苑，它与紫禁城是一个有机的整体。但是近代以来，由于景山南街的开辟，使得它们形成了两个独立的个体，由此影响了故宫与景山的整体性、协调一致的规划与发展。所以，基于景山的发展历史，应该取消景山南街，以及故宫与景山之间的围墙，将故宫与景山视为一个整体进行保护，这样更有利于景山的发展及其价值的体现。对此，就有学者也这样说道：

> 保护景山离不开北京旧城整体风貌的整体保护，对景山的保护不能仅停留在对院内具体文物遗存的保护，还应重视园林整体意境的保护。从长远规划上看，应将景山、北海和紫禁城作为一个整体来进行保护。皇家园林是我国珍贵的自然和文化遗产，各部门需要对保护体系的重视程度，并通过行政管理和技术管理来平衡保护过程中出现的问题。保护皇家园林不仅是对历史的一种尊重，更是对子孙后代的一种传承，这是时代赋予当代风景园林师的伟大使命。[①]

景山是北京城发展建设的重要内容，更是北京城及中轴线文化重要组成部分。所以，在未来的发展中，对于景山的保护，就离不开将景山放在北京城及中轴线的大环境、大语境中发展。更为主要的是，景山有着深厚的历史文化积淀，所以在发展的时候，应当更好地结合其他景点发掘其所承载的文化精神与时代价值，从而实现景山的内涵式发展。

最后，结合时代的发展，最大限度保护景山，并注重景山发展的数字化。新中国成立以来，景山公园的主体建筑寿皇殿一直归北京市少年文化宫使用。目前，处于清退修缮阶

---

① 张英杰、刘晓明、殷晓峰：《北京景山的保护策略探讨》，《西南大学学报》（自然科学版），2011 年第 2 期，第 151 页。

段。观德殿为景山公园管理处所占，并修建了若干现代建筑，观德殿后部也改为了民居。永思殿的前部成为了库存场所，不向游客开放。绮望楼、关帝庙后部的玄武帝祠堂，也都是非游览区，这些也都破坏了景山的完整性[①]。总之，是否根据相关法律法规进行有序的清退，并及时修缮，是当前最重要的工作之一。此外，对于景山的保护发展，可以充分利用现代数字技术，通过全息影像或者 VR 技术，实现虚拟仿真，从而让更多的人通过网络游览。在数字化建设的过程中，可以虚拟建构景山的发展历史，以及将之与其他景点结合进行，从而突出景山历史与现实的关系。

小结

景山是久负盛名的皇家园林，经过了元明清时期的改建、扩建，最终形成了今天的格局。新中国成立之后，景山开放为公园，充分体现了它的公共性、人民性。景山公园位于北京中轴线的中心点上，整体布局以山为主体，绿树成荫，景色美不胜收。可以说，景山是数百年来历史兴衰成败的见证，同时积淀了丰富的历史文化内涵，承载着北京乃至中华传统文化的精髓。

景山公园内涵丰富多彩、博大精深，兼有园林文化、植

① 周莉丽：《北京地区皇家园林的保护与利用——以景山公园为例》，中国林业科学研究院硕士学位论文，2013 年 7 月未刊本，第 39 页。

物文化、祭祀文化、官学文化、礼仪文化等多种。可以说，景山公园在中华传统文化传承中扮演着重要的角色，所以我们不仅要通过法律法规等方式保护景山公园的物质文化，更要充分发掘其所固有的非物质文化，比如举行祭祀祖先的仪式，以此弘扬中华孝道文化、礼仪文化。同时，举办古代教育礼仪，以此传承尊师重道的优良传统。另外，通过数字化的形式，恢复或者重现景山的发展历史，多角度、立体式展示历史场景，最大限度地传承、弘扬景山文化，并由此推动其所承载的中华传统文化精髓的传承与发展。

十二、万宁桥

万宁桥，因桥西南是金代万宁宫，桥随宫名，取“万年永宁，坚固不朽”之意。万宁桥又称后门桥、地安桥，坐落于北京城中轴线上，位于北京西城区地安门外大街。又因万宁桥在地安门之北，地安门为皇城的后门，因此称为后门桥。万宁桥始建于元世祖至元二十二年（1285），是一座闸桥合一的单孔石拱桥，明代曾改建过拱碹，清代也曾修复过。由于万宁桥连着什刹海，所以很多文人墨客在诗词中将其称为金水桥、官桥、响闸等。万宁桥至今已有700多年的历史，是北京城内最古老的桥，也是中轴线上的第一桥。万宁桥是北京市重点文物保护单位①。

（一）万宁桥的历史沿革

元朝在建设大都时，为了选择一条切线作为北京城的中轴线，于是选择了万宁桥。所以说，万宁桥也就是当时北京中轴线的起点。万宁桥建于元至元二十二年（1285），最初为木

① 对于万宁桥的历史、文化及相关情况，已经有学者做了一定的探讨，比如景萌：《大运河北京段古桥研究》，北京建筑大学硕士学位论文，2018年6月未刊本。

桥[①]，后来改为石拱桥，名为万宁桥，又称为海子桥、后门桥。

在明代，由于通惠河上游的引水工程废弃[②]，加上城市改造，这样通惠河通航船只只能到达北京东便门外的大通桥。这样一来，元代利用通惠河进行的漕河运粮基本上被陆运所取代。当然，从明朝永乐营建并迁都北京之后，有明一代，对通惠河的改造与治理进行了多次，并奠定了明清时期“五闸二坝”的整体格局，这些事迹见于成书于明代的《通惠河志》。由于宣德七年（1432）皇城东移，将通惠河圈入皇城内，这样外来船只就无法进入。到了正统三年（1438）五月，大通桥闸建成之后，就标志着通惠河新起点的开始。此后，城内河道日渐衰废。此后，虽然朝廷有大臣所赐提出了疏通通惠河，但因各种原因而失败。

清乾隆五十四年（1789），朝廷疏浚通惠河，使之一度在北京城又发挥了交通往来的功能。但是随着清末铁路的兴建，从光绪二十六年（1900）开始，南方漕运改用火车运输进入北

① 也有学者认为万宁桥最初为木桥的说法有误，参见孔庆普《北京古代桥梁》。该文说道：“《北京历史地图集》中记述，元代初建的海子桥为‘木桥’的说法有误，现存的万宁桥，其桥台和拱脚部位仍系元代原有构造。根据对万宁桥调查检定，从未发现元代曾建有木桥的痕迹。海子桥‘木桥’之说，有可能是石台木面桥。”（孔庆普：《北京古代桥梁》，载《北京古都历史文化讲座》，北京：北京燕山出版社，2009年版，第200页。）

② 元代著名水利专家郭守敬当年引北京昌平白浮泉作为通惠河和元大都的水源，为大都的运输、景观与生活用水提供了基本条件，这也为当时大运河能够通航至大都城内起到了关键作用。参见张剑葳：《白浮泉、都龙王庙与龙泉寺——京杭大运河通惠河段旧源的建筑与景观》，载于《第五届中国建筑史学国际研讨会会议论文集》，第560—589页。

京，这样一来通惠河逐渐遭到废弃，一度成为了排污河。

1924年，在修筑北新桥至太平仓电车轨道期间，将万宁桥的桥面横铺石板，改造为斜铺石板，并在两边增设了人行道。

20世纪50年代初，当时北京对“三海”（北海、中海、南海）、“四海”（积水潭、后海、什刹海、西小海）清淤。同时还疏通金水河、御河。相传在疏通御河之际，根据一些老年人的记忆，寻找万宁桥桥台有关“北京”及代表紫禁城子午线（中轴线）北头的痕迹，未果。

1953年，北京市政府决定将御河北段改造成暗沟，但并没有拆除万宁桥。1954年，御河北段改造暗沟的工程结束后，万宁桥的主体结构被掩埋于地下，仅仅存有桥两侧的栏板。1984年，万宁桥被确定为北京市重点文物保护单位。

1992年以后，在数位桥梁专家的呼吁下，终于在2000年，由文物局、水利局、市政局合作完成了“御河首段恢复工程”，万宁桥得以重见天日。有学者研究认为，到1950年，北京共有各种古代桥梁140多座，到了2000年北京存在的古代桥梁仅剩下20多座，其中万宁桥便属于剩下的原结构石拱桥之一。万宁桥也是大运河北京段现存八座古桥之一，它们分别是广源闸桥、高梁桥、德胜桥、银锭桥、万宁桥、东不压桥、永通桥、通运桥。其中除了广源闸桥，其余均为拱桥。①

① 参见景萌：《大运河北京段古桥研究》，北京建筑大学硕士学位论文，2018年6月未刊本，第29页。

（二）万宁桥承载的中华传统文化精髓

万宁桥作为大运河上现存的八座古桥之一，与东不压桥都位于玉河古道上。它是当时（1285）建造最早的古桥。万宁桥处在地安门北大街上，处在故宫的后门外，因此也被称为后门桥。它作为积水潭水流向玉河古道所经过的第一座桥，桥西头有澄清上闸，是闸桥合一的石拱桥。万宁桥坐落在地安门大街之上，这里是元明清时期与“前朝”对应的“后市”的重要组成部分。在当时，这里店铺云集、商货丰富，是全城最为繁华的商业区之一。万宁桥以西的什刹海更是文人雅士、商贾民众的游览之地。总之，万宁桥及其附近建筑，充分体现了朝廷以人为本、以民为本的思想。

1. 诗情画意，情景交融

元朝在建造大都的时候，不仅在大都城的设计上注重对自然风景的保护，其中就包括燕京八景，同时也在城内外新建了很多的风景名胜，比如在通惠河两岸便是如此。万宁桥作为当时通惠河和积水潭的交叉点，在这里形成了一种江南情韵，建筑与自然融为一体，成为了当时非常重要的景点。毕竟，万宁桥是元大都城内的漕运码头，“燕山三月风和柔，海子酒船如画楼”[①]就是对当时什刹海繁荣景象的描述。

可以说，从元明清以来，万宁桥在不同时期都影响非常大，加上它的附近景色秀丽，以至于历代的文人墨客留下了很

① ［元］王冕：《送人上燕》，［清］顾嗣立编：《元诗选二集》庚集《竹斋集》，北京：中华书局，1987年版，第939页。

多关于万宁桥的诗词，比如《蜕庵集》中记载的张翥诗作：

立马金河上，荷香出苑池。
石桥秋雨后，瑶海夕阳时。
深树栖鸦早，微波浴象迟。
烦襟一笑爽，正喜好风吹。[①]

这首诗不仅对万宁桥迷人景色作了描述，更是对当时大运河风景的一种高度赞美。全诗对当时石桥周围的荷花、夕阳、树木、乌鸦、微风等都做了唯美的刻画，展现了万宁桥的美景，体现了它情景合一、诗情画意的意境美。另外，还有许有壬的《蝶恋花》词作也这样说：

九陌千门新雨后，
细染浓薰满目春如绣，
恰信东君神妙手，
一霄绿遍官桥柳。[②]

这首词对雨后万宁桥周边的美景进行了赞美。万宁桥一处甚至成了当时文人墨客抒情、对酒的重要场所，如元人卢亘

① ［清］于敏中等：《日下旧闻考》卷五十四《城市・内城、北城》，北京：北京古籍出版社，1985年版，第871页。

② 唐圭璋：《全金元词》，北京：中华书局，1979年版，第976页。

《海子上即事》中说：

驰道尘香散玉珂，彤楼花暗弄云和。光风已转瀛洲草，细雨微添太液波。月榭管弦催曙发，水亭帘幕受寒多。少年易动伤春感，唤取青霞对酒歌。[①]

明人谢铎《过北海子因忆宾之相约不果》也说：

鸟外青山昨雨过，马头西望翠嵯峨。烟光平堕寒云起，秋色空明水汽多。歧路有情方坎坷，客心无赖益蹉跎。归来莫怪相期晚，不出从嗔奈尔何。[②]

从以上两首诗可以看出，由于万宁桥一带景色秀美，让人流连忘返，以至于当时的文人墨客将万宁桥作为约会、对酒酬唱的地方。《帝京岁时纪胜》云："帝京莲花盛处，内则太液池金海，外则城西北隅之积水潭，植莲极多，名莲花池……岸边柳槐垂荫，芳草为茵，都人结侣携觞，酌酒赏花，遍集其下。"[③]总之，元明清时期，有关万宁桥的佳作甚多，充分展现了它给不同时代的人们带来了深刻的记忆。

---

① ［明］刘侗、于奕正：《帝京景物略》卷一《城北内外》，北京：北京古籍出版社，1983 年版，第 20 页。

② ［明］刘侗，于奕正：《帝京景物略》卷一《城北内外》，北京：北京古籍出版社，1983 年版，第 20 页。

③ ［清］潘荣陛：《帝京岁时纪胜・六月》，北京：北京古籍出版社，1981 年版，第 25 页。

万宁桥作为当时北京中轴线的第一桥，也充分体现了北京城设计理念中情景交融、人物合一的理念，对此如有学者所言：

什刹海海子桥附近水面邻近内城中分线，其南水面大体与城内中轴线并行，可以说水面之主体基本位于城内东西之间中部偏西。这样水面和前述的中轴线及中轴线上主要建筑紫禁城、万岁山、海子桥、鼓楼和钟楼等就形成了相辅相成之势，共同成为内城平面构图的中心。因而在都城传统的中轴线布局之西，又增加了一条水面辅轴。使中轴线的凝重、稳定和庄严，寓于秀水温柔敦厚氛围的衬托之中。从而拓宽了内城中部空间组织的控制要素，丰富了内城中心的景观艺术，达到了“天人合一”、情景交融的美学意境。[①]

万宁桥作为积水潭、通惠河的交叉点，且位于中轴线之上，充分显现了它在北京城建筑中的重要存在，更是展现了它本身所具有的诗情画意、情景交融的一面。也正是因为万宁桥的存在，让故宫变得更加富有魅力。不仅如此，与万宁桥相连的什刹海更是自古以来的公共园林，古代文人墨客多以文会友、赋诗咏叹，如常伦《经海子》：“积水明人眼，蒹葭十里秋。西风摇雉堞，晴曰丽妆楼。柳径斜通马，荷丛暗渡舟。东

① 孟凡人：《明朝都城》，南京：南京出版社，2013年版，第189页。

邻如可问，早晚卜清幽。”[①]等等。关于什刹海优美景色的诗画作品很多，这些都表明在古代什刹海是一个天然如画的风景区，对于当时人们日常生活、精神世界都有极为重要的陶冶意义。可以说，万宁桥及什刹海的存在，对于当时北京城市公共空间的塑造以及人们生活状态都有极大的改善作用。

总体来看，万宁桥作为当时重要的码头，也是基于码头所形成的开放性的园林，极大地方便了民众在这里休闲娱乐，满足了他们在精神上的需求。这在一定程度上，万宁桥的存在缓解了当时蒙古族统治中原所带来的民族紧张关系。进而言之，万宁桥及什刹海作为北京中轴线上的重要组成部分，与其他中轴线上的重要建筑形成了一个有机整体，从而极大地丰富了当时北京城的内容、形式及意境，因此成为中国古代园林建筑史上的杰作。

2. 与民同乐，以民为本

在元代，万宁桥作为海子边上的码头，更是元大都城物资供给的重要网点，一直受到朝廷的重视。元朝开通了通惠河之后，漕运船只可以一路经由通惠河直达元大都，由此满足了元大都的漕粮供应，这自然为当时元朝统治全国提供了坚实的物质基础，为元朝的强大提供了重要的后勤保障。

通惠河的开凿及万宁桥的建成，极大地纾解了百姓的负担。根据史书记载，当时通惠河开凿之前，朝廷为了给大都供应粮食可谓劳民伤财，对此《元史·郭守敬传》记载称：“先

---

① ［清］于敏中等：《日下旧闻考》卷五十四《内城、北城》，北京：北京古籍出版社，1985 年版，第 881 页。

是，通州至大都，陆运官粮，岁若千万石，方秋霖雨，驴畜死者不可胜计，至是皆罢之。”[①] 从这可以看出，通惠河开凿及万宁桥建设之前，每到秋季，朝廷为了供应大都的粮食，当时负责运输的驴子死了不计其数，老百姓也是疲惫不堪。所以，当通惠河及万宁桥建设之后，忽必烈亲自赐名“通惠”，顾名思义就是官民都一并受惠；万宁桥，顾名思义也是一切安宁之意。

可以说，万宁桥作为当时运河北端的重要码头，南方的粮食、商货经由大运河源源不断地运到元大都，极大地丰富了元大都君民的生活需要。万宁桥作为商货码头，自然在元大都经济繁盛方面扮演着至关重要的角色，对此如有学者总结所言：

> 大都城人烟稠密，经济繁荣，百货汇聚，市集四布。商业闹市在城内中心钟、鼓楼周围，有绸缎市、皮帽市、珠子市、鹅鸭市、舒噜市（珠宝金银市）、铁器市、米市、面市等。钟、鼓楼西积水潭，是繁忙的运河码头，南来船只停泊，岸旁有阁楼酒肆。[②]

万宁桥作为当时大都城内重要的商业点，不仅由于漕运而使得这里成为了商品百货的集散地，围绕着万宁桥形成了繁

---

① ［明］宋濂等：《元史》卷一百六十四《郭守敬传》，北京：中华书局，1976 年版，第 3852 页。

② 丁守和，劳允兴：《北京文化综览》，北京：北京师范学院出版社，1990 年版，第 32 页。

荣的商业带，当时朝廷内外所需要的绸缎、珍珠、皮货，甚至是日常用的铁器、米面、鸡鸭鱼鹅等也在这里有丰富的供给，积水潭一带成为元大都最发达的商业区，这些都充分体现了元廷治国所具有的民本思想。

正是由于积水潭、什刹海一带漕运及经济的发达，自然也为这一带当时君民休闲娱乐提供了重要的物质保障。对此正如有学者所分析的：

> 什刹海成为北京内城最大一处，也是唯一的一块对市民开放的水域，几百年来，什刹海地区已经成为上至皇亲国戚，下至黎民百姓心中共同的乐园，而且什刹海地区作为内城城市山林最具代表性的一处景点，不仅能够看市井，站在银锭桥上还能远观山水，因此，被誉为“北京城中视廊之冠”。什刹海地区逐渐发展并形成了承载丰富城市生活和民俗活动的公共园林，是集风景、民俗、游乐、购物于一体的重要场所。绿化建设也在历史中不断积淀下来，形成了今天优美的城市环境。①

什刹海本来是高粱河的故道，这里的景色优美，因其盛产白莲，故被称为白莲潭。到了金代，白莲潭主要是用来灌溉百姓农田；另外，由于这里景色优美，金朝在于金大定十九年（1179）在其附近兴建了太宁宫。在元代，白莲潭改为积水潭，又称海子，朝廷对积水潭进行了多次的整修，新建了一系列的

① 王丹丹：《北京公共园林的发展与演变历程研究》，北京林业大学博士学位论文，2012 年 6 月未刊本，第 92 页。

治水工程，其中自然就包括万宁桥。随着积水潭与通惠河上闸桥包括万宁桥设施的完善，万宁桥作为大运河的终点与重要码头，南方的粮食、货物等源源不断地运到这里。

尽管在明代，什刹海一带漕运已经衰落，万宁桥附近也成为了非常寂静的地区，但是万宁桥、什刹海一带聚集了大量的府邸、园林、寺庙等，加上自然风景、人文景观宜人，由此成为北京城非常重要的公共游览的场所，其文化功能又进一步凸显。《帝京景物略》记载：

沿水而刹者、墅者、亭者，因水也，水亦因之。梵各钟磬，亭墅各声歌，而致乃在遥见遥闻，隔水相赏。立净业寺门，目存水南。坐太师圃、晾马厂、镜园、莲花庵、刘茂才园，目存水北。东望之，方园也，宜夕。西望之，漫园、湜园、杨园、王园也，望西山，宜朝。深深之太平庵、虾菜亭、莲花社，远远之金刚寺、兴德寺，或辞众眺，或谢群游亦。[①]

在明代，与万宁桥相连的积水潭一带，寺院、别墅、亭台楼阁遍布，这里人员汇集，儒释道并存，加上自然景色怡然，极大地满足了人们的生活精神需求，以至于到了明代这里呈现出一派繁华景象。到了清代，什刹海一带依然是茶棚满座，戏馆林立，各类小商贩也云集于此，这里也是百姓的乐园。即使在今天，什刹海附近依然是首都居民特别喜爱的公共

① ［明］刘侗、于奕正：《帝京景物略》卷一《城北内外》，北京：北京古籍出版社，1983 年版，第 19 页。

园区之一。

总之，万宁桥作为当时大运河的北端码头，成为元大都商货、粮食等的物资集散地，能极大地满足的大都城内朝廷、民众的日常生活需求，由此实现了以人为本、以民为本的治国理念。随着万宁桥附近商货的集散，这里也成为全城甚至是北方的重要商贸中心，极大地丰富满足了更多民众的生活需求。另外，这里的民俗活动也非常丰富，如每年的花灯会、城隍出巡、火神诞辰盛会、盂兰盆会等等一应俱全，不能不说，这些都充分体现了民生社会的繁盛与发达。

3. 勤劳智慧，独具匠心

北京城的历史沿革与本地的水系有着密切的关系，到了金元明清时期，北京城作为首都，经过多年的治理，其水系格局基本形成。在元代，为了保障北京城的物资供给，通过开凿运河、疏通通惠河、开通金水河等疏通水道的举措，使得元代的漕运非常发达，从而形成了积水潭、万宁桥一带“船舶蔽水”的繁忙景象。

万宁桥作为北京漕运的重要码头，充分体现了当时设计者、建筑师及劳动人民的勤劳与智慧。在元代营建大都，当时的粮食主要依靠江南。为了缓解运输压力，所以在郭居敬的主张与具体实施下，从北京北部的昌平山区引白浮泉水开浚通惠河，对此《析津志》记载云：“白浮泉，源出（昌平）县东神山，流经本县东，入双塔河，为通惠、坝河之源。”[①] 郭守敬

① ［清］缪荃孙辑：《顺天府志》（永乐大典本），北京：北京大学出版社，1983 年版，第 397 页。

在元世祖忽必烈的大力支持下，通惠河工程历经一年于至元三十年（1293）竣工，这样大运河就从通州直接连接到了大都城内。万宁桥就位于大运河最北边的闸口，进入北京皇城的漕运船只都要停留在这里。万宁桥作为闸桥合一的石拱桥，在建设之初，之所以设置船闸，是因为北京段的大运河所经历的地势起伏较大，只有设置水闸才能解决漕运船只的顺利通行，这也是郭守敬的创举。对此《元史》就记载说："每十里一置闸，比至通州凡为闸七。距闸里许，上重置斗门。互为提阏，以过舟止水。"①

万宁桥当年作为重要的交通与水利设施，在桥下有水闸，被称为澄清闸，因此有"响闸"的称呼，万宁桥是当时通惠河上的重要码头。明代《漕运通志》中《卷之十·漕文略·中书右丞相领治都水监政绩碑记》中记载："……是为通惠河。置闸二十有四，跨诸闸之上，通京师内外，经行之道置桥百五十有六。"②这一记载说明了元代通惠河上桥梁的数量，其中万宁桥是当时二十四闸桥之一。在元代，漕运船只顺着通惠河一路北上，经过万宁桥进入了积水潭码头，万宁桥自然也成了当时非常繁忙的客运点。

可以说，万宁桥在当时不仅是重要的漕运码头，也是十分重要的商贸物品的集散地。由于万宁桥是闸桥合一的石拱

---

① ［明］宋濂等：《元史》卷一百六十四《郭守敬传》，北京：中华书局，1976年版，第3852页。

② ［明］杨宏：《漕运通志》卷十《漕文略》，嘉靖七年（1528）杨宏刻本。

桥，所以为了服务于当时的漕运与客流，负责闸板开关的人们也非常繁忙，对此《析津志辑佚》有一首诗就专门描述了这样的情景：

六丁竭力用工夫，不用长虹枕海隅。
石齿冷涵云迹润，树头寒挂月轮孤。
嘶风宝马踏晴雪，出蛰苍龙戏贝珠。
伫立细看今日事，临邛未遂马相如。①

这里的“六丁”，就是专门负责桥闸的劳工，他们在桥头不论白天黑夜都在忙着开闸、关闸，以方便上下游的船只通过，由此可见当时万宁桥一带繁忙的商贸景象。码头工人的辛勤劳动，充分体现了中国古人的勤劳担当，为元代大都的经济发展提供了重要的保障。

4. 敬畏自然，人文荟萃

万宁桥是元明清时期大运河建设中的杰作之一，也是当时北京城市规划建设的必然选择，由此推动了北京城市经济与社会的繁荣昌盛。在这里，万宁桥不仅见证了当时的社会经济发展，更是见证了数百年来人们的信仰与观念，比如在万宁桥附近的寺院、道观、神庙，甚至是万宁桥闸的镇水兽等，这些都体现了古人的观念，表现为古人务实的多元并存的信仰体系。

① ［元］熊梦祥著，北京图书馆善本组辑佚：《析津志辑佚》，北京：北京古籍出版社，1983年版，第116页。

万宁桥作为闸桥的典范，它的建设也集中体现了古人敬畏自然、天人合一的理念。其中，万宁桥上的镇水兽就值得一提，这也是古人智慧、独具匠心的集中体现。镇水兽是古代建筑文化的集中体现。自古至今出现了很多镇水兽，如都江堰犀牛，《蜀王本纪》记载："江水为害，蜀守李冰做石犀五枚。二枚在府中，一枚在市桥下，二枚在水中。"[①] 在山西永济市的黄河古渡口发现的四头黄河铁牛，还有清朝在荆江也曾仿制镇水铁牛一尊，等等。万宁桥的镇水兽也是古人敬畏自然、改造自然、天人合一等观念的集中体现。另外，在万宁桥的北侧有一座火神庙也体现了古人的信仰。这个火神庙建于唐代，距今1400多年历史，应该说先有火神庙，后有北京城，古代什刹海"九庵一庙"就指的这座庙。

另外，离万宁桥不远的什刹海周围也都林立着不少的寺观，比如法华寺（今汇通祠）、瑞应寺、什刹海寺、智光寺（后改净业寺）、广福观、拈花寺等。尽管在民国时期，什刹海周围的寺观有些荒废，但是也依然是民众休闲嬉戏之地，如《故都变迁记略》中所说的："什刹前海，万柳沿堤，风景绝胜，昔为夏日游客载酒嬉游之地。今寺宇虽存，赁为民居。"[②]

万宁桥所在的什刹海附近，这里所出现的各种信仰，实际上也是当时皇家信仰文化的体现。在元代，很多达官贵人、

---

① ［清］严可均校辑：《全上古三代秦汉三国六朝文·全汉文》卷五十三《扬雄》，北京：中华书局，1958年影印版，第415页上。

② 余棨昌：《故都变迁记略》，北京：北京燕山出版社，2000年版，第80页。

商贾名流在这里聚集，当时人的信仰既有传统的儒学，也有道教，更有非常流行的佛教。随着大运河的通航，这里的宗教寺院也得到了商贾、游客的重视。到了明代，这里的道观、佛寺进一步得到了发展，比如当时的火德真君庙升为皇家道观，并修建千佛寺（拈花寺）等。到了清代，什刹海周围住的都是满清贵族，并出现了一批王府建筑，信仰文化异常繁盛。

实际上，什刹海地区的宗教信仰文化由来已久，在隋唐时期便出现了寺院道观、庙宇等，根据《春明梦余录》记载，地安门一带有隋代建成的白马关帝庙。另外，《天府广记》记载，还有建于唐贞观年间的火德真君庙。什刹海附近汇集了各种信仰，其中佛教、道教居多。元代，在这里曾建有崇国寺（今护国寺）、广化寺、保安寺等，明清时期佛道寺观更是兴盛，建设了如法华寺（今汇通祠）、瑞应寺、广福观、正觉寺、普济寺、拈花寺等。“什刹海”一名也因为这一带寺观众多而得名。不能不说，元明清时期，这里宗教文化兴盛，充分体现了当时人们多元并存的信仰体系。

更为主要的是，万宁桥附近也是文人墨客光顾的地方，元明清时期，读书人喜欢在这里以文会友，如元朝的赵孟頫、王冕等人都曾在这里聚集切磋。另外，当时的读书人，由于这里景色秀丽、风景如画，来这里或者聚会赏景，或者吟诗作赋，比如明朝的“公安三袁”、米万钟等。在当时，大量的文人在这里居住，由此丰富了万宁桥、什刹海一带的文化内涵。

总之，万宁桥作为当时大运河北端的起点，更是作为北京城内交通、漕运的重要节点，得到了元明清时期朝廷的高度重视，在这里由于自然景色秀丽、人文环境良好、佛道兴盛，以至于君臣百姓多在这里游乐嬉戏、拜神祈福，且有文人墨客在这里吟诗作赋、品茶切磋，这些都充分展示了古人精神世界的丰富与自在。

（三）万宁桥的现代价值及其保护

万宁桥作为北京中轴线北端的重要节点，更是大运河最北端的起点。这里曾经人文荟萃、商贸繁荣，集中展现了盛世繁华。尽管近代以来，万宁桥日渐衰落，但是它作为历史文化遗产的地位十分重要。所以，如何保护、开发万宁桥至今依然十分重要。

1. 万宁桥是大运河的最北起点

中国的大运河于 2014 年 6 月 22 日正式被联合国教科文组织列入世界文化遗产名录，成为中国第 46 个世界遗产项目。万宁桥作为京杭大运河在北京最北端的起点，是大运河遗产的重要组成部分。对此正如有的学者所说的：

大运河遗产的构成要素按照与运河工程性相关程度可分为水利工程遗产和水利工程相关遗产，而古桥作为大运河水利工程遗产的构成要素之一，不仅是我国古代先进的建筑技术成就的缩影，更是大运河文化的物质载体，大运河上的古桥作为运河上的活态遗产，不仅在漕运时期对中国经济、文化发展起到了推动作用，而且在日新月异的今天，同样与城市发展及人们的日常生活保持着密切的联系。[①]

从这我们可以看出，万宁桥作为大运河遗产的重要组成部分，具有十分重要的存在意义。这种意义不仅体现在社会经济、建筑技术层面，也是大运河文化的物质载体。

另外，万宁桥及其连接的什刹海、积水潭随着北京城建设的需要，由最初的自然经济功能转向为了政治文化功能。它的存在不仅满足了当时元大都的经济社会发展，更是作为大运河北端的码头，丰富了元大都及北方经济社会的内涵。尽管从明清以后，万宁桥失去了传统意义上的经济功能。但是，与之相连的什刹海的社会文化功能进一步凸显，直到今天依然是北京市非常重要的旅游文化、休闲娱乐的重要园区。基于以上的种种考虑，我们在定位万宁桥及什刹海的价值与意义之际，就应该充分考虑到它的历史价值、自然条件、城市空间、公共园林、政治文化等诸多方面的意义。

2. 未来发展中传统与现代的有机融合

地安门作为明清时期北京皇城的北门，也叫北安门、后门等。地安门再往北便是万宁桥，这里曾是明清时期非常繁忙的地域。在清代，从景山后街到万宁桥，统称为地安门大街，万宁桥以北称为鼓楼大街。民国时期，街道名称沿用清代。新中国成立之后，以地安门为分界点，以南为地安门内大街、以北为地安门外大街。另外，还有地安门西大街、地安门东大街等。

① 景萌：《大运河北京段古桥研究》，北京建筑大学硕士学位论文，2018 年 4 月未刊本，第 1 页。

地安门作为北京旧城中历史悠久的“东单、西四、鼓楼前”三大传统的繁荣商业区域之一，《天咫偶闻》记载说这里“每日中为市，攘往熙来，无物不有”。[①]在清末，有宫人将皇宫古董私自从靠近地安门一带的神武门运出贩卖，由此带动了地安门大街一带古董字画为主的古玩市场的兴盛。另外，与地安门大街临近的什刹海一带，作为著名的景点，也是游人如织。总之，地安门大街、什刹海及万宁桥一带历史遗迹众多、商业繁荣，即使在今天，这里依然遍布了众多的历史文化遗迹、百货店铺，以及潮水一般的游客。

由于地安门、什刹海、万宁桥是一个有机的整体，这里的历史遗产、文化旅游景点也得到了政府的重视及开发，比如与地安门相临近的南锣鼓巷已经被开发改造成了一条商业街。这里所分布的如齐白石、吴良镛、茅盾等名人曾住过的四合院也得到了有效地保护。不过，地安门、什刹海、万宁桥一带传统历史文化遗产与现代社会发展的有机融合，比如新建的商业楼、仿古建筑、地标建筑等与传统历史文化遗产能否在规制、样式、尺寸、色彩、装修等各方面保持协调一致，这些始终备受社会各界的关注[②]。如有学者研究后认为，万宁桥附近的地安

① ［清］震钧:《天咫偶闻》卷四《北城》，北京：北京古籍出版社，1982年版，第83页。

② 对此有学者做了一些研究，比如杨琴:《北京传统中轴线“一轴九门”与地安门建筑的数字化复原研究》，北京建筑大学硕士学位论文，2013年6月未刊本，第59—82页。刘保山:《北京传统中轴线文化景观保护管理研究》，北京建筑大学硕士学位论文，2015年6月未刊本，第23—24页。

门大街也是中轴线附近的重要区域所在，这里的建设存在着很多的仿古建筑，由于缺乏统一的规划布局，也存在着一些问题，比如地安门大街商业店铺建筑及店铺广告系统的色彩存在着不协调的因素：

> 地安门外大街是旧城传统中轴线北段，向北望去是中轴线北段截点钟鼓楼，南面连接地安门内大街，是旧城传统中轴线保护控制区域街道系统中商业店铺比较密集的区域和交通要道。建筑形式多为保护类的仿古建筑，色彩相对统一，建筑的主体色多为复合灰，点缀色如店铺广告系统的色彩存在不协调因素。[①]

尽管店铺广告系统的色彩体现了个性化，但是这与地安门外大街仿古建筑的整体色调不是很协调，所以对相关建筑的色彩调整就显得至关重要，从而进一步凸显其价值与文化内涵。总之，未来围绕着万宁桥的地安门大街、什刹海、鼓楼大街等历史文化遗产，如何实现传统与现代的有机融合，既能展示中华传统文化的优势、特色，又能最大限度实现其价值，这也是规划、发展时所要考虑的问题。

---

① 单晓燕：《北京旧城传统中轴线保护和控制区域色彩控制研究》，北京建筑大学硕士学位论文，2014 年 6 月未刊本，第 106 页。

小结

万宁桥作为北京重要的历史文化遗产，也是研究北京漕运的重要文物，自古及今都受到了高度重视。万宁桥作为北京城兴衰的历史见证，是北京历史文化的重要承载者。另外，京杭大运河的存在为当时江南民众北上进入北京提供了便利。可以说，大运河是当时沟通南北文化的重要路径。而万宁桥作为大运河的一部分，自然也扮演着至关重要的角色。换言之，万宁桥是北京城发展的重要保障。

另外，万宁桥及其周围所形成的开放性的景区，在当时不仅满足了朝廷本身的物资供需要求，更是以其绝佳的风景，满足了民众的精神需求。可以说，当时的万宁桥及附属景点所形成的文化遗产，实际上具有开放性、公众性及人民性等特征，而非统治阶层所固有。这种开放性、人民性，也充分体现了万宁桥所展现的君民一体、天下一家的治国理念。随着新时代社会经济的飞速发展，万宁桥作为历史文化遗产也得到了高度重视，并通过各种方式传承、弘扬着中华传统文化，为北京城及中华民族的腾飞做出了卓越的贡献。

十三、鼓楼、钟楼

北京鼓楼、钟楼，又称钟鼓楼，位于北京称南北中轴线的最北端，是元明清三代都城报时的中心。钟鼓作为中国古代钟鼓楼历史上的集大成之作，气势雄伟，巍峨壮观，集中体现了中华民族劳动人民的智慧与力量，是元明清时期北京城的标志性建筑之一，也是北京中轴线上的核心建筑之一。1996 年，钟鼓楼被列为全国重点文物保护单位。

钟鼓楼是元明清时期非常重要的建筑，刘心武在其小说《钟鼓楼》中就将钟鼓楼比作元明清时期北京城的心脏，“对于这座古老城市所经过的漫长历史，天安门自然是它尊贵的面孔，而钟鼓楼却是它朴素的心脏。怦然心动的钟鼓楼啊，日积月累地撞击着元明清三代北京城里帝王将相及平民百姓的集体记忆。”《钟鼓楼》是当代著名作家刘心武的第一部长篇小说，写的就是钟鼓楼附近的故事，并由此获得了茅盾文学奖。

（一）鼓楼、钟楼的历史沿革

北京钟鼓楼始建于元代至元九年（1272），原名“齐政楼”（取齐金、木、水、火、土、日、月七政之义），后毁于战火。元成宗大德元年（1297）重建，随后又毁于战火。

明永乐十八年（1420），朝廷再次重建钟鼓楼，但随后遭雷击而焚毁。明嘉靖十八年（1539）第三次重建。明朝的鼓楼在元大都钟楼的原址向东挪动了近百米——与整个宫殿区的轴线相匹配，再次形成明清北京城中央轴线的终点。后被焚毁。

清乾隆十年（1745）重建，两年后竣工。

1984年到1986年，国家对钟鼓楼进行大规模修缮。

（二）鼓楼、钟楼承载的中华传统文化精髓

钟鼓楼是钟楼、鼓楼的合称，是中国古代用于报时的建筑。钟鼓楼有两种，一种建于宫廷内，一种建于城市中心地带，多为两层建筑。宫廷中的钟鼓楼始于隋代，止于明代。元、明时期钟楼、鼓楼相对而建，专供佛事之用。从元代开始，钟鼓楼及向南的地安门一带是当时北京城商业贸易的重要地带，这一带不仅自然景色优美、商贸发达，也是当时民俗文化集中的地方。总之，钟鼓楼作为北京中轴线重要的组成部分，集中体现了元明清时期的中华传统文化精髓，反映了当时天人合一、以人为本、以礼治国、以仁兴邦等文化理念。

1. 晨钟暮鼓，天人合一

钟鼓楼初建于元至元九年（1272）。鼓楼在当时称为“齐政楼”，“齐政”出自《尚书·舜典》：“在璇玑玉衡，以齐七政。”[①]《尚书大传》解释七政为：春、夏、秋、冬、天文、地

---

① ［汉］孔安国传，［唐］孔颖达疏：《尚书正义》卷三《舜典》，北京：北京大学出版社，2000年版，第64页。

理，人道。从这可以看出，当时的钟鼓楼不仅仅为了报时，也是基于天道、四时对人事的一种关照与执行，由此展现了古人天人观、天人合一的思想，有学者就这样说道：

钟鼓楼分为钟楼和鼓楼，也是明代建造的，用来报时，古人有“晨钟暮鼓”的说法。钟鼓楼的地位十分重要。它的存在不仅决定了人们日常生活的时间标尺，而且表示着世上的凡人与天上的仙界之间的交流沟通。①

钟鼓之所以与天道有关，一方面制作钟鼓的材料源于大自然，另一方面钟鼓之声也是对大自然声音的模拟，体现了古人对自然的尊崇与敬畏。钟鼓之声的鸣响，展现了人与自然的交融与和谐。

钟最早是打击乐器，是对自然界击打声音的模拟。相对于鼓来说，钟在古代通过大小、有序的编钟来展现，以此来体现天地之中的和谐秩序。鼓的声音最早源于雷声。早期的鼓，主要是用于祭祀，鼓面刻有日月星辰，鼓身为大地，上面刻有飞禽走兽。鼓声响起，蕴含着万物在天地的呼唤下苏醒，从此世界有了生机而热闹起来。可以说，鼓蕴含着生命力。正因为如此，鼓楼的建筑与设施充分体现了古人奉天法地的思想，比如在鼓楼之上原有象征二十四节气的 24 面大鼓。

不仅如此，在钟鼓楼对四季、月、日、时的测算与把握，

① 王岗：《“北京中轴线”的文化魅力》，《北京日报》，2017 年 2 月 27 日，第 19 版，第 1 页。

主要通过了精密仪器来呈现，也体现了古人天人合一的思想，比如在元代钟楼之上曾经陈列着郭守敬主持制作的计时器——莲花漏。另外，钟鼓楼的晨钟暮鼓也是对当时颁行的《授时历》的一种践行，等等。钟鼓楼对天象、四时的测算，都充分体现了古人对大自然规律的遵循，对天道的重视，以及对天人合一理念的践行。不仅如此，当时的鼓楼西大街也是佛寺道观林立之地，如有万寿弥陀寺、寿明寺、瑞应寺、广仁寺、真武庙等多所，这些都展现了古人的精神信仰世界。

钟鼓楼晨钟暮鼓、天人合一理念不仅仅体现为对四时、节气的重视，这也体现了日出而作、日落而息、与时偕行等思想。在元明清时期，钟鼓楼一带由于自然景色怡人，也是当时人们休闲娱乐的中央场所，更是当时的商业物资交流场地，如《析津志辑佚》就记载说道：

齐政楼，都城之丽谯也。东，中心阁。大街东去即都府治所。南，海子桥、澄清闸。西，斜街过凤池坊。北，钟楼。此楼正居都城之中。楼下三门。楼之东南转角街市，俱是针铺。西斜街临海子，率多歌台酒馆。有望湖亭，昔日皆贵官游赏之地。楼之左右俱有果木、饼面、柴炭器用之属。[①]

在当时钟鼓楼的周围，既有美丽的自然风景，民众们都在这里欣赏美景、饮酒作乐，也有商货物品在这里汇集，一派

① ［元］熊梦祥著，北京图书馆善本组辑：《析津志辑佚》，北京：北京古籍出版社，1983 年版，第 108 页。

盛世繁忙景象。这种晨钟暮鼓、自然风景、人文环境与经济社会的有机融合，充分展现了天人合一的文化精髓。

总之，钟鼓楼作为古人沟通天人的重要媒介，更是展现天人合一的重要场所，集中体现了古人推天道以明人事的政治理念。古人对于天道非常重视，通过对天道的考察、测算，并通过晨钟暮鼓的形式，让人们尊重自然、敬畏自然，从而达到替天行道、天下大治的结果。更为主要的是，正是由于统治阶层通过这种天人沟通的方式，造就了钟鼓楼附近及北京城的社会经济繁荣、民众的安居乐业，由此进一步体现了天人和谐的文化精神理念。

2. 钟鼓礼乐，政通人和

钟鼓在古代是礼乐的象征，在《诗经·关雎》中就有“窈窕淑女，钟鼓乐之”的诗句，体现了古人对钟鼓礼乐的重视。钟鼓作为礼乐的象征，一般也被用于祭祀，而祭祀又是古代社会的重要大事，如《左传》所言“国之大事，在祀与戎”。钟鼓作为礼器，可以说是古代政治最为重要的象征之一。

正因为如此，历朝历代的统治者通过铸造不同的钟鼓礼器，来展示其权力与地位。如秦始皇统一中国之后，曾铸造了六口象征王权的大朝钟。当百官进行朝拜的时候，朝钟就被敲响，以此展现皇帝至高无上的权威。在元代，钟鼓楼是当时北京城地理位置的中心所在，如《马可波罗行纪》曾提到元大都内的钟楼：“城之中央有一极大宫殿，中悬大钟一口，夜间若鸣钟三下，则禁止人行。”[1]这种大钟一鸣的做法，实际上也体现了大一统王权的至高无上。

通过巨钟及钟声来展现皇权，在明代也有体现。在中国历代帝王所铸造的钟中，以明成祖朱棣于永乐十九年（1421）主持铸造的永乐大钟最为有名。大钟之上刻满佛经，以此象征着佛祖宣讲佛法，更是诠释着永乐皇帝至高无上的权威。不仅如此，明永乐十八年（1420），在当时中轴线之上，修建了钟鼓楼，不仅作为全城的报时中心，更是象征着皇权至上、天下一统的意味，如有学者所言：

明北京城的建设不仅继承了元大都城的规划建设中轴线，而且在表现手法上更显得灵活。譬如，在紫禁城之后（即北面），用拆毁故宫的房渣土和挖掘筒子河的渣土，在元延春阁的故址上堆起了一座高40多米的土山。这座在中国风水理论上的所谓“镇山”，与奉天门（即今太和门）前的内金水河形成“背山面水”的格局，命名为“万岁山”，即景山。“万岁山”异峰突起于北京小平原上，成为京城之中极为鲜明的标志。与此同时，又将原位于大都城北城中分线（今旧鼓楼大街）南的钟、鼓二楼，移到“万岁山”的北面，作为京城中轴线的结束。钟、鼓二楼原是京城的报时中心，自然也是全国的“标准时间”，从而也就更加突出帝王之上，“大明江山，一统天下”的

① ［法］沙海昂注，冯承钧译：《马可波罗行纪》，北京：商务印书馆，2012年版，第190页。

政治涵义。[①]

可以说，明代更加注重钟鼓的礼乐及权力象征意义，随即于中轴线之上建设了钟鼓楼，一方面满足当时全城的报时需要，另一方面更是展现了皇权至上的思想。可以说，钟鼓楼作为明代北京城中轴线发展的重要体现及内容，集中体现了中轴线所具有的皇权思想，更是体现了它的大一统理念，也体现了朝廷大宗正统、中正不二的政治地位。

实际上，元朝建设钟鼓楼之际，钟鼓楼所选择的位置就位于当时整个城市的“中心”。据元人熊梦祥《析津志》的记载，在鼓楼东边建有一个中心阁、中心阁以西 45 步又建有一座中心台。中心台占地一亩，四周有围墙，正中有石碑，碑文标注为“中心之台”，这就是“大都城东南西北四方之中也”。这样一来，钟鼓楼就围绕着中心台而建设，由此成为了全城的中心。钟鼓楼位于全城中心，也象征着皇权借此天道来发号施令，以此规范黎民百姓的作息起止。

可以说，元明清三朝作为中国古代帝制社会发展的后期，它们推崇以礼治国，整个社会和谐有序，钟鼓楼的建设自然也是当时社会治理的思想体现，每逢黄昏、清晨之际，都会有浑厚悠远的钟声响起，这个时候君臣百官、黎民百姓都随着钟声而作息。尽管清朝结束之后，钟鼓楼也完成了“以时出治，声与政通”的历史使命，但是作为北京城历史文化的重要标志而

① 朱祖希：《北京城中轴线的文化渊源》，《北京观察》，2011 年第 4 期，第 60 页。

被保存下来，它们气势雄浑的身姿好像依然向人们昭示着元明清时期天下一统、以礼治国、政通人和的盛世景象。

正因为钟鼓楼是元明清时期政治文化的重要象征，所以在 1925 年，当时的北京市长薛笃弼将钟鼓楼辟为“京兆通俗教育馆”，开创了北京历史上民俗教育的先河。不仅如此，薛笃弼为了让国民铭记当时八国联军侵占北京的国耻，一度将鼓楼更名为“明耻楼”，并展出国耻照片及相关实物，至今在那里还保存着一面被八国联军刺破的大鼓。后来，鼓楼被改为了“第一民众教育馆”，这些都充分体现了钟鼓楼的政治文化意义。

3. 以民为本，以仁兴邦

钟楼、鼓楼在北京建设过程中被作为城市的中心而建造，是中轴线北端的终点，这种建造理念也是对中国古代城市建设思想的继承与发展。当然，钟鼓楼在古代某种意义上也是礼乐文化、治国思想的一种体现，正如孔子所言：“礼云礼云，玉帛云乎哉？乐云乐云，钟鼓云乎哉？”[①] 就是说，钟鼓代表的礼乐传统与治国思想，不能仅仅体现为礼乐、礼仪等形式，而且要注重推行仁政，重视礼乐治国的内涵——以德治国、以仁兴邦。孔子以德治国思想对中国古代治国理念影响非常深远，这在元明清时期北京中轴线及北京城建设中都有所体现，元明清三朝的治国理政方面也有展现。

可以说，钟鼓楼原名齐政楼便是要效法天道、治国理政

---

① ［魏］何晏注，［宋］邢昺疏：《论语注疏》卷十七《阳货》，北京：北京大学出版社，2000 年版，第 271 页。

之意。在元大都时期，钟鼓楼地区是北京城市的中心所在，是当时最繁华的商业地带。清人震钧《天咫偶闻》记载："地安外大街最为骈阗北至鼓楼凡二里余，每日中为市，攘往熙来，无物不有。"[①] 但到了明清时期，北京城的中心为景山一带。虽然如此，钟鼓楼一带的商业依然繁盛不衰。所以，从元代开始，在鼓楼一带形成了鼓楼商业街区，历经了明清、民国以至于今 700 多年，这是北京现存最长久的商业街：

至元二十四年（1287 年），元大都筑城工程告成。6 年后，至元三十年（1293 年）秋，通惠河工程竣工，江南漕船可直达大都城内积水潭。这时的"鼓楼商业街区"，才体现出"朝后市（大都城中心市场）+ 海子 + 漕运终点"的格局，成为一个有远山近水、风光绮丽的运河港口型城市商业中心。所以，"朝后市"鼓楼商业街区的形成，若以某一年份来确定，至元三十年（1293 年）较为妥当。至今（2018 年）745 年。[②]

在元大都建设之际，便已经在鼓楼一带设置了基于漕运的商业区，在这里不仅风景秀丽、交通便利，商品丰富，据《析津志》记载："（鼓）楼之左右，俱有果木、饼面、柴炭、

① ［清］震钧：《天咫偶闻》，北京：北京古籍出版社，1982 年版，第 83 页。

② 袁家方：《朝后市——鼓楼》，《时代经贸》，2018 年 10 月，第 77 页。

器用之属。”[1]钟鼓楼一带由此形成了北京城内非常繁华的商业地带，这也充分体现了当时朝廷对民生、社会发展的重视。可以说，鼓楼商业街区的形成，直接反映了当时以民为本、以仁兴邦的治国思想。

更为主要的是，钟鼓楼并非是一个独立的个体，在其周围也出现了民众生活繁荣的景象，

根据历史文献记载，在钟鼓楼大街一带，商业非常繁华。在这里，聚集着权贵，也有很多满汉平民，由此也成为了北京城内的商业聚集地之一，如《京师坊巷志稿》就记载“鼓楼大街”一带的繁华景象。[2]实际上，在钟鼓楼一带，是北京城内商贸发达之地，商品来自全国各地，也来自东南亚、南亚、非洲东部、阿拉伯半岛一带，这里是世界各国进行物资交流的场所，是当时北京城内国际贸易的中心所在。不过，近代以来，随着北京城内商业格局的变化，鼓楼前地安门大街一带作为传统商业中心的发展开始衰落，不如往昔。但是，钟鼓楼地区依然是城北民众游览休息的重要场地之一，据《燕都丛考》记载：

民国十三年辟鼓楼为京兆普通图书馆，颜其额曰明耻楼，次年改为齐政楼。钟楼也同时开放，且于其上设电影，以集游人。

---

① ［元］熊梦祥：《析津志辑佚》，北京：北京古籍出版社，1983年版，第6页。

② ［清］朱一新：《京师坊巷志稿》，北京：北京古籍出版社，1982年版，第166页。

钟楼鼓楼之间，则辟为游艺场、儿童体育场。[①]

钟鼓楼作为当时报时的建筑，以及老北京传统商业区、居民区，不仅是商货集散、商贾云集的繁华地带，更是民众游览、休闲之地，这种布局集中体现了古代以民为本、以仁兴邦的思想。尽管近代以来钟鼓楼一带商业性较以往淡化很多，但却依然是百姓聚集、游息之地。

不论如何，钟鼓楼数百年来都是北京城市发展中最能体现民生、社会的重要地带，也能充分体现古代统治者以德治国、以民为本的思想，由此也给民众带来了难忘的人生记忆，如刘心武在其《钟鼓楼》中就这样说道：

无论远近、高低、大小、上下，倘能有所发现，都能给我们带来收获，带来快乐。让我们试一试吧！请记住，在北京城中轴线的最北端，屹立着古老的钟鼓楼。[②]

钟鼓楼一带是民生富庶之地，也是反映国家治理好坏的重要地带，这里民众可以感觉到社会的安定与繁荣，也可能是变化与动荡。但不论如何，钟鼓楼不仅成为人们生活的一部分，也是统治阶层治国理念的重要体现。

---

① ［清］陈宗蕃：《燕都丛考》，北京：北京古籍出版社，1991 年版，第 173 页。

② 刘心武：《钟鼓楼》，北京：人民文学出版社，1985 年版，第 11 页。

总之，钟鼓楼集中反映了统治阶层对民生事业的重视，体现了北京城建筑设计上的“前朝后市”的思想。正因为如此，在钟鼓楼附近形成了富有民生意义的地带，以此展现了以民为本、以德治国的理念，成为民众重要记忆。这些思想直到今天依然被继承发展，成为新北京发展的理念之一。

（三）鼓楼、钟楼的现代价值及其保护

钟鼓楼建成之后，在北京城的发展中扮演着至关重要的角色，作为不可再生的历史文化遗产，上百年来一直得到了各方面的重视与保护。未来钟鼓楼的价值发掘保护体现在各个方面，比如对钟鼓楼建筑的保护、其价值内涵的发掘、加强数字化的建设等等。另外，基于钟鼓楼发展周边的经济、文化，这些都需要综合协同考量，以期形成可持续的发展状态。

1. 钟鼓楼与周边发展的协调性

钟鼓楼作为重要的历史文化遗迹，对于保存古代的时间文化、民俗文化等都有十分重要的意义。对于钟鼓楼的保护与开发，除了自身内部的修缮之外，也要注意钟鼓楼周边的发展与其的协调性问题，这种协调不仅包括建筑、商铺，也包括很多细节的考虑，如有学者甚至提到了钟鼓楼周边的建筑色彩与钟鼓楼的协调问题：

钟鼓楼的建筑色彩秉承中国古建筑色彩的基本风格，在用色上以中国红和原始砖石的灰为主。其中鼓楼的主体色为中国传统

色彩中的红色系，辅助色为灰色系的瓦和部分墙壁颜色。而钟楼建筑的主体色为砖石的灰色系，辅助色为门窗等部分的红色系色彩。周边胡同肌理四合院的色彩以灰色系为主，整体色调比较统一，存在私搭乱建的建筑色滥用现象。景观配置以街道行道树为主，缺少尽管色彩的多样性。①

从这可以看出，钟鼓楼的保护固然要对内部的细节进行重视修缮，也要注意周边环境、发展对钟鼓楼保护的影响。所以，在钟鼓楼周边进行建筑之际，一定要注意它们与钟鼓楼本身的协调性问题。换言之，对于钟鼓楼的保护，一定要将钟鼓楼与周边的规划发展视为一个整体，而不是独立地去看待这个问题。

钟鼓楼并不是单独的存在，在它的周围不仅分布着地安门、什刹海，还有非常有特色的南锣鼓巷。南锣鼓巷开始于元大都建造之时，是“左祖右社，面朝后市”城市布局中“后市”的重要组成部分，在元代因它经营锣鼓而闻名。在这里，保存着北京最完整、面积最大的四合院格局。钟鼓楼作为有深厚历史底蕴的文化遗产，已经得到了政府的重视，并计划将这里变成“北京时间文化城”。但实际上，钟鼓楼附近也存在很多历史遗留问题，比如人口拥挤、四合院破旧、新城规划与旧城保护之间的诸多矛盾等问题，甚至也涉及到了利益协调的问题，对此有学者就提出了问题解决的办法：

① 单晓燕：《北京旧城传统中轴线保护和控制区域色彩控制研究》，北京建筑大学硕士学位论文，2014年6月未刊本，第35页。

旧城保护更新是一个多部门协调合作的综合性实施过程，在这个过程中各参与方的不同利益都会对城市的建设造成不可忽视的影响。规划管理部门的事权有限，决定了其无法在完善产权制度、执行土地出让、促进社会融合、提高城市活力、保障公共安全等各个方面，对城市发展建设进行管理。规划管理部门设定城乡规划激励机制，容易与其他政府部门在工作存在交集，甚至产生利益冲突和矛盾。因此，城乡规划激励机制这一规则的建立和实施，需要多部门在目标设定、执行操作、政策保障等方面达成共识，打破旧城行政界限，协调联动。单一激励机制效果有限，需要多重机制一同实施达到激励的效果。①

旧城的保护开发涉及到了一系列的问题，不仅仅只是钟鼓楼等文化遗址本身的问题，也涉及到它与周边环境的协调发展，更是涉及到城市的更新发展，但在现实操作中，涉及到了一系列的利益相关问题，所以如何由政府各个部门进行协同，并出台一系列具有激励机制的举措就显得十分重要。

总之，钟鼓楼的保护开发，并不是单一的问题，更不是简单的文化遗产保护问题，因为这其中不仅要了解它的历史与内涵，还要发掘其价值与意义，更要将之作为新旧城建设的关注点进行协调，而这又涉及到了城市规划、利益解决、长远未来等多种问题，这些也都是非常复杂的，但也需要理性面对，且需要科学而合理地解决。

---

① 朱洁，王雅捷：《北京旧城更新规划实施激励机制探索——以钟鼓楼地区为例》，《中国城市规划年会》，2013 年，第 8 页。

2. 传统商贸经济的继承

钟鼓楼一带作为传统的商业中心，民国时期依然繁荣，翁偶虹《鼓楼三条街》记载民国地安门外大街的场景时就这样说道：当时街道东西两侧，店铺鳞次栉比数十家，经营茶叶、绸缎、美食等各种商铺。新中国成立之后，这里依然吸引了大批游客。不过，随着改革开放之后，随着商业发展思路的调整，这里开始衰落。对此，如有学者总结：

民国时期在北京商业领域占有重要地位的就是地安门大街。迄今为止中华人民共和国成立后仍为重要级商业街。在改革开放前地安门大街长期以来作为北京市级商业街，吸引了大批人前往购物，其中有本地居民也有外来游客。但改革开放以后，随着市场经济的快速发展北京市商业网点的数量也逐渐的增加，分布范围之广泛，把集中在旧城内的商业中的传统格局打破，而大型的商业中心越来越多。比如原有大型商业中心王府井、西单商业区随着经济的发展也逐步的加强和调整商业模式，逐步发展为现代化、高档次、综合性的商业文化中心。而鼓楼前地安门大街作为传统商业中心发展却比较缓慢甚至是停滞不前。[①]

钟鼓楼一带作为传统的商业区，在商业的发展上体现了它的前后延续性，尽管随着社会经济的发展，这里日渐没落，但是不能否认的是，这里积淀了丰厚的商业文化、民俗文化的

---

① 张艺：《北京北中轴历史文化街区环境设计研究》，北京建筑大学硕士学位论文，2014 年 6 月未刊本，第 25 页。

传统，即使在今天这里通过遗留的文化遗产依稀可见当时商业贸易的繁荣景象。这些宝贵的文化遗产为今天的发展奠定了基础，也为未来的发展提供了可资利用的有形或无形资源。

的确，今天在钟鼓楼附近，商业依然大面积存在，并夹杂着居民社区。由于经济的发展，这里也是人满为患、道路拥挤，加上新中国成立以来对这一带缺乏系统、长远规划，所以这里的四合院、大杂院、政府机关、商铺、居民楼等高低交错，加上游客如织，给人感觉繁荣且紊乱。由于这里旅游资源非常丰富，且有丰富的历史文化古迹与深厚的历史底蕴，所以如何长远规划，充分发掘当地的文化、旅游价值，依然任重而道远。钟鼓楼作为北京城市经济规划中的一点，不能否认依然需要继续发掘其价值，维系其发展的历史，不仅有商业经贸，更是有历史文化的价值。这些都是需要综合协调考虑，缺一不可。

小结

钟鼓文化的历史源远流长，相传这也与炎帝、黄帝有一定的关系。如《山海经》就记载说炎黄时期就有了关于钟鼓的使用，“炎帝之孙伯陵，伯陵同吴权之妻阿女缘妇，缘妇孕三年，是生鼓、延、殳。始为侯，鼓、延是始为钟，为乐风”。[①]先秦时期更是钟鼓文化发展的黄金时期，它们也被视为礼乐文

---

① 袁珂校注:《山海经校注》，上海：上海古籍出版社，1980年版，第464页。

化的象征。随着汉代佛教传到中国之后，钟鼓也融入了佛教文化的内涵。

北京钟鼓楼的建造，在古代除了是礼乐制度的象征之外，也是国家昌盛的象征。明朝在全城中心建造钟鼓楼，当时也有一统江山、皇权永固之寓意。可以说，钟鼓楼除了具有时间的文化意义之外，它作为北京中轴线上的重要建筑，也被赋予了政治的意义。尽管随着社会文化的变迁，北京钟鼓楼失去了传统的社会政治功能，但是它们作为中华传统文化的承载依然展现出了内涵丰富的象征意义。

十四、北京中轴线承载的中华传统文化精髓

北京中轴线是历史发展的必然结果，作为一个文化载体，它也是对以往传统文化的继承与发展。尽管北京中轴线周围建筑有不同的类型与层级，甚至还有很多居民街巷、历史街道等等，但是它们都是一个文化整体，都是中华传统文化不可分割的一部分。对此，如郑欣淼曾说道："北京中轴线是一个文化整体，这就对它的保护与研究提出了新的要求。北京中轴线申报项目的主要构成元素，有的为世界文化遗产，有的为全国重点文物保护单位，有的是北京市重点文物保护单位，有的尚未列为任何一级的文物保护单位，有的还是非物质文化遗产。这些遗产虽由不同层级的机构管理，但对管理的要求则应该是一致的，及保护遗产的真实性与完整性。……同样，从文化整体的理念对中轴线进行全面研究，也有助于深入挖掘其文化内涵。"[①] 就是说，北京中轴线作为中国古代后期都城建筑的集大成之作，它不仅仅是建筑史上的杰作，也是文化史上的典范。它不仅具有了建筑成就上的价值，也有文化发展上的价值。所以，我们从历史与整体的角度，来看待北京中轴线及北京城的

① 郑欣淼：《北京中轴线是个文化整体》，载于《人民日报海外版》，2014 年 3 月 25 日，第 5 版，第 1 页。

文化意义。同时，我们也不能忽视北京中轴线上每一个遗产点所具有的文化意义，毕竟它们拥有共性的文化特征、精神理念的同时，也有自己的特色。

北京中轴线的内在价值与精神源远流长，始于先秦古都建筑中天人合一、以德配天、重礼崇道的理念，更是源于天下大同、九州归一等思想。北京的价值与意义是从不同维度来展现中华传统文化精髓，比如北京中轴线体现了政治上的大一统、核心意识及秩序观念；环境地理上的道法自然、天人感应与人文精神；中轴线反映了《周易》《周礼》等儒家经典中的阴阳和合、以德配天、宗法礼仪等观念；建筑上也展现了自然美、艺术美等融合；北京中轴线上的各个建筑也多有文化意蕴，比如先农坛展现的重农思想、以民为本，太庙则体现了古人尊祖敬宗、以孝为本的家族观念，北京中轴线上各个建筑的装饰、色彩及图案等也都充分体现了中华传统文化的审美价值；等等。如果从整体上来说，北京中轴线也体现出了中华传统文化的诸多精髓思想，比如天人合一、以人为本、伦理道德、多元一体等思想，正是这些思想与理念，今天依然成为北京中轴线文化传承、发展的根本所在。

（一）中轴线的历史沿革

在中国建筑史上，中轴线是很多城市比如北京、西安、洛阳、南京、广州等城市建筑的坐标与脊梁。尽管不同城市的中轴线规划设计有所不同，但是在建筑理念及其所承载的中华传统文化精髓上都有内在的一致性。北京作为元明清时期的首都，其中轴线是对以往中轴线文化的继承与发展，它可以说是中国古代中轴线的集大成者。元明清时期，北京都城的建设继承和发展了古代建筑的理念与文化，其中也包含了对中轴线理念与空间布局的继承。相对于以往的都城建筑而言，北京城的建筑可以说是以往都城建设的集大成者，也是古代中轴线空间布局的典范，集中体现了中华传统文化的精髓。

1. 中轴线的发生与发展

中国传统的建筑非常强调城市的科学规划，古人在城市建筑中注重天人合一、法象天地、辨方正位等理念，通过考古发现与研究证明，我国早期的城市建筑的理念与思想，很多都见于《周礼·考工记》。《周礼·考工记》不仅是建筑的思想指导，更是对上古以来城市建筑思想的汇总。

在先秦时期，都城的设计与建筑，已经体现了方与正的思想，到了西汉建筑长安城的时候，就汇集了以往的这些思想，并形成了比较明确的中轴线规划及建设，对此杨宽在其《中国古代都城制度史》中就这样总结：

西汉长安沿袭西周东都成周和战国中原诸侯都城以及秦都咸阳城郭布局而有所发展，是很明显的。由未央宫北阙一直向北有大街通过横门，再由横门一直向北有大道通到横桥，设有都门（即北郭门），形成一条由朝宫向北直贯城区和郭区的中轴线。这种雄伟的布局，就是沿袭西周东都成周和战国、秦代都城制度而进一步扩展的，对后世有深远的影响。[①]

西汉时期的长安城作为先秦两汉时期都城的典范，基本上是对上古以来都城建筑成就的汇总与集大成。长安城的建筑中所展现的中轴线，实际上已经体现了古代传统文化的思想精髓，这也是对上古以来文化传统的继承与发展。

可以说，中轴线的形成并不仅仅产生于明清北京城的建设，而是从上古时期开始已经有这样的意识，比如魏晋洛阳城、隋唐长安城、宋汴梁城、辽的中京城与南京城、金的中都城、元大都等都继承了中国古代都城建筑的基本理念与中轴线思想及布局方式，尤其是隋唐以后的都城皆是如此，对此杨宽在其《中国古代都城制度史》说道：

隋唐以后的都城，都采用东西对称、南北向的中轴线的布局，这是在东汉都城坐北朝南的基础上发展起来的。北魏建都洛阳，在原来北宫的基础上重建宫殿，省去了南宫，把原来北宫南门外的正南大街（铜驼街）延长，穿过原来南宫基址，直到南城墙的宣阳门，并把原来建筑在南宫东南的中央重要官署，分别建到铜驼街的东西两侧，于是在洛阳城南部形成以铜驼街为中轴线的布局。同时把东西两面的郭区的“里”和“市”，划分得十分整齐。东西两面郭区分设有小市和大市，把全部城区和郭区划分为三百二十个“里”，每个“里”的面积是一平方里。因为洛阳的南面郭

① 杨宽：《中国古代都城制度史》，上海：上海人民出版社，2006年版，第202页。

区，大体上以洛水为界限，面积狭小，郭区中央的南北向大街作为中轴线的作用，就不显著。[①]

就是说，从隋唐以后，当时的都城建筑开始注重空间布局的规范化，从而形成了东西对称、南北向的中轴线格局，这种格局实际上也是上古以来都城建筑注重方正、中心等建筑传统的延续。隋唐时期的长安城，作为中国中古时期都城建筑的典范，充分体现了这一点。当时作为南北走向的朱雀大街，从宫城的承天门和皇城的朱雀门向南一直贯通到明德门，成为了纵贯南北皇城、郭城的中轴线，由此使得长安城形成了东西对称的布局。

另外，值得一提的是，在隋唐以后随着皇权意识的强化，坐北朝南的都城分布成为了基本的规制，这种做法实际上也是为了强化皇权，毕竟基于中轴线的都城布局，一方面有利于集合群臣朝会，另一方面南北贯通的中轴线也体现了大一统思想：

以都城中北部的宫城为主体的、对称的中轴线布局，是适应规模越来越大的元旦大朝会的需要而设计的。元旦大朝会的规模越来越大，原是为了加强中央集权和巩固统一的需要。因此唐代长安这种棋盘格式的中轴线布局的出现，就是统一王朝的权力达

---

① 杨宽：《中国古代都城制度史》，上海：上海人民出版社，2006年版，第172页。

到高度集中的一种标志。[①]

唐以前都城布局的三次重大变化，说明了棋盘格局的对称的中轴线布局的逐渐形成过程。它之所以会发生如此三次变化和形成这种中轴线布局，是和当时政府所用礼制发生变革有关，特别是和举行万人以上的大朝会的礼制有关。因为这种统一王朝每年元旦的大朝会，不仅是为了对皇帝的朝贺和提高朝廷的威严，而且是对全国地方政府一年政绩的总检查和总考核，也还是团结全国上层统治者、巩固全国统一、加强中央集权的一种重要手段。[②]

从两汉开始，随着疆域的扩大，朝廷事务的繁杂，通过元旦朝会的形式，即在朝堂里大会群臣来总结过去一年的成绩、展望未来一年的规划，日渐成为了一项重要政治事务。这种元旦朝会的方式，在魏晋南北朝时期得到了继承与发展，并最终在隋唐时期通过都城建筑格局调整的形式彰显出来，由此也强化了中轴线存在的价值与意义。北京城在金朝的时候，就建有金中都。当时的建筑，也吸收了以往建筑的思想与成就，也有典型的中轴线。当时的中轴线是从外郭城正南的丰宜门，一直延续到外郭城正北的通玄门，成为贯通南北的中轴线。当时金中都重要的建筑，都在这条中轴线的正中和两侧。金中都中轴线的思想，为元明清时期北京城中轴线的建立提供了重要

① 杨宽：《中国古代都城制度史》，上海：上海人民出版社，2006年版，第184页。

② 杨宽：《中国古代都城制度史》，上海：上海人民出版社，2006年版，第227页。

的思想启示与实践借鉴。

总之，中轴线是中国古代城市的脊梁，基于中轴线进行城市规划，是中国古代都城建设的重要思想[①]，这不仅可以因地制宜利用空间进行城市规划，更为主要的是，中轴线日渐被赋予浓厚的政治文化色彩，对于巩固皇权、实现社会控制都有十分重要的意义。也正是因为如此，在元明清时期，都城的建设有了明确且严格的中轴线规划布局，这不能不说是中华文明发展的必然选择，也是对中华传统文化传承弘扬的重要体现。

2. 北京中轴线的形成与完善

北京的中轴线具有时代性，随着时间推移也逐渐发生变化。在元代的时候，初步确立了中轴线的位置。当时元大都的设计者刘秉忠，他精通中华传统文化，曾建议元世祖忽必烈根据《周易》“大哉乾元”之意，将国号蒙古更名为“大元”。随后，忽必烈命刘秉忠主持元大都的营建工作，刘秉忠就此提出了中轴线的设计理念。北京中轴线的设计虽然也是中原文化精髓的体现，但也是蒙古族传统文化的集中体现，对此如有学者所分析的：

营建元大都最精彩、最具创造性的一笔是，首先测定了全城的中心点，就是测定了全城平方布局，东南西北方向等距离的交叉点。接着又确定了全城的中轴线，中轴线顾名思义，即在全城

① 对此学者多有研究，比如单晓燕：《北京旧城传统中轴线保护和控制区域色彩控制研究》，北京建筑大学硕士学位论文，2014 年 7 月未刊本。

中间以中心点为起点，从南到北画一道线，中轴线到东西城墙的距离相等，形成东西比例对称的格局，把一座城池分为东西两个部分。

蒙古族建筑家把中心点称作“肚脐眼点”，把中轴线称作“肚脐眼线”，它起源于对蒙古包的经营管理学。千百年来在高原地区的恶劣环境中生活的蒙古族，创建了抗风沙，抗风雪，抗地震，合乎力学原理的圆形住宅——蒙古包。蒙古包中心点置于蒙古人有所崇拜的“戈拉图拉格”火灶之处，蒙古语“戈拉”是火，“图拉格”是支架，可译作灶火支架，这是神圣不可侵犯的地方，是一家一户兴旺发达的标志，每年除夕都要举行祭火灶的礼仪。由此产生了许多禁忌，比如，不准把脏东西抛入其中，不准从上面迈过，如果哪个人从主人的“戈拉图拉格”上面迈过，主人非和你持刀相见不可。“戈拉图拉格”的位置就是蒙古包的中心，被看作有神灵、有生命的整体，这就是“肚脐眼点”（中心点）由它向蒙古包门口拉一条南北走向的线就是“肚脐眼线”（中轴线）。这个理论一直应用到成吉思汗的宫殿、行宫、元上都、元大都的营建实践中。关于中心点、中轴线的理论，就是著名的《考工记》也没有提及。[①]

从这我们可以看出来，中轴线固然体现了中原文化，也反映了诸多蒙古族的文化传统。在一定程度上来说，元大都中心点、中轴线的设置，这也是蒙古人信仰的体现，更是日常生

---

① 昔宝赤·却拉布吉：《元大都研究：元大都七百五十周年祭》，沈阳：辽宁民族出版社，2019年版，第174页。

活实践积累的产物，充分展现了古代劳动人民在建筑领域的高超智慧与思想结晶。在今天的元大都遗址中，也有这样的遗物存在并证明了当时的建筑历程。在今鼓楼附近，便有“中心台”字样的石碑，并有中心阁，对此《析津志辑佚》也有记载：“中心台在中心阁西十五步，其台方幅一亩，以墙缭绕。正南有石碑，刻有中心台，实为都中东南西北四方之中也。”[①] 陈高华在其《元大都》这样评价：“在城市设计和建造时，把实测的全城中心做出明确的标志，这在我国城市建筑史是没有先例的创举。”[②]

元大都建立之后，为后来明清北京城的建设奠定了基础，明朝在建设北京城的时候也基本上继承了元大都的形制布局，并在元大都的基础上进一步丰富完善了中轴线的规划与内容。如有学者研究后认为：

元大都以东西中分线为全程规划中轴线，南北中分线与东西中分线相交处建鼓楼为全城的几何中心点。其全城规划中轴线除以鼓楼和钟楼为标志外，余者均呈隐形特征。元大都宫城的中轴线在全城东西中分线之东 129 米，向北向南分别延伸至中心台和丽正门，仅位于南半城，对元大都全城起不到规划中轴线的作用，故这条显性存在的宫城中轴线不是元大都全城的规划中轴线。

明北京城则不然，其内城较元大都城北缩南扩后，平面几何

① ［元］熊梦祥著，北京图书馆善本组辑：《析津志辑佚》，北京：北京古籍出版社，1983 年，第 104 页。

② 陈高华：《元大都》，北京：北京出版社，1982 年版，第 59 页。

形状较元大都发生根本改变，导致内城东西中分线与宫城中轴线合一（较元大都东西中分线即其全城中轴线平行东移 129 米），全城几何中心点和制高点[①]

明朝建立之后，继续沿用了元代的中轴线，只是城市的中心点继续南移，由原来的积水潭东北岸移到了景山位置。改建元大都的时候，将丽正门南移了二里。这样一来，中轴线的北端延伸到了钟鼓楼，南端延伸到了永定门。同时，将左祖（太庙）右社（社稷坛）分别对称地安排在皇城之内、紫禁城之前。将皇城、紫禁城建在中轴线的正中，进一步体现了皇权至上、唯我独尊的思想，等等。到了清代，继续延续了元明的中轴线，尤其进一步建设完善了景山，从而凸显了中轴线的内涵。

民国时期，时任中华民国内务总长的朱启钤主持对北京城进行改造，拆除了大清门东西千步廊、长安左右门两侧的宫墙，在东西交通上打通了天街，使得东西城贯通；南北交通上打通了府右街、南北长街、南北池子。同时拆除了正阳门与箭楼瓮城的东西月墙等。这些做法对新中国成立后的北京城改造起到了一定的推动作用。

新中国成立之后，北京旧城的改造继续进行，其中中轴线上的故宫、景山等相继开放。与此同时，在天安门广场附近建设人民大会堂、中国历史博物馆等建筑。1949 年 10 月 1

① 孟凡人：《南京都城》，南京：南京出版社，2013 年版，第 198 页。

日，开国大典的旗杆就位于天安门广场的中轴线上。1988 年，北京为了举办 1990 年亚运会，进一步扩建北辰路，将中轴线向北延伸；2001 年，北京“申奥”成功之后，为了建设奥林匹克公园，将中轴线再向北延伸，中轴线由此成为了奥林匹克公园的轴线。在中轴线的东西两侧，又增加了的国家体育场“鸟巢”、国家游泳中心“水立方”，一圆一方，象征着“天圆地方”。与此同时，北京中轴线向南也得到了延伸，并落成了大兴机场等一系列新建筑，等等。

（二）北京中轴线承载的中华传统文化精髓

北京中轴线形成于元代。明嘉靖年间，朝廷开始建设北京的外城时，当时的中轴线在以往基础上又向南延长，总长度约 7.8 公里。元明清时期的中轴线，实际上是对以往都城建筑与中轴线理念的继承和发展，也是对蒙古传统的继承。不仅如此，基于这条轴线形成的北京城，集中体现了中华文化的思想精髓，比如天人合一、多元一统、家国天下、孝悌之道、以民为本等多种理念。可以说，随着时间的推移，这条具体化的中轴线，已经被内化为中华文化的核心与精髓。这些文化精神并不仅仅是古代的，也充分体现在近代以来的北京中轴线。换言之，北京中轴线所承载的中华传统文化具有传承性、包容性。不仅如此，北京中轴线所承载的中华传统文化在世界范围内也具有普遍的意义，比如以人为本、和而不同、与时俱进，等等。

1. 效天法地，天人合一

北京中轴线充分体现了古人效天法地的思想，古人根据天象将星空分为了东西南北中五个部分，每个星象区又分为七宿。其中，中央部分就是紫微垣，与上天紫微垣对应的就是北京城的太和殿，以此体现出了人间帝王与上天的对应关系。不仅如此，北京宫城的四门也按照星象命名，比如午门又称朱雀门、神武门又称玄武门、东西华门也仿照天体四方命名。皇城上的天安门、地安门也有效法天地之意，等等。

从元朝开始，北京城基于中轴线的规划与建设，大体上秉承了效法天地的思想。正是由于元明清北京中轴线都是围绕着“中心台”及中心点展开，而这个中心不仅仅是与天象对应的中心，也是地理上的中心，更有思想文化意义上的中心在内。实际上，古人建筑这种基于中心的选址理念由来已久，古人认为宇宙万物为一体，人是自然中的一份子，天所代表的自然界自然成为了人生活、生存的大环境，而人只有遵循宇宙规律才能实现发展繁荣，反之亦然。这其实就是古代道法自然、阴阳和合、天人合一思想的集中体现。基于此，古人选择城址，多注重对自然环境的考察与选择。正如《周礼·地官·司徒》中记载的：

以土圭之法测土深。正日景，以求地中……日至之景，尺有五寸，谓之地中，天地之所合也，四时之所交也，风雨之所会也，阴阳之所和也。然则百物阜安，乃建王国焉，制其畿方千里而封树之。[①]

《周礼》中提到的“以求地中”，实际上是在寻找一种天地相应、阴阳和合之地，即“谓之地中，天地之所和也，四时之所交也，风雨之所会也，阴阳之所和也”，这就是古代建都的基本指导思想，目的就是要实现阴阳和合、天人合一的状态，从而达到政治的稳定与长久。如《吕氏春秋·慎势》就说道：“古之王者，择天下之中而立国，择国之中而立宫，择宫之中而立庙。”[②]

北京城正是基于中轴线而展开，南北走向，以此展现古人的阴阳风水观念，这实际上反映了人与自然和谐的思想，所谓“道法自然”。同时，也由此体现了古人以中为尊、阴阳平衡的理念。北京中轴线并非以纵向的大道为标志，而是通过对称的建筑物来彰显其存在及其意义。所以，北京中轴线上的建筑，一般都呈对称分布，这实际上就体现了阴阳和合、中和之美的思想，比如紫禁城内的布局便是典范。正如明代史学家盛时泰在《北京赋》中写道：“列御道以中敞，纷左右以为墀；太庙斋宫，对联社稷；列六卿于左省，建五军于右隅；前列其奇，后峙以偶；左右并联，各互为耦。”[③]在北京的内外城里，

① ［汉］郑玄注，［唐］贾公彦疏：《周礼注疏》卷十《大司徒》，北京：北京大学出版社，2000年版，第295、298页。

② 许维遹撰，梁运华整理：《吕氏春秋集释》卷十七《慎势》，北京：中华书局，2009年版，第460页。

③ ［清］于敏中等：《日下旧闻考》卷七《形胜》，北京：北京古籍出版社，1985年版，第106页。

很多建筑都是两两相对，集中体现了古人一阴一阳之谓道的宇宙观、世界观。

北京城作为金元明清时期的首都，也是当时古人对天时、地利、人和综合考虑的结果，希望达到道法自然、阴阳和合、天人合一的效果，从而有助于政治的长治久安。如明人邱濬《大学衍义补》所分析的那样：

冀州之中三面距河处是为平阳、蒲阪，乃尧、舜建都之地，其所分东北之境是为幽州，太行自西来演迤而北，绵亘魏、晋、燕、赵之境，东而极于医无闾，重冈叠阜，鸾凤峙而蛟龙走，所以拥护而围绕之者，不知其几千万重也，形势全，风气密，堪舆家所谓藏风聚气者，兹地实有之。其东一带则汪洋大海，稍北乃古碣石沦入海处，稍南则九河既道所归宿之地，浴日月而浸乾坤，所以界之者又如此其直截而广大也。况居直北之地，上应天垣之紫微，其对面之案，以地势度之，则泰岱万山之宗正当其前也。夫天之象以北为极，则地之势亦当以北为极，《易》曰："艮者东北之卦也，万物之所以成终而成始也。"艮为山，水为地之津液而委于海，天下万山皆成于北，天下万水皆宗于东，于此乎建都，是为万物所以成终成始之地，自古所未有也，兹盖天造地设，藏之以有待。我太宗文皇帝初建藩于此，既而入正大统，乃循成王宅洛故事，而又于此建都焉，盖天下王气所在也。前乎元而为宋，宋都于汴，前乎宋而为唐，唐都于秦，在唐之前则两汉也，前都秦而后洛，然皆非冀州境也。虽曰宅中图治、道里适均，而天下郡国乃有偝之而不面焉者……我朝得国之正同乎尧、舜，拓地之广过于汉、唐，《书》所谓“东渐西被，朔南暨，声教讫于四海”仅再见也。猗欤盛哉！孔子曰：“为政以德，譬如北辰，居其所而众星共之。”《易》曰：“离，万物皆相见，南方之卦也。圣人南面而听天下，向明而治。”夫以北辰为天之枢，居微垣之中而受众星之环拱，天之道固在北也，天之道在北，而面之所向则在乎南焉。今日京师居乎艮位成始成终之地，介乎震坎之间，出乎震而劳乎坎，以受万物之所归，体乎北极之尊，向乎离明之光，使夫万方之广、亿兆之多，莫不面焉以相见，则凡舟车所至、人力所通者无不在于照临之中。自古建都之地，上得天时、下得地势、中得人心，未有如今日者也。[①]

从邱濬的分析来看，当时元明时期定都北京主要是基于几个考虑：一方面是对传统的继承，那就是尧舜曾经在这一带建都，从而实现了天下大治；另一方面北京所处的地位位置，在风水学上属于极佳的状态，“堪舆家所谓藏风聚气者，兹地实有之”。更为主要的是，它上合天象，如《周易》中《艮》卦之所在位置，即体现天地阴阳的合一。这样一来，人间政权自然就可以获得上可获得天帝护佑，下可以以德治国、获得民众的拥护，自然实现了天时、地利、人和的最佳效果。对此，正如清人所强调的“北京上应北辰以象天极，南面而听天下，

① ［明］丘濬：《大学衍义补》卷八十五《备规制》，台北：台湾商务印书馆，1986年影印版，第713册，第2页上栏—3页上栏。

天险地利甲于关中”[①]。总之，古人选择北京作为首都，站在了人与自然和谐的高度来考察，以此表明对自然的敬畏与崇敬之情。

另外，就元明清时期北京城的规划来说，当时北京城的布局以中轴线为中心，将最重要的建筑比如太庙、社稷坛、宫殿、钟鼓楼等都建在中轴线之上，以此凸显朝廷甚至是中国在世界上的中心位置。对此如于敏中《日下旧闻考》中所言：

> 自辽建南京于幽州，金、元两代递相增廓。明永乐中，复营建都城，至正统始定居之。……我国家统一函夏，定鼎建都，会归有极。皇上缵承列圣之绪，神武布昭，声灵有赫。塞外诸藩，俱为屏翰，西濛北漠，咸隶版图。而京师实居万国之中，四表来同，八维奉朔。川流云集，道里咸均。控制宏规，实为亘古所未有。[②]

在古人看来，北京城继承了以往辽金元的规制，并进行改建增加，并最终形成了天下之中的状态，“京师实居万国之中”。实际上，北京城作为帝都位居“天下之中”，这也是中国古代定都的一个基本原则，对此《太平御览》就这样说道：“王者受命创始制建国，立都必居中土，所以控天地之和，据

---

① ［清］于敏中：《日下旧闻考》卷四《世纪》，北京：北京古籍出版社，1985年版，第83页。

② ［清］于敏中：《日下旧闻考》卷四《世纪》，北京：北京古籍出版社，1985年版，第67页。

阴阳之正，均统四方以制万国者也。”[①] 从这可以看出，中轴线有它自身的特质，而这种特质与古人建立都城的原则一脉相承，或者说有内在的相合之处。

可以说，从元大都开始，北京城从各个方面都体现了它作为首都方正、广大的气象，一方面体现它大宗正统的地位，另一方面从建筑规制与格局上体现了它的无与伦比性。根据史书记载，元大都不仅仅是国内首屈一指的都城，更是当时闻名世界的国际大都市，元朝统治者也常常在这里举行盛大宴会，邀请各国宾客，如元人柯九思在其《宫词一十五首》中就这样写道：“万国贡珍罗玉陛，九宾传赞捧珠帘。大明殿前筵初秩，勋贵先陈祖训严。”[②] 这种盛大宴会充分体现了当时元大都的大气豪迈。

元明清时期，朝廷赋予了北京中轴线基于道法自然、天人合一、中心不二的政治理念，尤其是皇权至上、唯我独尊的思想。这种思想贯穿于元明清数百年的宫廷建筑历史，对此李约瑟也曾这样总结说道：

再也没有其他地方表现得像中国人那样热心体现他们伟大的设想“人不能离开自然”的原则……皇宫、庙宇等重大建筑自然不在话下，城乡中无论集中的或是散布在田园中的房舍。也都经

---

① ［宋］李昉：《太平御览》卷一百五十六，北京：中华书局，1960 年影印版，第 759 页上。

② ［清］顾嗣立：《元诗选三集》，北京：中华书局，1987 年版，第 183 页。

常地呈现一种对“宇宙图案”的感觉，以及作为方位、节令、风向和星宿的象征主义。[①]

李约瑟所说的这种“人不能离开自然”“宇宙图案”的表述，实际上都是中国古人一直推崇的“天人合一”的理念。这种理念，在元明清北京城的建筑史上表现的更是淋漓尽致。不仅如此，清廷甚至在康熙四十八年（1709），将贯通北京城南北的中轴线作为天文、地理意义上的“本初子午线”，即零度线，这种做法要比1884年国际会议将通过英国格林尼治天文台的经线定为本初子午线要早175年，由此可见当时清廷这种天人合一、以自我为天下中心、唯我独尊、天下一统的传统文化思想。

我们不能否认，元明清时期的北京城建筑极力凸显道法自然、天人合一、皇权至上的思想。根据北京中轴线的空间格局来看，的确皇权至上、大宗正统是它的主导思想。但与此同时，这种思想并不是独有的，而是辅之以人文精神、民本理念、道德伦理观念等，如有学者分析：

北京中轴线，是明清北京城的空间之轴、政治之轴和文化之轴。明清时期，中轴线上的各个空间单元及其建筑，虽然具体功能各有不同，但其核心价值均是在体现皇权至上思想，无一不在显示皇家至高无上的尊严与权威，无一不是君权神授的宣示。中

① 李约瑟著，陈立夫译：《中国古代科学思想史》，南昌：江西人民出版社，1999年版，第68页。

轴线上各建筑群的建成顺序、功能布局，主要反映着皇家文化的内涵，局部辅以民俗商业文化，形成了四类主要文化空间：皇权政治空间、安全防御空间、祭祀礼仪空间和民俗商业空间。[①]

北京中轴线是建筑历史上集大成之作，也是中华文化政治思想的集中体现，通过天人合一、建筑规制、祭祀文化等彰显了皇权至上、唯我独尊的王权理念。但与此同时，北京中轴线及所属建筑中的民俗商业也昭示了以人为本、以民为本的思想理念。但无论如何，在古代中轴线凸显天人合一、大宗正统的皇权思想是其主流，但也辅助以民本思想、以德治国等的理念，这些共同构成了中华文化的传统与思想。不过，随着时间的推移，北京中轴线的国家与政治属性进一步转向了社会性、公共性与人民性，这不能不说北京中轴线文化的包容性、多元性与共享性。

总之，北京中轴线通过道法自然、阴阳和合、中和之美等理念进行空间架构，形成了纵观南北的城市空间布局。尽管在中国古代的很多都城比如汉唐长安城、三国邺城等都存在着均衡对称的布局轴线，但是北京中轴线作为以其整体性、完整性而保存至今的文化遗产，充分体现了它的继承性与发展性，它可以说是中国古代都城中轴线的集大成之作。不仅如此，它也集中承载了中华传统文化的精髓，成为中国古代都城建筑的典范。

① 张宝秀等：《北京中轴线的文化空间格局及其重构》，《北京联合大学学报》（人文社会科学版），2015年第2期，第19页。

2. 以人为本，以民为本

北京城的建筑设计及中轴线的文化内涵，充分体现了对人自身的重视，更是体现了对民生的关注，由此也促成了元明清北京城的繁盛。这也是当时明朝迁都北京的重要原因所在，对此如当时群臣在营建北京城的疏奏中就这样说道：

> 臣等窃惟北京山河巩固，水甘土厚，民俗淳朴，物产丰富，诚天府之国，帝王之都也。皇上营建北京，为子孙帝王万世之业。比年车驾巡狩，四海会同，人心协和，嘉瑞骈集，天运维新，实兆于此。矧河道疏通，漕运日广，商贾辐辏，财货充盈。良材巨木，已集京师，天下军民，乐于趋事。揆之天时，察之人事，诚所当为而不可缓。伏乞上顺天心，下从民望，早敕所司，兴工营建，天下幸甚。
>
> 伏惟北京，圣上龙兴之地，北枕居庸，西峙太行，东连山海，南俯中原，沃壤千里，山川形胜，诚帝王万世之都。……比年圣驾巡守，万国来同，民物阜成，祯祥协应。天意人心，昭然可见。然陛下重于劳民，延缓至今。臣等窃惟宗社大计，正陛下当为之时。况今漕运已通，储蓄充溢，材用具备，军民一心，营建之辰，天实启之。①

从明初群臣上书给明成祖朱棣来看，当时的君臣准备营建北京并将之作为首都，并不仅仅看中它的地理形势、物产丰

① ［清］于敏中：《日下旧闻考》卷四《世纪》，北京：北京古籍出版社，1985年版，第65页。

富等因素，他们更看重是否获得民众的支持，所以群臣在这里都提到了“军民一心”“天下军民，乐于趋事”“人心协和”“下从民望”等等以人为本、以民为本的思想。换言之，北京城的营建也充分体现了中华民族重视人本身尤其是民众利益的文化传统。

当然，基于民心向背、维护统治的考虑，元明清将北京作为都城。与此同时，在北京城建立之后，当时的统治者也都非常注重民生、百姓生活，所以在北京城中也建设了很多满足百姓生活的市场。比如元大都里就分布着数十处市场，这些市场的建设极大地满足了当时人们的物质生活的需求，对此如有学者所总结的：

当时元大都大的市场有三十多处，并非都处在“北市”。城内最大最繁华的市场有四处。一个在日中坊鼓楼西边，沿海子北岸伸张，自然形成，是全城唯一一条斜形街道（元时称其为斜街，今鼓楼西大街）。这里又是南北大运河的终点码头，商品荟萃，货物齐全，始于日本、朝鲜、东南亚，远至西域、波斯、欧洲的商人，云集于此。这里风景优美，酒楼戏台比比皆是，是元大都最繁华最热闹的地方。斜街东头就是钟鼓楼市场，这里主要是米面食品、杂货市场。这两个市场算是元大都唯一的“北市”了。另外两处一个在成宜坊（今西四牌楼附近），叫作羊角市，主要经营牛、马、羊、驼、驴、骡等，地处“南朝”西南位置。一个在明照坊（今东四牌楼附近），叫作旧枢密院角市，主要经营锦缎、珍珠宝石、金银首饰、沙剌（珊瑚）等，地处“南朝”东南位置。

> 此外九个城门的内街和顺城街，十一个城门外都有各种商市。《考工记》所说的“南朝北市”是比较理想化的产物，元大都市场是根据街道、胡同的建立和人口居住密度而形成的。①

元大都建立之际，城内布满了大大小小的市场，这些市场所贩卖的货物不仅有日常商品，还有各种珍珠宝石、金银首饰等奢侈品，甚至还有通过大运河运来的海外货物。这些市场的存在极大地满足了统治阶层的物质需求，也满足了当时普通民众的物质需求。这种市场的广泛存在及商品的繁盛，集中体现了当时以人为本、以民为本的思想观念。

尽管中轴线充分体现了元明清时期皇家的皇权意识，但是随着时间的推移，北京中轴线的价值与意义开始转化，进一步突出了它的人民性、公共性，比如故宫、天坛、正阳门等被开辟为公园，供民众参观游览、闲暇放松。最为主要的是，北京中轴线经历了元明清及民国、中华人民共和国几个时期，在这条线的南北以及周边不仅有皇家建筑，还有很多现当代建筑。更为主要的是，还有大量的居民街坊、历史街道等等，这些都是一个有机的整体。比如从天桥到正阳门这一段是这条中轴线上最为热闹、最富有生活色彩的部分，这里分布着前门大街商业区，在当时不仅皇家贵族们在这里进行商业买卖，即使是普通民众也在这里享受盛世繁华。

新中国成立之后，中央对天安门广场也做了现代化的改

---

① 昔宝赤·却拉布吉：《元大都研究：元大都七百五十周年祭》，沈阳：辽宁民族出版社，2019 年版，第 183 页。

造，并建成了人民大会堂、国家博物馆、人民英雄纪念碑等一批新建筑，充分展示了社会主义文化、红色文化。对此有学者总结说道：

20世纪50年代天安门广场改造，人民英雄纪念碑修建，中国革命博物馆、中国历史博物馆与人民大会堂修建，突出了在中国共产党领导下人民当家做主的城市政治文化新主题。其中，人民英雄纪念碑记载着从鸦片战争以来中国人民不畏艰险、不怕牺牲、前仆后继的历史画卷；中国历史博物馆、中国革命博物馆讲述劳动创造人，人民，只有人民才是历史发展的真正动力；人民大会堂是人民代表商讨国家大事的地方；装饰一新的天安门城台下，修建了人民观礼台；两条醒目的标语是“中华人民共和国万岁”“世界人民大团结万岁”；在天安门东西两侧的太庙、社稷坛也赋予了新的功能，太庙辟为劳动人民文化宫，社稷坛对市民开放为中山公园。在改造后的天安门广场最体现人民当家做主的建筑是人民大会堂。[①]

新中国建立之后，在以往北京中轴线的基础上，不仅做了一系列的改造与兴建，尤其是人民大会堂、中国历史博物馆、人民英雄纪念碑、中国革命博物馆等的兴建，充分体现了社会主义人民当家做主的制度特色。人民大会堂更是成为了人民代表商讨国家大事的地方。另外，太庙、社稷坛、天安门广

① 李建平：《北京中轴线的文化内涵》，《北京联合大学学报》（人文社会科学版），2020年第4期，第3页。

场等也都对外开放，成为了人民群众游览的重要场所。这些都充分体现了新中国成立后，北京中轴线展现了其人民性、公共性的一面。

总的来看，北京中轴线不仅在过去数百年的时间里，在其空间布局、建筑设计等各方面体现了以人为本、以民为本的思想，而其在新中国成立之后，经过社会主义的改造与兴建，又进一步凸显了以人为本、以民为本的文化传统与思想精髓，由此也彰显了社会主义人民当家做主的政治属性，如有学者所言：

> 北京中轴线问世已经有七百多年了。在这七百多年中，北京发生了巨大的变化，从封建王朝的政治中心变化为新中国的政治中心，而作为首都城市最主要标志的中轴线也发生了巨大变化，不仅是规划格局和建筑物的变化，而且更重要的是文化内涵的变化。都城的功能没有变，在元明清三代的中轴线，体现了皇权至上的政治主题；而到了新中国，仍然是这条 7.8 公里的中轴线，却体现了广大人民当家作主和人民英雄永垂不朽的政治主题。这个新的政治主题，应该也是一个永恒的文化主题。[①]

新中国成立之后，对北京中轴线进行了全新的改造与新建，尤其是毛主席纪念堂、人民英雄纪念碑、国家博物馆、人民大会堂等的建设，充分体现了人民当家作主的时代命题。这

① 王岗：《北京中轴线的历史文化内涵与当代政治意义》，《北京联合大学学报》（人文社科版），2015 年第 2 期。

就充分说明，从北京中轴线建筑一开始，这里就已经充分体现了它的公共性、民众性，是家国融合、君民一体的整体，在新中国成立之后，得到了进一步的传承与强化。

3. 尊祖敬宗，孝悌之道

尊祖敬宗、孝悌之道也充分体现了北京城的建设理念，因为现存的北京城虽然建于明朝，但是并非明朝原创，而是基于元大都的整体布局与建筑规划。而元大都的建设又是对以往都城建筑，尤其是对《周礼·考工记》建筑理念的实践。直到今天，北京城的建筑也对以往的规划布局采取了尊重、完善的态度，这些也都充分体现了中华民族尊祖敬宗、孝悌之道的精神。不仅如此，身居北京城的统治阶层也始终推崇尊祖敬宗、以孝治天下的思想。

作为北京中轴线开始形成的元朝便体现了对祖先祭祀、孝悌之道的重视。在以孝治天下方面，元朝比宋朝更加理性、务实。元廷对宋代流行的卧冰、刲股、挖肝等极端孝行，不但不奖励，而且还命令禁止。根据《元史·刑法志》记载说："诸为子行孝，辄以割肝、刲股、埋儿之属为孝者，并禁止之。"[①]《元典章》也记载了元代有关孝行的法律规定："行孝割股不赏""禁卧冰行孝""禁割肝挖眼"。元代禁止极端的孝行，对一般的孝行也表现得很冷漠，以至当时出现了不尊重父母、遗弃父母的情形，等等。当然，元代在统治中原之后，也不断地调整自己的统治策略，主动汉化，曾多次提倡孝道。比如朝

① ［明］宋濂等：《元史》卷一百五《刑法四》，北京：中华书局，1976年版，第2682页。

廷规定，学生读书必先学习《孝经》。《元史·孝友传》还记载了很多元代孝子的故事，比如说京兆兴平（今陕西一带）人萧道寿，靠卖竹器赡养母亲。他每天在起床后，都帮母亲洗脸梳头。一日三餐，母亲吃完，他再吃；晚上，母亲睡觉了，他再睡。如果母亲发脾气，他就赶紧趴在地上，让母亲打。母亲病重，他就割自己大腿上的肉让母亲吃，以此来治病。他的事迹还得到了元世祖忽必烈的表彰。

明代注重以孝治天下，开国皇帝朱元璋因为出身布衣，他深知民间疾苦，曾多次强调孝道的重要性。同时他也以身作则，每次祭祀祖先都会痛哭流涕，非常动情。朱元璋还制定了很多有关孝行的规定，比如规定八十岁以上的老人由官府抚养，还赐给他们荣誉称号，比如“礼士”“乡士”等。由于朱元璋以身作则，明代的很多皇帝都非常注重孝道，所以明代的很多皇帝去世后，他们的谥号、庙号、陵墓名称中都有孝字，比如“孝陵”“孝宗”“至孝”“纯孝”“广孝”，等等。

清代，清廷为了统治中原也非常强调孝道。比如顺治皇帝在满族入关后不久，就亲自注解《孝经》，颁行天下。康熙还曾经两次在宫中开设“千叟宴”，即召集当时各省在任、退休的文武官员、普通百姓，年龄在65岁以上的老人来宫中，宴飨他们。后来，乾隆仿效康熙，举行了3000人左右的“千叟宴”，这种尊老的举动在社会上起到了很好的表率作用。

实际上，元明清时期基于中轴线而建设的北京旧城，在很多建筑的功能及宗旨上都充分体现了他们对尊祖敬宗、孝悌之道的重视。比如太庙作为明清时期皇帝祭祀祖先之所，集中体现了清人对祖先的尊崇、对孝悌的重视。同样，景山的寿皇殿也是清代诸帝祭祀祖先的地方，由此体现了他们践行尊祖敬宗、孝悌之道的美德，等等。

总而言之，尊祖敬宗、重视孝悌是中华传统文化的精髓，自古以来得到了朝野上下的普遍重视。在宋代以后，由于朝廷重视与理学家们的宣扬，以及宋以后民间道德教化的兴盛，尊祖敬宗、重视孝道更加通俗化、民间化，以孝治国取得了良好的效果。可以说，尊祖敬宗、注重孝悌成为宋代以后，民间最为流行的德行之一。在北京中轴线的诸多建筑中，比如太庙、景山、社稷坛等都充分体现了古人对祖先的崇敬，努力通过祭祀礼仪的形式，极力彰显孝悌之道，从而传承了中华优秀美德。

4. 与民同乐，天下大同

北京作为首都，并非只是皇家所有，也是百姓聚集的重要场所，这种君民一体、与民同乐也是北京城作为首都的重要特点，如元大都建成之后，这里成为了当时的国际大都市，民族众多、经济发达，成为了当时经济、文化的中心，如有学者所总结的：

大都城人烟稠密，经济繁荣，百货汇聚，市集四布。商业闹市在城内中心钟、鼓楼周围，有绸缎市、皮帽市、珠子市、鹅鸭市、舒噜市（珠宝金银市）、铁器市、米市、面市等。钟、鼓楼西积水潭，是繁忙的运河码头，南来船只停泊，岸旁有阁楼酒肆。此外，东西城各处也都有市，贸易兴盛。手工业有丝织、冶炼、军器制造、酿酒等生产行业，种类多，专业分工较细，工艺水平也较高。其中采煤业的生产，供作燃料。大都居民用煤居于世界最先进的地位。……大都不仅是国内商业中心，也是国际商业贸易中心。蒙古人的三次西征和元朝皇帝在四大汗国中的宗主地位，对东西方商人往来大都，是空前有利的条件。四域富商大贾，八方奇珍异宝，陆载舟运，齐集大都。中国同西方各国频繁的经济交流，使大都成为重要的国际都会。[①]

元大都作为大一统王朝的首都，在都城设计上，第一次真正意义上出现了中轴线，中轴线的出现固然彰显了皇权至上的意识，但是不能否认的是，元大都内也建有丰富的市场、集市，并有大量的民众居住于内，更有来自四面八方的商人、贵族及奇珍异宝等涌入，这也充分体现了传统文化中与民同乐、天下大同的思想理念。

可以说，北京中轴线上及两侧的建筑并非只是皇家建筑，也有很多与平民百姓有关的建筑与场所，比如在天坛与先农坛之间的天桥附近便是百姓的世界，如有学者所总结的：

与正阳门外商业闹市遥相对应的天桥市场，成为北京下层劳动人们经常光顾的商业区。元明时期，天桥一带水缠堤绕，颇多水乡韵味。文人雅士常来此游玩观赏，桥旁有零星酒楼茶馆和若干小集市。清康熙年间，曾一度将灯市移至天桥西。乾隆时，又

① 丁守和、劳允兴：《北京文化综览》，北京：北京师范学院出版社，1990年版，第32页。

疏通天桥河道，于东西河岸补种杨柳。彼时京中名胜，多属禁地，平民百姓不能涉足，天桥有风物之美，故前往游玩者很多，加之每年来京候试举子多住宣南会馆，天桥一带是他们举步可游的地方，附近的酒楼茶肆逐渐兴盛起来。道光咸丰时，小商小贩利用天坛及先农坛坛根不必纳地租的有利条件，摆设浮摊，出售杂货。光绪末年，北京新春娱乐场地忽然间已不敷用，茶棚、戏棚、杂技、小贩等，全部奔了天桥。每年一进正月，市内贫民游玩购物，纷至沓来，天桥遂形成融游玩与购物于一体的平民市场。[①]

在金元明清北京城八百年的建都历史中，北京城及中轴线上的建筑并非为皇家所专有，而是秉承君民一体、天下大同的理念，其中天桥就是最典型的例子。不仅有朝廷官府的人在这里购买商货、休闲娱乐，这里也是平民百姓的乐园。正是天桥这种民众休闲娱乐场所的存在，更加凸显了以民为本的思想。

实际上，不只有天桥这样具有商业气息的场所，在金元明清时期，北京城在建设规划的时候，还围绕着河湖水系形成了很多具有公共性的园林、寺院、河湖风景等，比如北京城北外的什刹海、满井，城东内外的泡子河，城西内外的太平湖，城南内外的金鱼池、南下洼，西城外的高粱桥、钓鱼台，在西山一带的香山寺、玉泉山、戒坛寺、潭柘寺、仰山等地分布着大量的寺院，还有城内外河湖优美的风景地带，比如长河、通

① 高智瑜：《紫气贯京华》，北京：中国人民大学出版社，1994 年版，第 113 页。

惠河、积水潭、什刹海等，这些公共场所的存在，极大地丰富了民众的日常生活，形成了与民同乐、天下一家的熙熙景象。

中国古代治国理政的最高目标就是要实现大同社会，或者退而求其次实现小康社会。所以，在北京城发展的历史上，也集中体现了古人的这种思想旨趣。古人在建设北京城的时候，这种中轴线的设计集中体现了古人大一统的思想，这种大一统不仅仅体现在国内，也体现了一种万国来朝、天下一家、天下大同的思想，比如《日下旧闻考》中所言：

自辽建南京于幽州，金、元两代递相增廓。明永乐中，复营建都城，至正统始定居之。……我国家统一函夏，定鼎建都，会归有极。皇上缵承列圣之绪，神武布昭，声灵有赫。塞外诸藩，俱为屏翰，西濛北漠，咸隶版图。而京师实居万国之中，四表来同，八维奉朔。川流云集，道里咸均。控制宏规，实为亘古所未有。[①]

在这里，作者就揭示了当时北京城的政治象征意义，那就是它不仅仅是国内的首都，更是天下万国的首都，希望四方之国都来朝见皇帝，从而实现了天下一家的最高理想。

民国时期，北京城受到时政的影响，在结构与功能上也都发生了巨大的变化，日渐成为政府与民众共享的存在，更加凸显了与民同乐、天下大同的传统国家治理观。如有学者所梳

① ［清］于敏中：《日下旧闻考》卷四《世纪》，北京：北京古籍出版社，1985 年版，第 67 页。

理分析的：

民国初年，紫禁城开放，在外朝成立故宫博物院，三大殿供人游览。全城的坛庙园囿都相继开放，社稷坛于1914年开放名曰中央公园，后又改为中山公园。园内“公理战胜”石牌坊为第一次世界大战结束后改建。牌坊背面还有一座双人烈士铜像（日本侵华时被毁）。太庙开放称和平公园。天坛、地坛、先农坛、日坛、月坛都随之开放。1924年颐和园正式开放为公园。城内的北海、中南海、景山也都成为公园。这时北京城内外出现一批新建筑，东单牌楼三条胡同豫王府旧址建起北京协和医院；定阜大街原恭王府前建起辅仁大学。两座具有西方古典建筑特色的戏院，一建在东城，一建在南城。其他还有北京饭店大楼、同仁医院楼群、基督教青年会大楼等都陆续建立。西郊的清华大学、燕京大学也在旧园址建立起来。①

从这可以看出，民国时期受到时政的影响，旧有文化遗产的功能也都随之发生了巨大变化，它们不再属于传统帝王所有，更不是为政府所有，而是被转化为具有民众色彩、服务于民众精神与生活需求的存在，民众可以在故宫、天坛、社稷坛、先农坛、太庙、景山等游览观赏，由此传统北京城及其文化遗产实现了价值的近代转化。可以说，随着历史文化的变迁，北京中轴线在内容与价值观上也有很大的变化。

① 丁守和、劳允兴：《北京文化综览》，北京：北京师范学院出版社，1990年版，第70页。

新中国成立之后，北京城及中轴线上的文化遗产开始发挥新的价值，在北京中轴线上及周围，新建了毛主席纪念堂、人民英雄纪念碑、人民大会堂、国家博物馆等，越来越多的海内外游客在这里参观游览，充分体现了与民同乐、天下大同。

总之，北京中轴线虽然在历史上充分展示了其皇权至上的一面，但是不能否认的是，不论是城市的空间布局，即“前朝后市”，还是一些商业技师、街道、坛庙的设计等，都充分体现了其以民为本、与民同乐的的思想。近代以来，随着北京中轴线功能的转向，这种与民同乐、天下一家的思想得到了更加充分的体现，最终目的便是要实现天下大同的理想世界。

5. 兼容并包，和而不同

北京中轴线作为元明清时期宫殿建筑的坐标与脊梁，经历了八百年左右的历史文化积淀，充分体现了它兼容并包、和而不同的文化内涵。这种内涵不仅充分体现在元明清时期对以往宫殿建筑理念及成就的继承，也体现为不同的时代对以往建筑、布局、陈设的包容与创新，更为主要的是，这里不同类型的建筑、规制、颜色等各具特色，充分体现了兼容并包但又和而不同的文化精神，如有学者也有类似的总结：

多元包容也是北京中轴线文化特点。北京从辽代开始成为五京之一的陪都——南京城，也俗称“燕京”。契丹人在北京建“南京”城，然后是金代女真人在北京营建中都城，元代蒙古人在北京修建大都城，明、清汉族和满族修建北京城。这五个民族（契丹、女贞、蒙古、汉族、满族）相继在北京建都立业，尽管文化来自不同方位，是多元的，是各有差异和特色的，但是北京作为都城从小到大始终是向上发展着，尤其作为都市中轴线的城市文化与精神，一直是持续不断线的，同时包容了多民族的文化和创新。民国以后，西洋风吹进古都北京，中西合璧式建筑在中轴线上也显现出来，最鲜明的是正阳门箭楼，由德国工程师格尔不仅改造为观景台，还增加了水泥护栏和西洋图案。新中国建立后，天安门广场改造更加体现多元与包容的建筑文化特色。天安门广场改造吸收了古罗马城市广场建造的特点，即广场作为城市中心始于罗马，当时广场的政治文化含义是城市民众集会、议事和休闲的地方。可以说，是古罗马开辟了最早的城市广场，而北京在中轴线上拓展了世界上最大的城市广场。在天安门广场左、右是对称的国家博物馆和人民大会堂。两组对称的建筑也是罗马式建筑，但仔细观察，在建筑体量和装饰上又融汇了大量中国文化元素和特点，例如黄色琉璃瓦装饰和图案等。尤其两组建筑外立面采用的是罗马柱设计，显得庄严雄伟，但柱子造型为一方一圆，国家博物馆为方形柱，人民大会堂为圆形柱，建筑方与圆是人类对建筑形体的基本认知，但富于变化是北京古代建筑的精华。北京传统建筑表示“天”和“乾”一般用圆形，表示“地”和“坤”一般用方形，北京天坛、地坛内方与圆建筑不仅造型多，而且变化丰富。例如，天坛祈年殿为圆形建筑的优秀代表，故宫太和殿为方形建筑的优秀代表。故宫四门（午门、神武门、东华门、西华门）门洞都是外方内圆。另外，圆在上，方在下，不仅表示天圆地方，还有乾坤交泰的文化含义。例如，北海白塔前面的善因殿重檐顶为上圆下方的建筑造型。[①]

北京中轴线从产生之初，就表现出了其包容性、多元性的特征，在北京中轴线上的建筑有宫殿、祭祀坛庙、广场、园林等多种类型，随着元明清三朝的更迭，这里也不断融入了多个民族甚至还有海外风格的建筑理念。新中国成立之后，这里更是呈现出了古今中西建筑交错、同时并存的状态。如有学者所言："在北京城这个舞台上，各民族的文化相互碰撞、交流、融合、升华，成为北京文化，成为都市文化，成为首善文化，然后经典的文化和精神又被带到各地，这就是北京文化博大精深的来源，也是北京城市历史文脉包容特征的体现。"[②]

实际上，北京中轴线的兼容包容，并不仅仅体现在建筑、设计及布局方面，也充分体现在基于北京中轴线所形成的北京城及统治阶层的统治理念。从元代开始，元大都作为当时的首都，就是一个国际性的大都市。也就是说，随着蒙元建立了一个融"草原文化（游牧文化）、平原文化（黄河文化）、水乡文化（长江文化）于一炉"[③]的大一统的中原王朝，也是一个横跨欧亚两洲的国家性大帝国。北京作为首都，自然也成为一个由汉族、蒙古族、契丹、女真、唐兀、汪古，以及一些远至西域

① 李建平：《北京中轴线及南、北延长线规划建设的思考》，《北京联合大学学报》（人文社科版），2019年第3期，第46页。

② 郑珺编著：《北京"两轴"与全国文化中心建设》，北京：经济科学出版社，2018年版，第200页。

③ 方彪：《北京士大夫》，北京：京华出版社，2000年版，第211页。

乃至欧洲的畏兀儿、康里、钦察、阿速、斡罗斯、哈剌鲁、阿儿浑、回回等多民族聚居的国际大都市。同时，这里也融汇着萨满教、道教、佛教、伊斯兰教、基督教、儒学等多种宗教文化与思想观念，如许衡所言："国朝土宇旷远，诸民相杂，俗既不同，论难遽定。"①

元大都时代，这里就是当时国内多元文化并存的中心，也是世界其他文化、文明的交汇点。大都内有来自世界各地的商业店铺，百货云集、酒楼林立，有鼓楼、斜街、羊角、枢密院角四大市场，还有30多处物资集散之地。前来经商、交流的各族人民，也带来了各个民族的习俗文化。蒙元对各种习俗的颇为尊重，比如《通制条格》规定："照得至元八年钦奉圣旨定到民间嫁娶婚姻聘财等事内壹款，诸色人同类自婚姻者，各从本俗法。……蒙古人不在此例。"②元廷明确规定除了蒙古人之外，要尊重各民族的婚俗，本民族的人结婚"各从本俗法"。与此同时，在元大都的蒙元统治者还积极吸纳各民族的物质习俗文化，如蒙古贵族除了享受蒙古马奶、汉族美食之外，还将中亚伊斯兰国家盛行的葡萄酒作为日常的必备饮料。③元大都多元宗教与文化并存的格局，促使朝廷在管理模式上也采取多元化的方式，使之成为多种管理理念与制度文化的交汇

① ［元］许衡：《鲁斋遗书》卷七《立国规摹》，影印文渊阁《四库全书》本，台北：台湾商务印书馆，1986年，第393页。

② 方龄贵校注：《通制条格校注》卷四《户令·嫁娶》，北京：中华书局，2001年版，第169页。

③ 陈高华：《元大都的酒和社会生活探究》，载《中央民族学院学报》，1990年第4期。

中心。比如元大都各级衙署官员包括有实权的“达鲁花赤”，除了蒙古人之外，也任用回回人阿合曼、藏族人八思巴、尼泊尔人阿尼哥、色目人也黑迭儿、畏兀儿人廉希宪、汉族人王统与郭守敬等各族贤能。作为人才储备库的元大都翰林国史院，也是多族人才并存，据统计，汉人、南人约占52%，蒙古、色目人约占31%，而族属不明者约占16%[①]。

可以说，从元大都建设之初，北京城就充分体现了它的全球包容性，蒙元作为一个横跨欧亚大陆的超级王朝，它兼容了各种宗教文化包括远至西域、中亚、欧洲的优秀成果。元大都因此作为世界文化交流、融汇的中心，拥有各种宗教文化的活动中心，如儒家的孔庙、国子监，道教的道观，喇嘛教、佛教等也都有自己的寺院，就连远在西域、中亚、欧洲各国盛行的伊斯兰教与基督教，也都在元大都建有一些清真寺与大教堂。蒙元由此成为中国历史上多元宗教文化并存的盛世，如萧启庆先生所言：“由于中外交通的发展及朝廷所采取的多元文化政策，元朝是中国史上前所未见的多元族群、多元文化竞存的时代。”[②]多元宗教文化之间的竞争与交融，极大地丰富、繁荣了蒙元文化与中西方文化、文明的交流，使得元大都较汉唐时期的长安、明清时期的北京，在文化存在与交流方面，更具开放性、多元性。不仅如此，北京地区不同宗教文化的发展与

---

① ［日］山本隆义：《元代に於ける翰林學士院について》，《东方学》第11辑，1955年10月，第19–28页。

② 萧启庆：《元代的族群文化与科举》，台北：联经出版社，2008年版，第27页。

繁荣，又进一步强化了北京作为全国政治、文化的中心位置。

总之，元明清时期，基于北京中轴线所形成的北京城，作为国际性的大都市，从建造伊始就汇集了世界各国的文化及文明，这种兼容并包、和而不同随后也被民国、新中国的北京城所继承弘扬。新中国成立后，对于北京中轴线的改造与兴建，进一步体现了其多元一体的文化特征及理念。更为主要的是，北京城基于北京中轴线向南北东西的延伸，使之成为传统与现代、中国与西方等多种文化、多种经济、多种模式并存的国际大都市，成为世界文化的中心。

6. 生生不息，厚德载物

北京作为首都，历史文化悠久，五十万年前就在北京周口店龙骨山的天然洞穴里出现了“北京人”，随后“北京人”及其后代，在这里创造了一代又一代的文明。比如作为商朝的属国古燕国曾创造了青铜文明，周朝的分封国燕国在这里建都并发展成为了战国七雄之一。随后，在秦汉至隋唐的千余年里，燕国古都蓟城始终是北方的重镇。金朝建立之后，曾仿照北宋都城汴京，在辽南京城的基础上建设了北京城，是为金的中都。

元大都在都城规划设计中，首先在积水潭东北岸选定了全城的几何中心（相当于今天鼓楼处），设置了中心台。然后由中心台向南，引出一条正南正北的直线，这就是全城的中轴线，大内宫殿就坐落在这条中轴线上。明代建筑都城的时候，继承了元大都的中轴线，并在元大都中心台处，建了鼓楼、钟楼，由此成为了明代北京城中轴线北端的标志。不仅如此，明朝北京改变了以往将朝廷衙署分散在大都城外的分布格局，而是将太庙、社稷坛建在皇宫之前，并将六部衙门、五军督府集中建在天安门前宫廷广场的左右。北京中轴线的南端也由正阳门延伸到了永定门，这便形成了我们日后见到的长达 8 公里的北京城中轴线。这样一来，明北京城的中轴线较元大都向北有所延长，同时中轴线的核心意义更加凸显。

清朝建立之后，在明朝的基础上继续丰富完善北京城，并将中轴线上的一些重要建筑更换了名称，比如大明门改为大清门，承天门改为天安门，玄武门改为神武门，北安门改为地安门，等等，这些改名并没改变其所承载的传统文化精髓。不仅如此，乾隆时期，还在景山顶上添建了五座亭子，等等。

新中国成立之后，北京城的中轴线更是发生了翻天覆地的变化，有些重要的标志性建筑比如永定门、中华门、地安门等被拆除。与此同时，在中轴线上也建设了一些具有标志性的建筑物，比如人民英雄纪念碑、毛主席纪念堂、国旗旗杆等，以及天安门广场两侧的人民大会堂、中国历史博物馆、中国革命博物馆等，这些都充分体现了中轴线发展的时代性。随着北京的飞速发展，南北中轴线也由此向北、向南得到了进一步的延伸。

尽管北京中轴线及北京城的建设思想源远流长，最早可以追溯到上古时期人们对于村落、城邑的建设，更是可以从《周礼·考工记》中考察其建设思想及文化传统的渊源所在。在元明清北京中轴线之前，历史上的汉唐都城、三国邺城等都是采用中轴线作为城市坐标进行建设的。元明清北京中轴线可以说是中国古代中轴线建设思想及文化传统的集大成之作。即便如此，元明清及民国以来北京中轴线的内容、内涵及文化意义也是代有不同，这些都表明北京中轴线如秉承了《周易》生生不息之精神，不断发展变化，蕴含着非常深厚的中华传统文化精髓，由此造就了世界上独一无二的北京中轴线及其文化体系。

由上可见，从元明清直到今天，北京城围绕着中轴线日渐形成了一个国际性的大都市，随着时代的变化而不断丰富完善，其在文化意义上，也呈现出“古为今用，推陈出新”的特征来，对此如有学者所言：

著名的历史地理学家侯仁之先生认为，紫禁城是北京城市发展历程上的“第一个里程碑”，代表的是封建王朝统治时期北京城市建设的核心，也是中国传统建筑艺术的一大杰作。天安门广场的改造，是新中国建立之后，在北京城的空间结构上，突出地标志一个新时代——人民当家作主时代的来临。它赋予具有悠久传统的全城中轴线以崭新的意义，显示出在城市建设上“古为今用，推陈出新”的时代特征，在文化传承上有着承先启后的特殊含义。我们把它看作北京城市发展历程上的“第二个里程碑”。由于亚运会的召开和后来国家奥林匹克体育中心的兴建，显示出北京走向国际性大城市的时代已经到来，这就是北京城市发展历程上的“第三个里程碑”。[①]

① 刘亚男：《北京城中轴线文化价值评价研究》，首都师范大学硕士学位论文，2013年5月未刊本，第15页。

的确，随着时代的发展变化，北京中轴线作为北京城的基础与核心也随之变化，这种变化不仅体现在很多建筑的改造、新建，也体现在北京中轴线的功能与文化意义也随之发生变化。尽管从明清时期直到今天，以中轴线为核心不断产生新的建筑，但是这种大中正统的理念始终没有被放弃。另外，北京中轴线所承载的中华传统文化始终没有变化，相反其内涵随着时代的发展而不断地被丰富、完善，比如融入了社会主义文化、革命文化等，从而体现了北京中轴线生生不息、厚德载物的文化精神。

总之，围绕着北京中轴线而发展的北京城，集中体现了中华民族生生不息、厚德载物的精神。毕竟，直到今天围绕着北京中轴线所形成的北京城，甚至可以说自先秦开始，北京在历史文化、建筑规划、街道布局等方面依然得到了历朝历代的传承与完善，成为今天北京城区的中心及文化精神之所在。对此正如徐苹芳先生在《图说北京史》的序言中这样说道：

北京历史的核心是北京城的历史。北京最早的城是在房山琉璃河董家林西周城址。燕上都很可能在今广安门内外一带，战国至汉代陶井圈和燕式饕餮纹半瓦当的发现，说明这个区域自东周以来至金中都一直是北京古城之所在。今日北京城的前身是元大都，元大都是元朝结束南北分治，全国统一后新设计规划的都城，它废除了隋唐都城封闭式里坊制的规划，继承了北宋汴梁（今河南开封）的传统，是一种全新的开放式街巷制的规划。考古学的发现和研究证明，今天北京内城东西长安街以北至北城墙内的街道布局，基本上都是元大都街道的旧迹，也就是我们今天仍看到的南北向大街两旁平行排列的等距离的东西向胡同的街道布局，以东西城垣上两城门之间，如东垣之朝阳门（元齐化门）至东直门（元崇仁门）之间来计算，平列胡同22条，胡同之间距77米。明清两代主要是改建宫城、皇城，对全城的街道规划未作改变。一个现代化的城市中尚保留着700年前城市规划的街道布局，这在世界上也是很少见的，何况完成于公元13世纪中叶的元大都城市规划是中国古代都城规划最后的经典之作。①

中国古代的都城规划与建筑都有继承和发展的优良传统，北京城的建筑也是如此。尤其是从元大都开始，明清两朝六百年左右的都城建筑基本上也是在元大都上的丰富与完善，由此造就了举世瞩目的北京城。换言之，元明清时期的北京城在建筑理念及规制上基本上一脉相承，这种特征集中体现了中华传统文化中生生不息、厚德载物的理念。可以说，在元明清都城建筑内部的布局规划，汇集了中华传统建筑中的经典之作，自然也承载了中华思想文化的精髓。

总之，北京中轴线及北京城作为历史文化名城，成为了中国古代都城建筑的集大成之作，充分体现了北京中轴线及中华传统文化生生不息的特征。不仅如此，北京中轴线所展现的多元性、综合性文化，也体现了对万事万物的包容，从而体现传统“厚德载物”的思想。

① 齐心主编:《图说北京史》，北京：北京燕山出版社，1999年版，序，第1页。

7. 等级有序，多元一统

北京中轴线的形成与建设，集中体现了中国古代礼乐文明的本质，尤其是体现了古代帝王君临天下、唯我独尊的礼乐精神，而中轴线的形成则是这种思想的集中体现，对此正如有学者所说的：

> 自古以来，中国历代帝王都自诩为天帝的“元子”，即天子。“象天设都，法天而治”也就成了中国千古不变的原则——天帝居于“天中”的紫微宫，则皇帝所居的宫城必定要效法相对应的“地中”（土中）修筑紫禁城，而在其正南面一面辟出通向皇帝宝座的御道，即“通天之路”（亦称“天街”）。这已成为自周秦以来，尤其是隋唐以来长期延续的基本定式，即将主要建筑物安排在中轴线上，左右均衡对称，再加上高低起伏变化，在空间布局上最大限度地突出“普天之下，唯我独尊”的大一统思想。[①]

由于北京中轴线不仅仅是北京城的中心，更是被视为上通天道、天地宇宙的中心所在。古代帝王将自己视为天帝之子，所以通过这种天人感应的理念，将北京城及自己的宝座建在中轴线之上，以此来展现皇帝的神圣性、至高无上性。

围绕着北京中轴线所建的各种建筑，也都集中体现了天子的权威，体现了古代等级有序、君臣有别的思想。当然，北京中轴线作为全城的中心，在它之上除了有皇宫之外，也

---

① 朱祖希：《北京城中轴线的文化渊源》，《北京观察》2011年第4期，第60页。

有府衙、街区、市场等臣民活动场地。可以说，北京中轴线正是通过这种错落有致、布局合理的各类建筑物，充分体现了中国古代礼乐有序、和谐统一的精神理念，如有学者所总结分析的：

明北京城的中轴线，集全城最主要的的建筑形成大纵深的线形空间中心景观序列，以此为本，“辨方正位”，使之成为紫禁城和内城规划、设计和布局的主脊和基准。明北京城正是以中轴线为准，分成东西对称的两大部分，并将紫禁城、皇城、内城和外城纵贯串联起来，使之形成了有机结合的整体。明北京内城主要大街、诸坊和重要建筑配置等，亦以中轴线为准，在对元大都原有布局进行调整基础上，重新进行规划设计，才形成规整、均衡和规律性的布局模式。总之，明北京城的中轴线，对规划统领全城建筑布局起到了至为重要的关键作用。

都城的中轴线，自邺城和北魏洛阳城以来，一直是都城设计者孜孜以求的重要规划目标，并在长期的探索实践中不断发展。到了明代北京城，其中轴线继承传统，全面创新。宫城、内城、外城中轴线合一，纵贯全城。这条中轴线之长，各种配置之多、规格之高、结构之完整、鸟瞰效果之强、气势之雄伟，与全城形制布局关系之密切，均堪称历代都城中轴线之最。这条中轴线，将所要表达的理念渗透到建筑形体和诸建筑间的关系之中，将严格的礼制秩序、严谨的布局逻辑、高超的布局艺术融为一体，充分地体现出皇权至上的最高境界，达到了前所未有的完美地步，从而成为中国古代都城中轴线布局艺术的终结模式。[①]

北京城的中轴线到了明清时期日臻完善，成为了全城的中心所在，它作为全城的主干将重要的建筑物串联起来，这样既体现了当时帝王的至高无上性，也体现了礼乐有序、和谐统一的思想。比如君臣、君民、内外、阴阳等等建筑的布局，都集中体现了它的包容性与多元性。可以说，元明清时期的北京城，礼乐有序、和谐统一也体现在其大一统的理念，但是也展现了多元文化、文明的并行，可谓是和谐统一之精神的集中体现。

的确，基于中轴线而建成的北京城，其文化内涵充满了多元性，既展现了秩序与政治，也反映了生活与情趣；既包含有皇权与礼仪，也展示了平民与自由，总之一切都是那么的和谐统一，对此正如林语堂在《迷人的北平》中这样说道：

北京和南京相比拟，正像西京和东京一样。北平和西京都是古代的京都，四周是环绕着一种芬芳和带历史性的神秘的魔力。那些在新都，南京和东京，是见不到的。南京（一九三八年以前）和东京一样，代表了现代化的，代表进步，和工业主义，民族主义的象征；而北平呢，却代表旧中国的灵魂，文化和平静；代表和顺安适的生活，代表了生活的协调，使文化发展到最美丽，最

① 孟凡人:《明朝都城》，南京：南京出版社，2013年版，第188页。

和谐的顶点，同时含蓄着城市生活及乡村生活的协调。[①]

北京充满了包容性，充满了和谐的精神，在这里一切都各得其所。可以说，我们看到基于中轴线所形成的北京城，并不仅仅只有皇权、宫廷，也有民众丰富的生活。总之，北京文化以其博大精深、包罗万象，而成为了中华传统文化的重要传承者、承载者。

进而言之，在北京中轴线及其所属建筑中，集中体现各种礼仪，包括祭祀礼仪、丧葬礼仪、宾客之礼、外交礼仪等等，都无非是政治秩序的具体呈现，是对大一统理念的贯彻。可以说，在中国古代，以礼治国在中国古代渗透到了社会政治、思想文化的各个层面，如《旧唐书·礼仪志》中所说：

> 故肆觐之礼立，则朝廷尊；郊庙之礼立，则人情肃；冠婚之礼立，则长幼序；丧祭之礼立，则孝慈著；搜狩之礼立，则军旅振；享宴之礼立，则君臣笃。[②]

从这可以看出，古代礼治涵盖了政治、宗教、社会、生活等社会文化的各个领域。可以说，礼仪产生之后，随着它在各个层面的渗透，就逐渐变成了中华民族的基本特征，正如

---

① 林语堂：《迷人的北平》，载姜德明：《北京乎：现代作家笔下的北京》，北京：三联书店，1992年版，第507页。

② ［后晋］刘昫等：《旧唐书》卷二十一《志第一》，北京：中华书局，1975年，第815页。

有的学者所总结的："礼在中国，乃是一个独特的概念，为其他任何民族所无。其他民族之礼一般不出礼俗、仪礼、礼貌的范围，而中国之礼，则与政治、法律、宗教、思想、哲学、习俗、文学、艺术，乃至于经济、军事，无不结为一个整体，为中国物质文化和精神文化之总名。"[①] 正因为礼仪体现在社会文化的各个方面，所以我们被称为礼仪之邦。可以说，礼仪从一开始就是中华文化、文明的基本特征。

总之，北京中轴线上的建筑群、寺院、街区、坛庙等呈现出了一个多元化的世界，在这个世界里彼此和谐共生、等级有序，充分体现了中国古代文化的包容性、多元性。尽管如此，这种多元并存，并不是杂乱，更不是没有章法，而是统一于礼法之中，统一于大一统的政治理念之中。可以说，北京中轴线的文化遗产群是等级有序、和谐统一的存在。

8. 崇儒重道，以德治国

北京作为大一统政权的首都历时600年之久，如加上作为地方政权的都城史，建都史长达800多年。可以说，它是我国众多古都之中、继长安之后最重要的都城，著名古都学家侯仁之先生所说："真正称得上是全国最大、最重要的政治中心的，只有两个，在前期是长安，也就是西安，后期就是北京。"[②] 在元明清时期，以北京为都城的皇帝们都推行崇儒重道、

---

① 邹昌林：《中国礼文化》，北京：社会会科学出版社，2000年版，第14页。

② 侯仁之：《北京城：历史发展的特点及其改造》，载于《历史地理》，第2辑，上海：上海人民出版社，1982年版，第6页。

以德治国的理念，由此为大一统王朝的确立及维护起到了积极的作用。

北京虽然在蒙元时期才被正式作为首都，但它在辽、金两朝已经是与宋都开封相媲美的北方军事、政治、文化中心，当时的儒学、汉文化已经非常盛行。[①]北京在金朝占领中原之后，其地理位置变得更为重要，如金人梁汉臣所言，“燕京自古霸国，虎视中原，为万世之基”[②]，金人为了赢得中原汉人的政治认同，开始全面儒化、汉化，如有学者所言，金朝“建国初期即走向几乎全盘汉化之途，故在思想文化上鲜少干格之处，礼仪典制为汉制，学术上亦唯有汉制是从”[③]。金朝的儒化、汉化，“加速了女真族社会封建化的进程”[④]，更强化了北京作为北方地区的文化中心地位，当时“文风振而人材辈出，治具张而纪纲不紊，有国虽余百年，典章文物，至比隆唐宋之盛”[⑤]。经过金的努力，北京因此成为当时北方地区儒学与人才培养的中心，“改变了历代以来名人士大夫多出南方的局面，对促进北京地区的经济文化发展起了划时代的作用。特别是对偏远的

---

① 王明德：《从黄河时代到运河时代：中国古都变迁研究》，成都：巴蜀书社，2008 年，第 349 页。

② ［宋］徐梦莘：《三朝北盟会编》卷二百四十三《炎兴下帙·起绍兴三十一年十一月二十八日丙申尽其日》，影印文渊阁《四库全书》本，台北：台湾商务印书馆，1986 年，第 429 页。

③ 王明荪：《辽金元史学与思想论稿》，台北：花木兰文化出版社，2009 年，第 141 页。

④ 辛向阳，倪健中主编：《首都中国：迁都与中国历史大动脉的流向》，北京：中国社会出版社，2008 年，第 398 页。

⑤ ［元］王恽：《秋涧集》卷五十八《浑源刘氏世德碑铭》，影印文渊阁《四库全书》本，台北：台湾商务印书馆，1986 年版，第 756 页。

东北地区，产生了更加深远的影响。”[①]

经由辽、金多年的经营，北京无论是在文化、经济上，还是在政治、军事上都有非常重要的地位和优越条件，这是北方任何一个城市所不能比拟的。所以，当蒙古尤其是忽必烈攻克南宋之后，为了有效掌控横跨欧亚两洲的大帝国，自然而然地选择北京作为蒙元的首都。蒙古的统治中心因此从漠北草原和林城，南迁到漠南的开平府（今内蒙古正蓝旗境内），最终南迁至中都。1272 年改中都为大都，定为国都，至此忽必烈完成了政治中心的南移。当时元朝设计建设的元大都，就是对儒家经典《周礼・考工记》建筑思想的践行，如侯仁之先生所言：

> 中央集权的统一封建国家出现之后，无论是秦的咸阳，还是汉唐的长安与洛阳，在其平面布局上，也都不见《考工记》理想设计的踪影。只是到了元朝营建大都城的时候，这才第一次把这一理想设计，付诸实现，但也并不是机械地照搬，而是结合这里的地理特点，又加以创造性地发展，终于形成了一幅崭新的设计图案。[②]

元朝虽然是蒙古族建立的大一统王朝，但是它却崇儒重道，将儒家经典《周礼・考工记》的建设思想进行实践，最终建成元大都，为明清北京城的发展奠定了基础。不仅如此，当

① 张博泉等:《金史论稿》(第二卷)，长春：吉林文史出版社，1992 年版，第 422 页。

② 侯仁之:《北京城的生命印记》，北京：三联书店，2009 年版，第 215 页。

时坐镇元大都的忽必烈对儒学颇为重视，正是在他统治时期奠定了有元一代“以儒治国”的基本规模。正如《元史》对他的评价所说：

世祖度量弘广，知人善任使，信用儒术，用能以夏变夷，立经陈纪，所以为一代之制者，规模宏远矣。[①]

忽必烈迁都大都之后，为了获取中原地区尤其是南宋故地儒士大夫对其大汗地位的政治支持，以及维护大一统帝国的社会政治秩序，在汉儒的劝谏之下，积极“信用儒术”“以夏变夷”，主动儒化、汉化，“为一代之制”。正如德国学者所说：“面临对他的大汗地位的这种有限的承认，忽必烈变得更加认同中国，并且寻求对他成为中国皇帝的支持。为了吸引汉人的忠诚，他必须是一个表里如一的传统的中国皇帝。如果他希望得到中国士大夫或精英的支持或者至少他们的沉默，他必须恢复一些儒家的仪式和习惯。”[②]

忽必烈之后的元代诸帝，也基本上恪守祖宗之法，在社会政治上对儒士阶层给予了高度重视，礼遇儒士，史称：

成宗皇帝克绳祖武，锐意文治，诏曰夫子之道，垂宪万世，有

① ［明］宋濂等：《元史》卷十七《世祖十四》，北京：中华书局，1997年版，第377页。

② ［德］傅海波，［英］崔瑞德编；史卫民等译：《剑桥中国辽西夏金元史》，北京：中国社会科学出版社，1998年版，第524页。

国家者所当崇奉。既而作新国学，增广学宫数百区，胄监教养之法始备。武宗皇帝熠兴制作，加号孔子为大成至圣文宣王，遣使祠以太牢。仁宗皇帝述世祖之事，弘列圣之规，尊五经，黜百家，以造天下士。我朝用儒，于斯为盛！英宗皇帝，铺张巨丽，廓开弥文。明宗皇帝，凝情经史，爱礼儒士。文宗皇帝缉熙圣学。……今上皇帝入纂丕图，儒学之诏方颁，阙里之后鼎盛。……扬历丕绩，于是内圣外王之道，君治师教之谊大备于今时，猗欤盛哉！[①]

忽必烈之后的成帝、武宗、仁宗、明宗、文宗等皆推重儒学，"爱礼儒士"。很多汉族儒臣因此得以参与蒙元社会政治事务的管理，正如元人李翀所言："国朝故事，以蒙古、色目不谙政事，必以汉人佐之。"[②]元泰定帝时期，还将成吉思汗以来召请汉儒为君主讲解儒经、参与国策的惯例，通过开设经筵制度的形式正式确定下起来[③]，从此儒士有了更多"得君行道"的机会。尽管科举制度没有得到一贯推行，在选用人才上的贡献也不大[④]，甚至被视为"粉饰太平之具"[⑤]，但它从制度的角度

① ［元］欧阳玄：《圭斋文集》卷九《曲阜重修宣圣庙碑》，影印文渊阁《四库全书》本，台北：台湾商务印书馆，1986年版，第95页。

② ［元］李翀：《日闻录》，影印文渊阁《四库全书》本，台北：台湾商务印书馆，1986年版，第422页。

③ 张帆：《元代经筵述论》，《元史论丛》第五辑，北京：中国社会科学出版社，1993年版，第136页。

④ 陈学恂等主编：《中国教育史研究》（宋元分卷），上海：华东师范大学出版社，2009年版，第360页。

⑤ ［元］叶子奇：《草木子》卷四下《杂俎篇》，影印文渊阁《四库全书》本，台北：台湾商务印书馆，1986年版，第793页。

保证了程朱理学的传播与汉族儒士大夫入仕于元的合法路径。从整体上来看，整个元代，忽必烈与元代诸帝，对南宋原有的官僚士大夫的优待及儒士阶层的不次进用，在一定程度上增强了汉族儒士大夫社会的归属感，这对于儒士阶层认同、入仕并效忠蒙元起到了至关重要的作用。

明清时期的帝王及君臣更是如此，据史书记载，朱元璋即位之初，便“首立太学，命许存仁为祭酒，一宗朱子之书，令学者非《五经》、孔孟之书不读，非濂洛关闽之学不讲。”[①]不仅如此，他还于洪武三年（1370），恢复科举，以程朱理学为考试必修内容，初步确立了程朱理学的官学地位。明成祖朱棣篡位之后，为了进一步控制人心，明成祖朱棣于永乐十二年（1414）命胡广、杨荣、金幼孜等人编撰《五经四书性理大全》，此书编纂的原则，“《五经》、《四书》，皆圣贤精义要道，传注之外，诸儒议论有发明余蕴者，尔等采其切实之言，增附于下”[②]。

清朝作为一个少数民族满族建立的政权，为了赢得广大汉族臣民尤其是社会精英阶层——儒士大夫的文化认同，于是积极认同并推崇盛行于当时的儒学。尽管在清代初年，儒学依旧呈现为理学、心学并存的局面，但在康熙、乾隆时期，朝廷开始明确强调将程朱理学作为当时的官方意识形态，并借助多种形式推广理学，包括编纂《古今图书集成》《四库全书》等

① ［清］陈鼎：《东林列传》卷二《高攀龙传》，扬州：广陵书社，2007年版，第38页。

② ［明］雷礼：《皇明大政纪》卷七，明万历刻本，第356页。

大型典籍来强化儒家观念，以赢得汉族臣民对中央皇权的文化认同、政治认同。清朝较蒙元相比，它更加彻底地尊崇以儒学为核心的中华文化，更加彻底地推行汉族制度、中华文明，所以作为中国皇权社会最后一个王朝，它基于文化认同而形成政治认同方面做得更加彻底。这既巩固了以清朝权贵为核心的皇权体制，更是传承了以儒学为核心的中华文化及文明。

民国以来，尽管儒学失去了在文化体系、意识形态中的指导地位，但是不能否认的是，它依然是中华文化中不可或缺的重要组成部分，更是北京中轴线发展演变的精髓与理念所在。也就是说，尽管民国以来“崇儒重道、以德治国”并非主导性的思想观念，但是不能否认的是，对以儒学为核心的中华传统文化的重视，一直是近百年来的基本主题所在，也正是因为如此，随着中华民族的伟大复兴，以北京中轴线为载体的中华传统文化又一次被重视、传承与弘扬，这些都不能不说是北京中轴线所具有的现实价值与时代意义。

总之，崇儒重道、以德治国是中华政治文化的思想精髓，也是历朝历代帝王治国的基本指导思想，这在元明清时期也得到了充分的体现。以北京为首都的元明清诸帝都纷纷崇儒重道、以德治国，不仅以此来指导北京中轴线及北京城的建设，①

① 比如元大都建造的指导思想，便是儒家经典《周礼》，据元人所言：“至元四年（1267），岁在丁卯，以正月丁未之吉，始城大都，立朝廷、宗庙、社稷、官府、库庾，以居兆民。辨方正位，井井有序，以为孙子万世帝王之业”，其中“辨方正位，井井有序”就是对《周礼·考工记》思想的继承与发展。（［元］虞集：《道园学古录》卷二十三《大都城隍庙碑》，《四部丛刊》景明景泰翻元小字本，第276页。）

同时以此为指导思想铸就了中国近世数百年的大一统的中华文明。不仅如此，近代以来，崇儒重道、以德治国的理念不断随着时代的变化而发展演进，即使在今天，它依然被重视，在“双创”理论的指导下不断发扬光大。

9. 仁民爱物，协和万邦

北京作为金元明清以来的首都，它不仅仅是帝王之都，也是民众之都，在这里民众的生活也得到了重视，可以说是一个君民同体、家国同构的集中体现。与此同时，这里也是百草丰茂、万物汇集之美丽城市。可以说，北京城集中体现了中华传统中仁民爱物、兼济天下的思想。所谓仁民爱物，源于《孟子》。《孟子·尽心上》：“君子之于物也，爱人而弗仁；于民也，仁之而弗亲，亲亲而仁民，仁民而爱物。”[①] 孟子的意思是说，作为统治阶层不仅对民众要推行仁爱，对于万物一样也要兼收并蓄，实现人与自然的合一。

北京中轴线及北京城的建设体现了对现实人事的重视，如在北京城的建设过程中，统治阶层们都注重通过中轴线来凸显皇权至上、天下一统等思想。但是，我们也不能否认的是，在北京城中也有多处因为经济发展而出现的商业街区，以及基于信仰的寺院、具有公共性、人民性的公园等等，这些都凸显了古代统治者以民为本的民本思想。比如元大都建成之后，钟鼓楼附近就成了当时都城的中心，也是整个北京商业贸易的中心，如有学者所研究总结的：

---

① ［汉］赵岐注，［宋］孙奭疏：《孟子注疏》卷十三《尽心上》，北京：北京大学出版社，2000 年版，第 443 页。

按照古代都城的理想设计，皇宫的北边应为商业集中区。元大都也是这样。在元代，积水潭是当时新开凿的南北大运河的终点，来往船只众多，水运便利，自然成为商业荟萃，商贾云集之地。不仅如此，还形成了以大内、太液池、海子（今什刹海）、钟楼、鼓楼为中心的宫殿官署、宅第民居和商肆集中的大都政治、经济、文化中心区域。元大都的真正中心，就是钟鼓楼。与以往都市布局不同，元代大都除有以积水潭为中心的全城商业最繁华之地以外，还在今西四牌楼附近和东四牌楼西南两处，分别建有羊角市和枢密院角市。前者为养、马、牛、骆驼、驴、骡等的集中交易地；后者为综合性的地区商业中心。三者并列，成为大都主要的买卖交易场所。[①]

元大都作为元明清中轴线开始的都城，在设计之初，就充分考虑到了民生问题，尽管积水潭是当时大运河的北端，是朝廷为了满足物资需要而设立，但也充分满足了元大都及北方民众对商货、物资、粮食等需求，这自然体现了元朝以民为本的思想。当然，不能否认的是，这种开放毕竟有数量与空间上的有限性。不过，近代以来，北京城及中轴线的全面开放，继承和发展了古代民本思想、与民同乐的观念，让北京中轴线及其所属建筑发挥了最大的价值。

新中国成立之后，北京中轴线及所属建筑被接纳、改造，逐步形成了我们今天的模样。另外，围绕着北京中轴线及旧北

① 高巍等：《漫话北京城》，北京：学苑出版社，2003 年版，第 59 页。

京城，政府做了社会主义的规划的建设，使得这里发生了翻天覆地的变化，北京由此成为全国乃至全世界的经济中心、文化中心、科技中心等，也更加凸显了仁民爱物、兼济天下的传统观念。如有学者所总结的：

解放四十年来，首都的各个领域都发生了巨大变化，已由一个消费城市发展成为一个门类齐全、水平先进的新型工业城市。塑料、汽车、电子等工业，一些重要产品已跃居全国前列。在全国统一划分的164个工业门类中，北京就占近150个。目前北京企业总数已达6100多个。现在北京有国营、集体、个人商业服务网点12.5万个。全市拥有幼儿园3679所，小学3793所，中学702所，分别是解放初的174倍，1.26倍和8.67倍。目前全市的医疗卫生机构已发展到4398个，是解放初的72倍；病床总数为58623张，为解放初年的19倍。城市建设方面表现尤为突出。房屋建筑面积已达一亿多平方米，住宅小区已有50多个。修建公路近一万公里，开辟和调整电汽车营业路线150多条。[①]

从20世纪90年代初期的数据就可以看出，新中国成立之后，北京城日新月异，不仅充分体现出了社会主义制度的优越性，更是彰显了北京城所具有的仁民爱物、兼济天下的文化特质。在这里，不仅百姓生活得到了进一步的发展提升，更是容纳了来自海内外的新科技、新文化、新观念，等等。

---

① 李登科：《北京历史民俗》，北京：中国环境科学出版社，1993年版，第93页。

总之，北京中轴线所体现的仁民爱物、兼济天下的思想精神，不仅体现在设计理念上，更是体现了在统治阶层们治国理政的思想上，这些思想在元明清时期一脉相承，近代以来更加体现了这一政治思想。

10. 因地制宜，情景交融

北京作为首都，自然风景优美，兼有天然屏障，有山有水，沃野桑田，都是被古人所高度称赞，比如《日下旧闻考》所记载的：

东枕辽海，沃野数千里，关山以外，直抵盛京。气势庞厚，文武之丰镐不是过也。天津襟带河海，运道咽喉，转东南之粟以实天庾，通州屹为畿辅要地。北则居庸耸峙，为天下九塞之一。悬崖峭壁，保障都城，雄关叠嶂，直接宣府，尤重镇也。西山秀色甲天下，寺则香山、碧云，水则玉泉、海淀，而卢沟桥关门巀立，即古之桑干河，京邑之瀍涧也。畿南皆平野沃壤，桑麻榆柳，百昌繁殖。渐远则瀛海为古河济交汇处，水聚溪回。若夫万里河山而都城位北，南向以收其朝拱之势，梯航车马，络绎奔赴，皆自南而北以奉神京，岂非古今第一形胜哉！①

北京城所处的地位非常优越，这里自然条件好，不仅有沃野千里，交通要道，有山有水，还有各种关塞，景色也非常优美。比如在金代就出现了燕京八景，如太液秋风、琼岛春

① ［清］于敏中：《日下旧闻考》卷五《形胜》，北京：北京古籍出版社，1985 年版，第 87 页。

阴、道陵夕照（后称金台夕照）、蓟门飞雨（后称蓟门烟树）、西山积雪（后称西山晴雪）、玉泉垂虹、卢沟晓月、居庸叠翠等。

尽管元大都的建设并没有在金中都的旧址上进行，而选择金中都东北方位重新建设，但也是因地制宜，形成了诗情画意的新都城。随后，明清在元大都的基础上进一步丰富完善北京城，从而形成了今天北京城的初步规模及框架。可以说，元明清时期的北京城作为首都，很大程度上也是基于北京当时所拥有的优美自然环境，对此雍正皇帝也曾作诗盛赞北京城之美景：

磐石占幽蓟，金汤固帝京。幅员宁有外，带砺自堪盟。
行事河山拱，星文气象清。休征荷地力，瑞应感天成。
济济匡时器，熙熙击壤情。溪流穿禁籞，霞彩映重城。
日照朱甍丽，尘飞紫陌轻。烟花织锦绣，莺燕唱升平。
池暖鱼吹絮，兰熏蝶抱英。新荷初浥露，宿麦晚蒸晴。
极浦渔舟杳，斜阳牧笛横。所希均雨泽，南亩问春耕。[①]

雍正皇帝描写了当时北京城内外的地理环境，不仅有险要的关隘、山水保护着北京城，也有流水、日照、霞彩、池水、荷花、斜阳、农田、渔舟等优美景色。总之，这里不论是自然环境，还是人文环境都非常宜人。可以说，金元明清将北

① ［清］于敏中：《日下旧闻考》卷五《形胜》，北京：北京古籍出版社，1985 年版，第 88 页。

京城作为首都，并基于地理特点，将地理优势、自然环境等相结合进行建筑，从而形成了物我合一、情景交融的魅力北京。

北京中轴线作为北京城建设的中心及基础，它充分体现了古人对自然环境的重视，从而因地制宜地将地理运用到最佳的状态，以此体现了人与自然的和谐相处，这一点也体现在元大都皇城的选址与建筑上，从而形成了人与自然的有机融合。对此如有学者所总结分析的：

元大都的皇城处于全城1/3偏南的位置。并不像《周礼·考工记》的定制一样设在全城之中。它设计的主要目的是为了利用琼华岛（今北海琼岛）的山光水色，以求适合于蒙古民族喜爱大自然，和大自然同呼吸、共命运的心理要求。如果非要按照《周礼·考工记》的定制，要把皇城设计在全城中央，按当时的地理条件、营建能力来讲，未必不可，那么皇城就要被安置在大都东南西北之中心，也就是“中心之台”的位置，这样西北边的海子（今积水潭）将影响大内的中心位置，除非把琼华岛太液池（今北海公园）和偌大的积水潭安排在大都城外，这对忽必烈来讲是不能接受的。按照忽必烈的意向，刘秉忠的设计，原来大都城市等边四角形的，但是东墙一线沼泽地太多，施工艰难，方稍往西移位，终于使大都城变成稍有不等边的城郭，这也和《周礼·考工记》的建制相违背的。①

北京平原地处永定河的洪冲积扇上，在迁徙过程中，留下了

① 昔宝赤·却拉布吉：《元大都研究：元大都七百五十周年祭》，沈阳：辽宁民族出版社，2019年版，第182页。

众多的湖泊和丰富的水源。为北京形成和发展提供了良好的自然基础，从燕都蓟城，到金中都城；从元大都城到明清北京城。永定河由西向东日夜奔流，为城市提供了充沛的水源，而莲花池、太液池、积水潭、昆明湖（古代又称西湖），南海子，延芳淀等湖泊，星罗棋布，使北京地区的自然环境分外宜人。[①]

由此可见，当时元大都作为明清北京城的前身，在建筑的时候也充分体现了蒙古民族对大自然的感情，以此实现了人与自然的和谐。可以说，元明清时期北京城的建设充分利用了当时的自然条件，并将都城建设与自然条件进行因地制宜的考察与利用，从而实现了人与自然的和谐统一，为元明清北京城乃至今天的北京发展提供了得天独厚的自然条件。实际上，这种因地制宜、人与自然的有机融合也是中华优秀传统文化思想精髓的体现。

需要提及的是，元朝在建设大都的时候，也充分考虑到了当时首都水系的规划与建设问题。当时，元朝在金中都城的东北建设大都城，将城址选在永定河的冲积扇、洪积扇脊部，这种做法既可以减少永定河对元大都的危害，又可以利用当时的积水潭广阔水域，满足当时都城的用水问题。不仅如此，为了保证宫廷用水的清洁，当时还专门从玉泉山引出金水河作为用水供应源头。另外，金元明清时期，为了解决漕运问题，朝廷也曾多次疏浚通惠河、坝河、清河，这样漕粮就可以直达京

---

① 王丹丹:《北京公共园林的发展与演变历程研究》，北京林业大学博士学位论文，2012 年 6 月未刊本，第 63 页。

城，等等。这些都充分体现了当时建筑师及劳动人民对自然条件的充分而科学的利用，从而形成各因地制宜、情景交融的人与自然合一的园林景象。

总之，北京城的选址与建设充分展现了古人对自然的深刻认知与合理利用，从而最大限度地实现了人与自然的有机统一。更为主要的是，这种基于人与自然有机融合的理念，实际上也是古人天人合一思想的具体展现，更是中华民族优秀传统文化中宇宙观、天道观、自然观的现实呈现，从而形成了具有中华民族独具特色的园林文化体系。

11. 勤劳智慧，自强不息

在北京中轴线上及两侧分布着永定门、正阳门、天安门、三大殿、景山、钟鼓楼等标志性建筑，同时还有坛庙、寺观、府邸、苑林、街道、胡同等等，这些都构成了帝都的基本格局，这些建筑规模恢宏、气宇轩昂，蕴含着中华优秀传统文化的精髓，也是历朝历代思想文化、科学技术、建筑艺术的集中体现，更是劳动人民勤劳智慧、自强不息精神的结晶。比如有学者在描述明清故宫的时候就说道：

紫禁城（今北京）是京城的核心。明初攻克大都后，原来的元皇宫，太液池以西隆福宫等宫殿改为朱棣的燕王府，其余大部分宫殿被拆除了。因此，明成祖迁都北京，重新建造了紫禁城皇宫。紫禁城内，前部为皇帝坐朝和举行大典的外朝，以奉天、华盖、谨身（嘉靖重修时改名皇极、中极、建极，清顺治时改称太和、中和、保和）三大殿为主体，文华殿和武英殿为东西两翼。后部为皇帝和后妃们居住的内廷，以乾清宫、交泰殿、坤宁宫为主体，东六宫和西六宫为两翼。紫禁城周长六里，墙高十米，宫殿群巍峨壮丽，气象万千，它是中国古代宫殿建筑总结性的杰作。[①]

故宫作为北京中轴线上最重要的建筑之一，充分体现了北京城建筑艺术水平的高超。这些建筑智慧不仅体现为天人合一、因地制宜、和谐有序等理念，也是古代城市规划理念比如“前朝后市，左祖右社”等的伟大实践。可以说，北京中轴线既是当时建筑设计师们的智慧结晶，更是中国古代建筑发展史上的集大成之作。更为主要的是，北京中轴线的建筑群，也是数以万计的劳苦大众辛勤劳作的结晶，充分展示了中华民族劳动人们的勤劳质朴。

北京城基于中轴线而建，但并非为建筑而建筑，相反围绕着中轴线，北京实现了天人合一、自然与社会的和谐，宛如一幅画作，对此如梁思成在其《祖国的建筑》（1954）一文中就这样描述道：

我们试将中国的建筑和绘画在布局上的特征和欧洲的作一个比较。我觉得西方的建筑就好像西方的画一样，画面很完整，但是一览无遗，一看就完了，比较平淡。中国的建筑设计，和中国的画卷，特别是很长的手卷很相像：用一步步发展的手法，把你由开头领到一个最高峰，然后再慢慢地收尾，比较的有层次，而

① 阎崇年：《北京史话》，北京：中华书局，1982年版，第32页。

且趣味深长。北京城这条中轴线把你由永定门领到了前门和五牌楼，是一个高峰。过桥入城，到了中华门，远望天安门，一长条白石板的“天街”，止在天安门前五道桥前，又一个高峰。然后进入皇城，过端门到达了午门前面的广场。到了这里就到了又一个高峰……进入午门又是广场，隔着金水河白石桥就望见了太和门。这里是另一个高峰的序幕。过了太和门就到达了一个最高峰——太和殿。这可以说是这幅长“手卷”的中心部分。由此向北过了乾清宫逐渐收场，到钦安殿、神武门和景山而渐近结束。在鼓楼和钟楼的尾声中，就是“画卷”的终了。[①]

的确，北京城作为中国古代建筑史上的杰作，它继承了古人建筑的思想与成就，注重天人合一、人与自然的和谐，所以，基于北京中轴线而建的北京城充分体现了这一文化特征及特质。可以说，北京中轴线是对以往都城建筑注重中轴线思想的继承与发展，北京中轴线也体现了古代的统治思想。

元明清时期的北京城不仅从整体上来看，展现了它精美绝伦的艺术水平，更是在具体的细节上包括城内的科学技术、雕塑、建筑等也都充分体现了劳动人民的勤劳与智慧。比如元大都建设之初，郭守敬建白浮堰，开通惠河，这些依然是北京水利建设可供借鉴的典范。郭守敬在当时所创制的多种天文仪器及“授时历”，也是当时世界上最为先进的。即使是北京城的房屋建筑也是全国最为精美者，如清人在其《旧京琐记》中

① 梁思成：《梁思成全集》（第五卷），北京：中国建筑工业出版社，2001 年版，第 223 页。

评价云：

京师屋制之美备甲于四方，以研究数百年，因地因时，皆有格局也。户必南向，廊必深，院必广，正屋必有后窗，故深严而轩朗。大家入门即不露行，以廊多于屋也。夏日，窗以绿色冷布糊之，内施以卷窗，昼卷而夜垂，以通空气。院广以便搭棚，人家有喜事，宾客皆集于棚下。正房必有附室，曰套间，亦曰耳房，以为休息及储藏之所。夏凉冬燠，四时皆宜者是矣。[①]

北京的建筑流行四合院，这种建筑充满了安适、幽静，也充分体现了它的文化性，充分展现了北京文化独特的魅力，但这些也充分体现了劳动人民的智慧与勤劳。

总之，基于北京中轴线所形成的建筑及园林，这些作为中国古代建筑的杰作，既是为古代帝王所有，但却也是广大劳动人民辛勤劳动的结果，其中包含着他们辛勤的汗水与卓越的指挥，显现了古代设计者、工匠、建筑学家等丰富的想象力与伟大的创造力。不仅如此，北京中轴线上的建筑涵盖了中国古代的思想文化、科学、技术、艺术、宗教等多个门类，集中反映了古人丰富的社会生活，这些也是我们人类重要的文化遗产及智慧的结晶。

12. 崇尚正义，爱好和平

北京中轴线上及附近建筑都体现了中华民族崇尚正义、

---

① ［清］夏仁虎：《旧京琐记》，北京：北京古籍出版社，1986年版，第40页。

爱好和平的思想，比如《日下旧闻考》中记载说："（洪武）二年，大将军徐达改故元都安贞门为安定门，健德门为德胜门。"[①]这种城门的改称，就体现了元明之际，人们对于战乱及元廷暴政的反感，而对正义、和平的渴望。

不仅如此，明清以来，在北京城也发生了很多次抗击侵略、维护正义的事迹。比如在明朝，随着朝政紊乱，北方的游牧民族瓦剌军也向南扩张势力，经常侵扰明朝边境。正统十四年（1449）七月，瓦剌军南侵明朝。明英宗仓促应战，结果在土木堡（今官厅水库西北）被俘，史称"土木之变"。随后，瓦剌进攻北京城。危难之际，兵部侍郎于谦等人为了解困，一方面拥立明英宗弟弟为皇帝，遥尊英宗为太上皇；同时，带领军民在北京城九门之外，积极抗击瓦剌军，并最终迫使瓦剌撤军，北京城解围。尽管随后，于谦等人遭陷被害，但也赢得了民众的追念，并最终平反建祠纪念。在今天东单裱褙胡同23号，还存留有于公祠。

在明清之际，随着北方女真族的兴起，并开始南下侵扰。在崇祯二年（1629），清军兵临城下。于是，袁崇焕等人在北京的广渠门外与清兵多次基站，并取得了广渠门大捷，使北京城转危为安。后来，清采用离间计，迫使明朝杀害袁崇焕。后人为了纪念袁崇焕，修建了袁督师庙（龙潭湖东岸）、袁崇焕纪念馆（西岸"张园"遗址处）。

近代以来，崇尚正义、爱好和平更是北京城及民众的集

---

① ［清］于敏中：《日下旧闻考》卷四《世纪》，北京：北京古籍出版社，1985年版，第63页。

中体现。1919 年的五四运动就爆发在北京。当时民众在天安门广场上聚集，高呼“保卫主权”“还我青岛”等口号，希望惩办那些出卖国家利益及主权的卖国贼。更为主要的是，在抗日战争期间，北京成为了全国抗战的重镇所在。在争取民族独立、抵制列强方面都做出了突出贡献。

在解放时期，随着辽沈战役、淮海战役取得胜利之际，中国人民解放军也不失时机地发动了平津战役。最终也迫使固守北京的傅作义，接受了和平解放的倡议及和平改编。随后，中国共产党在这里不仅召开了第一届政治协商会议，并于 1949 年 10 月 1 日举行了开国大典，宣告中华人民共和国成立。

实际上，北京中轴线及北京城崇尚正义，也集中体现在遍布四处的关帝庙及其信仰。据学者统计，北京自古寺庙很多，其中尤其以关帝庙最多，明清时期就城内专供和兼供关公的庙宇就达 110 多所，如果加上郊县的关帝庙，总数达到了 267 座。[①] 元末明初，关羽忠义形象已经建构并迅速神化。据说，当时朱棣亲征漠北时期，关公也曾为之助力。随后，朱棣在重修北京城墙的时候，就在各个城门的瓮城里都建造了关帝庙。

13. 博大精深，源远流长

以北京中轴线而形成的北京城，也充分体现了它的博大精深、源远流长的文化特质，比如紫禁城、太庙、天坛等便是

① 呼延云:《北京正阳门关帝庙 600 年前人气旺》,《工会信息》, 2019 年第 24 期。

对中国古代建筑思想与实践的集大成，即使是最晚建成的人民英雄纪念碑也充分体现了这样的特征，如有学者所总结的：

观碑意，让我们常常感慨的是中国文化的博大精深。让人印象深刻的纪念碑往往是设计精美、内容精深、制作精良。一般而言，碑底有座，沉稳支撑。碑周有廊，守护有力。地势地貌，形胜吻合。内容形式，刚柔相济。碑中有文化，建筑有艺术，人民英雄纪念碑就是汇聚了建筑学家梁思成、林徽因，文史学家郑振铎、美术家吴作人等人的集体智慧，淮海战役烈士纪念塔由建筑学家杨廷宝主要设计……碑文有辞章，题写有书法，中国共产党内不乏优秀的书家。周恩来秀美隽永的精美书法，使人民英雄纪念碑更生英气卓然，展示着中国政治家的博大胸怀和军事家的儒雅风范。也有书法家书写的碑文，楷书庄重，隶书大方，魏碑稳当，行楷灵动，生气勃勃，各有千秋。设计有美学，暗含数字，蕴含寓意，巧妙中见深刻，联系中知逻辑。中央红军长征出发纪念碑高 19.34 米，底座边长 10.18 米，象征 1934 年 10 月 18 日中央领导机关从江西于都出发，开始了举世闻名的二万五千里长征。延安“四八”烈士纪念碑高 19.46 米，寓意烈士遇难的年份，碑身后有 4 层阶梯，其下有 8 级台阶，象征着遇难时间 4 月 8 日。顶部雕有党徽镰刀斧头，象征着中国共产党，最高一层四面刻着五角星，代表着中国人民的革命事业奔向未来远方。[①]

① 殷陆君：《英雄丰碑——中华民族最闪亮的坐标》，《学习时报》，2019 年 8 月 2 日，第 4 版，第 2 页。

人民英雄纪念碑虽然是现代建筑，但却兼具传统文化、革命文化、社会主义文化、现代人的审美文化，充分展现了中华文化的包容性、多元性。实际上，北京城的各个建筑通过一条无形的中轴线贯通，这不仅展示了不同时代建筑文化的精美，也充分展示了北京城的包容性、多元化。

北京中轴线所展现的中华传统文化的博大精深，除了具体呈现在北京中轴线上的宫殿、坛庙、桥梁、城楼等有形的建筑上，也体现在生活在北京城内的君臣格局与胸怀。正是由于他们的包容、吸纳，使得古今中西的文化在这里汇集，从而形成了新的思想文化体系，从而让中华传统文化更加博大精深、源远流长。比如作为北京城重要发展阶段的元大都，它作为当时中西文化、文明的交汇点，也集中展现了这一特征。也就是说，大一统元朝的建立，极大地推动了国内及周边不同民族、不同文化、文明之间联系与交流，很多少数民族的生产技术与文化艺术进入中原，丰富了中原地区的社会文化；而很多中原地区的先进技术、思想文化也传播到了当时的西域、东北、西南等地区，甚至也传播到了周边的朝鲜、日本、越南、缅甸等地，由此极大地推动了中华文化与文明在东亚地区的发展。比如蒙元时期，尽管蒙古军队多次入侵朝鲜，但是蒙元的兵制、驿站制度、程朱理学、科学技术等也传入到了朝鲜。当时中朝两国的商贸往来十分频繁，路上物资交流也非常兴旺。中日两国也是如此，日本商人经常到蒙元沿海做生意，而中国的海船也常常到达日本进行商贸活动。中国的佛教、程朱理学也传入到了日本，丰富了中日两国的文化交流。蒙元时期，中国的典籍、科技文化等也多有传到越南，等等。

在蒙古汗国时期，成吉思汗、窝阔台汗、忽必烈汗也对儒学采取包容、利用的态度，促使了儒学在蒙古汗国的传播。元朝建立之后，元成宗、武宗、仁宗等也多次强调儒学的重要性，如元成宗曾在至元三十一年（1294）下诏书，令中外皆须尊奉孔子。元仁宗时期，明确地将程朱理学作为科举考试必读书目，使得当时读书人包括蒙古人、色目人，人人都要读四书五经，人人都要研究孔子，孔子在这个时候还被加封为“大成至圣文宣王”，地位到了无以复加的地步。

尽管蒙元时期科举考试断断续续地进行，但是这使得程朱理学实现了自产生以后最大范围的传播，当时理学已经传入了漠北、中亚、西亚等地。如元人马祖常所说：

天子有意乎礼乐之事，则人皆慕义向化矣。延祐初，诏举进士三百人，会试春官五十人，或朔方、于阗、大食、康居诸土之士，咸囊书橐笔联裳造庭，而待问于有司，于时可谓盛矣。①

其中朔方、于阗、大食、康居，一般是蒙古人、色目人所居住的漠北、中亚、西亚等地。也就是说，即使西亚、中亚、西伯利亚一带的蒙古人、色目人都开始接触学习四书五经、程朱理学，这就加速了蒙元的汉化、儒化，提升了他们的文明程度，更是强化了蒙元时期各个民族地区基于文化认同的

① ［元］马祖常：《石田文集》卷九《送李公敏之官序》。

政治认同、国家认同。

可以说，元明清时期，北京作为全国性的首都，它在文化上始终注重文化引领、推陈出新，从而形成了北京文化的博大精深、源远流长，对此，正如有学者所总结的：

元代，在北京文化史上达到了一个高峰，无论在理学、科技、翻译、宗教、文学、杂剧、绘画、塑像等领域，都是硕果累累。尤其值得一提的是杂剧，出现了不少优秀剧目，同时涌现出一批杂剧作家。元曲成了元代文化的典型代表。明代是融汇少数民族文化的一个典型，四夷馆中培训了众多的少数民族语言学者，为文化的发展打下了基础。《永乐大典》是明代的综合文库，也是一座中国文化史上的里程碑。民间的戏剧、评书、杂技等，在统治者的淫威下，既受到摧残，又得到发展。明中叶的艺坛上曾出现“八绝”，丰富了北京京文化。清代，四方学者荟集京师，完成了《四库全书》的编纂工作。民间的大戏、小戏、地方剧都得到发展。尤其是乾隆中晚期徽班的进京，为京剧的形成奠定了基础。同时北京地区出现了为戏剧演出的专用场地——戏园。茶文化方面出现茶园。茶园又为说书、大鼓等曲艺节目提供表演场地，培育出不少优秀演员。综上所述，北京文化的历史不仅源远流长，而且内容极为丰富。[①]

从这种梳理可以看出，北京的文化始终在全国起到了引

---

① 李登科：《北京历史民俗》，北京：中国环境科学出版社，1993年版，第183页。

领作用，这种多元并举、兼容并包的风格，促使北京成为全国文化的引领者、排头兵。即使是在今天，基于北京中轴线建成的新北京城，也吸纳了来自世界各地的文化精髓，不论是物质文化，还是非物质文化领域都充分体现了包容性、多元性，这其实也是对中华传统文化精髓的继承与发展。

14. 与时俱进，守正创新

北京中轴线及其文化遗产并不是墨守传统，而是在传统的基础上不断开拓创新、实现价值的时代化、世界化。这种与时俱进、守正创新的文化精神不仅仅体现在金元明清时期，也体现在近代以来北京城的观念引领及其世界性转向。

元大都作为北京城发展中特别重要的一个阶段，集中体现了与时俱进、守正创新的这个理念，一方面它继承弘扬了千年来儒家经典《周礼·考工记》的建筑理念，另一方面继承了金中都建设的思想，并根据蒙古民族的传统做了改进，对此如王岗所分析的：

元大都在建造的过程中，继承的主要是两个文化系统。一个是上面提到的金朝的都城文化系统，主要体现在皇城及宫殿的营造方面。如元朝的皇家苑囿也是设置在主体宫殿群的西侧，皇宫的主体建筑坐落在全城的中轴线上，等等。另一个则是继承了儒家传统建都学说的系统，而且是用于对整个都城的规划设计方面。对儒家传统建都学说最早加以实践的都城是周代的洛邑，皇宫在都城的中央，其后面设置有市场，全程有纵横各三条主要街道，等等。但是，在此后历代的都城建造过程中，已经很少见到对这种建都学说的具体实践，就连汉唐时期的都城长安城的建造，也没有遵循这种学说。但是，元大都在建造大都城的时候，却再次实践了这种学说。根据当代考古工作者的实地考察和研究，我们知道，大都城里的皇城是设置在全城的中心偏南的地方，在它的后面，也就是钟楼和鼓楼一带，则设置有诸多的商市。这也就是对儒家传统建都学说中“面朝北市”理论的实践。除此之外，对于儒家建都学说中的“左祖右社”等理论，也皆加以实践，而没有不同的“创意”。由此可见，元大都的建造，是继承了两个不同的文化系统。[①]

从王岗的分析我们可以看出，北京中轴线作为北京城的脊梁与坐标，并非拔地而起，而是对以往都城中轴线建设理论与实践的借鉴与发展，由此体现了北京中轴线所具有的与时俱进的思想。不仅如此，这种创意也并非是标新立异，而是基于以往的继承与发展，由此可以说是建筑史上“守正创新”的杰作。

近代以来，北京城成为新文化运动的发祥地，体现了其文化所具有的发展性、时代性。辛亥革命爆发之后，以孙中山为首的南京临时政府发布了多项新政令，但袁世凯等人坚持复辟，并积极推崇孔子、儒学的逆流。由此在北京的思想文化领域，出现了陈独秀、鲁迅、李大钊、胡适等人反对“纲常”“名教”等口号，提出打倒孔家店，由此推动了新文化运

① 王岗：《北京文化通史》（元代——明代卷），北京：中国社会科学出版社，2016 年版，第 97 页。

动的爆发。此后，以《新青年》为媒介的新文化运动蓬勃开展起来。蔡元培作为北大校长，也积极宣扬学术自由，倡导西学及新文化。在第一次世界大战、俄国十月革命之后，经过五四运动的推波助澜，在北京也出现了马克思主义的思想运动。李大钊等一大批马克思主义者积极宣扬马克思。1920 年，新青年社出版了第一个中文全译本的《共产党宣言》。这一时期，毛泽东、蔡和森、恽代英、邓中夏、瞿秋白等一大批有志之士也都学习并宣传马克思主义，北京很快成为当时马克思主义思想运动的重镇。抗日战争时期，刘少奇等人曾在北京积极领导民众抗战，为全国的民族解放与新中国的建设做出了突出贡献。1949 年 1 月，在毛泽东、周恩来等人的努力下，北京获得和平解放，新中国也随后成立。

值得关注的是，在民国时期，随着清朝的结束，北京中轴线失去了传统皇权意义为主的政治功能，而开始转向文化社会功能，充分体现了人民性、公共性的文化属性。这种功能及文化上的转向，实际上也是对传统的继承与发展。不仅如此，民国时期由于旧城的改造，促使了以东西长安街为基础的北京横向轴的发展，这为新中国成立后，北京的迅速发展及社会主义建设提供了重要的空间保障。可以说，北京东西轴线的出现，也是对北京南北中轴线的继承与发展，在思想内涵上具有内在相通之处，且丰富了北京中轴线的政治内涵。如有学者所言："由于长安街位于城中心，又与南北中轴线相交，自然而然成为历次政治活动的主要舞台。作为一条'政治大街'，它见证了中国百年来的重大世界甚至具有划时代意义的事件，它时刻记录、诠释着中国的政治走向。”[①]

新中国成立之后，北京城在以往基础上发生了翻天覆地的变化，成为了举世闻名的现代化大都市，对此如有学者分析总结的：

北京街坊四十多年来，发生了天翻地覆的变化。这座历史名城、帝王古都，成了新中国人民的首都。人民政府爱人民，北京刚一解放即着手治理旧北京留下的垃圾山、臭水沟，尽力改善人民的生活环境和卫生状况。紧接着开始大规模的城市建设，五十年代就出现了具有国际水平的十大建筑。六十年修建地铁、新建居民小区。六十年代中期至七十年代中期，“文革”的骚扰，虽然使各个领域都有不同程度的损失，但是“文革”一过，百废俱兴，各条战线上都出现了惊人的变化，城市建设方面自然也不例外。八十年代北京市区各主要干道上的立交桥如雨后春笋般地涌现出来，同时出现了八十年代的十大建筑。这些建筑物给古都北京的市容增添了无限光彩。九十年代在北京召开的亚运盛会，无疑是对北京各方面的考验。亚运会的成功，也是宣布考验合格的证明。从北京解放到现在，不到半个世纪，北京一反龙钟老态，以现代化的姿容列入世界大都会之林了。[②]

① 郑珺编著：《北京“两轴”与全国文化中心建设》，北京：经济科学出版社，2018 年版，第 209 页。

② 李登科：《北京历史民俗》，北京：中国环境科学出版社，1993 年版，第 65 页。

北京从解放之后不仅在建筑上突破了以往的框架，而且还结合时代的需要，新建了很多全新的建筑包括居民小区，比如电报大楼、军事博物馆、工人体育馆、北京站、人民大会堂、中国国际展览中心、北京国际饭店、大观园等标志性的建筑。更为主要的是，解放之后北京城思想观念的改变，它一方面走出了传统北京城为政治中心、文化中心，尤其是帝王之都的思想，通过君民一体、天下一家的理念来发展城市；另一方面，北京作为全国的政治文化中心，也通过各种形式来展现现代化、全球化的发展理念与实践，与时俱进，守正创新，让北京成为世界现代文明的重镇。

总之，北京中轴线及其所属建筑，随着时代的推移，已经逐渐由原来皇家的文化，转向公共文化的方向发展，成为社会共享的文化遗产及资源。正是这种属性与功能的变化，充分体现了社会主义制度的优越性与现代性，也充分体现了传统民本思想、文化精神实现了时代性化。这种价值的转化，自然也为北京中轴线及其所属建筑走向全球奠定了重要的基础。

15. 允执厥中，尽善尽美

北京中轴线注重取中，这实际上反映了中国古代的礼制思想，所谓“王者必居天下之中，礼也”[①]“天子中而处，此谓因天之固，归地之利”[②]，等。《周礼·考工记》对于王城的建筑

① ［清］王先谦撰，沈啸寰、王星贤点校：《荀子》卷十九《大略》，北京：中华书局，1988 年版，第 485 页。

② 黎翔凤撰，梁运华整理：《管子校注》卷十八《度地》，北京：中华书局，2004 年版，第 1051 页。

布局也做了规定，它认为作为城市结构的主体与核心必然是宫城，即王所在的居所。这不仅是城市的中心，也是政治、天下的中心所在。此后，“居中”论成为古代都城尤其是王城建筑的基本理念，后来儒家中庸之道也与之有内在的相通之处。

北京中轴线作为中国古代都城建筑的集大成之作，充分体现了古人的建筑思想，也充分展现了两千多年来儒家的中庸之道，体现了大中正统之意，所以北京城围绕着中轴线而建构，既是对古代都城建筑理念的继承与发展，更是对古代礼制思想、政治理念的传承与弘扬。换言之，北京中轴线是当时统治者的选择，不仅仅体现为区域地理、建筑布局的合理性，也充分体现了政治文化意义上“中心”的理念。毕竟，当时元大都选定北京之际，这里也是金朝的政治文化中心，经过金朝上百年的经营，北京已经成为了当时中国北方的经济、政治与文化中心，所以元朝继承了这种中心建都的传统意识也是自然而然的选择。毕竟，从中国上古夏商周以来，国都便有了人口经济、文化繁盛之意，如《释名》称：“城，盛也。盛受国都也。”[①]可见，古人选择都城已经体现了人口经济、社会文化繁盛之意，这不仅仅是地理中心的概念，也有了政治经济文化意义上的内涵。

可以说，北京中轴线作为元明清都城建筑的核心与框架，首先就充分体现了建筑学、礼学上的伟大成就，体现了古人居中、阴阳平衡之思想，如有学者所言：

---

① ［汉］刘熙撰，［清］毕沅疏证，王先谦补：《释名疏证补》卷五《释宫室》，北京：中华书局，2008年版，第182页。

北京传统中轴线具有典型的中轴对称、均衡的空间格局。北京旧城全城内遵循以中轴线为中心、两侧对称、均衡的建筑空间布局方式。首先，位于中轴线上的所有单体建筑都具有左右对称的特点。其次，中轴线的建筑尽可能遵从左右均衡的特点，故宫内两侧分布有文华殿、武英殿，皇城内两侧分布“左祖”（太庙）、“右社”（社稷坛）外城两侧分布天坛、先农坛。再次，内城有“东四”、“西四”，内城外分布较远的有日坛、月坛等强调中轴对称均衡的空间格局。①

北京中轴线作为城市的骨架与坐标，充分体现了对礼制的践行，体现了古代中正平和之道，所以围绕着中轴线，故宫、坛庙、内外城的衙署等都呈左右对称分布，充分体现了左右对称、秉承中庸之道的思想。也就是说，北京的中轴线不仅仅是物质文化的承载，也彰显着中华文化传统中君民共同奉行的无中不立、不偏不倚、左右对称、和谐统一等精神理念，更是中华文化正统——儒家中庸思想的集中体现，如有学者所言：

儒家学说又有一个重要的理念，即“中庸”的理念，表现在都城建筑上的实践，也就是由左右对称而出现的中轴线。自周秦汉唐以来，中国建立了众多的都城，但是，就连汉唐时期的长安、洛阳等知名都城，也往往没有突出中轴线的建筑理念。而元大都

① 北京市文物局：《北京传统中轴线文化价值研究》，《中国文物报》，2012年6月6日，第8版。

城的皇城，却完全体现了这个重要的儒家理念。从都城正南门丽正门，到皇城正南门棂星门，再到宫城正南门崇天门，从皇宫正殿大明殿，到皇宫后殿延春阁，再到皇宫后面的钟鼓楼，形成了一条完整的中轴线。[①]

的确，中轴线虽然也有建筑学上的意义，但是也有文化学上的深刻含义，这个意义便是对中华传统文化尚“中”思想的继承。中轴线所展现的中及中庸的观念不仅源于《周易》，也是中国古代政治思想中的集中体现。中庸之道在建筑上的体现，不仅凸显了它的政治意义，也体现了它所具有的人文精神及文化意义。可以说，城市中轴线体现了古人中和的思想，这也是礼仪的本质所在，如《乐记·乐论篇》中这样说道：“中正无邪，礼之质也。”基于此，中国古代的都城建设多有中轴线，比如唐长安城、宋汴梁城、元大都等都是如此。

北京中轴线作为北京城市的坐标、脊梁，始终强调天人合一、建中立极，从而强化君权神授，推天道以明人事的理念，以此凸显了政权及政治的合理性、合法性。可以说，北京中轴线不仅仅是政治的载体与象征，更是政治文化传统的承载者。此外，这里也充分体现了中华传统文化中的礼乐文化、祭祀文化、伦理道德文化、艺术文化等等，进而强化了皇权的至高无上性。尽管北京中轴线极力凸显天人合一、皇权至上、大宗正统的理念，但也不能否认北京中轴线所体现的中和思想、

① 王岗：《古都北京》，杭州：杭州出版社，2011年版，第42页。

中庸之道、人文精神与伦理道德等。正因为如此，在这里也有很多关于民生、社会、人文的理念及城市布局、街道、集市等。换言之，北京中轴线不是政治的中轴线，它也是中华民族的文化传统、人文精神的基准线、都市标杆。所以，北京中轴线所呈现的建筑标准、礼制、艺术、文化、伦理、道德等等都有典范、适中、标准之意。

正是由于北京中轴线及北京城是中国古代建筑史上的集大成之作，成为了古代都城史上的经典之作，符合美学的基本特质，如有学者所言：

城市环境中点、线、面、体元素的空间组合，是城市美学在视觉图式上最重要的呈现方式。驾驭全城的北京中轴线相当成功地以线的元素为核心，将这几个方面有机结合起来，从而使城市格局秩序严谨，空间主次分明。如果说道路、边界、区域、节点和标志物是构成清晰的城市意象的五种基本元素。那么，北京中轴线则通过这些元素之间有节奏性地互相穿插、互相呼应、互相强化，以连续的方式组织在一起，成为展示意象元素和视线走廊的韵律序列，最终铸就了一个极富特色的城市整体形象。[①]

北京中轴线及北京城吸收了中国古代都城建筑的所有思想与成就，并通过合理的空间布局、建筑类别、色彩搭配、道路街区合理分布、标志物等的有机处理，从而形成独具特色、

① 秦红岭：《论北京旧城中轴线的设计特征与文化价值》，《先锋论坛》，2014年第3期。

美不胜收的建筑杰作，成就了中国都城建筑史上的神话。更为主要的是，它所承载的中华传统文化精髓比如阴阳和合、天人合一、以民为本、孝悌之道、和而不同、生生不息、守正创新等，也都充分展现了古代统治阶层在都城建筑、礼仪秩序、道德教化、民风风情、社会和谐等各个方面最大限度地实现了有机融合，自然也可以说是达到了尽善尽美的境地。

总之，北京中轴线及北京城作为中国数千年都城建筑的典范，集中汇集并展现了古代建筑史上的思想与理念，充分体现了古人追求完美的建筑美学。不仅如此，北京中轴线及北京城所承载的中华优秀传统文化精髓，也充分体现了古人对于至善的追求。可以说，北京中轴线及北京城既符合传统的至高建筑美学要求，更符合中华传统文化中天人合一、以人为本的至善人文精神。

小结

北京中轴线是历史文化的瑰宝，更是中华民族的象征，它不仅充分体现了中国建筑艺术上的无与伦比，更是体现了它的空间布局之完美与文化蕴意之深厚。近代以来，北京中轴线及所属建筑依然是人们心中的圣地，如老舍《骆驼祥子》中就这样说道："这儿什么都有，有御河，有故宫的角楼，有景山，有北海，有白塔，有金鳌玉蝀桥，有团城，有红墙，有图书馆，有大号的石狮子，多美，多漂亮。"在北京中轴线上汇集了充分体现古代不同类型文化的建筑，从不同的角度体现了古代的建筑、艺术、政治、宗教、经济、伦理、道德、礼仪、哲学等各方面的文化观念，这对于彰显中华传统文化的精神及特点有十分重要的价值与意义。可以说，北京中轴线是中华传统文化的缩影，更是古代宫廷、建筑、园林、坛庙、艺术等的集大成之作。在这里，可以充分展示古人的宇宙观、自然观、社会观、文化观、人生观、价值观，等等。

另外，基于北京中轴线有各种不同类型的建筑，它们分别具有不同的文化功能，由此也承载着不同的文化精神，这些文化精神既有儒家的、道家的，也有佛教的、阴阳家的、法家的、农家的等等，可以说这里是中华思想文化的荟萃之地。除了有形的物质文化之外，基于北京中轴线而建的北京城，作为全国的首都，这里也是展现自古及今治国之道的重要之地。在这里，不仅体现了国家以人为本、以民为本的治国理念，也体现了兼容并包、协和万邦的外交理念，更体现为了与时俱进、守正创新的变革精神，等等。总之，北京中轴线是数百年来历史文化遗产的集大成之作，更是中华传统文化的荟萃之地。

十五、北京中轴线文化的特征

北京是保存了中国古代中轴线最多的城市，可以说是中国古代中轴线文化的典范。北京中轴线及其所属建筑，随着时代的推移，已经具有国家性、公共性与人民性共存的明显属性，摆脱了其隶属于皇家所有的传统属性。不仅如此，北京中轴线及其所属建筑也具有了现代性、全球的属性。它们已经不仅是中华民族文化、文明的结晶，也是人类文明及文化的智慧体现。毕竟，北京中轴线及其所属建筑，以及这些建筑群所呈现出来的北京城，是国际性的大都市，它的包容、开放，为它的现代化、全球化提供了重要的前提。

（一）典型性、民族性与独一无二性

北京中轴线及北京城作为中国历史上的集大成之作，更是中华传统文化的主要承载者，它们不论是在建筑史上，还是思想文化史上都有十分重要的价值意义，而这种价值与意义具有独特性，在世界范围内也是独一无二的，是中华民族所特有的，也是不可再生的历史文化资源。

1. 中华传统文化精髓的典范

北京中轴线作为中国都城建筑史上的杰作，也是中国古代科技文化的集中体现，这种建筑科技水平具有典型性。中国古代的都城建筑源远流长，在元明清时期达到了顶峰。其中，元代的建筑基于蒙古传统文化，注重吸收来自各方面的建设思想，作为元代建筑的代表——元大都宫殿就是这方面的典范。这在当时就得到了意大利旅行家马可·波罗的高度称赞：

街道甚直，此端可见彼端，盖其布置，使此门可由街道远望彼门也。城中有壮丽宫殿，复有美丽邸舍甚多。各大街两旁，皆有种种商店屋舍。全城中划地为方形，划线整齐，建筑屋舍。每方足以建筑大屋，连同庭院园圃而有余。以方地赐各部落首领，每首领各有其赐地。方地周围皆是美丽道路，行人由斯往来。全城地面规划有如棋盘，其美善之极，未可言宣。[①]

元大都作为元朝建立的新都城，是仿照中原王朝的都城形式进行建造的，建成之后，成为当时世界上最雄伟、最繁荣的城市。马可·波罗描写元大都的时候，表现出了非常惊叹的称赞语气，比如他说“宫殿之大，前所未闻”，各种建筑“巧夺天工，登峰造极”，这里的艺术品“金碧辉煌，琳琅满目”，这里的商品之多“是世界上任何城市所不能相比的”。

明清时期，朝廷在元大都的基础上进一步丰富完善，基于北京中轴线形了全世界独树一帜的宫廷建筑群。可以说，北京中轴线的独特性、典型性，不仅仅体现在它的规模上，也体

① ［瑞典］奥斯伍尔德·喜仁龙著，许永全译：《北京的城墙和城门》，北京：北京燕山出版社，1985年版，第22页。

现在它的规制上，比如鼓楼、钟楼、天安门广场、紫禁城、太庙、社稷坛、天坛、先农坛等都是当时最大的，是古代都城建筑的集大成之作，更是全国乃至全世界的典范存在。不仅如此，这些建筑上的杰作基于中轴线一字排开、一贯到底，使得北京城显得庄重典雅、气势雄浑。对此，梁思成评价说："明之北京，在基本原则上实遵循隋唐长安之规划，清代因之，以至于今，为世界现存中古代都市之最伟大者。"[①] 现代建筑学家吴良镛也这样评价说道：

从城市设计价值看，中国古代城市规划学的一个显著特点是将城市规划、城市设计、建筑设计、园林设计高度结合。这在古代城市规划和建筑学中是很独特的，在东西方古代城市佳作中尚无此先例。而北京城更是其中最杰出的代表，因此北京旧城被称为是古代城市规划的"无比杰作"或"瑰宝"是毫不过分的。[②]

明清时期基于北京中轴线而建设的北京城，非常完备，集中体现了中国古代建筑艺术的高超与独一无二。这种基于北京中轴线的伟大城市规划设计、建筑，不仅是对中国古代建筑艺术的汇集，更是人类历史上的杰作。

可以说，北京城作为中国历史上的首都，独树一帜，这种独特不仅仅是建筑史上的意义，也是历史文化意义上的。也就是说，北京城及中轴线不仅是之前中华文化、文明的荟萃与

① 王军：《城记》，北京：三联书店，2003 年版，第 40 页。
② 王军：《城记》，北京：三联书店，2003 年版，第 11 页。

结晶，更是承上启下，对近代以来的中国社会政治、思想文化等各个领域都产生了直接的影响，是中国历史上最为特殊的都城及文化现象。如有学者所言：

> 北京城作为中国六大古都之一，世界上最著名的历史文化名城和中国最具特色的古代社会帝王都城在世界城市建设史上占据有独特的地位。北京城南起永定门北至钟鼓楼 7.6 公里的中轴线建筑景观群凝练了北京这座城市传统文化的精华，是对北京人文历史、风俗民情、道德教化的高度总结和升华，是从古至今历代都城建筑演变的见证。[①]

北京城及中轴线作为对中国古代建筑及思想文化的总结，集中体现了中华文明史上建筑思想及传统文化精神。在这里，传统的礼制、民俗、信仰、艺术等都有充分的表现，而这对于近代以来的中华文化更是有直接的影响力。

北京中轴线以其高超且具有创造性的思维，形成了中国建筑史上，也是世界建筑史上的伟大杰作，成为北京城的灵魂，其建筑群犹如一曲华丽盖世、无与伦比的乐章，更是中华传统文化史上的杰出承载者。如有学者所称赞的：

> 北京作为中华民族悠久文明的历史见证，中轴线是其中最精华的表现，是古都的脊梁与灵魂所系。北京传统中轴线南达永定

① 王菲：《清代永定门建筑意象及环境特征研究》，北京建筑大学硕士学位论文，2018 年 6 月未刊本，第 1 页。

门，北到钟鼓楼，串联着外城、内城、皇城和宫城四重城，用跌宕起伏的建筑形象和纵横捭阖的空间气度掌控了整个城市规划。不仅如此，离轴线较远的孔庙、历代帝王庙、日坛、月坛，犹如中轴线的余韵，烘托着这条城市主要轴线，在北京城中发挥统领作用。北京史专家李建平先生将北京传统中轴线比喻为一曲气势磅礴、波澜起伏的乐章，有序曲，有高潮，有尾声。南段是乐章的“序曲”，由永定门、天桥、天坛、先农坛、正阳门大街为主构成；中段是乐章的“高潮”，包括正阳门、棋盘街、宫廷广场、天安门、太庙、社稷坛、紫禁城、景山、地安门，紫禁城是其中的最高潮；北段是乐章的“尾声”，以地安门外大街及钟鼓楼为主要内容。[①]

北京城及中轴线作为中国古代的建筑集大成之作，在这里汇集了中国古代的宫室、楼阁、宗庙、寺观、桥梁、园林等等，加上北京中轴线上的故宫博物院、国家博物馆等所珍藏的艺术藏品，也是中国古代文化艺术瑰宝的海洋，它们都集中展现了中华文化、中华文明的博大精深，体现了中国古代劳动人民的智慧与勤劳。

总之，元明清北京中轴线是北京城市的骨架与脊梁，是北京城市的灵魂，更是当时国家的灵魂所在。所以，它在全国各城市的中轴线中具有典型性、独特性，也是建筑美学上的巅峰之作，有学者就认为：“从审美文化意义上分析，城市中轴

① 王洪波：《古都脊梁 灵魂所系》，《北京日报》2021年2月17日，第4版。

线是中国城市的一条无形而巨大的‘文化之脊’，它是整座城市令人注目的中心，其美感渗蕴着伦理的温馨而严厉的气息，是一种颇为冷峻而富于理趣的美。”① 正因为如此，北京中轴线文化在中国历史上，世界历史上也具有唯一性的属性，是不可复制的。

2. 中华民族的文化代表

北京中轴线有其自身的典型性，它与中国乃至外国的城市轴线都有所不同。但是，北京中轴线根植于中华民族的文化传统之中，与中华民族的发展相伴相生，尤其是元明清时期中华文化的集中体现。可以说，北京中轴线不仅仅是八百多年元明清中华民族文化的集中体现，更是五千年中华传统文明的集中体现。基于北京中轴线，汇集了数百年来中华文明建筑史上各种类型的经典之作，比如沿着中轴线分布着永定门、天坛、先农坛、正阳门、天安门、太庙、社稷坛、故宫、鼓楼、钟楼等为代表的古代建筑，以毛主席纪念堂、人民英雄纪念碑、人民大会堂、国家博物馆、东交民巷、西交民巷等为代表的近现代建筑，以景山、六海等为代表的皇家园林和水系等，以及以什刹海、南锣鼓巷等为代表的历史街区。总之，在这里，遍布了古代、近现代各种类型及风格的建筑、园林、街区，其规模之大、建造之精、类型之富，堪称中华文明史上的建筑艺术博物馆。

北京中轴线不仅是城市的骨架、脊梁，更是精神灵魂所

① 罗哲文、王振复主编：《中国建筑文化大观》，北京：北京大学出版社，2001 年版，第 234 页。

在。它本身不仅蕴含着自古以来的建筑理念，更是蕴含着古人对天地人关系的认知，是中华文化中天人观、宇宙观、世界观的集中体现，如有学者所言：

从明清到今天，北京都城的中轴线在华夏大地上横亘了500余年，它所蕴含的文化能量显现出愈来愈大的震撼力。北京中轴线承载着中国文化中对于“天－地－人”哲理的深刻认识，也反映了“天－地－人”对位关系，是中国文化中秉持千年的主题。对北京中轴线的理解不能仅限于是一根“线”或是一条街道，北京中轴线是一个由成组的排列对称建筑要素构成的一个体现高度理性的几何空间，这个空间由南向北贯穿都城，遥指紫微天宫，折射出北京都城的“天人格局”的涵义。从周代《考工记》中理想都城的营城制度到历代都城的营建实践，从汉长安、曹魏邺城、隋唐长安、宋东京、元大都，再到明清的北京，古代都城的城市空间形态与规划思想在封建社会最后两个王朝的国都——明清北京都城得到了更加完整、清晰的体现！[①]

北京中轴线作为城市的空间布局坐标及建筑理念，是中国自古以来建筑文化的集大成体现，更为主要的是决定这种建筑理念的是古人的宇宙观、天人观、世界观、人生观，是对人与自然关系的深刻认知，所以北京中轴线所承载的文化精神中，充分展现了古人天人合一、物我一体的思想，而其中的建

---

① 丁佳昕：《明清都城中轴线之右安门复原研究》，北京建筑大学硕士学位论文，2020年6月未刊本，第8页。

筑群及设计，也充分展现了祭祀文化、社会治理、教育理念等多个方面。

北京中轴线作为中国古代建筑史上经典之作的汇集之处，其建筑理念集中体现了古人阴阳五行学说中效法天地、天人合一、阴阳互动等观念，而这些观念是古代建筑史上的重要思想，也是根本思想，如有学者所分析总结的：

> 北京城南起永定门城门北至钟鼓楼的中轴线建筑景观群，展现了城市丰富的历史文化遗产，传承了雄厚的民族传统文化。从中国的建筑体系上看，中轴线是对中国历年历代营国制度理论的高度总结和升华，见证了从古至今历代都城建筑的发展历程。从中国的文化体系上看，中轴线蕴含着传统的宗教祭祀文化和“阴阳五行”的风水观念，是统治权利的物化形态，呈现了古代城市历史更迭核心的价值内涵。[①]

在中国古代，《周易》的阴阳学说不仅是中国哲学最基本的学说，也是风水理论的基础。风水学实际上就是汲取了《周易》阴阳、气化等思想而成。在《周易》中，强调阴阳二气化生万物，并认为阴阳学是宇宙学的基础，《系辞传》称：“一阴一阳之谓道。”[②]《周易》将阴阳视为宇宙中最基本的关系

---

① 王菲：《清代永定门建筑意象及环境特征研究》，北京建筑大学硕士学位论文，2018 年 6 月未刊本，第 1 页。

② ［魏］王弼注，［唐］孔颖达疏：《周易正义》卷七《系辞》，北京：北京大学出版社，2000 年版，第 315 页。

与规律。风水便是以阴阳学为基础发展而成的，所以在古代风水也被称为阴阳，阴阳五行学说的风水理论在北京中轴线中多有体现，这也是中华文化民族性的重要体现。比如故宫中的乾清宫、坤宁宫，就是《周易》阴阳观念的体现。其中，乾象征天，代表君主，天的特征为“清”，所以皇帝住在乾清宫；坤象征地，代表皇后，地的特征为“宁”，所以皇后住在坤宁宫。按照《周易·说卦》中的乾为天、在正南，坤为地、在正北，离为火为日、在正东方，坎为水为月、在正西方。所以，古人就将天坛建在北京城的南边，地坛建在北边，日坛建在东边，月坛建在西边。皇城的四个大门，正南为天安门，北边为地安门，东边为东安门，西边为西安门，等等。不仅如此，北京中轴线文化在很多方面都充满了中华民族性，尤其体现了古人的国家治理思想，比如元大都的建设遵循了《周礼·考工记》“前朝后市，左祖右社”的规定，[①] 这是中华都城建筑文化的基本理念。其中，自然也体现了尊祖敬宗、孝悌之道、以农为本、民本思想等治国之道。

可以说，元明清时期的北京城规划与建设，充分体现了数千年来中国都城建筑的思想与成就，更是体现了中华传统文化的精神，这与西方文化有极大的不同，如有学者在总结中西方城市规划、建设的时候曾这样说道：

① ［汉］郑玄注，［唐］贾公彦疏：《周礼注疏》卷四十一《匠人》，北京：北京大学出版社，2000 年版，第 1346 页。“左祖右社，面朝后市。”

在城市建设方面，欧洲中世纪城市是封建统治的中心，政治上是独立于封建主之外的自由地区，以工商活动为主，城市的主人是有独立地位的居民。古代中国的城市，尤其是京师，在皇权的直接控制之下，是封建统治的政治中心，工商业只是一种从属品，服务于统治者的消费需要。独立的工商业者当然为统治者所不容。中世纪欧洲的城市通常围绕一座或几座教堂而发展，街道曲折，或作放射状延伸。城市的外形极不规则，更谈不上方正，商店、作坊遍布城市的角角落落。这与中国城市在严格的人际观念指导下，人为地大规模修建的，以封建政权为核心的建城风格，形成鲜明的对比和反差。所以有人说，东方之城是人为之城，西方则是自然发展起来的城市。[①]

元明清北京城作为中国古代都城建筑史上的代表作，充分体现了中国古人的建筑思想，而这种思想实际上也是中国社会结构、政治理念、文化传统的集中体现。一方面北京城这种规划严谨、空间布局有序充分体现了居住城里统治阶层的主导地位，有别于西方城市以工商业为主的历史现实；另一方面北京城不仅仅是居住之所，也具有政治、文化意义上的象征性，充分体现了传统社会结构、政治理念，这与西方民主盛行下城市发展顺其自然的风格自然迥然不同。

总之，北京中轴线及北京城充分体现了中华文化的特征与特性，这些特征、特性，不仅通过选址、布局来充分体现，

---

① 高巍等:《漫话北京城》，北京：学苑出版社，2003年版，第23页。

更是通过城市内的建筑安置、空间设计、装修色调等多方面来展现以皇权为核心的文化传统。尽管近代以来，北京中轴线有了巨大的改造与重建，但是不能否认的是，北京中轴线及北京城所承载的以民为本、以德治国、中正和谐、守正创新等理念依然具有时代意义。北京中轴线的这些文化传统，自然也有别于西方的文化传统及价值体系，不能不说北京中轴线文化具有了鲜明的中华民族性。

3. 具有独一无二性

北京中轴线在世界上不论是在建筑史上，还是城市功能及思想方面都具有独一无二性。首先，它是中国几千年来基于中轴线建设都城思想与成就的集大成之作，借助北京中轴线我们可以了解到先秦、两汉、隋唐以来都城建设的基本思想与具体实践。与较早于北京建都的其他中国历史都城比如西安、洛阳、开封、南京等相比，北京作为后建的都城充分吸收了以往建筑的思想，通过更为成熟的建筑技术、景观设计等，充分体现了“非壮丽无以重威”以体现皇权的威严。可以说，北京城是中国古代都城的集大成之作，集中体现了历史文化、礼仪规范、政治思想等各方面的观念。

其次，北京中轴线是北京城的坐标与脊梁，这种空间布局与规划，不论是对于北京城的政治文化，还是对北京的经济社会都产生了直接而深远的影响，为元明清时期国家的大一统起到了重要的推动作用。这种城市架构与治国理念之间的内外合一，与西方的城市规划建设比如法国凡尔赛宫、俄国克里姆林宫等截然不同。由于中华文化及文明对东亚的影响，所以在世界范围内，北京城对于日本的平城京、平安京有直接的影响，而时至今日，在东亚只有北京城保留了完整的中轴线规划及建筑群落。

最后，基于北京中轴线而建设的北京城，并不仅仅是中国古代建筑、经济、社会、政治等观念的集中体现，也是中国古代礼乐文化传统的集中展现。在北京城内的坛庙、学校、寺院等都充分体现了古代统治阶层重视礼仪、教化的思想观念，也体现了古代礼乐传统中礼乐有序、中正和谐的思想。

更为主要的是，北京中轴线及北京城也是中华文明的缩影。在北京中轴线及北京城内，我们可以看到永定门、正阳门、紫禁城、……一直到钟鼓楼等，这里的建筑一座接着一座，不偏不倚，都坐北朝南居于中轴线上，在这里线上也并显得单一，不仅有宫殿、桥梁、坛庙、学校、寺院、集市等，充分展现了古人生活的基本场景，也集中反映了古人以人为本、以民为本、勤劳智慧、自强不息、守正创新等文化精神，正是这种精神及传统，让中华文明源远流长、一脉相承，在世界民族丛林中独树一帜。

总之，北京城不论是从整体上而言，还是具体的文化遗产，都表现出了它的独一无二、无与伦比性。北京中轴线是历史形成的，它作为一种历史文化遗产，具有独特性、唯一性。尤其是近代以来，随着社会政治的发展，中轴线被改造、发展，虽然也是自古以来中华文化优秀传统及价值观念的延伸、转化。也就是说，作为中华文明五千年璀璨文化体现的北京城及中轴线建筑，它是世界上独有的、无与伦比的历史文化遗产。梁思成先生曾这样赞叹北京中轴线：

北京在部署上最出色的是它的南北中轴线，由南至北全长7km余，在它的中心立着一座座纪念性的大建筑，由外城正南的永定门直穿进城，一线引直，通过整一个紫禁城到它北面的钟鼓楼，在景山巅上看得最为清楚。世界上没有第二个城市有这样大的气魄能够这样从容地掌握这样的一种空间概念。

就全局之平面布置论，清宫及北平城之布置最可注意者，为正中之南北中轴线。自永定门、正阳门，穿皇城、紫禁城，而北至鼓楼，在长逾七公里半之中轴线上，为一贯连续之大平面布局。自大清门（明之“大明门”，今之“中华门”）以北以至地安门，其布局尤为谨严，为天下无双之壮观。唯当时设计人对于东西贯穿之次要横轴线不甚注意，是可惜耳。[①]

梁思成作为现代著名的建筑家，他对于北京中轴线给予了高度评价，认为北京中轴线是北京最重要的建筑，它不仅是北京的脊梁与坐标，更是由此形成的北京城充分展现了它在建筑艺术上的伟大成就，这在世界建筑史上也是独一无二的存在。更为主要的是，作为北京中轴线建筑所承载思想观念也是独一无二的，由此也铸就了中华五千年源远流长的文明体系。

① 梁思成：《中国建筑史》，天津：百花文艺出版社，1998年版，第179页。

（二）象征性、继承性与发展性

北京中轴线是中华传统文化的集中体现，它具有了无比丰富的文化象征意义，透过北京中轴线，我们可以认识到它所具有的天人合一、皇权至上、唯我独尊的思想，也可以认识到以民为本、以德治国、礼乐有序、尊卑有别的思想，等等。借助北京中轴线，我们还可以认识到元明清时期文化传统的先后继承性、发展性，由此充分展示了中华文化源远流长、一脉相承性。

1. 中华文明的象征性

北京中轴线文化博大精深、源远流长，它具有象征性，它是政治与权力的象征、北京历史文化的象征，更是中国的国家象征，也是中华民族的伟大象征。当然，这种象征更多的是传统政治文化及礼制的具体呈现，如有学者所言：

中国古代城市是一复杂的空间系统，其空间形态的形成与演变不仅受到社会环境、军事、经济等因素的影响，还有受到强烈的政治、文化影响与作用，尤其对于都城，其空间形态更多的是体现帝王的意志，因此也可视都城为统治阶级用于获取和维护其政治权力的工具。除了治政涵义外，都城对礼制的遵从使其具有浓厚的文化内涵，以此来维护其统治阶级的正统性、合法性。都城空间结构的安排在内严格的与等级制度相对应从而才能外化出严整有序的城市空间，城市的空间系统与治政制度、文化思想有着十分紧密的联系。都城空间的形态布局是制度安排与社会环境共同作用下逐步形成的，是政治、文化、社会、经济等因素共同促成，尤其是政治与文化双重作用下的制度安排是中国古代城市空间最为独特与重要的影响因素。[①]

北京中轴线作为城市的骨架与坐标，它的产生与完善离不开元明清时期的政治文化氛围，尤其是当时盛行的观念主导——礼制。当时的朝廷以礼治国，反映在都城建筑上也体现了这种具有政治意味的礼制思想。所以，在紫禁城、天坛、社稷坛、先农坛、天安门等的设计规划上，充分体现了礼制思想。换言之，北京中轴线是当时礼制文化的外在呈现，是传统礼乐文化的象征物与承载者。

北京中轴线及北京城所具有的象征意义，并非独创，它是中国自古以来都城建筑史上的基本理念。从建设之初，就富有了文化象征意义，这与中华文化基于农耕井田制有一定的关系，所以在“九经九纬”的格局中选择中心作为宫城，且根据象征国家政权的“左祖右社”进行布局，充分体现了王权中心及至上的理念，如有学者所言：

城在中国历史上是一种文化的象征。都城虽同样为城，但又区别于一般的城。不仅古代国家的职能在都城中得到了集中的体现，而且它还积淀与融通了文化史的成果。以周王室形成的营国制度为例，它在观念上严格依据礼制，利用方位尊卑布置不同性

① 丁佳昕：《明清北京都城中轴线之右安门复原研究》，北京建筑大学硕士学位论文，2020年6月未刊本，第15页。

质的功能分区，把城邑的总体布局纳入礼制的轨道，形成以礼治规划秩序为特色的城邑规划体系。……中国历代都城，除因自然因素的限制，在城市格局上略有变化外，几乎都承袭了营国制度所规定的要求和方法。[①]

北京中轴线作为北京城市的脊梁与坐标，集中汲取了上古时期都城建设的核心思想，将礼治与城市格局进行有机地结合，通过城市的空间布局来象征礼制规范，以此进一步凸显皇权至上的理念，并通过宫殿、民居、街道、集市、坛庙、寺院、园林等交错布局的形式，展示了传统文化中阴阳和合、中正和谐、礼仪有序、民本思想等多种文化内涵。

当然，我们不能否认的是，元明清时期北京中轴线最大的象征意义莫过于政治。首先，元代建造大都之际，当时的设计者刘秉忠便继承并发展了中国传统都城建筑理念，将中轴线的政治内涵做了进一步传承弘扬，由此进一步凸显了天人合一、君权神授的思想。明清时期，北京中轴线更是在以往的基础上，通过进一步完善、优化空间布局，来象征王朝以礼治国、以仁兴邦的政治思想，比如明清时期在以往的基础上建造了紫禁城，凸显了天人合一的宇宙观、政治观；基于中轴线进一步以对称布局的形式，建造或完善了太庙与社稷坛、天坛与先农坛、东直门与西直门、崇文门与宣武门等；基于“背山面水”的风水理论，建造了景山，使之成为北京城中对角线的中

① 高巍等:《漫话北京城》，北京：学苑出版社，2003年版，第5页。

心点所在，等等。当然，北京中轴线作为一个整体而言，它也象征了中央政治地位、文化上的多元性、社会治理上的德治与中庸之道等等。

不能不说，北京中轴线是中国古代都城文化的荟萃，更是元明清时期皇权政治的象征，更是国家政权的象征所在，更是中华传统文化的象征，这自然也成为了中华民族的精神文化象征：

> 中轴线凝聚了北京这座城市历史文化发展的精髓，它不仅是城市的脊梁——北京城前后起伏、左右对称的体形以及空间的分配都以这条中轴线为依据，更是关乎北京人文历史、道德教化、民俗民情乃至社会发展的一条命脉。这样一种独一无二的城市格局和建筑风貌，塑造着北京的精神品格和文化中心意识。①
>
> 北京城中轴线对北京的城市空间起到了总体的空间结构驾驭作用，是北京城市的脊梁。同时，她还代表了北京城市历史发展的文化命脉，是北京乃至全国人民的精神象征。②

北京中轴线作为北京城市的坐标与脊梁，充分展示了北京城市的空间布局、文化布局，更是承载着北京历史文化及中华优秀传统文化精神，这对于提升北京的政治文化地位以及全

① 刘勇：《北京历史文化十五讲》，北京：北京大学出版社，2009年版，第23页。

② 刘亚男：《北京城中轴线文化价值评价研究》，首都师范大学硕士学位论文，2013年5月未刊本，第7页。

国乃至全世界的影响力而言，都有十分重要的价值与意义。正因为如此，北京中轴线可以说是北京的象征，也是中国的象征，更是中华民族的象征。

总之，北京中轴线是对中国古代建筑理念的继承，而中轴线本身虽然是城市的坐标与脊梁，但其本身也蕴含着丰富的政治文化内涵，充分体现了中国古代天人合一、阴阳和合、中庸之道、民本思想、礼仪有序、以仁兴邦等多种文化精神。可以说，北京中轴线是中国古代都城建筑的象征，更是中华传统文化的象征，国家与民族的象征。也就是说，北京中轴线不仅是北京城市发展的空间之轴，也是文化之轴，国家政治之轴。

2. 具有一脉相承的继承性

北京中轴线是不断丰富完善的历史文化遗产，并非一步到位形成了今天这样的规模，而是经历了元明清、民国、新中国等几个重要阶段，最终形成了我们今天看到的北京中轴线格局，而这些建筑在规制上、思想上都具有内在的相通性、前后继承性。北京中轴线开始于元朝，当时以积水潭东北岸的位置作为城市的中心，设中心台（大体位于今天的鼓楼），建成了中心阁。北京城的其他建筑，便基于中心台而建设，形成了东西对称的基本格局。到了明朝，基于元大都的基本格局，又将中轴线从北向南做了延伸，并新建了多个建筑，比如元大都的中心阁被改建为了鼓楼，并在其附近建了钟楼。在北京宫城的北面建了“万岁山”。明嘉靖三十二年（1533）又开始修筑外城，永定门成为了中轴线的南端，形成了长达 7.8 公里的南北走向的中轴线。清朝定都北京之后，并在元明的基础上进一步丰富完善北京中轴线上的建筑建设。比如更换宫城内的殿宇名称，乾隆年间还扩建了永定门、改建完善了天坛与先农坛等。

民国时期，北京中轴线迎来了新的发展阶段，民国政府对北京中轴线上的建筑做了进一步改建或完善工作，比如拆除了T字形的广场和千步廊，拆除了长安左门与长安右门两侧的红墙，为长安街的贯通奠定了基础。拆除了皇城四周的城墙等。新中国成立之后，又基于北京中轴线新建了人民英雄纪念碑、毛主席纪念堂、人民大会堂、中国国家博物馆，同时又将北京中轴线向北、向南分别延伸修建了亚运会场馆、奥利匹克公园、国家体育馆“鸟巢”、国际游泳中心“水立方”等。总之，数百年来，北京中轴线随着时代的推移，不断丰富完善，这些建筑一方面体现了时代性的进步，另一方面也充分体现了中华民族不断创造新的文明与辉煌，这些建筑群落在文化内涵具有内在相通之处，都是中华民族走向辉煌灿烂的历史见证。

可以说，数百年来的北京城及北京中轴线在中国建筑史上具有集大成的性质，也是中华传统文化的重要承载者，更是中华文明辉煌灿烂的主要象征。在这里，汇集了中国古代建筑的思想与技术，成为了古代都城史上的杰作。如有学者所言：

追溯中轴线的发展历程，从原始社会末期和夏、商、周的萌芽与发育起，经秦汉的成型，一直延续到宗法社会末期，中国古代建筑体系以渐变和积淀为主，并没有发生大的突变或中断，形成了首尾连贯，一脉相承的特点。从“古风都城范型”的周王城、“宫城群落的失序”的秦汉长安、“复礼与越制”的曹魏邺城、“重建中心秩序”的隋唐长安、“古典都城范型”的宋汴梁、“理想与现实叠合”的元大都、“古典都城集大成者”的明清北京，中轴线建筑群作为政治权利与城市制度的物质形态，在都城的规划布局中有着不可替代的重要作用。

清代北京城汲取了古代经典都城的精华，融合了宋汴梁、元大都对周制的复古，将城市规划与布局发展到极致。在都城和皇家建筑的制度方面，都城、皇城和宫城的中轴线近乎完美的叠合，规整的三朝五门制度以及完整的郊祀制度，极具活力的街坊和市肆制度，可视为古典都城的集大成者。[①]

北京城及中轴线的出现，并不是偶然的，而是对中国古代建筑成就及思想的继承与发展，所以在北京城及北京中轴线的建筑中，我们依然可见古代都城建筑的痕迹，比如建筑礼制、对称的建筑群、宫室规制、三朝五门制度、郊祀制度、街坊结构等都是对古代都城建筑的继承。元明清时期北京城的建筑也体现了一种前后继承性的关系，如李允鉌所说：“元大都和明清北京城之间的继承关系是在原有基础上进行全新的改造，结果成为一个举世公认的伟大的城市规划的杰作。”[②]北京中轴线及北京城这些不绝如缕的继承性思想与技术，也充分体现了北京中轴线文化的基本特征，那就是文化上的继承性。

---

① 王菲：《清代永定门建筑意象及环境特征研究》，北京建筑大学硕士学位论文，2018 年 6 月未刊本，第 1 页。

② 李允鉌：《华夏意匠》，天津：天津大学出版社，2005 年版，第 387 页。

尽管北京中轴线随着时间推移，也始终处于发展变化的状态之中，但是它本身也具有继承性，这种继承不仅体现在技术层面、物质层面，也体现在思想文化、精神意义层面，比如天人合一、效天法地、阴阳和合、以人为本等。可以说，北京中轴线通过继承性理念，汇集了中国古代尤其是元明清时期中华文化中众多的优秀成果。比如中轴线建设尚“中”的思想就是对古代建筑对称思想的继承，如有学者所言：

> 中轴线寓意着“天地万物之理，天独必有对，皆自然而言”的理学理念和思想，两侧建筑是对称的布局。都邑内建筑群是以中轴线为对称中心的，中轴线两边的建筑以及中间的路的形式是基本对称的。在中国古代建筑群体主要的建筑思想是对称布局，这是布局的重要方法。中国古代建筑受中国古代传统思想理念比较深厚，皇权的中心、中庸、中央的意识和对称和谐的概念很早的就走向成熟化及标准化，所在的建筑及城市规划布局上是严格按着个思想进行设计的早已植入了中国人的血脉之中，这种根深蒂固的信仰导致人们自觉地以中轴线的对称形式来处理城市的空间布局。[①]

北京中轴线作为一种建筑理念，它并不是元明清时期的发明，它有着非常悠久的历史文化传统，从《周易》就开始讲“一阴一阳之谓道”，认为宇宙世间的万事万物都是阴阳对

---

① 张艺：《北京北中轴历史文化街区环境设计研究》，北京建筑大学硕士学位论文，2014 年 6 月未刊本，第 24 页。

应存在的，所以北京中轴线表面看是古代对称思维的体现，但实际上是古代阴阳思维的体现。这种思维实际上反映了古人对于天地宇宙万物的深刻认知，体现了古人对天人合一的肯定与实践。

北京中轴线作为中华文化的重要载体，充分体现了中华文化的包容万象、博大精深。北京中轴线作为元明清时期中华文化的载体，进一步表明了中华文化的传承性。这在某种意义上也回应了长期以来人们怀疑中华文化是否在元清时期中断、元清两朝是否属于中国的问题。实际上，元朝、清朝虽然是少数民族建立的政权，但是在官方意识形态及思想文化上，它们都继承了中原流行上千年的儒家文化，并将它们做了进一步的传承发展[①]，比如元仁宗于延祐年间颁行了科举法，注重用儒家经典尤其是程朱理学的著述作为科举考试必考书目，其中《易》用朱子《本义》,《书》用蔡沈《集传》,《诗》用朱子《集传》,《春秋》用胡安国《传》等等[②]。以至于到了14世纪初期，程朱理学已经为北京城及蒙元各地域、社会各阶层所普遍接受，当时“海内之士，非程朱之书不读”[③]“非程朱学不试于有司，于是天下学术，凛然一趋于正”[④]。可以说，经过蒙元的

① 姜海军:《元明清北京官方经学的传承、诠释与文化认同》，北京：北京师范大学出版社，2018年版。

② ［清］皮锡瑞:《经学历史》九《经学积衰时代》，北京：中华书局，1959年版，第281页。

③ ［元］欧阳玄:《圭斋文集》卷九《文正许先生神道碑》，影印文渊阁《四库全书》本，台北：台湾商务印书馆，1986年版，第75页。

④ ［元］欧阳玄:《圭斋文集》卷五《赵忠简公祠堂记》，影印文渊阁《四库全书》本，台北：台湾商务印书馆，1986年版，第37页。

大力推行，以北京为中心推广儒学，促使程朱理学不但成为北方地区的基本文化形态，更是成为全国各民族所普遍认同的官方学说与文化价值体系，改变了多元宗教文化放任发展的基本模式。清朝也是如此，比如康熙曾积极认同儒学，“以儒学开一代风气”[①]，他尤其推崇程朱理学，认为“孔孟之后，有裨斯文者，朱子之功，最为弘巨”[②]，在康熙五十一年（1712），他将程朱理学确立为官方意识形态，此举直接影响了清朝官方学说的传承与发展。

总的来说，北京中轴线及北京城在文化模式上，基本上继承了上古以来的文化传统，这不仅仅体现在建筑领域，比如宫廷设计、规制、寺观、园林等等，也体现在身在北京城的元明清诸帝及民众的思想观念，他们积极认同传承中华传统文化，从而推动了中华文化的传承与发展。这些不能不说，北京中轴线所具有的继承性特征，而这也是中华文化流传至今的重要原因所在。

3. 守正创新的历时性

元明清虽然是北京中轴线发展的重要时段，但是不同的时代也体现了不同的内容，展现了北京中轴线文化的阶段性，比如在蒙元时期，随着蒙古的西征，中东伊斯兰文化、欧洲的基督宗教文化开始传入元大都；明朝迁都北京，进一步强化中原礼乐文化，最重要的体现就是将太庙、社稷坛迁

---

① 孟森：《清史讲义》，北京：中华书局，2006 年版，第 195 页。

② ［清］官修：《清实录》第 6 册，《圣祖仁皇帝实录》卷二百四十九，北京：中华书局，1985 年版，第 466 页。

入皇城之中，并设置在宫城之前，左右并列，以此体现了对宗法、孝道、民生的重视。清朝继承了元明时期的文化，同时在皇家园林文化、王府文化、会馆文化、庙会文化等方面比以往更加兴盛[①]。

元明清以来北京中轴线的文化属性并不是固定的，而是随着时代的变迁，呈现出了不同的功能及文化价值体系，比如在民国时期，北京中轴线彻底改变了以往所凸显的政治性、国家性，而转向了公共性、人民性、文化性，对此如有学者所说的：

民国时期，在封建帝制刚刚被推翻的时代，破旧立新成为政治、经济、文化和城市建设的主题。天坛和先农坛的部分坛墙被拆毁，正阳门箭楼、瓮城、千步廊和天安门内皇城墙被拆除，太庙和社稷坛分别改称和平公园和中山公园，大清门改名中华门，紫禁城南部成立故宫博物院。此时，北京城中轴线的功能主要是承担被改造对象的角色，而故宫博物馆的成立标志着中轴线从象征封建皇权的神坛开始转化为文化传承的遗产。[②]

在元明清时期，由于社会性质基本上一致，所以北京中轴线充分体现了帝制时代的价值体系，充分体现了天人合一、

① 郑珺编著：《北京“两轴”与全国文化中心建设》，北京：经济科学出版社，2018 年版，第 15–16 页。

② 王吉美、李飞：《北京城中轴线时空演化与旅游发展研究——基于廊道遗产视角》，《干旱区资源与环境》，2016 年第 2 期，第 189 页。

皇权至上、礼乐秩序、大一统等观念。但是，民国时期，随着传统帝制政治的瓦解，象征着皇权、帝制的北京中轴线的意义也自然失去了。代之以民国时期流行的民主、自由、共和，所以北京中轴线被改造、开放，成为具有公共性、社会性的文化休闲空间。可以说，民国时期，北京中轴线的功能及文化意义，开始有了本质的转向。

新中国成立之后，北京中轴线更是在民国时期的基础上，突出它的人民性、公共性与社会性，同时也被赋予了具有社会主义特色的红色文化、爱国主义、全球意识等新内涵。基于这个理念，从新中国成立一直到21世纪，北京中轴线的建设、完善及其功能不断地发生变化，对于北京中轴线半个世纪的改造、变化及文化空间的重构，有学者做了一定的梳理分析：

新中国成立后，天安门前皇城墙、长安左门、长安右门被拆除，扩大了天安门广场面积，增添了观礼台、国旗台、人民大会堂、国家博物馆（原中国革命博物馆和中国历史博物馆）、人民英雄纪念碑和毛主席纪念堂等。经过改造，天安门广场从皇家禁地转变成为人民首都政治活动中心，性质与功能完全改变。这些变化，是新中国人民当家作主的见证，也是社会主义中国的象征。天安门广场及其建筑群成为新中国政治活动中心、中外游客参观游览胜地和爱国主义教育基地。

自建国到20世纪70年代末，在“改造旧北京，建设新北京”的规划思想指导下，城内很多年久失修的古建筑以“阻碍交通，与建设现代化北京的思路相违背”的名义被拆除，中轴线上的建筑同样难逃此劫。几条东西向大街的修建，如地安门东西大街、景山前街、东西长安街、前门东西大街、珠市口东西大街、永定门东西街，使北京城中轴线上的几个重要空间景观节点（如永定门、正阳桥、地安门等）被拆除或削弱，尤其是永定门及其箭楼和瓮城的消失使北京城中轴线失去了南端起点。但从另一方面看，道路 建设和疏通增加了中轴线串联城市东西交通轴线和空间景观效果转换的功能。

1990 年北京亚运会的举办使北京城中轴线第一次向北延伸，鼓楼外大街和北辰路的开通，使中轴线从北二环延至北四环，作为环路连接线体现出较强的交通功能，而沿线的奥体中心和中华民族园增强了中轴线体育休闲和商业游憩功能。2008 年奥运会的申办成功，使北京城中轴线再次向北延伸，国家体育场（鸟巢）、国家游泳馆（水立方）、奥林匹克森林公园等现代城市建筑元素和生态空间已成为中轴线上新的地标性节点。北中轴线为市民休闲、体育健身、游客观光体验、城市规划建设均提供了广阔的空间，它不仅与传统中轴线相互协调和补充，而且体现了宽容博大的北京精神和现代化的首都气质。延伸至南苑地区的南中轴线集商业、交通、物流、科技等功能，也使北京城中轴线的总长度达到 26km。[①]

新中国成立之后，北京中轴线也随着社会政治发展的需要，而不断地被改造。可以看出，新中国成立之后，不同阶段

---

① 王吉美、李飞：《北京城中轴线时空演化与旅游发展研究——基于廊道遗产视角》，《干旱区资源与环境》，2016 年第 2 期，第 189 页。

的需求不同，北京中轴线也自然呈现出新的功能及文化意义。新中国成立之初，社会主义建设如火如荼，所以红色文化、爱国主义、社会主义始终是主导意识，这里建成了毛主席纪念堂、人民英雄纪念碑、人民大会堂、国家博物馆等建筑，从而丰富了北京中轴线的文化内涵。在“文化大革命”阶段，社会政治建设进入了特殊阶段，多快好省建设社会主义、“破四旧”发展新思想，也是当时的重要观念，所以北京中轴线更加突出了它的社会文化、经济文化的功能。从 20 世纪 90 年代开始，北京中轴线随着社会主义发展到了新阶段，更加突出了全球意识、商业经济等观念，所以北京中轴线上又出现了国家体育场、国家游泳馆、奥林匹克公园以及现代化的商场、休闲娱乐场所等，这些都充分体现了其所具有的现代商业文化、国际文化特征。

可以说，北京中轴线从新中国成立之后，已经不仅仅作为客观的历史遗产存在，它也是社会政治、经济文化的重要组成部分。正因为如此，随着不同时期国家经济社会发展的目标不同，北京中轴线也由此被改造、发展，从而呈现出具有时代化的特色。这些具有历时性的文化特征，充分彰显了北京中轴线在北京社会经济发展中的核心位置，充分展现了它所具有的国家性、政治性的核心象征意义。不能不说，从元明清开始，北京中轴线作为社会政治、经济文化的轴线，始终被关注，也始终被改造，这种变化本身也是中国古代传统文化经典《周易》“穷变通久”思想的展示，更是中华文化中自强不息、兼容并包、守正创新、博大精深等特质的集中体现。

总之，历时性是北京中轴线文化的重要特征，这种历时性，体现了具有历史意义的北京中轴线承载了历史的痕迹，而且随着历史的发展也不断有新的建筑、内容进来，由此也促使了北京中轴线向南向北继续延伸，这也体现了它的历史性意义。进而言之，北京中轴线这种历时性体现了它强大的生命力、延展性、可塑性，以及在北京及中华民族发展历史上的核心地位，更是体现了中华传统文化中勤劳勇敢、与时俱进、生生不息的精神。

（三）时代性、多元一体性与全球性

北京中轴线是中华民族文化发展的产物，且随着时代的不同其承载的文化精神有所不同。与北京中轴线不同，世界很多国家的城市也都有自己的中轴线，但是远不及北京中轴线更注重政治文化功能，比如巴黎、华盛顿等都有自己的中轴线，但是它们的中轴线只是城市的一部分，由政府、王室、建筑群、广场等组成，并不具有统辖整个城市的功能。

1. 功能与价值的阶段性

北京中轴线作为元明清时期文化的汇集，也充分体现了它的时代性，创造出了具有时代性的标志性建筑。这种时代性的出现，很大程度上是时代社会政治、思想文化发展需要的结果。

元代建设大都，当时基于中轴线形成的元大都城墙，周长约60里，是南北长于东西的长方形。元末明初，徐达打败了元军，为了防止元军反攻，就放弃了原在健德门、安贞门一线的元大都北城墙，向南 5 里在德胜门、安定门一线另外建造了一道新的城墙。永乐皇帝在营建北京宫殿的时候，拆除了原在长安街一线的元大都南城墙，向南 2 里在正阳门、崇文门、宣武门一带重建新的北京南城墙，东西两面城墙则沿用了元大都的城墙。改造后的明初城墙，周长约 45 里，是南北短、东西长的长方形。到了嘉靖年间，增建了北京外城，南面扩到了安定门一带，北京城墙的平面图由此呈现为“凸”字形。由此可见，元明时期，北京城基于中轴线展现了具有时代特点的改造、兴建①。

明亡以后，清朝基本上接受并利用了北京中轴线及北京城市的空间格局，且在明北京中轴线的基础上进一步丰富完善，比如全面修缮了皇宫与城楼；将万岁山改为景山，并修建了山前的绮望楼、山顶的五座山亭，将山后的寿皇殿移建到了北京中轴线上。乾隆年间，还改造了天坛、增设了圜丘坛门，与先农坛对称；重新修复了永定门，并提高了城楼的规制，增建了箭楼；顺治年间，重新修建了天安门城楼，并将承天门改为天安门，北安门改为了地安门；将皇城内原明朝的大部分府衙及下属的厂、库、局、作等撤销，转变为了民宅用地，并最

① 对于明朝兴建都城，是否沿用元大都的中轴线一直有争议，比如阙维民：《“北京中轴线”项目申遗有悖于世界遗产精神》，《中国历史地理论丛》，2018 年第 4 辑。对此，本文无意于具体的中轴线位置考订，而是立足于北京中轴线所承载的文化精神与传统。实际上，元明清时期北京中轴线是否是同一条线已经不重要，它们已经升华为文化轴线，蕴含着丰富的中华传统文化精髓，这是我们始终要关注并传承弘扬的。

终成为了街巷。总之，经过清朝的改造，北京中轴线进一步凸显了统治阶层的意志，且进一步彰显了皇权至上、以民为本等思想。

清朝结束之后，北京中轴线及北京城失去了传统的皇权性，开始在民国政府的推动下，向公共性、人民性的功能转型，对于民国时期北京中轴线的改造情况，有学者总结道：

民国时期，北京城中轴线之上和两侧的部分建筑因近代城市建设而受到影响。天桥被彻底拆除；先农坛大部分坛墙和天坛南墙都被拆除；天街两侧改造为天桥市场和简陋居民区。1900年至1919年间，中轴线上的建筑先后被破坏改造：民国政府委托德国人重新设计改造正阳门，拆除了瓮城；改造了正阳桥；拆除了千步廊和天安门内皇城墙；中央公园改名为向市民开放的中山公园；新开了太庙南门；拆除了除南面外的三面皇城墙，地安门至鼓楼大街遭到了严重损毁，地安门被孤立。紫禁城南部开放为古物陈列所，1925年成立故宫博物院；1928年，景山被辟为公园，供游人观赏；1925年，为使民众勿忘八国联军侵入北京的国耻，鼓楼一度易名为“明耻楼”，不久后恢复原称“齐政楼”，同年在鼓楼成立了“京兆通俗教育馆”，随后在钟楼开设民众电影院，钟鼓楼开始向民众教育场所转变。①

民国时期，北京中轴线随着清王朝的结束而失去了皇权

① 刘亚男：《北京城中轴线文化价值评价研究》，首都师范大学硕士学位论文，2013年5月未刊本，第13页。

属性，随着北京中轴线近代化的城市改造，使得其充分体现了人民性、公共性，比如天街两侧改造为了市场、居民区，社稷坛改造为中山公园，紫禁城南部开放为古物陈列所，故宫博物院成立，景山也被辟为公园，钟鼓楼也被开辟为民众教育场所，等等。总之，民国时期北京中轴线进一步被改造，由此其所承载的文化传统注重民生、民本等文化内涵。

新中国成立之前，北京中轴线随着朝代的更迭而发生了不同的变化，而这也反映了其文化内涵的时代性转向。进而言之，这也反映了不同时代的政治文化理念对北京中轴线的直接影响，从而展现了不同时代的价值体系。新中国成立之后，北京中轴线也被进一步改造、重建，其社会功能、文化内涵自然也随之发生变化，如有学者总结说：

新中国成立之初，为方便交通等原因，北京城中轴线上的一些建筑先后被拆除。首先，永定门、正阳桥、五牌楼、地安门、燕翅楼等大量建筑被拆除。其次，地安门外大街改造成了现代商业地区；天坛与先农坛之间新增了大量新式建筑和居民区。此外，天安门广场上新建了一些代表新时代意义的重要建筑，如人民大会堂、国家博物馆、人民英雄纪念碑和毛主席纪念堂等。为迎接1990年在北京举办的亚运会，政府决定将亚运会场馆设在北京城中轴线的北延长线上，这是北京城中轴线的第一次向北延伸。2000年，北京取得奥运会举办权，为此新建的奥林匹克公园使得中轴线实现了第二次向北延伸。经过两次延伸，壮美的北京城中轴线既保留了历史，又一直与时俱进地与时代融合着。[①]

新中国成立之后，标志着一个新时代的开始。这个时代就是社会主义发展的新时代，基于这个社会性质及新发展理念，北京中轴线继续改造、开放了过去象征皇权的建筑，比如先农坛、社稷坛、太庙、故宫等地，充分体现了人民当家做主的时代精神。不仅如此，随着全球化的时代到来，中国也积极面向现代化、面向全球化，不仅新建了很多具有现代气息的商场、公共场地，并积极举办亚运会、奥运会，所以在北京中轴线上出现的亚运场馆、奥运场馆等就体现了时代性特点。

纵观来看，北京中轴线作为北京城市发展的空间之轴，成为了北京城建设的坐标系，并由此在不同时代产生了不同的建筑，并呈现出时代性、阶段性的特点，正如侯仁之认为北京中轴线有三个里程碑意义的发展阶段：

第一个里程碑是历史上北京城的中心建筑紫禁城。它的建成至今已有570余年，代表的是封建王朝统治时期北京城市建设的核心，也是我国传统建筑艺术的一大杰作。到今天它依然屹立在全城空间结构的中心，但已不仅是中国人民的艺术财富，它已被列为“世界文化遗产”，享誉全球。第二个里程碑就是新中国建立之后，在北京城的空间结构上，突出地标志着一个新时代已经来临的天安门广场。它赋予具有悠久传统的全城中轴线以崭新的

① 刘亚男：《北京城中轴线文化价值评价研究》，首都师范大学硕士学位论文，2013年5月未刊本，第14页。

意义，显示出在城市建设上“古为今用，推陈出新”的时代特征，在文化传统上有着承先启后的特殊含义。第三个里程碑如上所述，最初是由于亚运会的召开和国家奥林匹克体育中心的兴建，才开始显示出北京走向国际性大城市的时代已经到来。[①]

正是由于北京中轴线的开放性，使得它作为北京城市发展的空间之轴，不断在功能及价值上丰富完善，由此不断彰显了中华民族文化的辉煌灿烂。

总之，北京中轴线并非一成不变，不仅其本身作为建筑的理念有变化，而且随着时代的变化，与之有关的建筑布局、空间设计及装饰等都有所变化，这也充分体现了中华文化的继承性与发展性。另外，北京中轴线本身所具有的包容性、延展性，也使得北京中轴线所承载的文化体现了它的阶段性、时代性、包容性等特点。也正是由于北京中轴线这些特征，从而使之成为一条内涵丰富的建筑中线，而且是一条内涵深厚的哲学中线。当然，北京中轴线也有不变之处，那就是秩序、文化、道德、政治等文化内涵及价值始终不变。

2. 多元一体的包容性

北京中轴线开始于元大都营造，当时的都城建筑设计既遵循了中原王朝都城建筑的传统理念，将《周礼·考工记》的建筑思想作为指导，同时也融入了蒙古游牧民族的文化及其思想观念，从而实现了草原游牧文化与中原农耕文化的完美结

---

① 侯仁之：《北京城市发展中的三个里程碑》，《城市发展研究》，1995 年第 1 期，第 5 页。

合。在元明清数百年的北京城建筑历程中，也充分吸纳了各民族、不同国家及地域的文化，使之成为一个有机的整体。从北京中轴线上的建筑布局来看，也呈现为多元一体的格局，比如北京中轴线上既有充分反映儒家观念的太和殿、保和殿、中和殿、天坛等的建筑，也有反映佛教、佛教文化的景山公园，以及在后门桥附近的火神真君庙及周围的佛教建筑，甚至还有民间信仰的风神庙、雷神庙、雨神庙，等等。

另外，根据北京中轴线上的建筑及其功能，也体现了多元一体的文化格局，比如有什刹海历史文化区、皇城宫廷文化区、天安门广场的政治文化区、前门传统商业区、天坛—先农坛民俗文化区等板块，这些区域及其功能凸显了传统文化、皇家文化、宗教文化、商业文化、政治文化、饮食文化、民俗文化的多元一体性，等等。可以说，北京中轴线及其所属建筑，以及这些建筑承载、汇集的文化，充分体现了北京中轴线所承载的文化多元性，如有学者所分析的：

明北京城的规划设计和中心建筑群的布局，是城市建设中中轴线运用的最高成就。它有着非常深厚的民族意念和文化渊源。明北京城中轴线是中国古代多元文化的体现，它包括天人合一的宇宙观，如以天球的北极定位，即以太阳和地球的关系定位，称正北（南）。古人还把北极和北斗纳入同一概念，称作天枢、紫宫，象征人间帝王宫殿，故帝王宫城称作“紫禁城”；阴阳五行的理念，如全城五坛：天、地、日、月、社稷坛所处的南、北、东、西、中五个方位，五色土对应五行（金、木、水、火、土）等；

风水八卦学说，如堆筑万岁山，压镇前朝“风水”等。还包含了诸多儒家礼制思想和古典建筑美学等文化元素。[①]

北京中轴线的建设充分体现了古人的文化精神，而这种文化精神表现在各个方面，汇集了中华传统文化的不同思想维度，比如天人合一、与自然和谐就体现在北京城的选址、紫禁城的规划；社稷坛体现了五行学说；景山体现了古代阴阳学说；建筑群的不同规制、色彩等都充分体现了宗法伦理思想；等等。

从整体上来看，北京中轴线是北京城不同类型建筑群的脊柱与灵魂，它所透露出的统领理念，也充分体现了古人多元一统的思想，这也是北京中轴线所代表的中华文化与西方文化不同的地方。如有学者所总结分析的：

北京传统中轴线在整座城市中发挥统领作用。北京传统中轴线贯穿北京旧城南北两端，串连着外城、内城、皇城和紫禁城四重城。将皇家祭祀建筑、传统的商业街区、皇家庙宇、传统居住区等串联在一起，用跌宕起伏的建筑形象和纵横捭阖的空间气度，掌控了整个城市规划。不仅如此，离轴线较远的孔庙、历代帝王庙，日、月坛庙，均犹如中轴线的余韵，烘托着这条城市主要轴线。世界很多国家的城市也存在中轴线，其中最为著名的是巴黎和华盛顿，但与北京中轴线相比，它们的轴线只偏居于城市的一

---

① 柳彤：《匠意天成——明代北京城中轴线叙说》，《文史知识》，2021年第2期，第21页。

隅，由王室、政府或纪念性建筑群、开放的城市广场和绿地组成，不具有城市整体规划的统辖性。另外，除主轴线外，巴黎和华盛顿，还有很多副轴自主轴放射开去，连接许多著名建筑和广场，形成对景和借景，形成了放射形多中心的结构形态。[①]

北京中轴线贯穿北京旧城的南北，将内外城、宫城、皇城与外城串联起来，更是将宫廷建筑、皇家祭祀、商业街道等组合在一起。可以说，不同的建筑及功能，经由北京中轴线而有机地融为一体，从而发挥着不同的价值与功能，进而体现了古代多元一统的思想。这种思想是中华文化的重要特征，与西方文化有所不同，比如巴黎、华盛顿，虽然也有中轴线，但多在城市一隅，它们的许多建筑也并非基于中轴线而展开。

进而言之，基于北京中轴线而建成的北京城，是中华文化的重要载体。在这里，不同的民族、不同的文化类型汇集，从而体现了多元包容性。可以说，尽管北京城的文化充满了地域性、时代性、多元性，但是这种博大精深的表象背后，都呈现为一个统一的理念与宗旨。正如在这里，先秦诸子、两汉经学、魏晋玄学、宋明理学等等，都曾得到传承、发展，但是它们都是古代官学、儒家文化在不同时代的具体呈现，以及儒学、佛学、道家等不同文化的流行。但从本质上来说，都是基于皇权、秩序与民生的外在体现，进而体现了不同的社会文化功能，如有学者所言：

---

① 北京市文物局：《北京传统中轴线文化价值研究》，《中国文物报》，2012 年 6 月 6 日，第 8 版。

国都中轴线有“敬天法祖”的宗教与祭祀功能，有“前朝后市”的政治与经济功能，有“天人合人”的伦理与文化功能，有“天子”“替天行道”的统治与秩序功能。[①]

北京中轴线通过空间布局，形成不同功能的建筑物，充分体现了它的多元性、包容性，这其实也反映了北京文化的包容性、多元性，由此使这些文化及思想能够融会贯通，共同成为中华文化共同体的一部分。

元明清时期，北京依然是中华传统文化传承发展的中心所在。不仅如此，中华传统文化由于本身的包容性、延展性，以及统治阶层的推崇，故在这里依然传承不绝，以至于几乎没有受到外来文化的强烈冲击，这就很好地保障了中华文化的发展进程。可以说，正是由于元明清时期北京城及君臣上下对传统文化的推崇、发展，从而造就了中华传统文化的源远流长、生生不息。当然，当时的北京城及统治者们始终没有放弃与周边不同民族、不同文化的交流与融合，比如明清之际，随着西学传入中国，在北京也出现了中西之学不断地交融、创新发展的新局面，由此促成了中华传统文化的传承与发展，并丰富了中华文化的内容与内涵。

可以说，中华文化在传承、发展的过程中，虽然经历了不同民族、不同文化的冲击与融合，但这些外来文化不但没有中断中华文化的发展，反而为中华文化发展、完善的提供了丰

---

① 郭超：《北京中轴线变迁研究》，北京：学苑出版社，2012年版，第15页。

富的思想资源。相比较而言，世界上其他文化比如巴比伦文化、印度文化经过了多次的外族入侵，最终导致了本民族文化的中断。之所以如此，这与中华文化的多元性、包容性有直接的关系。也就是说，中华文化没有中断，反而始终以独立、一以贯之的姿态，传承不绝，主要是不断地汲取了不同文化、不同文明的思想及精神，从而不断地发展壮大，最终形成了一个具有多元一体的中华文化体系。不仅如此，北京作为元明清时期文化的发展中心，也促进了中华民族共同体的形成，如有学者所言："北京作为文化中心的形成，在相当程度上是由中华民族融合、交流的进程所决定的，如果没有北方民族与中华民族的长期交流和融合，便不会出现北京这个全国文化中心；反过来，北京作为全国文化中心，促进了长城内外多民族文化的交流以及多元一体中华民族文化的最终形成。"①

总之，元明清时期，北京作为中华传统文化传承弘扬的重镇，不仅推动了中华文化的传承发展，更是通过包容、接纳的博大胸怀，促成了中华文化包罗万象、博大精深。正因为如此，元明清时期中华传统文化不仅没有中断，反而传播到了东亚、东南亚及世界各地。当时中国周边的日本、朝鲜、韩国、越南等国家，也都曾经以中华文化为源泉，并基于自身的文化传统而建构了具有本民族特征的文化体系。也正是因为如此，形成了以中国为主体的东亚儒家文化圈，成为了与基督教文化圈、伊斯兰教文化圈、印度文化圈等并存在文化圈之

① 北京市人大常委会课题组编：《推进全国文化中心建设》，北京：红旗出版社，2011年版，第312页。

一。另外，中华文化的多元一体性，其中多元与一体是辩证统一的关系，“各美其美，美美与共”是中华文化多元一体的精神内涵。多元表明各个民族都极有中华文化的共性，也有自身的独特性，这正是中华民族文化的多元特征。但与此同时，不同民族的文化构成了中华文化这个整体。可以说，多元一体是坚持中华文化个性与共性的有机统一，一体与多元具有不可分割性，一体是多元基础上的一体，而多元则是一体条件下的多元，两者是辩证统一的。可以说，中华民族拥有悠久的历史，生生不息，就是因为中华文化的这种多元一体、兼容并包的特性，各个民族各尽所能，共同传承、发展了中华文化与文明，同时也团结了一切可以团结的力量，维护了中华民族及中华文明的长盛不衰。同时，中华民族也正是由于这种文化上的包容性，所以各个民族相互融合、相互团结，英勇抗击外族侵略，共同捍卫了国家利益与民族尊严。

3. 文化价值的全球性、普世性

元朝时期，北京中轴线及北京城已经成为政治的中心与当时影响世界格局思想的发出者。可以说，当时的北京城已经俨然具有区域全球化的主导者，其思想文化自然展现了具有全球性的一面，对此如元史专家李治安所言：

“前全球化秩序的雏形”是最近十几年人们提出来的一个新概念。我们知道，当今的全球化世界，实际上是一个由资本经济带动起来的现代社会，世界全球化的主要动力是经济的全球化及信息的全球化。而早在这次全球化之前，蒙古人的征服，造成了中西交通空前畅通，已经把欧亚大陆连成了一片。所以，近十年来世界各国的学者，包括当时被征服地区如韩国、埃及、印度、东欧等地的学者，都提出一些类似的说法，认为成吉思汗建立的“世界帝国”以及由它连通的欧亚大陆是一种“前全球化秩序”。从蒙元帝国版图的发展和延伸来看，它不仅把欧亚大陆的主要文明地区囊括在内，而且首次使东西方世界由相对隔离走向彼此间的经济贸易、文化交流的空前畅通和日趋密切。在这个意义上，也算逐步形成了一种崭新的“前全球化秩序”。诚然，蒙元的全球化秩序与当今的全球化世界相比，毕竟有本质的差距，不能相提并论，故而暂称其为“前全球化秩序的雏形”。①

“前全球化秩序的雏形”，这样的提法也许未必妥当，但是我们不能否认当时元朝对当时世界局势、经济交流、思想文化等多个方面产生了直接的影响力。一方面，蒙古汗国时期已经将整个欧亚大陆几乎连为一片，为当时的全球化交流与发展提供了重要的契机；另一方面北京城作为整个东亚的主导力量，自然也是全球板块中重要组成部分，也由此继承弘扬了中华传统文化，为明清时期的新秩序、全球发展起到了重要的推动作用。

实际上，在元大都建成之际，这里成为了当时世界性的大都市，具有了“全球性”。可以说，北京中轴线及北京城具有全球性由来已久，在元朝建成大都之时，这里就成为了当时

① 李治安：《元史十八讲》，北京：中华书局，2014年版，第4页。

世界各国商贸、文化、科技等的交流中心，如有学者所言：

早在元代，大都城就曾是世界上少有的国际化大都市。由于和平的环境和开放的政策，引来了欧亚文化的形形色色的内容。其中包括阿拉伯人和波斯穆斯林在内的宗教团体，有从帕米尔东部来的不久前皈依伊斯兰教的人群，有从西亚——地中海东部来的聂思脱里和罗马天主教徒，有摩尼教徒，有犹太人，有各种非汉人的佛教徒，还有西伯利亚和东亚的各种萨满教信仰者。在那个时代，居住在帕米尔以东的所有民族都有人群来到大都城。在这里，许多种字母以及表意汉字的三种变体——契丹文、女真文和西夏文——都曾使用过。而所用的口语，几乎包括了当时存在的所有汉——藏语系和阿尔泰语系的语言，以及重要的西亚语言和某种欧洲语言。至于这些人所着服装、举止、仪式、饮食、艺术、技艺、哲学和学说，由此，才更能呈现出五彩斑斓的壮丽景色。[①]

元朝是中国历史上最大的王朝，地域广袤、民族众多，为了巩固统治，蒙古贵族们兼容了各种宗教文化、语言、技术、艺术、哲学以及西域、中亚、欧洲的优秀成果。元大都因此作为世界文化交流、融汇的中心，拥有各种宗教文化的活动场所，如儒家的孔庙、国子监，道教的道观，喇嘛教、佛教等也都有自己的寺院，就连远在西域、中亚、欧洲各国盛行的伊斯兰教与基督教，也都在大都建有一些清真寺与大教堂。蒙

① 高巍等：《漫话北京城》，北京：学苑出版社，2013年版，第382页。

元由此成为中国历史上多元宗教文化并存的盛世，如萧启庆先生所言："由于中外交通的发展及朝廷所采取的多元文化政策，元朝是中国史上前所未见的多元族群、多元文化竞存的时代。"[①] 多元宗教文化之间的竞争与交融，极大地丰富、繁荣了蒙元文化与中西方文化、文明的交流，使得元大都较汉唐时期的长安、明清时期的北京，在文化存在与交流方面，更具开放性、多元性。不仅如此，北京地区不同宗教文化的发展与繁荣，又进一步巩固了北京作为全国政治、文化的中心位置。明清两朝在元代中轴线及北京城的基础上进一步丰富完善，不仅进一步强化了北京中轴线的政治文化意义，也让北京中轴线有了丰富的内容及内涵。

民国以来，北京中轴线随着社会性质及整体的根本性变化，北京中轴线及北京城也随即失去了传统的政治文化功能。基于北京中轴线的空间布局，经过一系列的改造而被打破，北京"一元化"的政治空间转向转向了"多元化"的文化社会空间。在这里，北京中轴线所承载的传统的礼乐和合、以礼治国等思想开始淡化，而代之以共和民主、以民为本等新时代的思想，这些思想也具有了全球化的意识。改造后的北京中轴线，充分展现了它的公共性、人民性的一面，人文精神、科学主义进一步凸显。可以说，它所承载的传统文化也逐渐融入了更多的现代文化、西方文化，这些也体现了北京中轴线现代化、全球化发展的大方向。新中国成立之后，北京中轴线更是成为了

① 萧启庆:《元代的族群文化与科举》，台北：联经出版社，2008年版，第 27 页。

社会主义先进文化、革命文化、传统文化及西方文化融汇之地、交流之地，成为了世界文化与发展的重要平台。尤其是2008年北京奥运会的召开，北京中轴线也借此契机得到了前所未有的延伸、发展，成为了一条充满人类共同发展、共享时代的中轴线。

总之，北京中轴线及北京城是中国的，也是世界的，随着全球化的强化，北京也成为世界经济、科技、文化、交流等多方面的中心，如有学者所言：

> 北京的经济优势不仅体现在经济总量上，更体现在经济结构上。北京的高科技产业、现代金融业、现代信息产业、现代文化产业、现代消费产业、互联网产业等在全国处于领先和优势地位，它代表了中国未来经济发展的方向。全国乃至世界各种优秀企业的聚集，使得在北京可能领略世界上最先进的技术、最先进的理念和管理，让我们不出国门，就能与国际标准同行，与世界领先同步。[①]

北京中轴线及北京城在新时代的发展理念下，不断积极进取、开拓创新，成为了国际交流与合作的重要平台，这为新时代中华民族的伟大复兴而贡献了应有的力量。

---

① 刘欢：《北京：宏伟天安门 气势北京城》，《城市形象专刊》，2012年11月，第110页。

小结

北京中轴线作为中国古代都城建筑史上的典范之作，充分展示了它所具有的中华文化精神与魅力。正是基本北京中轴线所形成的北京城，作为中国古代历史文化遗产的典范，集中体现了它多种文化特征，这些特征也是中华传统文化所具有的基本特征。由此可以说，北京中轴线是中华传统文化的精品与典范，更是中华传统文化中不可再有的杰作。北京中轴线所展示的不仅是完美的实体，也是中华文化各方面的标尺。相比北京中轴线所崇尚的“中”，亦即中正和谐、中庸之道而言，华盛顿中轴线所呈现的“十”字即基督信仰而言，彼此之间有着巨大的文化差异。

可以说，北京中轴线是中华传统文化的重要载体，是中华文化的标识与象征，是中华文明发展史上的伟大杰作。基于北京中轴线所形成的北京城，这里也曾是不同民族、不同国家、不同地域进行文化交流、交融的中心，更是全球文化、文明的中心所在。近代以来，虽然中华文化随着文明的衰弱而式微，但是作为传承发展五千年的中华文化来说，北京中轴线及北京城所承载的中华文化依然是一个独树一帜、丰富内涵的文化体系存在。即使今天我们发展符合现代社会的新文化体系，北京中轴线及北京城所承载的中华传统文化精髓，也必将为之提供内涵深厚、资源丰富的基础。

总之，北京中轴线文化所具有的特征，是中华文化的基本特征，更是中华文明屹立于世界民族之林而有别于其他的标识所在。当然，北京中轴线并非故步自封、孤芳自赏，它在过去八百年左右的都城发展历程中，已经充分展示了它兼容并包、融会贯通的文化性格；也正是基于北京中轴线所形成的北京城，更是在元明清统治阶层的努力下，中华文明不断地吸纳全国各地不同地域、不同民族、不同国家的文化，最终而博大精深、源远流长。比如这里形成了既包含少数民族的《魏书》《北史》《辽史》《金史》等记载少数民族政权发展史，也有记载世界其他不同国家、地区历史的正史文本——二十四史。北京城正是秉承这种包容、多元的思维，为中华文化、文明的传承、发展，提供了丰富的思想文化资源。进而言之，这也是作为中华文化的主导——儒家学说的基本主张，即“和而不同”“以德怀远”。正因为注重包容性、会通性，从而为中华文化的传承、发展及创造性转换提供了思想动力与资源支持。

十六、北京中轴线文化的特质

北京中轴线文化充分体现了中华传统文化的不同方面及内涵，成为了中华传统文化的象征。北京中轴线文化作为一种文化形态，也有其自身的属性，这些属性不仅仅基于自身所属的建筑物，也有与北京中轴线有关的人事所传达的文化理念、政治思想等。进而言之，北京中轴线文化的特质既有自然的属性，也有人文的属性，更有社会的属性，等等。这种特质本身具有了多元性、普遍性。

（一）自然性、人文性与社会性

北京中轴线尽管是城市规划与建设的坐标、脊梁，基本上满足适宜当时人们生活生存与居住的舒适度，从而体现了古人天人合一、以人为本的理念。不过，究其根本，北京中轴线实际上为了展现它的政治性。在元明清时期，北京中轴线的政治功能集中体现了皇权至上、唯我独尊、以礼治国等理念。但在近代以来，北京中轴线更加凸显它的社会性、公共性，但是政治性并没有消失。毕竟，当时北京的政治中心依然在中轴线之上。在新中国成立之后，北京中轴线的政治性，通过改造、兴建很多新的建筑比如人民大会堂、毛主席纪念堂、人民英雄纪念碑、国家博物馆等更加凸显了它社会主义的政治属性。不能不说，自然性、人文性是其基本特征，而政治性则是其本质的特征。

1. 天人合一

中国古人所说的“天人合一”，这里的“天”主要指的是自然，即“天道自然”。天的性质是自然，也叫“道”。但实际上，中华文化所说的天人合一，更加注重的人效法天、效法自然之道。可以说，这也是人道与天道的合一。作为中华文化的思想源头——《周易》就宣扬“天人合一”，《周易》六十四卦、三百八十六爻便是对天道的模拟，《郭店楚简》说：“《易》，所以会天道、人道也。”[①]

《周易》的目的就是要人们要根据自然、天道来修身明德，最终成就大人、圣人的理想人格，如《周易·象》所说：“天行健，君子以自强不息”[②]“地势坤，君子以厚德载物。”[③]等等。修德的最高人格理想就是大人，即儒家所言的圣人，这种理想人格就是天人合一的典范，如《周易·文言》所说：“夫大人者，与天地合其德，与日月合其明，与四时合其序，与鬼神合其吉凶，先天而天弗违，后天而奉天时”。[④]总之，天人合

① 李零：《郭店楚简校读记·语丛一》，北京：中国人民大学出版社，2007年版，第209页。

② ［魏］王弼注，［唐］孔颖达疏：《周易正义》卷一《乾》，北京：北京大学出版社，2000年版，第11页。

③ ［魏］王弼注，［唐］孔颖达疏：《周易正义》卷一《坤》，北京：北京大学出版社，2000年版，第31—32页。

④ ［魏］王弼注，［唐］孔颖达疏：《周易正义》卷一《乾》，北京：北京大学出版社，2000年版，第27页。

一强调的是个人与自然的和谐相处，人要效法自然、顺应自然，人的所作所为要合乎自然规律，正如老子《道德经》所说："人法地，地法天，天法道，道法自然。"[①]也就是说，道家强调人道效法天道、人道与天道高度统一的思想。对此，清代在重修紫禁城及所改的三大殿之名，即太和殿、中和殿、保和殿等，就体现了天人合一的思想观念。

天人合一的思想体现在很多方面，如在中国哲学中就有充分的体现，汉代董仲舒借助《春秋》诠释建构了天人感应的思想体系，他在《春秋繁露》中就明确强调天与人合一的思想，"天亦有喜怒之气，哀乐之心，与人相副，以类合之，天人一也。……与天同者大治，与天异者大乱，故为人主之道，莫明于在身之与天同者而用之"。[②]宋明理学家也非常强调天人合一的理念，如程颐、朱熹等人基于本体的"理"建构了天人合一的思想体系，如二程借助对《易传》的诠释，会通《孟子》存养、《中庸》至诚之说，基于"性即理"的思想，将天道、人事融贯为一体，"天人本无二，不必言合"[③]"有道有理，天人一也，更不分别。"[④]明代王阳明则以"吾心即宇宙"，建立

① ［魏］王弼注，楼宇烈校释：《老子道德经注校释》，北京：中华书局，2008年版，第64页。

② 苏舆撰，钟哲点校：《春秋繁露义证·阴阳义》，北京：中华书局，1992年版，第341—342页。

③ ［宋］程颢、程颐著，王孝鱼点校：《河南程氏遗书》卷六《二先生语六》，载《二程集》，北京：中华书局，1981年版，第81页。

④ ［宋］程颢、程颐著，王孝鱼点校：《河南程氏遗书》卷二上《二先生语二上》，载《二程集》，北京：中华书局，1981年版，第20页。

了以“心”为本体的天人合一体系。由于古人强调天人合一，而认为天与人都是基于“气”而存在，所以在北京中轴线的建筑设计上非常强调藏风聚气的风水思想，比如北京城的城门设计上也注重藏风聚气，在内城的南垣开三门、北垣开两门，以此错开，达到藏风聚气的效果。总之，在中国哲学史上，天人合一始终是学者们非常关注的命题，而这些思想也充分体现在北京故宫、天坛、地坛、日坛、月坛、景山、万宁桥等的设计与建设理念之中，充分展现了效法天地、理气合一、推天道以明人事、以人为本等理念。

当然，我们不能否认的是，北京中轴线及北京城所蕴含的思想，除了强调天子为首的统治阶层是天命之人之外，也通过城市的空间布局来充分展示他们秉承上天的意志，在人间居于中心而统治他人。也就是说，基于天人合一的理念而形成的“尚中”“居中为尊”的思想，以此来强化王权至上的理念。比如在都城选择上崇尚“择中立都”，并以此形成了中心拱卫式的都城营建制度，而这便是《周礼·考工记》所说的“营国制度”，实际上这也是古人对天体宇宙认知的人间化，如孔子所说：“为政以德，譬如北辰，居其所而众星共之。”[①]就是说，北极星居于天体中心，漫天的繁星都围绕着它，这种天象如同是人间的秩序一样，《荀子·大略》就此评价说：“王者必居天下

① ［魏］何晏注，［宋］邢昺疏：《论语注疏》卷二《为政》，北京：北京大学出版社，2000年版，第15页。

之中，礼也。”①

元明清时期，北京中轴线作为千百年来都城建筑思想的集大成之作，更是集中体现了居中为尊的思想。当时的统治者之所以基于中轴线进行都城选址、空间布局等形式来展现皇权思想，这也是中国古代都城从产生伊始所具有的政治性的具体体现。毕竟，城在中国最初，尤其是先秦时期，便具有了一国政治、经济、文化及军事中心的意义。经过历代都城的发展演变，都城所具有的这种本质性的属性始终没有改变。北京中轴线及北京城更是通过建筑布局、空间设计、装修布置等多种形式，进一步强化了这一属性，集中展现了古人天人合一、以人为本、皇权至上的思想理念，比如天坛、紫禁城的建设。当然，这种天人合一之中也包含了对民众的高度重视，所以在以皇权为核心的基础上，又融入了民本思想、以德治国等理念，比如社稷坛、先农坛的建设与祭祀文化便是如此。这些都不能不说是历史发展的必然，也是古代统治思想日渐成熟的重要体现。

总之，正是基于这种天人合一的和谐思想，中国古代始终强调人与自然之间的和谐相处，是上古以来农耕文明敬畏自然、崇尚自然观念的抽象。基于这种理念，形成了具有中华文明特色的哲学、文学、艺术、科学、伦理、道德、政治学等多种知识体系。北京中轴线所代表的中华文明与文化，也包括天文历算、农学、数学、中医学、军事学、地理学等各个方面，

---

① ［清］王先谦撰，沈啸寰、王星贤点校：《荀子集解》卷十九《大略》，北京：中华书局，1988 年版，第 485 页。

而这些成就直到明清之际，中华文明在世界上领先。这不能不说，北京中轴线文化所拥有的天人合一的特质具有根本性、普遍性的意义。总之，天人合一是北京中轴线文化、中华文化非常重要的哲学思想，也是一种具有非常普遍意义的文化特质。

2. 以人为本的人文精神

中华文化强调天人合一，但实际上对人事非常关注，即以人为本，从而形成了非常深厚的人文传统。对人事的重视由来已久，尤其关注统治阶层自身的道德因素。在《尚书》中，贯穿了对人自身的重视，尤其是强调修德以配天。可以说，不论何时，统治阶层都将民生、民众看得非常重要，比如《尚书·尧典》记载帝尧便是如此："曰若稽古，帝尧曰放勋，钦明文思安安，允恭克让，光被四表，格于上下。克明俊德，以亲九族。九族既睦，平章百姓。百姓昭明，协和万邦。黎民于变时雍。"[①] 从这可以看出，帝尧自身非常注重修身明德，更为主要的是，他选贤与能，注重家族、民众的利益，并使得各个诸侯国也非常协调和顺，从而赢得了天下人的认同。

作为尧舜夏商周时期的集大成者周人，他们在推翻商朝之后，希望重建新的意识形态，以此来维护周朝的既得利益，他们为此既要肯定尧舜夏商时期的天命观念，同时还要解释它们之所以失去天命的缘由，这就是周人敬天保民思想的出现。当然，周人并非拔地而起地建构了新的思想体系，而是继承了以往的天命观、人文精神，它们在重视天命、人文精神的

① ［汉］孔安国传，［唐］孔颖达疏：《周易正义》卷二《尧典》，北京：北京大学出版社，2000 年版，第 29、31 页。

同时，更加凸显民本思想。正如有学者所言：“西周的民本观念是周公总结夏商两个朝代兴亡的经验教训而得出的重要结论，也是畏天观念的必然结论，成为统治者所应具有的德性之一。”[①]周人所形成的民本思想就是在尧、舜、禹、汤以来民本观念的基础上，进一步肯定天命视野下的民本观，整个观念将天命、民生有机地融为一体。换言之，周人实际上是利用天人感应的观念来宣扬天子统治是天经地义的同时，也反复强调如何在现实社会中强化自己的统治，这就是民本观念、以德治国、敬德保民等思想。

可以说，在中华文明的早期，古人就充分认识到了民众的重要性，经过尧、舜、夏、商、周时期的发展演化，民本思想最终成为治国理政的基本理念。在春秋时期，孔子作为儒家学派的创始人，他继承发展了以往的民本思想，也反复强调以民为本的重要性，如《论语·学而篇》载：“子曰：道千乘之国，敬事而信，节用而爱人，使民以时。”[②]孟子、荀子作为先秦儒家的重要传承者也都非常推崇民本思想，“民为贵，社稷次之，君为轻”(《孟子·尽心下》)，[③]“天之生民，非为君也；天之立君，以为民也”(《荀子·大略》)。[④]从汉代开始，随着

---

① 严正：《五经哲学及其文化学的阐释》，济南：齐鲁书社，2001年版，第158页。

② ［魏］何晏注，［宋］邢昺疏：《论语注疏》卷一《学而》，北京：北京大学出版社，2000年版，第5页。

③ ［汉］赵岐注，［宋］孙奭疏：《孟子注疏》卷十四《尽心下》，北京：北京大学出版社，2000年版，第456页。

④ ［清］王先谦撰，沈啸寰、王星贤点校：《荀子集解》，北京：中华书局，1988年，第504页。

儒家学说成为官方意识形态，以民为本、以德治国的理念影响了中国两千多年，始终成为统治阶层重视的治国思想，比如唐太宗曾专门写了《民可畏论》，其中有“天子有道则人推而为主，无道则人弃而不用，诚可畏也”[①]的论断，体现出他对民本思想重要性的深刻认识。宋代理学家朱熹也强调说：“天下之务莫大于恤民，而恤民之本，在人君正心术以立纪纲。”[②]正是由于历朝历代的统治者重视民众利益，所以出现了文景之治、贞观之治、开元盛世、康乾盛世等繁荣时代。另外，很多史学、文学著述也反复强调民生、民本思想的重要性，以至于民本主义成为了中华文化的基本理念。

总之，民本思想作为中华优秀传统文化尤其是政治思想的精髓，在上古三代就已经得到了统治阶层的高度重视，随后经过历代儒家学者的丰富完善，最终成为了古代治国理政的基本理念。尽管北京中轴线切实体现了皇权至上、礼乐制度等，但随着时间推移，其以人为本、以民为本的思想越发体现，对此有学者就说道：

北京中轴线，历经元、明、清、民国，直至中华人民共和国，经过多个历史时代的规划、建设、改造，见证了北京几百年的城市发展历程。新中国成立后，顺应时代从封建王朝到人民当家作

---

① ［清］董诰：《全唐文》卷十《太宗七》，北京：中华书局，1983年影印版，第122页下。

② ［元］脱脱等：《宋史》卷四百二十九《道学三》，北京：中华书局，1977年版，第12753页。

主社会的变迁，北京中轴线由为帝王及其统治服务向着人民当家作主、为人民服务方向转变，形成了与明清时期中轴线相互联系但又有着本质区别的文化空间类型，政治文化广场、博物馆文化宫、城市人民公园、商业休闲空间等公共场所和文化场所成为其主要的存在形式。①

近代以来，随着北京中轴线及所属建筑相继开放之后，越来越多的民众开始进入这些地方，并领略到了中华文化、文明的博大精深、精美绝伦，新建的天安门广场、国家博物馆等更是注重民众的精神需求，由此也充分体现了近代以来北京中轴线的功能由传统的皇权向民生的转向。

3. 社会公共性

从元大都规划与建设开始，北京城实际上已经体现了它的国家性与人民性的文化特质，根据《元一统志》的记载，当时大都市的居民以坊为单位，按照街道进行区划，计有五十坊，各坊之间都是以街道为界限，周围也没有城墙，这样就打破了以往封闭式街坊的格局，而转向了开放式的胡同建筑，这样不仅有利于居民居住，也方便民众的交往与交流。明清时期，北京城继承了元大都时期对民生、商业的重视，以至于在北京城的中轴线两侧不仅有贵族的亭台楼榭，也有平民的坊市商铺，由此造就了明清北京城商业贸易的繁华。

民国以来，北京中轴线随着社会性质与政治体制的根本

① 张宝秀等：《北京中轴线的文化空间格局及其重构》，《北京联合大学》（人文社会科学版），2015 年第 2 期。

性转变，开始由以往的皇家所有日渐转化为民用。况且，北京中轴线又建设了很多与人民相关的建筑，以此凸显了它的人民性、社会性，北京中轴线在功能上较以往发生了巨大的变化，对此如有学者所总结的：

今天，从天安门到原中华门旧址这一区域，面貌一新。东西长安街早已成为交通要道，车辆行人在天安门前来来去去，畅通无阻。不过，在解放以前，长安街只有现在北面半边那样宽；而且，在天安门的左右两边，横街矗立着两座三个拱形门洞的红门，就是内三座门，再走不远又有两座红门，称为外三座门；街的南面，东西各有一道花墙。门洞林立，街道又窄，对交通是很大的障碍。解放以后，人民政府又先后拆除了花墙和内、外三座门，取消有轨电车，将东西长安街拓宽一倍多，就成为横贯全城、宽阔平坦的大道了。到一九五九年国庆十周年，修建包括人民大会堂等的"十大建筑"，在天安门和原中华门之间，东面修起了中国历史博物馆，西面修起了人民大会堂，遥遥相对，昔日从中华门通到天安门的那条狭长的通道，已经不起任何作用而拆除了，展现在天安门前的是一片辽阔的广场。在广场中间，又耸立起一座巍峨的人民英雄纪念碑。这是北京旧"皇城"变化最大的部分。

在天安门以北，直到地安门，旧"皇城"的布局是十分严整的。《大清会典》记载："紫禁城居皇城之中。垣周六里。"从天安门向北，经过端门到紫禁城的南大门午门，道路都用巨石铺成，整齐平坦。天安门、端门、午门这三座城楼，在前门远远地就可望见，城楼高大，黄瓦飞檐，气象雄伟。这条大陆的东面是太庙，西面是社稷坛。太庙是明清两朝皇帝祭祀祖先的家庙，解放后改为劳动人民文化宫。其中有几座大殿，都是三层丹陛，围以白玉栏杆，可与紫禁城内的三大殿媲美。太庙除了建筑宏伟外，还有很大大树，松柏参天，盘根错节，大的树身可容几人合抱。和天坛的松柏一样，这些古树已历时数百年，它象征着北京城悠久的历史。社稷坛是明清两朝皇帝祭祀社神和稷神的地方，用以祈祷丰年。中间有一座坛，上面的土分为五色，成为五色土。辛亥革命以后，社稷坛辟为公园，供人游览。初名中央公园，后来为了纪念伟大的先行者孙中山先生，改名为中山公园。园内楼台亭榭，布局精巧，花卉繁多，引人入胜。中山公园与劳动人民文化宫的面积相若，都呈长方形。北面与紫禁城隔河相望，中间的筒子河可以划船。从这两个公园的后门出来，通过阙左门和阙右门，走不多远就可到午门。

在紫禁城的北面，有一个景山公园。它位居北京城的中轴线上。山上有五个亭子，中间一个最高，站在上面远眺，南面可见紫禁城的座座宫殿，琉璃黄瓦在阳光的照耀下闪闪发光；西面是北海，两处密迩，山光水色交相映辉；再放眼全城，一片绿海，远近出现了许多高楼，反映了古老的北京城正在逐步现代化。古老的宫殿、红墙与现代化的高楼交织在一起，它并没有使人产生不调和之感，相反，新老相得益彰，这也许正是北京城的特色吧。①

可以说，从近代以来，北京城中轴线上的各个建筑逐渐

① 贺善徽：《北京的旧“皇城”》，《紫禁城》，1982年第1期。

都转化为了国家财产，大多成了服务于民众的国家机关与人民公园，它们不再为皇家所有，更不是少数人的财产。正是这种属性功能的变化，也促使北京城转变为了一个现代化的城市，成为具有社会性、人民性的大都市。

新中国成立之后，北京作为新中国的首都，也开始发生了翻天覆地的变化，这种变化不仅有性质的变化，更有内容上的变化，其中最基本的特征那就是以北京中轴线为中心的北京城越来越体现了它的人民性，即以民众利益、福祉为前提而不断发展变化，对此正如侯仁之先生所总结的：

从1949年到现在40年来，北京的变化与它漫长的历史比较而言，确实是惊人的。这首先是反映在城市的面貌发生的变化上，据不完全统计，全市的新建筑物相当于1949年全城房屋总面积的5倍以上，城区的范围早就挣脱旧城的框架，大大向外扩展。除了以东西长安街为代表的东西向5条干道和南北向两条干道外，在近郊开辟了两条长达几十公里、路面宽阔的环形路，以及10几条放射状的新路，在重要的交通路口按现代化交通的要求建起立交桥40多座，并且建设了我国第一条通往西郊和贯穿全城的地下铁道，从而大大改善了北京的交通状况。新的建筑物如雨后春笋般相继崛起，其中有1959年落成、巍然耸立在天安门广场东西两翼的人民大会堂和中国人民革命博物馆及历史博物馆。在号称“十里长街”，成为北京新的东西轴线的东西长安街两侧，新北京饭店、民族文化宫、电报大楼、广播大厦、民族饭店、军事博物馆等公共建筑和宾馆、办公楼、商业中心，以各具特色的造型装点着这条繁华而雄伟的大街。在北京的东郊、西郊和城南，为开展体育比赛陆续兴建了规模巨大的北京体育馆、首都体育馆、工人体育场和先农坛体育场。目前，一座具有国际水平、能够举行国际重大体育比赛的亚运会场馆和运动员村正在北郊施工，这是为迎接第十一届亚运会兴建的工程。此外，为了满足市民对文化艺术的追求和多方面的需要，市区和郊县的所在地，陆续建成许多剧场、影院、文化宫、俱乐部和体育场。其中自然博物馆、地质博物馆、北京天文馆、陆续博物馆、中国美术馆、徐悲鸿纪念馆、北京展览馆、全国农业展览馆以及北京动物园、北京植物园和新近落成的游乐场、展览中心等公共活动场所，充分反映了人民生活的丰富多彩，为开展经济、技术、文化、艺术的交流，满足人民的学习、娱乐和艺术享受提供了良好的物质基础。

随着市区的扩大和新的住宅区的增加，北京城区原有的商业街，例如王府井大街、前门大街、东四、西四、鼓楼大街、东单、西单、菜市口大街、大栅栏、琉璃厂文化街，不仅恢复了许多经营特种商品、历史悠久的老字号，而且新建了百货大楼、商场、菜场和各种商店，成为市场繁荣、顾客盈门的闹市。除此之外，在新建的住宅小区和郊县的卫星城镇，相应配套建成商场、菜场、购物中心以及医院、学校等生活设施，形成了新的商业中心。[①]

侯仁之先生总结了新中国建立后40余年翻天覆地的大变化，这个时间距离今天又过了四十年，这其中的变化更是不可

① 陈桥驿主编:《中国七大古都》，北京：中国青年出版社，2005年版，第52页。

同日而语。可以说，从新中国建立之后，北京虽然继续作为首都，但是它改变了传统政治性、国家性等的文化属性。在中国共产党的带领下，对传统的北京城在建筑规划、交通、社区、体育、商业、文化等各个领域都做了全面的规划与重建，极大地丰富了民众的日常生活，这些都充分体现了北京城作为新中国首都所具有的人民性、公共性特征。

当今的北京城不仅在物质上发生了巨大的变化，而且在思想文化等精神领域的建设也集中体现了它的国家性、人民性共享的特征，在这里汇集了国内最多的且顶尖的高等学府与科研机构，比如北京大学、清华大学等，还有北京电影学院、中央美术学院、中央音乐学院等一大批特色的高等学府。此外，在这里还建成了全国藏书量最多的国家图书馆，以及藏品丰富的故宫博物馆、国家博物馆等等。还有各种出版社、文化中心、新闻机构等等。即使建筑在中轴线上的故宫、景山、社稷坛、太庙天坛、地坛等等都修缮一新，重新对民众开放，成为了市民和中外游人休息、娱乐的公园。总之，北京在文化建设方面也在国内、国际上首屈一指，成为了举世瞩目的国际文化及旅游的大都市。

总之，元明清时期基于北京中轴线所形成的空间格局，有宫廷、园林、坛庙、寺院、学校、沟渠、集市等等，这些都充分体现了北京中轴线的包容性、公共性。当然，我们不能否认其所集中体现的皇权主义。随着清朝的结束，北京中轴线开始打破了以往“一元化”的政治空间布局，而转向了“多元化”的社会文化方向发展，这极大地体现了北京中轴线的公共性、人民性与社会性。可以说，北京中轴线的社会公共性是其重要的文化特质，这种特质的产生是自古以来传统以德治国、以仁兴邦思想的具体体现；随着新中国的成立，这种特质得到了进一步的传承弘扬，也由此充分体现了社会主义制度及文化的优越性、先进性。

（二）礼仪性、伦理性与政治性

北京中轴线是北京城的脊梁与坐标，是对中国古代都城建筑思想的继承与发展，它集中体现了古代以礼治国、以德治国的文化传统。所以，北京中轴线所承载的文化，充分体现了传统文化尤其是政治文化中礼治、德治的思想。当然，北京中轴线所承载的民生、道德、秩序、仁爱等理念也具有普世的意义，也是世界各国文化所具有的共性。

1. 以礼治国

中华礼乐的起源甚早，可以追溯到新旧石器时代。它是上古时期中华民族的先民们将日常生活规范化、程序化的必然结果。原始时期，人们习惯性地将重要的活动仪式化，这种仪式化既增强了人们的情感、认同，同时也有效地形成了全新的政治秩序，从而满足了当时落后的生活、生产状况。

的确，先秦时期古礼的起源很大程度上就是生活化、程序化的结果，对此正如《礼记・礼运》中所说的："夫礼之初，始诸饮食。其燔黍捭豚，污尊而抔饮，蒉桴而土鼓，犹若可以致其敬于鬼神。”[①]根据《礼记》的记载，人们基于对于自然的崇拜与敬畏，从而产生了最初的礼乐习俗，进而演化出了各种宗教祭祀的礼仪来。王国维也认为，中国古代的“礼”其实就是当时的负责宗教祭祀的人利用玉来祭祀神灵，后来也有用酒来替代玉进行祭祀。这从“礼”字的甲骨文、金文就可以看出它的本源意义。换言之，代表中华文化的古礼产生于远古时代的宗庙祭祀，这种祭祀源于人们生产力低下时对天地鬼神的敬畏之情，也是人们对日常生活行为规范的总结。

近代以来的考古发现，在距今7000年到5000年左右的史前仰韶文化、龙山文化、良渚文化等遗址中，出现了很多用于祭祀的琮、盘等玉器，这就说明中华先民们对宗教祭祀礼仪的重视。礼乐是中华民族的先祖们长期生活、劳动探索的结果，也是治国理政的重要手段，正是因为如此，随着历朝历代的传承、发展，最终在尧舜夏商周时期得到了充分的发展，从而构成了中华礼乐文明的基础。

北京中轴线所属建筑也充分体现了这种礼仪文化，更是承载着中国古代以礼治国的理念与思想，对此如梁思成所言：

贯通这全部部署的是一根直线。一根长达八公里，全世界最长，也最伟大的南北中轴线穿过了全城。北京独有的壮美秩序就由这条中轴的建立而产生。前后起伏左右对称的体形或空间的分配都是以这中轴为依据的。气魄之雄伟就在这个南北引申，一贯

① ［汉］郑玄注，［唐］孔颖达疏：《礼记正义》卷二十一《礼运》，北京：北京大学出版社，2000年版，第777页。

到底的规模。[①]

梁思成对北京中轴线的称赞，实际上表达了对中国古代尤其是元明清基于传统礼制所建立的建筑群，北京中轴线上的宫殿、寺院、园林、坛庙等都是对中国古代数千年礼制传统的继承与发展，它们所承载的礼制思想及以礼治国的理念，更是中华文化传统的主导所在。

北京中轴线上所呈现的礼制思想，实际上也早已也融入到中华民族的血液之中，成为中华民族价值观、道德伦理的重要内涵所在。这些主要体现在当时生活在北京城中君臣、百姓的一言一行之中。不仅如此，随着宋元明清时期理学的建构与盛行，传统礼制更加道德化、伦理化，成为了维系古代人伦道德、社会风气、政治秩序的重要手段，正如《礼记·曲礼上》所说：

道德仁义，非礼不成，教训正俗，非礼不备。分争辨讼，非礼不决。君臣上下父子兄弟，非礼不定。宦学事师，非礼不亲。班朝治军，莅官行法，非礼威严不行。祷祠祭祀，供给鬼神，非礼不诚不庄。[②]

---

① 梁思成：《北京——都城设计的无比规划》，《新观察》，1951年4月。

② ［汉］郑玄注，［唐］孔颖达疏：《礼记正义》卷一《曲礼上》，北京：北京大学出版社，2000年版，第16—17页。

从《礼记》的总结可以看出，当时的道德伦理、社会风俗、纲常名教、教化习俗、宗庙祭祀等都离不开礼仪对人的约束。礼仪的作用渗透到了社会的各个层面，甚至是思想观念层面，成为人们日常生活不可或缺的存在。同样，《礼记·礼运》中也记载说：

言偃复问曰："如此乎礼之急也。"孔子曰："夫礼，先王以承天之道，以治人之情。故失之者死，得之者生。《诗》曰：'相鼠有体，人而无礼，人而无礼，胡不遄死！'是故夫礼，必本于天，殽于地，列于鬼神，达于丧、祭、射、御、冠、昏、朝、聘。故圣人以礼示之，故天下国家可得而正也。"①

人们重视礼仪，并将日产生活、宗庙祭祀、社会政治等各个环节中所出现的具体礼仪，都视为效法天地的产物，由此强化了礼仪的神圣性。实际上，这种将礼仪神秘化、神道设教式的宗教解释，也是为当时统治阶层有效统治提供了论证。在具体的礼仪实践中，古人通过服饰、饮食、住宅、待遇等各方面来彰显礼仪差异，这些在北京中轴线及其所属建筑中表现得非常明显。

可以说，在中国古代，以礼治国在中国古代渗透到了社会政治、思想文化的各个层面，如《旧唐书·礼仪志》中所说：

---

① ［汉］郑玄注，［唐］孔颖达疏：《礼记正义》卷二十一《礼运》，北京：北京大学出版社，2000年版，第773页。

故肆觐之礼立，则朝庭尊；郊庙之礼立，则心情肃；冠婚之礼立，则长幼序；丧祭之礼立，则孝慈著；搜狩之礼立，则军旅振；享宴之礼立，则君臣笃。①

从这可以看出，古代礼治涵盖了政治、宗教、社会、生活等社会文化的各个领域。可以说，礼仪产生之后，随着它在各个层面的渗透，就逐渐形成了中华民族的基本特征，正如有的学者所总结的："礼在中国，乃是一个独特的概念，为其他任何民族所无。其他民族之礼一般不出礼俗、仪礼、礼貌的范围，而中国之礼，则与政治、法律、宗教、思想、哲学、习俗、文学、艺术，乃至于经济、军事，无不结为一个整体，为中国物质文化和精神文化之总名。"② 正因为礼仪体现在社会文化的各个方面，所以我们被称为礼仪之邦。可以说，礼仪从一开始就是中华文化、文明的基本特征。

总之，礼仪作为维系中华文明发展与传承最重要的手段，直接推动了中华文明乃至人类文明的进步。在中国古代，礼仪是社会政治、思想文化的核心。历朝历代的统治者正式通过制定不同等级、不同类别的器物来彰显礼仪，以此来维护社会政治秩序，如贾谊《新书·服疑》中就说：

---

① ［后晋］刘昫等：《旧唐书》卷二十一《志第一》，北京：中华书局，1975 年版，第 815 页。

② 邹昌林：《中国礼文化》，北京：社会科学出版社，2000 年版，第 14 页。

> 奇服文章，以等上下而差贵贱。是以高下异，则名号异，则权力异，则事势异，则旗章异，则符瑞异，则礼宠异，则秩禄异，则冠履异，则衣带异，则环珮异，则车马异，则妻妾异，则泽厚异，则宫室异，则床席异，则器皿异，则食饮异，则祭祀异，则死丧异。[①]

古代重视礼仪，注重以礼治国，由此便有了相应的服装、称谓、权力、符瑞、俸禄、鞋帽、佩饰、车马、妻妾、住宅、用具、饮食、祭祀、丧葬等多个方面的不同规定，这些规定实际上约束着不同的群体，使得他们彼此之间不能僭越界限。可以说，在中国古代的社会文化中，等级无所不在、无时不在，而这种等级观念一般都是通过各种不同器物、制度等来展现，同事礼仪在一定程度上又扮演着法律的角色，或者说是准法律。不仅如此，朝廷还通过具体的法律条文进行规定，以保障礼仪的存在与运行。所以，礼仪是中华民族存在和发展的一个重要纽带，而礼治则是现实社会政治发展与治理的重要手段，也是一种具有中华特色的文化模式。

2. 注重伦理道德

北京中轴线集中体现了传统的伦理道德、政治属性，比如中正的伦理道德思想，便体现为“古之王者，择天下之中而

① ［汉］贾谊撰，阎振益、钟夏点校：《新书校注》卷一《服疑》，北京：中华书局，2000 年版，第 53 页。

立国，择国之中而立宫”的建筑思想。[①]北京中轴线呈现的不仅是中国古代文化的传统，更是人们对于国家大一统、中正和谐、天下一家、和而不同等理念的认可与传承。由于宋元明清时期，随着理学的建立，传统的道德伦理学说进一步被强化，以德治国下文化的道德伦理性也进一步凸显，而这也在当时元明清北京城及统治者那里得到了充分的体现。

忽必烈建立元朝之后，在元大都之际，他为了突出大都是全国中心的地位，除了军事、政治、经济上进行改制突出其首都地位之外，还进一步推行儒学，建立儒学机构，以此来宣扬南宋旧地流行的程朱理学。由于朝廷与北京对儒学的重视及推广，到蒙元中期的至元、大德年间，程朱理学成为北京乃至全国的基本文化形态，当时“上而公卿大夫，下而一邑一郡之士，例皆讲读，佥谓精诣理极，不可加尚”[②]。受此影响，各地方也大力重视程朱理学的宣扬与教育，以至儒学校舍遍及全国、甚至边远地区，无不研习程朱理学，如元人虞集所说：“自京师通都大府，至于海表穷乡下邑，莫不建学。立师授圣贤之书，以教乎其人群经、《四书》之说，自朱子折衷论定，学者传之。我国家尊信其学，而讲诵授受必以是为则，而天下之学皆朱子之书，书之所行，教之所行也，教之所行，道之所

① 许维遹撰，梁运华整理：《吕氏春秋集释》卷十七《慎势》，北京：中华书局，2009 年版，第 460 页。

② ［元］王恽：《秋涧集》卷四十三《义斋先生四书家训题辞》，影印文渊阁《四库全书》本，台北：台湾商务印书馆，1986 年版，第 562 页。

行也。”①

朱元璋建立明朝之后，采取一系列举措来恢复中华礼仪文明，强化儒家人伦道德、纲常名教，旨在通过儒家礼仪道德来规范人们的行为，重新恢复儒家所宣扬的纲常名教、人伦道德的主导性，如《秘阁元龟政要》所载：

初，元世祖自朔漠以有天下，风俗尚武，悉以胡俗变易中国。士庶咸辫发推髻，深襜胡服胡帽，衣服则为胯褶窄袖，及辫线腰褶。妇女衣衫袖短，衣服裙裳，无复中国衣冠之旧。甚者易其姓氏胡名，习胡语。俗化既久，恬不为怪。帝久厌之，至是命悉复衣冠如唐制。仕者皆束发于顶，冠则乌纱帽，圆领束带黑靴。士庶则服四带巾，杂色盘领，衣不得用玄黄。乐工冠青，屯字顶巾，系红绿帛带。士庶妻首饰，许用银镀金，耳环用金，珠钏镯用银，服浅淡色，衫用紵丝绫罗紬绢，其乐伎则带明角皂楷，子不许与庶民妻同，不得服两截胡衣，其辫发椎髻，胡衣胡语胡姓，一切禁止。②

朱元璋禁胡俗、倡汉制，此举不仅恢复了儒家礼乐等级制度，对于皇权独尊有直接的促进作用之外，而且对于当时儒士大夫对其政权的文化认同有非常重要的意义。明成祖朱棣称帝之后，为了维护其统治、统一思想，于永乐元年敕命纂

---

① ［元］虞集：《道园学古录》卷三十六《考亭書院重建文公祠堂記》，影印文渊阁《四库全书》本，台北：台湾商务印书馆，1986 年版，第 514 页。

② ［明］佚名：《秘阁元龟政要》卷四，明钞本，第 124 页。

修《永乐大典》。又于永乐十二年（1414）十一月，明成祖命胡广、杨荣、金幼孜等人纂修《五经四书大全》及《性理大全》，次年编成，随之颁行全国，影响巨大。有明一代基本上是程朱之学的天下，尤其随着《五经四书性理大全》的编纂、颁行，程朱理学成为学术思想的主导。学者们多秉承程朱理学，笃守躬行，如学者所言："自考亭以还，斯道已大明，无烦著作，直须躬行耳。"①

清朝建立之后，皇太极等诸帝都推崇儒家学说，如他在崇德二年（1637）曾以"修齐治平"的道理教谕臣工说："圣经有曰：欲齐其家，先修其身；身修家齐而后国治。尔等若谨好恶之施，审接物之道，御下以义，交友以信，如此则身修矣。孝其亲，弟其长，教训及其子孙亲戚，如此则家齐矣。身修、家齐而国不治者，有是理乎？"②可以看出，皇太极对宣扬"德治"为核心的《四书》之学有了自己的体认，这对于日后推崇程朱理学奠定了基础。康熙积极认同儒学，"以儒学开一代风气"③，他尤其推崇程朱理学，认为"孔孟之后，有裨斯文者，朱子之功，最为弘巨"④，在康熙五十一年（1712），他将程朱理学确立为官方意识形态。

可以说，元明清时期，北京作为当时的首都，统治者们

---

① ［清］张廷玉等：《明史》卷二百八十二《薛瑄传》，第7230页。

② 《清实录》第二册，北京：中华书局，1986年版，第445页。

③ 孟森：《清史讲义》，北京：中华书局，2006年版，第195页。

④ ［清］官修：《清实录》第6册，《圣祖仁皇帝实录》卷二百四十九，北京：中华书局，1985年版，第466页。

为了强化社会控制，极力倡导儒家人伦道德、纲常名教，由此使得程朱理学及其所宣扬的伦理道德成为当时的基本行为规范。换言之，北京中轴线及北京城在元明清时期已经不仅仅是具体的建筑轴线，也是中华民族的心理基准线，这种基准线实际上就是当时的统治者们对程朱理学的传承弘扬，从而使得儒家人伦道德、纲常名教成为了社会生活、文化观念中的基本标准，由此也强化了中华文化的伦理道德性。对此如有学者在界定中轴线的时候就这样说道：

关于轴线的概念，内容丰富繁杂，立足于不同的领域，对其都会有不同的认识，以至于至今没有统一的界定。随着人们认知能力的提升，观念的更新，轴线的概念有了更多层次的解释，比如心理轴线、发展轴线等。广义上的轴线即城市发展轴线，是指与城市生长点相结合的城市交通干道，可以是城市的主干道，可以是新城发展的方向，亦可以是河流、湖海的走向。狭义上的轴线即心理轴线。

轴线可以称之为一种线性基准。线性可以算是所有轴线的一种基本特征，而基准是轴的本质所在，无论是心理轴线还是发展轴线，都符合这一普遍性的含义。通常情况下可以将轴线概括为两种，一种是“虚轴”，即看不见摸不着，却无刻不影响着人们行为和心里的线。另一种是“实轴”，即指可以行走在上面并通过的道路。[①]

① 单晓燕：《北京旧城传统中轴线保护和控制区域色彩控制研究》，北京建筑大学硕士学位论文，2014年6月未刊本，第61页。

这种解释很有道理，北京中轴线作为北京城空间布局的基准，尽管体现为有形的城市主干道、主要建筑，但随着时间推移，它所承载的价值观念已经内化于人心。它所承载的中华优秀传统文化精神，已经内化为民族精神，尽管它看不见、摸不着，而这主要表现为儒家文化长期的传播、渗透，已经根植于心，已经成为中华民族言行举止的规范、标准，进而成为一种话语体系、文化体系。也正是因为如此，北京中轴线所象征的中华文化在世界上独树一帜，直到今天，作为四大文明之一的中华文明之所以能够源远流长、一脉相承，就是因为这种长期以来所形成的文化传统，经由北京中轴线等文化遗产而传承、弘扬。换言之，北京中轴线与其说表面上是建筑本身的产物，还不如说是中华文化发展到一定阶段内化于心的精神，是中华民族文化自信、文化认同的思想源泉所在。

3. 政治秩序性

从金朝规划建设金中都开始，就已经将中轴线作为皇权观念的重要体现。金朝所建设的中都内城，是在辽皇城旧址的基础上进行扩建。金朝的内城分为皇城、宫城两重。宫城南门为应天门，从应天门向北贯通宫城北门，形成了一条南北贯通的中轴线。在这条中轴线上，建设有大安、仁政、太和、神龙等宫殿，整个内城基于中轴线布局完整，与全城形成一个有机的整体，充分体现了古代皇权至上的主题。

随后，元朝在金中都附近重新建城，汲取了它的中轴线思想，而这又被明清两朝所继承发展，从而为后来北京中轴线的形成奠定了基础。可以说，北京中轴线自形成至今有 800 多年的历史。在这数百年的历史中，中轴线始终是都城的核心所在，更是皇权与国家的象征。并随着时间推移，北京中轴线不断被丰富、完善，比如明代继承了元大都的中轴线，并在南面建设了外城。又在中轴线的北端建设的钟鼓楼，南边又建设了太庙、社稷坛、天坛、先农坛等，由此更加凸显了皇权至上的特征，如有学者所言：

明北京城中轴线连着“四重城”，从平面上看，外城包着内城南面（因财力不足，仅筑一面外垣），内城包着皇城，皇城又包着宫城紫禁城，形成多重同心的方城。每层城墙周围都环绕着宽且深的护城河，皇帝居住的宫城便是全城的中心，处于层层拱卫之中。加之城外四周又筑有天、地、日、月四坛，宫城俨然“宇宙的中心”。这种城市规划设计集中体现出封建帝王“普天之下，唯我独尊”的主题思想。同时，宏伟高大又金碧辉煌的宫殿建筑，在数以千万计、井然有序的掩映在绿荫之下的灰色四合院，以及散落在城中不同部位的衙署、坛庙、寺观的烘托下，更是凸显出“皇权至上”之势。[①]

明代是北京城中轴线发展史上承上启下的重要时期，基本上奠定了北京中轴线的基本规制。更为主要的是，在这条线上，明朝通过内外城的建设，宫城的设计、建筑的规制与色彩，以及城中不同部位的衙署、坛庙、寺观的布局，充分体现

---

① 柳彤：《匠意天成——明代北京城中轴线叙说》，《文史知识》，2021 年第 2 期。

皇权至上的理念。随后，清朝在明朝北京中轴线基础上丰富完善，进一步体现皇权至上的理念。

实际上，北京中轴线及北京城作为历史文化名城，也是中华传统文化的承载者，其中礼制文化成为其政治文化的主要体现，如有学者所言：

> 北京城作为一座具有三千年建城史和近千年建都史的著名历史文化名城，南起永定门城门北至钟鼓楼的中轴线凝练了北京的城市演变与历史文化发展的精华。中轴线建筑景观是北京城市历史遗存的核心价值体现，凝聚了中国礼制文化、道德教化、人文历史、风俗民情以及社会发展各个方面，是对中国传统文化的高度升华和萃取。[①]

北京城是中国古代都城建筑史上的集大成之作，是元明清时期的皇帝所在地，所以它通过各种方式来展现其皇权至上、天下一统的文化政治意义。比如根据礼制，北京紫禁城的建筑规制乃全国最高；天坛、社稷坛、正阳门等的规制也是如此。不仅如此，北京中轴线的装饰颜色尤其是紫禁城以黄色为主，集中体现了皇权至上的理念。正因为如此，1987 年故宫被列入《世界遗产名录》，当时世界遗产委员的评价说："紫禁城是中国 5 个世纪以来的最高权力中心，它以园林景观和容纳了家具及工艺品的 9000 个房间的庞大建筑群，成为明清时代

① 王菲：《清代永定门建筑意象及环境特征研究》，北京建筑大学硕士学位论文，2018 年 6 月未刊本，第 4 页。

中国文明物价的历史见证。”这一评价凸显了紫荆城作为明清时期政治中心的基本属性，集中体现了以故宫为核心的北京中轴线在全国政治的核心地位。

1949年，新中国成立之后，北京的中轴线在内容与内涵上又得到了新的丰富，如先后建成了天安门广场、人民英雄纪念碑、毛主席纪念堂、人民大会堂、中国历史博物馆、中国革命博物馆（现国家博物馆）等新的建筑。可以说，北京的中轴线由以往的皇权属性，转变为新时代社会主义人民当家做主的公共属性。在这里，既有可以供数十万群众集会的天安门广场，也有供上万全国各族人民代表进行开会、讨论国家大事的人民大会堂，党和国家领导人每年也在这里处理重要政务，并在这里召集全国人民代表大会、全国政协会议，以及各种类型全国性的会议，等等。这些都充分彰显了北京中轴线作为政治中心的历史延续性，它可以说是中华民族的国家政治之轴。

总之，北京中轴线作为北京城的坐标与脊梁，集中体现了它的政治内涵及意义，这种政治属性主要通过空间布局、建筑规制、装饰设置等进行展现。不仅如此，基于北京中轴线的北京城作为全国的政治中心，这里所发布的政治理念也具有指导性。总之，北京中轴线是国家的象征，更是权力的象征，这里更是新中国的象征。

（三）国家性、全球性与现代性

北京中轴线作为中华民族的伟大遗产，具有重要的建筑学、美学方面的价值与意义。它作为中华民族的伟大象征，也充分展示它在政治方面的特殊意义。也就是说，在元明清时期，北京中轴线及北京城作为当时的王朝首都，通过政治、经济、文化、社会等各方面形式，来体现其政治性、国家性、世界性的文化意义。

1. 国家民族的象征

北京中轴线既是中国古代物质文明的集中体现，也是精神文明的结晶与载体。基于北京中轴线所形成的北京城，是过去八百年中国政治、文化、经济、科技、外贸、交流等的中心，也是世界上举足轻重的世界强国。所以，北京中轴线是中华民族、中国的象征，具有国家性。也就是说，北京中轴线及北京城的文化，并不限于政治所有，也是国家民族的象征。

元明清时期，北京中轴线及北京城一直被看作中国的国家象征。作为全国的经济、交流中心，这里曾汇集了来自五湖四海的商货，成为了国内的重要物资交流中心，如史书记载：

> 我国家都全燕之地……生聚教养，十百于古。万方之珍怪货宝，璆琳琅玕，珊瑚珠玑，翡翠玳瑁，象犀之品，江南吴越之髹漆刻镂，荆楚之金锡，齐鲁之柔纩纤缟，昆仑波斯之童奴，冀之名马，皆焜煌可喜，驰人心神。[①]

当时北京城作为全国性的首都，这里汇集了来自各地的

① ［元］马祖常著，李叔毅点校：《石田先生文集》，郑州：中州古籍出版社，1991年版，第181页。

特产、奇珍异宝，这种来自东南西北的物资交流，极大地促进了当时经济社会的发展。不仅如此，随着商业贸易的往来，当时的思想文化也随之展开，北京作为当时的首都，自然也成为了各地思想文化的汇集地，并由此形成了博大精深的首都文化。

可以说，元明清时期北京作为当时王朝的首都，也是国家的象征，从这里发布的政令及举措，直接影响了全国乃至全球。比如从元朝开始，由于元朝重视商业，当时形成了若干个商业中心与大都市，其中大都（即今天北京）、杭州便是当时的经济重镇。大都不仅是元朝的政治中心，也是当时闻名于世界的商业大都市。《马可波罗行纪》赞叹大都的货物太多，为世界其他城市所不能比。杭州作为南宋的首府，它的商业繁荣更胜大都一筹，马可·波罗称赞杭州是世界上最繁华、最富有的城市，摩洛哥旅行家伊本·拔图塔也说杭州是他从来没有见过的大城市。到了明朝，随着农业、手工业、交通及对外交往的发展，全国的商业发展进入了一个全新的时代。在当时，兴起了一批重要的商业城市，比如北京、南京、西安、洛阳、苏州、杭州、广州、泉州等。清朝的外贸也非常发达，比如康熙时期，江苏、浙江、福建、广东等地开放，中国与东南亚、欧美各国的商业往来非常频繁，中国向海外输出了大量的棉布、丝绸、瓷器、铁锅、茶叶等货物，为当时的清政府获得了巨大的收益。由于乾嘉时期，中国市场开放有限，且中国相对欧美其他国家而言，始终处于贸易顺差的状态，所以引发了欧美列强的不满，随即以鸦片的问题引发战争，随后中国战败被迫开放国门，中国商业由此也进入了新的不平等阶段。

元明清时期，北京中轴线及北京城作为王朝的首都，在这里象征国家最高统治机构的吏部、户部、兵部、刑部、礼部、工部等衙署及所属机构，都设置在天安门前中轴线两侧（今广场位置一带），它们直接听命于当时皇帝的旨意，通过承上启下，进而对天下发布政令、实施统治；不仅如此，北京中轴线上的规制最高、雄伟高大的正阳门城楼、城门和城墙，充分体现了皇权与国家统治的威严；中轴线北端终点的钟鼓楼，也是当时皇帝掌控全国时间发布、统一全国作息的历史上最早的北京时间；中轴线上的天坛、社稷坛、先农坛等也都昭示着君王受命于天，以此实现对整个国家的掌控。

不仅如此，在元明清时期，身在北京的统治阶层还通过科举考试、太学等形式，来展现对全国教育、人才的掌控。另外，在数百年的时间里，身在北京的统治者们也通过招纳全国优秀人才编纂大典的形式，来凸显北京所具有的国家意义，比如元朝编纂的《经世大典》，明朝编纂的《永乐大典》《五经四书性理大全》，清朝编纂的《古今图书集成》《四库全书》等等。这些都体现了北京中轴线及北京城所具有的国家意义。与此同时，北京中轴线由此成为了中华民族的重要标识。

总之，北京中轴线及北京城通过建筑、空间布局、装饰、政治行为等各种方式，来充分展示国家的象征意义。正是由于北京在当时在政治、经济、文化、社会、外交等所具有的主导地位，使之成为了元明清时期国家的象征。即使在新中国成立之后，北京中轴线及所属建筑比如天安门、人民大会堂等也都具有了国家的象征意义。这些都不能不说，北京中轴线文化所具有的丰富内涵及国家民族属性。

2. 全球共享性

北京中轴线及北京城不仅仅是中国的，也是世界的，是人类历史上思想文化的结晶，也是人类智慧的体现。尽管在清代短时间实行过闭国锁国，但是并没有从整体上影响北京中轴线及北京城的包容性、世界性。新中国建立之后，基于北京中轴线对北京旧城所进行的一系列改造，兴建了天安门广场、革命博物馆、国家博物馆、人民大会堂、人民英雄纪念碑、毛主席纪念堂等一系列建筑，一方面体现了社会主义的特色，另一方面这里也是来自世界各国游客关注的焦点所在。换言之，北京中轴线在新中国建立之后，其功能及价值有了全新的转变，体现了人民性、现代性、世界性意义。

实际上，北京中轴线从元大都建设之初开始，它就充分体现了它的世界性、全球性。当时的元大都不仅是多元宗教文化并存的中心，也是世界物质习俗文化的交汇点。大都内有来自世界各地的商业店铺，百货云集、酒楼林立，有鼓楼、斜街、羊角、枢密院角四大市场，还有 30 多处物资集散之地。前来经商、交流的各族人民，也带了各个民族的习俗文化。蒙元对各种习俗的颇为尊重，比如《通制条格》规定："照得至元八年钦奉圣旨定到民间嫁娶婚姻聘财等事内壹款，诸色人同类自婚姻者，各从本俗法。……蒙古人不在此例。"[①]元廷明确规定除了蒙古人之外，要尊重各民族的婚俗，本民族的人结婚"各从本俗法"。与此同时，在元大都的蒙元统治者还积极吸纳各民族的物质习俗文化，如蒙古贵族除了享受蒙古马奶、汉族美食之外，还将中亚伊斯兰国家盛行的葡萄酒作为日常的必备饮料。[②]

元大都多元宗教与文化并存的格局，促使朝廷在管理模式上也采取多元化的方式，使之成为多种管理理念与制度文化的交汇中心。比如元大都各级衙署官员包括有实权的"达鲁花赤"，除了蒙古人之外，也任用回回人阿合曼、藏族人八思巴、尼泊尔人阿尼哥、色目人也黑迭儿、畏兀儿人廉希宪、汉族人王统与郭守敬等各族贤能。作为人才储备库的元大都翰林国史院，也是多族人才并存，据统计，汉人、南人约占 52%，蒙古、色目人约占 31%，而族属不明者约占 16%[③]，等等。

北京城作为世界性的大都市，在这里不仅曾对整个东亚的政治格局产生了深远影响，也对整个世界的局势及社会经济发展产生过重大影响，并促进了世界各国经济贸易的交流，根据史书记载，元朝这里曾汇集了来自世界各地的商货，也有来自世界各地的学者、官员、手工业者、科技发明者等等，如马

---

① 方龄贵校注：《通制条格校注》卷四《户令·嫁娶》，北京：中华书局，2001 年版，第 169 页。

② 陈高华：《元大都的酒和社会生活探究》，《中央民族学院学报》，1990 年第 4 期。

③ ［日］山本隆义：《元代に於ける翰林學士院について》，《东方学》第 11 辑，1955 年 10 月，第 19–28 页。

可·波罗评价元大都时这样说：

外国巨价异物及百物之输入此城者，世界诸城无能与比。盖各人自各地携物而至，或以献君主，或以献宫廷，或以供此广大之城市，或以献众多之男爵骑尉，或以供屯驻附近之大军。百物输入之众，有如川流之不息……此汗八里大城之周围，约有城市二百，位置远近不等。每城皆有商人来此买卖货物，盖此城为商业繁盛之城也。①

马可·波罗在元代前期来到中国，在这里他身临其境地感受到了元大都的雄伟，也感受到了这里的政治氛围：来自世界各国的使臣来献礼。不仅如此，当时各地的货物、商品川流不地在这里进行交易买卖，从而促进了当时商业的繁荣。但也由此促使元大都成为世界性的大都市，在当时是其他大城市所不能比的，所谓“世界诸城无能与比”，这其中自然也包括当时的欧洲伦敦、巴黎等城市。

正是由于当时元大都及统治者这种世界性的视野与思维，从而促使了元代的经济发展具有了世界性、全球性。由于当时元朝船舶制造、航海技术都非常先进，所以直接为元朝商贸及海外交流提供了强大助力。对此，陈高华先生就说道：

由于元代我国海舶制造和航海技术都居于世界先进之列；再

① ［意大利］马可·波罗著，冯承钧译：《马可波罗行纪》，上海：上海书店出版社，2006年版，第225页。

加上全国统一以后，农业、手工业都得到了一定的恢复和发展，能够为海外贸易提供丰富的物资。因此，我国出商舶东起高丽、日本，西抵非洲海岸，十分活跃。[①]

的确，元朝的船舶制作、航海技术都达到很高的水平，加上朝廷对海外贸易的支持，使得元朝对外交流、贸易进入了新的阶段，贸易范围也远远超过了前代，在规模上也远远超过了前代。元朝经济的世界性，实际上其文化对外传播也具有世界性。明清时期，中国的经济贸易、思想文化依然对当时的东方乃至世界都有十分强大的影响力。

当然，北京中轴线及北京城并非一味对外传播其文化、经济，也体现为对世界文化、文明成就的吸纳，比如近代以来，西方的建筑设计、技术与材料等传入中国，近代建筑风格越来越西洋化，这在北京中轴线及东交民巷使馆区表现的比较突出。这里陆续建设的北京饭店、新世界商场、正阳门外的劝业场等都凸显了西方文化、文明的元素，由此表明了北京中轴线及北京城的包容性、世界性。

总之，北京中轴线作为中华文明发展的重要成就，集中体现了中华文化的传统。同时，这里作为全国的政治文化中心，它所承载的价值、思想与理念，也具有了世界普遍性、包容性、全球性。即使在新中国成立之后，随着北京中轴线的延伸及发展，越来越向世界表明北京发展的巨大空间与无

① 陈高华：《元史研究论稿》，北京：中华书局，1991年版，第105页。

限潜力。

3. 与时俱进的现代性

北京中轴线从设计、建设一开始，就充分体现了它的开放性、包容性，这种思想充分体现了它所具有的远见。实践证明，数百年来北京中轴线文化的科学性，它甚至也为北京的现代化、国际化提供了基础，如美国规划学者埃德蒙・N. 培根（Edmund N.Bacon）所说：

> 北京可能是人类在地球上最伟大的单一作品。这座中国城市，设计成帝王的住处，意图标志出宇宙的中心。这座城市十分讲究礼仪程序和宗教思想，这和我们今天毫无关系。然而在设计上它是如此光辉灿烂，以致成为一个现代城市概念的宝库。[①]

元代设计了北京中轴线，成为了元明清北京城建设的基本坐标，凸显了礼仪、宗法、伦理等思想，其所承载的中华传统文化精髓直到现在也继续被传承弘扬，比如仪礼、秩序、道德、伦理等，这些也具有世界普遍意义。更为主要的是，其设计理念的远见与科学，也为现代北京所继承，使之成为国际大都市提供了基础。

实际上，在民国时期，北京中轴线尽管突破了传统的社会政治功能，而进一步凸显其文化价值，这也充分体现了它的

---

① ［美］埃德蒙・N. 培根著，黄富厢、朱琪译：《城市设计》，北京：中国建筑工业出版社，2003 年版，第 244 页。

公共性、社会性、人民性、现代性，这都标志其功能较以往发生了巨大的变化。这些功能及文化意义的转向，不能不说与近代西方思想的影响有直接的关系，但也反映出了北京中轴线所具有的包容性、世界性、现代性。正因为如此，近代以来北京中轴线及北京城成为了现代北京发展的新起点。新中国成立之后，北京中轴线文化更是在以往社会功能的基础上，进一步展现了它现代性、世界性，同时其所宣扬的富强、民主、文明、和谐、自由、平等、爱国、友善等核心价值观，也充分体现了它的全球普适性或曰普世性，以及人类发展的现代性。

北京中轴线及北京城所展现出来的各种文化精神，而这文化精神及其相关价值观比如仁、义、礼、智、信等也具有普世的意义，更是现代社会发展必不可少的基本道德。比如基于仁所展现的仁爱、博爱、伦理道德集中展现了中华文化及世界文化的共性。北京中轴线所承载的中华优秀传统文化，从本质上体现了中国古代文化的特质，即道德伦理性。也就是说，在中国古代传统文化中，道德伦理性始终是不可忽视的特征所在，而这是无形的，也是切于民生的。实际上，中华文化注重伦理道德的历史源远流长，并就个人自身、个人与他人、个人与社会之间的伦理道德，提出了很多具有建设性的观点。比如《周易》《尚书》《诗经》《周礼》《仪礼》《礼记》《论语》等就是代表性的经典。在中华传统文化中，伦理道德包含很多方面的内容，比如孝悌仁爱、厚德载物、谦虚好礼、诚信待人、自强不息、见利思义、勤俭爱民、精忠爱国等，这些伦理道德也成为了中华文化的基本精神，中华民族之所以在世界文明史上生生不息、一脉相承，就在于有这些文化精神的砥砺与支撑，由此创造了辉煌灿烂的中华文明。对此，梁漱溟先生也曾指出，中国是“伦理本位的社会”，“中国人就家庭关系推广发挥，以伦理组织社会”[①]。

在中国古代，重视伦理道德是为人之道的基本内容。其中，孝敬父母是最为基础与核心的伦理道德。孔子作为儒家的创始人，反复强调孝敬父母的重要性，所谓“今之孝者，是谓能养。至于犬马，皆能有养。不敬，何以别乎?”(《论语·为政》)[②] 孝敬父母是孔子仁学的基本内容。相传孔子晚年传授给弟子曾子孝道，在《孝经》中孔子对孝道极力推崇，这部经典中国古代家庭伦理、社会政治等方面影响非常深远。孝道由此也成为了中华民族的基本美德，更是古人以孝治天下的基础。毕竟，中华古代文明是农业文明，家国同构，所以强调以孝立国，以孝立法。孝以及由此延伸出来的孝顺父母、尊老敬老、遵纪守法、敬业爱国等美德，一直是中华民族的优良传统，是民族精神的突出体现，也是中华民族走向世界的精神内涵。

由于礼制来源于习俗，同时又与宗教信仰有直接或间接的关联，所以古人非常强调在行礼过程中要有“诚敬”的心态，这样一来就将外在的礼仪、礼制转换为了“内在”的道德自律。这种道德自律，后来经过孔子仁学、孟子性善论以及

---

① 梁漱溟:《中国文化要义》，上海：上海人民出版社，2005 年版，第 70 页。

② ［魏］何晏注，［宋］邢昺疏:《论语注疏》卷二《为政》，北京：北京大学出版社，2000 年版，第 18 页。

宋明理学的宣扬，最终成为道德修养的重要组成手段。可以说，礼制的存在对于道德人伦、日常行为的规范也起到了重要的促进作用。更为主要的是，在中国古代，“为政以德”始终是治国理政的基本国策，而这也直接影响了中华文化的发展与走向。

北京中轴线充分展现了传统政治文化中礼治、德治的思想精髓，随着时代的变迁，近代以来尤其是新中国成立之后，北京中轴线新建筑的产生，又进一步凸显了社会主义法治社会的理念，而具有了现代意义，对此有学者就这样说道：

北京中轴线上诸多空间单元的政治功能已经消退，现今仍保有政治功能兼具文化功能的空间单元是天安门广场，包括整个广场、天安门、人民大会堂、国家博物馆等大型公共建筑在内。自辛亥革命之后，天安门广场逐渐转变为民众的政治集会场所。新中国成立以后，经过改造扩建的天安门广场，不仅建筑外貌、空间格局发生了巨大变化，而且被时代赋予了新的政治意义，成为人民的广场，取代了明清紫禁城位居中轴线之核心的地位，成为当今北京中轴线的重心之所在，成为国家政治中心的象征，既为国家典礼服务，为议政、施政服务，也为民众大型集会、文化活动服务，每天都有众多来自全国各地的人民群众到天安门广场观看升国旗仪式。天安门城楼图案成为中华人民共和国国徽的组成部分，人民英雄纪念碑已经成为全中国人民心中永远的丰碑，天安门广场东西两侧新建的国家博物馆和人民大会堂，乃是新时代的国家历史之展现，人民社稷之所在，可以说是新形式的“左祖右社”。[①]

北京中轴线从近代开始尤其是在新中国成立之后，基本上失去了它集中作为皇权政治、服务皇权的旧有政治功能，从而转向了全新的政治文化功能，这标志着新的政治制度、社会与文化的转向。北京中轴线被赋予了新的政治文化意义，比如天安门广场成为了人民的集会场所，人民大会堂、国家博物馆服务于民众，人民英雄纪念碑也是为了纪念革命先烈为了民族独立、百姓福祉而甘于奉献的精神，也宣扬了以德治国、以民为本的思想，等等。更为主要的是，随着 2001 年北京申奥的成功，北京中轴线向北延伸而兴建了国家体育馆、奥林匹克公园等新建筑，由此体现了绿色、人文、科技等现代理念，这些也可以说是北京中轴线现代化的重要体现。

总之，北京中轴线文化体现了传统文化中礼治、德治的重要传统，正是这些观念为元明清时期大一统、社会发展、经济繁荣等诸方面提供了重要的思想文化支撑。不能否认的是，元明清时期，中华民族作为世界民族中的一员，对当时的世界发展也做出了突出贡献，他们所传达的价值理念比如民本、德治、仁爱等也具有普遍的意义，而这也为现代社会所认可，成为了人类发展进步的重要精神需求。

---

① 张宝秀等：《北京中轴线的文化空间格局及其重构》，《北京联合大学学报》（人文社会科学版），2015 年第 2 期。

小结

元明清时期的北京中轴线作为都城建设的脊梁与坐标，充分体现了它的极大贡献及文化魅力。北京中轴线不仅仅是建筑群体的组合，更不是简单的城市空间布局，也是一种传统建筑文化尤其是政治文化的集中体现，这种文化传统直到今天依然有一定的影响力。当然，随着近代以来，北京中轴线传统政治文化功能的转向，先农坛、天安门广场、天坛、正阳门、太庙等向后向公众开放，充分体现了“人民当家作主的公共性”①，这自然标志着北京传统中轴线内涵与内容的现代转向。

北京中轴线作为一种文化体系，尤其自身的特质，也具有中华传统文化的共性。北京中轴线文化注重天道、地道与人道的有机融合，注重人与自然的和谐相处。与此同时，作为集中体现政治文化的轴线，也集中反映了传统文化中礼治、德治等价值观。当然，北京中轴线并不是一个封闭的文化体系，而是自始至终保持了它的开放性、包容性。

相对于北京中轴线的纵轴而言，基于长安街东西横通的横轴，也是近代一百多年来北京中轴线及北京城发展的历史见证。北京的横向轴线主要是在民国之初朱启钤进行长安街的改造之际，才真正凸显出它的存在及价值。这种基于长安街的贯通，直接弥补了北京南北中轴线固有的不足，极大地拓展了北京城市规划与发展的空间，这自然为今天及未来北京城市的高

---

① 北京文物局：《北京传统中轴线文化价值研究》，《中国文物报》2012 年 6 月 6 日，第 4 版。

速发展、国际化提供了有力的空间保障。尽管基于长安街贯通的横向轴线极大地拓展了北京的发展空间，淡化了北京传统中轴线的历史意义，但是不能否认的是，这又进一步强化了北京中轴线的文化价值与社会价值。对此，正如侯仁之所指出的："至于从长安街开始继续向东西两方径直延伸的大干路，又彻底扭转了几百年来北京旧城在平面设计上那条南北中轴线的支配地位，从而使新市区的扩建，沿着一条新轴线向东西两方有计划有步骤地发展起来。"[①] 也就是说，随着时代的发展，北京中轴线所具有的文化特质得到了进一步强化，而这也为北京城市的新时代发展提供了思想文化支持，更是为未来北京城的发展提供了新的起点与方向。

① 侯仁之:《北京旧城平面设计的改造》,《文物》, 1973 年第 5 期。

十七、北京中轴线的保护、开发与未来展望

北京中轴线经过元明清时期的发展，至今已经有数百年的时间，成为了中国古代留存至今最大的都城中轴线。近代以来，北京中轴线及所属建筑相继开放，并由此得到保护、开发与建设。新中国成立之后，北京中轴线也经历了改造与开发。1983 年，《北京城市建设总体规划》明确指出，中轴线是北京城市文化建设的重要历史资源。2012 年，北京中轴线第一次进入申报世界遗产的名录。2016 年，随着北京城市功能的调整，北京中轴线的保护、开发再次引发人们的关注。实际上，对于北京中轴线的保护、开发与利用，学者们多有所探讨，并提出了很多建设性的意见[①]。不过，在新时代背景下，北京中轴线不仅仅要考虑到其单体建筑或者局部的保护与重视，还要将之放在北京重新定位的大背景下进行思考，从而提出更加具有时代性的保护举措与思想。

① 对于北京中轴线的保护，已经有学者就单体建筑或者整体性做了研究，比如单晓燕：《北京旧城传统中轴线保护和控制区域色彩控制研究》，北京建筑大学硕士学位论文，2014 年 7 月未刊本。单超：《北京城市副中心定位下通州城市遗产保护利用研究》，北京建筑大学博士学位论文，2020 年 8 月未刊本。古玉玲、刘蕊、李卫伟：《北京中轴线文化遗产保护规划研究》，《北京城市学院学报》，2021 年第 2 期。

（一）北京中轴线的保护、开发与规划

对古建筑的复建应当是依据历史，科学地恢复，尽量在原址、按照原样、采用原工艺、多使用原构件，建新如旧、修旧如旧。目前，我们设定了 14 处遗产点，都非常具有代表性，体现了中轴线的建筑思想与理念。离中轴线比较远的孔庙、日坛、月坛等，也都充分体现了中华传统的很多精神。北京作为金元明清四朝的故都，建庙甚多，其中庙制规格最高的就是太庙、孔庙。随着社会发展，我们也需要将北京中轴线的价值实现现代化、全球化，这些都需要我们从每一个细节入手、从长远入手、从内涵入手，充分发掘其价值与意义，从而最大限度地传承弘扬中华传统文化，实现北京中轴线服务于社会发展、全球共享的社会功能。

1. 完善法律法规，审慎对待北京中轴线

北京中轴线是中华民族宝贵的物质财富，也是精神财富，值得我们传承发展，让更多的人通过它来感悟到中华文化的魅力。尽管新中国成立以来，我们对于北京中轴线的保护做了很多的工作，但是依然需要持续努力，使之成为一项长期的工作与事业。

北京中轴线的保护、发展，不仅涉及未来城市规划、文化遗产价值的发掘，也涉及很多具体的细节，这些都需要我们更多的人参与。另外，结合海外文化遗产保护的做法，也需要我们不断完善法律法规，比如有学者研究北京中轴线的色调后就提出了这样具体的看法：

在日本，在出台一系列法规的同时，会成立相关的监督管理机构，使这些规划能有效实行。我们在学习其出台规划的同时可以将指定好的条例对应进法律法规中。法律能够保障规划可以有效落实。

在新建建筑时，如果出现不经过专家审核就执行施工的情况，应依据相关法规勒令其停工进行重新的设计并且审核。在整治建筑色彩后，如出现影响了整体风貌的建筑，不仅要追究施工单位的责任，也要追究审查人员的责任，保证整个管理系统能够有效进行。在色彩维护阶段，如出现了未及时维护的情况，应利用法律的手段推进维护的进程，如果维护工作不能及时进行，则要追究相关人员的责任。法律的手段还包括经济制裁，运用这种方式可以更直观的整治人为的色彩破坏现象。[①]

日本对于城市规划、建筑建设的审核、建筑都非常严格，并出台了一系列非常细致的法律法规，涉及到了建筑、维修，后期保障等各个环境，这就使得人们在一项工程进行之后都非常尽职尽责，也非常用心，由此切实保障了城市规划、建筑建设的质量与持久性。这些都是值得我们认真学习的。

对于北京中轴线，国家及北京市已经出台了很多相关的法律法规，这些都极大地保护了北京中轴线作为历史文化遗产的完整性、安全性。当然，这依然有完善的空间，比如有人统计北京中轴线从南边的永定门开始到北边的钟鼓楼长约 7.8 公

① 李萌萌：《北京旧城历史文化街区城市色彩管理策略研究》，北京建筑大学硕士学位论文，2017 年 6 月未刊本，第 60 页。

里，曾经排列着42座古建筑，其中有10座已经消失，有3座又被重建，现存的有35座。[①]目前，我们对于北京中轴线的保护、开发，以及法律法规的制定上，主要集中于14个选定的“申遗”点，这对于北京中轴线的传承、发展来说，远远不够，还要兼顾其他古建筑，以及北京城相关的其他文化遗产，甚至还有非物质文化遗产。唯有如此，才能形成北京中轴线的整体性保护、开发与利用，才能形成具有规划化、典型化的人文环境氛围。

对于北京中轴线的法律法规保护，旨在保证其历史的真实性，尽可能地传承弘扬它们的价值，让它们的价值实现时代性的转化。在这方面，国内已经有了很多的努力，并有了一系列法律法规出台，但是还需要努力落到实处。这其中也包括对国际社会所出台的一些有关历史文化遗产的保护条文都值得借鉴学习，比如1933年通过的《雅典宪章》是国际建筑协会（CIAM）最早提出保护有历史价值的建筑、地段的国际宪章，1964年国际文物工作理事会（ICOM）通过的《威尼斯宪章》旨在保护历史文物，1976年的《内罗毕建议》是联合国科教文组织提出旨在保护文化遗产的指导性文件，等等。实际上，世界各国在保护历史文化遗产方面都有非常可资借鉴的成功经验，这些都是我们未来传承并弘扬北京中轴线文化的重要榜样。

对于北京中轴线及所属建筑的保护，这不仅仅是因为它

① 陆原:《历数北京中轴线四十二座古建筑》,《北京规划建设》,2012年第2期。

们是历史文化遗产，这也是古代留给我们的财富，不仅仅体现为艺术价值、科学价值，还有精神价值、教育价值。所以，传承弘扬文化遗产，也是古代孝道的体现，更是文化传承、文化自信的重要体现，这些都不是简单的经济、物质所能取代，它们的价值是无形的、无价的，妥善保护，这也是我们承上启下留给后代的宝贵财富。如有学者所言：

历史地区的经济价值是无法衡量的，如果因为经济的诱惑出现了强制拆除后开始建设新建筑，那珍贵的历史文物以及传统文化就荡然无存。因为历史的印记一旦破坏将是无法恢复的，就因为如此所以才会那么珍贵，人们必须要小心的开发挖掘历史遗迹的价值和资源，在原物的基础上进行研究和保护，而且要努力仔细的研究如何开发以及保存的方法，让观光、教育、科研等各个方面能真正发挥其作用。决不能因为经济利益或者今蝇头小利就粗暴地抹去历史的印记，让几千年历经沧桑的历史文化信息在一瞬间消失不存在，未来多少年的发展将没有什么历史留给我们下一代。历史无可估量，所以要小心保护，不要留下永远的遗憾。①

历史文化遗产具有历史性，是历史文化积淀的结果，但却总是受到不同时代观念的冲击，这也是很正常的。但是，如果因为当前的短暂需求，而否认具有历史意义的存在，这无疑也是错误的。所以，不因为时代的一时需要，而漠视历史文化

① 张艺：《北京北中轴历史文化街区环境设计研究》，北京建筑大学硕士学位论文，2014年6月未刊本，第22页。

遗产的重要价值。相反，应该结合时代的需要，对之进行客观审慎地分析、考察，实现创造性转化、创新性发展。其他的等待后人来分析、研究，从而发掘其所具有的新价值、新意义。

总之，北京中轴线是历史文化遗产，承载着中华传统文化的精髓，是未来我们审视、考察传统文化不可或缺的重要载体。所以，我们要基于历史的思维，客观而审慎地对待保护开发一事。不仅如此，北京中轴线作为世界文化遗产、人类共有的财富，应当汲取世界各国在文化遗产保护开发方面的有效经验与实践，切实提升北京中轴线保护开发工作的成效，最大限度地发掘其价值，从而实现北京中轴线文化价值的可持续的传承发展。

2. 处理好北京中轴线有形、无形之文化遗产

北京中轴线是一个系统的建筑群。对于何为“轴线”，《建筑大词典》解释说：“轴线与中心一样都是建筑中最基本的形式组合秩序之一。”《中国大百科全书》将轴线定义为“一种城市空间组织的重要手段。”总之，基于轴线所形成的建筑，实际上是一个有秩序、有节奏的城市空间的重构。也就是说，北京中轴线作为北京城市的核心与基础，与之相关的建筑群实际上是一个系统性、整体性存在。基于此，我们在探究、考察、保护北京中轴线及发掘北京中轴线价值的时候，也应该将之视为一个有机的整体，而不能对其条块分割、孤立看待。另外，我们一般总会关注到有形的建筑，而忽略了它们承载的文化价值及意义，以及与之相关的民俗、传统、观念等遗产。

可以说，北京中轴线所属的建筑及相关空间、文化等，都是一个有机整体，承载着数百年来的中华文化传统。它们作为北京城文化的核心与精髓，更是北京文化精神的代表。实际上，我们一般总会关注比较核心或者形象凸显的建筑比如故宫、天安门等，而忽视了其他与之相关的建筑及文化遗产。所以，我们应该将北京中轴线及相关的精神理念、非物质文化遗产等视为一个有机的整体，深入发掘物质的、非物质的存在，从而最大限度地发挥北京中轴线独有的价值与意义。基于此，我们在北京中轴线的保护、规划与建设上就特别要注重它的整体性、统一性，若有学者所言：

北京中轴线上的重点建筑“千变万化”，而在中轴线的两侧，分布着作为皇家御苑的北海和中南海，在东西两侧分布着曾为明清时期皇家祭天祈谷和祭祀先农的天坛和先农坛，除皇家园林外，还分布着众多王府花园，私家宅院等等，如果说，北京城中轴线是记述北京城市文明历史的重要依据，那么分布在中轴线两侧的历史名园承载更多的是老北京城市文化的生活史，是更贴近百姓生活的精彩画卷，对中轴线起到了烘托的作用。随着历史名园的开放，所形成的开放空间更是很好的衬托了中轴线的壮美景观。因此，将中轴线的保护利用看作是资源整合的过程，即将城市的空间结构、功能组织、发展导向以及景观风貌串联出壮美的中轴线，那么在这条轴线上就包容了多种元素，即，点是以建筑或建筑群为载体的，线主要是指发挥指向作用的道路、绿化等，而面是更能够活跃轴线的元素，自然元素丰富、空间类型多样，与中轴建筑相比，呈不对称性分布，即北京传统中轴线两侧的六海、先农坛、天坛等等。扩大中轴线保护范围，逐步恢复北京历史名园景区的完整性和原真性，是不断推进中轴线保护与发展的有效途径。北京近代公园的开放逐渐从空间的角度在强化的同时更加壮大了中轴线景观。孟兆祯院士在论坛上表示，以元大都时期定下的北京城市中轴线和根据这条中轴线布置的“前朝后市、左庙右社”“五坛八庙”“三山五园”为基础，逐步发展并确立整个北京城的园林体系。强调的就是中轴线与历史名园的关系。因此，对于中轴线要有一个从感知到认知的过程，认知的是中轴线不仅仅是可视的轴线景观，其中还包容了更多不可见的、却与当代生活关系极为密切的因素，需要我们不断的深入挖掘。[①]

北京中轴线及所属建筑是北京城历史文化最重要的见证，更是中华优秀传统文化最重要的承载。实际上，与之相关的建筑数不胜数，包括日坛、月坛、孔子庙、寺院、花园、民俗等等。正是这些文化元素的集合体，共同构成了北京中轴线及北京城的文化，它们对于中华文化、文明的传承、发展起到了直接的推动作用。尽管随着时代的变化，北京中轴线及其所属建筑的功能发生了巨大的变化，但它们所承载的文化依然具有价值，依然是北京城不可忽视的重要组成部分，所以整体看待北京中轴线所属建筑及相关非物质文化遗产都非常重要。

北京中轴线及其所属建筑、非物质文化遗产等已经成为现代北京城的基础与重要组成部分，依然发挥着不可忽略的作

① 王丹丹:《北京公共园林的发展与演变历程研究》，北京林业大学博士学位论文，2012 年 6 月未刊本，第 165 页。

用。未来北京城市规划与发展，依然需要系统整体的去看待。将北京中轴线及所属建筑与未来城市的发展进行系统、整体性的考虑，体现在各个方面，比如对于一些消失建筑的修复与重建，比如地安门等，尽管这是现代建筑，但却有很强的象征意义。

在北京中轴线的修复、保护等方面，我们往往注目于有形的建筑与实物存在，而忽略了一些不被人们关注的地方，比如未来北京城市的色彩规划与发展也需要与旧有的北京中轴线进行协调，2000 年，北京市颁发的《北京市城市建筑物外立面保持整洁管理规定》就确定了北京城市建筑物主调色为灰色调的符合色，这也是新时代北京城市色彩管理的新进展。2017 年 9 月中共中央、国务院批复了《北京城市总体规划（2016–2035 年）》，其中提出了景观视廊与城市色彩的原则，多次提出保护老陈的传统色调，且提出民居色彩要以青灰色为主，建筑周围以浓荫绿树为基调，等等。可以说，北京中轴线与周边建筑的色彩协调也是文化遗产保护的关键所在，尽管国家出台了很多规定，但是在具体实施方面还需要强化，如有学者所言：

传统中轴线保护和控制区域内色彩保护状况总体良好，部分区域存在明显色彩问题。该区域的色彩规划工作现存在的主要问题是缺乏有效的管理和引导，主要表现在色彩的研究工作和具体实施部门缺乏衔接，导致色彩设计方案或研究停留在纸上谈兵阶段，而具体实施工作缺乏指导；色彩规划方案具体实施后没有后续的制度跟进，缺乏保护指导等等。传统中轴线区域的色彩保护工作任重而道远，传统中轴线申请世界文化遗产工作正在紧锣密鼓进行着，合理有效地进行色彩规划和管理才能使传统中轴线的色彩面貌得到传承和发展，为北京旧城城市色彩的合理秩序提供参考价值。[①]

进一步落实并强化北京中轴线及周边的协调发展，对于如何延续历史建筑的色彩文化、区域建筑的色彩管理与监督，及新旧城之间的协调发展都有十分重要的指导意义。毕竟，色彩不仅仅关系到城市建筑的美观问题，也具有十分重要的价值，这对于北京作为上千年的古城、数百年的首都更是有着十分重要的意义。

总之，北京中轴线的保护、开发是一个系统工程，不仅要保护既有的中轴线及所属建筑的历史本来面目，还要结合时代的需要进行丰富、完善，甚至要重建一些消失的建筑与文物，这也是保护、开发的重要内容。毕竟，中轴线是城市建设、发展的坐标与脊梁，从元代开始历代都有所增加丰富完善。新中国成立之后，对中轴线也有改造、新建，集中体现了社会主义人民当家做主的政治特征。未来，北京中轴线依然处在不断发展变化之中，这种发展变化也体现了中轴线强大的生命力与包容性。此外，更为主要的是，北京中轴线作为一条文化轴线、意识形态的轴线，也要不断发掘并丰富其思想文化内

① 单晓燕：《北京旧城传统中轴线保护和控制区域色彩控制研究》，北京建筑大学硕士学位论文，2014 年 6 月未刊本，第 110 页。

涵，使之成为具有中国特色、新时代意义的文化轴线，成为中华民族崛起中一条靓丽的文化风景。

3. 规划建设的文化属性及首都示范意识

北京中轴线及所属建筑并不仅仅是物质的存在，更是承载着中华民族优秀传统文化及精神思想，所以发现、发掘其所具有的文化精神对于传承、弘扬中华优秀传统文化，提高民众的审美与思想境界等方面都有十分积极的作用。不仅如此，在这里也曾经举行过丰富多彩的民俗活动，这些都是非常好的做法。更为主要的是，北京中轴线作为北京的脊梁与框架，它不仅仅是优秀的历史文化遗产，更是首都文化不可或缺的重要组成部分。也就是说，我们在未来北京城市的规划建筑方面，也要合理处理好北京中轴线所代表的文化标识及首都示范意识。

在具体操作层面，北京中轴线的规划建设并不仅仅体现在其本身的保护上，也涉及到很多相关建筑、商业包括产品的发展，这些都需要充分考虑到与中轴线定位的匹配以及首都文化的特色问题，如有学者这样说道：

城市由条条街区组成，街区风貌的呈现就是一座城市的名片。所以对街区的文化唤醒应找到地区文化特色进行更新改造。老城区内的传统民居应进行详细摸底，对无法修缮的破旧房屋进行拆除，可继续使用的建筑应持有尊重历史发展不同时期的态度进行修缮，对不同风格及材质的旧建筑不需要在外立面全部进行涂漆美化处理，这种行为会导致千城一面现象的产生，也是抹杀历史造就的建筑肌理感的行为。所以笔者建议对建筑的修缮可以使用旧材料进行修补，避免翻新的违和感。外立面材质侵蚀褪色现象应允许其存在，作为一座古城具有历史痕迹是正常的，许多仿古建未经过专业考证，建的似像非像是对历史文化的不尊重。商业街道在进行商品售卖时文化输出是特色卖点，如果商业街道定位为传统文化体验区，就需要真正研究本地传统文化特色，从老字号商业品牌到手艺杂耍本土工艺品的挖掘拓展商业业态，通过传统叫卖、打板等方式增加体验感受烘托体验氛围。从视觉味觉听觉全方位塑造具有特色文化的商业区。[①]

北京中轴线及北京城是历史的遗存，更是数千年来尤其是八百年来北京历史文化的重要积淀，这里尽管体现的是中华传统文化的精神，但也是北京历史文化的荟萃与集大成。所以，北京中轴线的建设不仅需要存留它的历史文化厚度，更需要周边环境对其烘托与陪衬。更为主要的是，在商业街道、文化景点售卖的商品也具有本地特色，这样才能真正实现北京中轴线的文化体验。由于北京中轴线上的建筑并不仅仅体现为十多个具有代表性的建筑，也还有一大批需要被关注的建筑等，比如元明清时期的王府、街巷格局、园林水系、古树名木等，这些都是我们需要关注的。总之，北京中轴线的内涵丰富，尤其对于北京中轴线的缓冲区域的历史文化遗产，需要我们不断发掘，甚至要通过考古的方式，探求更多消失的遗迹，通过修

---

① 张玮琪：《“城市双修”理念下北京老城公共空间有机更新策略研究——以北京中轴线南段沿线区域为例》，中央美术学院硕士学位论文，2020年6月未刊本，第64页。

复、重建、保护等多种形式，从而最大限度发挥北京中轴线作为北京旧城脊梁与纲领的价值与意义。

更为主要的是，北京有3000多年的城市史、800多年的建都史，积淀并形成了丰富的非物质文化遗产，这些非物质文化遗产与北京可见的文化遗产具有内在的文化价值一致性，充分体现了北京城的特色与风格，展现了中华文化五千年的思想与精神。所以，在保护发掘北京中轴线固有价值的时候，也发掘非物质文化遗产的价值，包括一些宗教、礼仪、民俗、庙会等，甚至通过政府补贴、鼓励的形式，让这些非物质文化遗产结合北京中轴线及现代生活，实现传统礼仪、手艺、工艺、文化的现代转化。这样一来，避免北京中轴线发展的空心化、严重的商业化。

随着时代的发展，北京中轴线不断丰富、完善，比如中轴线向北、向南的延伸，在北边建设了奥林匹克中心，融入了国际化的元素，南边也建有国际机场、北京南站、商贸中心等。北京中轴线随着时代的发展与需要，不断被扩充，从而形成了具有现代意义的中轴线，充分体现了它的现代性、科技性与国际性。可以说，北京中轴线随着时代的发展，不断被泛化，形成了具有象征意义的符号，它是北京作为首都、国际大都市发展的基本骨架，成为北京作为现代城市的基本标识。不仅如此，北京东西走向也被延伸，为北京城市副中心、生态建设等方面做出了突出的贡献。

总之，北京中轴线作为历史文化遗产，具有丰富的内涵及价值，比如文化价值、政治价值、经济价值、生态价值、社会价值、教育价值等，这对于传承并弘扬中华优秀传统文化，以及文化引领、文化重建、文化自信都有十分重要的意义。不能否认，历史文化价值是北京中轴线的核心价值，如何发掘北京中轴线自身所固有的历史文化价值，避免北京中轴线的空心化、商业化、西方化有十分重要的意义。毕竟，北京中轴线并不仅仅是实体的存在，它已经泛化为北京未来规划与发展的基本框架、基础，也是北京作为首都、国际大都市的基本标识，更是北京宝贵的文化遗产及精神财富。

4. 北京城区发展的人性化与全球性

北京中轴线申遗，是对中华文化传统的肯定与继承，更是建立文化自信、文化主体性的重要方式。更为主要的是，可以通过北京中轴线申遗向全世界展示中华文化的博大精深、源远流长。另外，北京中轴线的申遗，也可以满足人们日益增长的文化需求。毕竟，文化遗产已经成为世界各国人民旅游的主要目的地，可以为国家社会经济的发展提供强大的助力。这种将经济、文化、社会、政治等多种意义融为一体，也是北京中轴线申遗的基本诉求。

由于北京中轴线是中华民族的宝贵财富，所以在未来的文物保护、修缮过程中，一定要坚持中国化，而不是在修缮、发展时受到西方文化、文明的影响，而使之失去了传统的价值与意义。不仅如此，基于北京中轴线所形成的北京城，在未来的发展历程中，更加需要注意中国化的问题。因为这不仅关系到传统与现代的衔接问题，也关系到中华文化主体性、文化认同等的重要意义。

基于此，在北京中轴线申遗的历程中，我们要积极做好北京中轴线所具有的历史、文化内涵的发掘，这不仅可以有效推动北京中轴线的申遗工作，更可以借此来丰富北京中轴线建设的内容与形式，比如通过讲故事、雕塑、文化墙等多种形式来展示它们在以往历史中的价值与意义。不仅如此，这种基于北京中轴线的文化价值与意义的发掘，通过现代转化的形式，对于建构新时期的文化思想、文化体系、文化教化、文化认同以及文化意义的全球化等都有十分重要的意义。

另外，北京中轴线及其所属建筑作为中华民族的文化遗产，不仅充分展示了它的文化价值，而且在民众的身心健康、疾病减少方面都起到了极大的作用。毕竟，随着近代以来，北京中轴线及其所属建筑的开放，这里优美的自然环境、高超的艺术设计，在提高人们身心健康水平方面都发挥了积极的作用。所以，未来北京中轴线及所属建筑的传承发展，首先要立足于民众身心的发展，充分体现中华文化的人文精神及其魅力。

所以，北京中轴线及其所属建筑作为具有公共空间的地带，其功能就在于充分展现它们的以人为本的核心理念。这样，就应该立足于人本身的需要，对之进行丰富完善，比如结合北京中轴线的公共空间建设，就应该考虑到它的便利、舒适；同时，在公共空间的建设上，还要考虑到安全性问题，比如人行横道、缓冲空间、指示标牌等都要有安全感尤其是心理安全感；根据不同的人群需要，创造性的让公共空间的功能多样化，比如有健身场所、公共宣讲、文创交流等，以此满足不同群体、不同年龄段的需求；此外，在公共空间的建设上，还要考虑到气候变化、座椅摆放等，让人们感受到舒适度良好，等等。总之，要充分体现人文关怀，体现北京作为文化首都的巨大人文气息与魅力。

由于北京是数百年来的首都，现在更是全球瞩目的全球化大都市、中华民族的核心所在。随着全球化的加剧，如何充分体现北京作为国际大都市的特征、特质，又能够充分彰显中国特色社会主义文化的优越性，这就需要我们立足于中华传统文化，不断吸收海内外先进文化的要素，融会贯通、守正创新，建构出符合当代需要、时代特色的文化范式，并以此通过北京中轴线的建筑形态、文化展示等形式充分体现。实际上，我们在这方面已经有了丰富的实践与积淀，如何更好地通过建筑、文化创意、文旅融合等方式推动中华文化“走出去”，赢得包括来中国旅游交流的国际人士认可，依然需要强化完善。

总之，北京中轴线不仅仅是一条有形的建筑群及有形的城市轴线，而且是一条具有丰富文化内涵的民族精神坐标轴，其中蕴含着数千年来中华民族在文化、观念、伦理、制度、规范、价值、道德、政治、思想等方面的精髓，也充分体现了中华民族以人为本、以德治国的基本理念。所以，我们对于北京以中轴线为核心的城市规划与发展，也应该继承这个优良传统，以人为本、以德治国，充分彰显着中华文化的精髓及中华文明的辉煌灿烂，从而让中华民族在文化软实力方面卓尔不群，成为世界文化的引领者。

（二）北京中轴线发展的未来展望及思路

北京中轴线并不仅仅是历史文化遗产，更是北京当前及未来发展规划的重要内容之一，如何将之与新城市的定位、发展进行有机的融合，这是至关重要的。毕竟，北京作为国际性大都市，尤其是在随着国家将之定位为政治中心、文化中心、科技创新中心、交流中心等的大背景下，如何进一步发挥传统文化遗产的价值，这些都是值得我们通盘思考的。

1. 北京中轴线认知的现代意识

北京中轴线是历史形成，但是它并不代表历史，它有自身的精神内涵，直到今天这些内涵依然体现在我们生活中的各个方面。所以，北京中轴线不是历史的，也不是静止的，而是现代的、动态的，更是全球的。所以，我们对于中轴线的认知就要发生新的变化。

首先，北京中轴线到底是什么？它有什么样的历史价值与意义？在全球化时代，它有没有为世界公认的世界性价值，或者普遍价值？它在当今中国历史文化遗产中的地位与角色到底是什么？如何认识北京中轴线在新时代北京规划、发展中的价值与意义？在人文北京及国际文化中心的建设中，究竟如何规划、发展北京中轴线？在北京中轴线的管理上应该如何操作，以此解决归属不同、条块分割的现状？对于北京中轴线的保护，应该采取什么样的理念？如何发掘北京中轴线实物及文化精神的价值？在具体的保护管理原则、方法、法规等方面有什么需要注意之处？北京中轴线我们究竟保护、开发哪些？等等。这些问题都将关系到北京中轴线未来的规划、保护与开发，关系到作为中国独具特色、人类历史上绝无仅有的历史遗产的命运问题。所以，统一对北京中轴线的各种认识，是进行保护、规划、开发北京中轴线的前提与基础，只有这样才能少走弯路，最大限度发挥北京中轴线固有的价值与意义。毕竟，从清朝灭亡之后，由于城市建筑、社会发展的需要，北京中轴线上消失的建筑非常多，其空间结构也有巨大的变化。另外，大量北京中轴线所固有的空间被乱占、乱用或者开发规划不当造成了不必要的损害，等等。这些都是我们未来科学并严谨面对的问题。只有以史为鉴，才能避免不必要的损失与浪费。

其次，中轴线不是传统八公里的那段线，应从整体上认知中轴线。中轴线作为历史形成的产物，随着时代的变化，它不断地被丰富完善，最终形成了我们看到的具有深厚历史积淀的从元明清直到今天的北京城。可以说，北京中轴线的存在，已经超越了那8公里及十四处遗产点的范畴，而是包括了北京城众多的自然风景、历史遗存、街巷胡同、豪宅寺庙以及丰富的非物质文化遗产等等，这些都共同构成了北京中轴线及其文化遗产。其中，我们不能因为一直强调南北向中轴线，而忽视近代以来日益凸显的东西向中轴线的价值与意义。

所以，我们要从整体上来看待，强化整体性的认知，进一步凸显北京中轴线沿线各路段与中轴线突出普遍价值的紧密关联。未来，我们要立足保护各路段空间格局、景观风貌及历史文化景观的完整性和相关性，将沿线各路段视为整体，构建一个整体统一、各有特色的街道景观风貌管控框架，实现北京中轴线价值内涵的集中、系统呈现。基于此，然后对街道风貌呈现的共性化问题，提供统一的整治设计引导，从而最大限度地实现北京中轴线的整体性价值发掘。对于不同路段的历史文化遗产，应就多种管控要素进行有机对接，使北京中轴线沿线路段在历史文化遗产及道路铺装、景观绿化、标识系统、街道家具、公共服务设施、社会实践等方面达到设计风格、体量形式、材质细节上的统一。总之，北京中轴线的未来发展，依然要注重其整体性，注意传统遗产的修旧如旧，更要注意北京中轴线的文化遗产与周边发展的有机融合，这不仅涉及到建筑规划、色彩、道路、景观绿化、标识、公共服务，也涉及与之相关的价值倾向、审美、人文环境的营造。唯有如此，才能保证北京中轴线的长久存在及其历史文化性。

可以说，北京中轴线及所属建筑，它们不仅是单个的建筑存在，还是基于中轴线所形成的北京城。不仅如此，它们也不仅仅体现为南北走向，也表现为东西走向，北京副中心的产生与发展也可以说是这方面的代表作。[①] 这样，北京中轴线的历史文化内涵更加丰富，且有了时代的新发展，比如政治、经济、交通等多方面。总之，北京中轴线及北京城作为元代以来中国都城的选择，虽然有着自身的历史文化属性，但其内涵的时代性也与日俱增地丰富着、发展着。所以，最大限度地保护北京以“两轴”为核心的历史文化遗产，是我们当代的基本使命与责任。

---

① 对于北京东西轴线，也有学者做了探讨，比如郑珺编著：《北京“两轴”与全国文化中心建设》，北京：经济科学出版社，2018 年版。

再次，北京中轴线是一个动态的文化现象。北京中轴线的内容及形式不断地变化，属性也不断地发生着变化。可以说，自古至今，北京中轴线及其附属建筑的功能不断地发生变化，近代以来更是如此。随着皇家建筑、园林、王府在“公园开放运动”的推动下，北京中轴线及其所属建筑，相继出现了由“私”到“公”的历史转向，并最终实现了由皇家所有转向了社会公众所有，从古典文明转向了现代文明。

也就是说，北京中轴线及其所属建筑的公共化、现代化，已经成为了时代的主流。正是因为如此，这对于北京中轴线及其所属建筑的保护、建设提出了新的要求，对此正如有学者所言的：

从社会生活的角度提出对公共园林建设的要求，说明公共园林的建设能够改善城市生态环境和提升城市生活质量。随着城市的发展，早期的城市中具有游览功能的、开放的公共园林地段对当今的城市格局和城市开放空间的构建和发展有着极其重要的借鉴意义和指导作用，一方面有利于城市开放空间的构建，丰富城市生活；另一方面应在充分保护和利用古代历史遗存的同时加强管理和建设。[①]

的确，随着近代以来，北京中轴线及其所属建筑的公共化、民众化，这不仅改变了北京城的生态环境、人文环境，更体现

---

① 王丹丹：《北京公共园林的发展与演变历程研究》，北京林业大学博士学位论文，2012年6月未刊本，第2页。

了政治的开放性、包容性，城市及民众的生活质量也得到了急剧的提升，这些都为北京城未来的发展奠定了良好的基础。但与此同时，对城市生活的未来规划、历史文化遗产的保护与利用提出了更多的期待与要求。换言之，文化遗产价值的重新认知、利用，对于城市的发展及生活质量都有直接的促进作用，反过来也会对文化遗产的良好保护、利用起到极大的推动作用。

最后，关注中轴线不仅仅要关注具体的建筑，还要关注它所承载的思想精神。北京中轴线并不仅仅是简单的建筑与器物，也有它所承载的思想精神。比如北京的景山、先农坛、社稷坛、故宫等已经开放的游览娱乐之地，它们承载着中华传统文化的精神，代表着世界文化体系中独树一帜的中华文化。不仅如此，北京中轴线是物质遗产、文化遗产、自然遗产的综合体，其中不仅包括了宫殿、寺院、坛庙、广场、纪念堂等物质的遗产，也有蕴含在这些物质之内的精神文化遗产，所以中轴线也是文化遗产。另外，在北京中轴线上，景山、万宁桥、什刹海、南苑、奥森公园等也都体现了自然美景，堪称自然遗产。

总之，对待北京中轴线，既要考虑到它的历史文化价值，也要将之与当代的文化、商业、社会、信仰、社会价值等要素进行有机的整合，从而形成历史与现代的有机融合、和谐统一。不仅如此，对待北京中轴线要从有形的与无形的两个维度出发，长远考虑，通过辩证而科学地考察，充分发掘其价值，体现其时代意义，从而达到历史、现实、经济、教育、文化、艺术等多重价值的实现。

2. 传统京城与国际大都市之间的有机融合

中国古代的都城建筑都有前后相继的优良传统，这也是中华文化生生不息、传承不绝的精神体系，这在元明清北京城的规划及建筑可见一斑。换言之，明清时期留下来的北京城可以说是中国古代都城建筑的集大成之作。所以，我们保护明清北京城旧址，实际上就是对中国古代都城建筑及其精神的传承与弘扬。如有学者所言：

> 考古学的发现和研究证明，今天北京内城东西长安街以北至北城墙内的街道布局，基本上都是元大都街道的旧迹，也就是我们今天仍看到的南北向大街两旁平行排列的等距离的东西向胡同的街道布局，以东西城垣上两城门之间，如东垣之朝阳门（元齐化门）至东直门（元崇仁门）之间来计算，平列胡同22条，胡同之间距77米。明清两代主要是改建宫城、皇城，对全城的街道规划未作改变。一个现代化的城市中尚保留着700年前城市规划的街道布局，这在世界上也是很少见的，何况完成于公元13世纪中叶的元大都城市规划是中国古代都城规划最后的经典之作。元大都也是当时世界上著名的大都会（汗八里），这样一座具有世界意义的大都会，街道遗迹尚保留在现代北京市之中心，是值得我们珍视和骄傲的。[①]

元明清北京城的建筑实际上汇集了中华民族古代都城建

---

① 齐心主编：《图说北京史》，北京：北京燕山出版社，1999年版，序，第1页。

筑的思想精髓，更是中华传统文化精神的集中体现。一方面，北京中轴线上的建筑作为建筑史上的经典都体现了这一精髓，另一方面在北京城内的所有建筑都承载着传统文化的精神。可以说，从整体上来说，北京城就是中国古代建筑史上的集大成之作，更是中华传统文化精神最重要的承载所在。

由于从金中都开始，经历了元明清，直到今天，北京城不断地被修缮、扩建，并最终形成了我们今天的模样，由此实现了传统与现代的融合，很多传统的文化遗产也实现了价值的现代转化。由此可见，传统的文化遗产也是当代城市规划与发展的内容，两者不是对立的关系，对此如单霁翔所说的：

城市规划是综合性、全局性、战略性的发展蓝图，设计生活中的各个领域，因此，必须将文化遗产保护的思想贯彻到城市规划的各个层面，避免文化遗产保护与其他工程建筑的割裂。城市规划要树立文化遗产不是城市发展的包袱，而是城市发展的财富、资本和动力的观念，将文化遗产保护融入城市设计之中。①

的确，纵观全球很多大都市，它们在城市规划与建筑上并没有废弃旧有的文化遗产，而是将之作为城市规划的一部分，甚至是有机的、必不可少的组成部分，由此实现了传统文化遗产与现代建筑的有机结合，实现了城市发展的现代化，而文化遗产的保护与发掘，自然也为城市的发展提供了

① 单霁翔：《城市化发展与文化遗产保护》，天津：天津大学出版社，2019 年版，第 144 页。

精神支撑。

北京中轴线及其所属建筑，随着近代以来的公共化发展，已经成为现代城市的一部分，是老百姓游览、活动的重要场所。可以说，北京传统文化遗产是当代城市空间、市民生活不可获取的重要组成部分，这对于城市的定位、发展及其现代化都有十分重要的影响。北京作为历代文化古都，也曾是金元明清的首都，有着3000多年的建城史和800多年的建都史，尽管北京历史上其城内外的很多建筑也为民众所共享，但是近代以来的公共化更是凸显了它的独特意义。可以说，重新认识、界定北京文化遗产的价值与意义及其对未来北京城的空间发展、规划布局都有十分重要的意义，如有学者所言：

历史上，在北京城内、城外均出现过具备公共游览功能的园林，供百姓游览。这些具有优美自然风光和蕴含深厚人文内涵的公共园林共同构成了北京城市重要的历史文化遗产，对北京城市公共空间的塑造和市民文化生活水平的提升等方面均有极为深远的意义。然而纵观中国古代园林的发展历程，无论何种园林类型，随着社会的发展，园林的公共性都在逐步提升。特别是到了近代，在西方民主进步思想的影响下，朱启钤倡导了“公园开放运动”，以中央公园为首的帝王宫苑、王府花园、寺观坛庙相继开放，成为大众园林。因此，重新认知中国古代园林中的公共园林，有着极为深远的意义。[①]

---

① 王丹丹：《北京公共园林的发展与演变历程研究》，北京林业大学博士学位论文，2012年6月未刊本，第2页。

如何对待北京中轴线及其所属建筑，不仅仅关系到如何界定历史文化遗产的价值与意义问题，更是涉及到如何处理民众利益诉求、生产关系及国际化的重要命题。

随着时代的变化，城市总是处于新旧交替的状态，不仅仅在北京有这样的情形，在中国其他地方乃至世界各国、各地都有这样的情况存在。所以，旧城保护、开发与利用，以及新旧城之间的关系定位、有机衔接等都是现代城市规划建设中值得关注的焦点所在。北京作为中国历史文化名城，基于北京国际大都市的发展定位，这种新旧交替、有机融合的问题更是当前及未来的重点与难点问题[①]。不仅如此，从元明清时期的北京中轴线来看，它并不是固定不变的，而是随着时代的变化而不断发展。20 世纪 80 年代，随着亚运村、奥林匹克公园的建设，北中轴线得到了延伸，南中轴线的保护发展也同样被纳入到了国家发展的框架之中。也就是说，未来的发展，北京中轴线依然是北京发展的重要坐标与脊梁所在，这不仅仅体现在已经开发的北城，南城的发展同样重要。未来北京南城的发展加速也是势在必然，虽然由于种种原因，南城的经济社会整体上明显落后于北城，但也为未来的发展提供了巨大的空间。2019 年 11 月，北京市出台了《促进城市南部地区加快发展行动计划》就明确指出要构建“一轴一带多园区”的发展规划。这里的“一轴”自然指的是北京中轴线。可以说，未来随着北京发

① 对于这个问题，已经有学者做了许多的探讨，比如朱洁、王雅捷:《北京旧城更新规划实施激励机制探索——以钟鼓楼地区为例》,《中国城市规划年会论文》, 2013 年。

展的加快，南北中轴线的延伸也是必然的选择，这也体现出了中国古代中轴线选择之初的科学而伟大之处。实际上，在北京中轴线向南北继续延伸发展之际，基于长安街的东西向轴线也蓬勃发展，并呈现出了欣欣向荣的景象。东西横轴尽管开始于近代朱启钤对长安街的改造，但是不能否认的是，东西轴线的出现及规划，直接拓展了北京中轴线南北走向发展的空间不足及布局上的短板[①]。不仅如此，东西轴线的拓展，也为北京未来的迅猛发展提供了空间支持，也进一步强化了北京中轴线所固有的文化特质，而不是弱化。未来北京的“两轴”规划及发展，必将呈现出一派气势磅礴、雄视天下的景象，也为北京进一步强化“四心”提供了有力的时空保障与文化支持。

总之，随着北京城的发展，中轴线的意义不应该淡化，相反更应该加强。毕竟，我们在社会主义的今天，不仅代表着生产力、生产关系的巨大进步，也是文化上的巨大进步。北京中轴线所承载的中华优秀传统文化精神不应该被忽视，相反应将之融入到未来城市的规划与发展之中，从而使之发挥更大的作用与价值。具体来说，比如在未来城市规划的时候，北京中轴线的南北依然可以延伸而不是被破坏，在中轴线两端建设一些具有标志性的建筑。

3. 北京中轴线价值的国际话语建构

北京中轴线保护发展的现代性，集中体现在理念的现代性、手段的科学化以及国际视野。北京未来建设的新规划显

① 对于东西轴线也有学者做了一定探讨，比如孙慧羽：《北京城市轴线的变迁历程与未来趋向》，《北京史学》，2018年秋季刊。

示，在今后大约十几年的时间内，传统中轴线“向北延伸至燕山山脉，向南延伸至北京新机场、永定河水系”，长安街横向轴线“向西延伸至首钢地区、永定河水系、西山山脉，向东延伸至北京城市副中心和北运河、潮白河水系”[①]。可以说，北京城的南北、东西纵横轴线，随着时代的发展，也充分展现了它的现代性、全球性。最为主要的是，对北京中轴线价值的发掘，要形成与当前国际审美、语境相一致的话语体系，从而最大限度地为世界所广知、了解。

北京中轴线作为都城发展的基准线，随着社会历史的发展不断地呈现出新的面貌与内涵。从民国以来，它自然也突破了传统政治文化的旧属性，而转向了社会经济的新属性，充分体现了北京中轴线的包容性、延展性与多元性。如有学者所分析的：

城市空间轴线的选择是贯彻规划设计思想、实现功能布局意图的关键因素，这一点在北京城市发展史上得到了充分体现。刘秉忠规划元大都的第一步，就是在考察地理环境的基础上确定城市的纵向中轴线，由此形成的历史惯性至今还在影响着北京城市空间结构的基本特征。明代的北京城经历了洪武元年（1368）北墙南缩五里、永乐十七年（1419）南墙前移二里、嘉靖三十二年（1553）修筑外城这三次重大变化，由此导致纵向中轴线北端的缩减与南端的两度延伸，最终形成了集中代表悠久历史与帝都文化

① 《北京城市总体规划》(2016 年—2035 年)。

的传统中轴线。明清时期北京承天门前丁形广场两侧的东长安街与西长安街虽未贯通，却也为后来的城市发展埋下了伏笔。历经民国初年打通东西长安街、沦陷时期凿开东西城墙豁口，尤其是1949年之后天安门广场与城市干道的拓展改造，长安街及其延长线变成了城市空间结构中举足轻重的横向轴线。北郊奥林匹克体育中心建筑群在21世纪初崛起，传统中轴线在历史上第一次向北延伸，成为北京步入国际化大都市的象征。侯仁之先生据此划分的北京城市发展的三个里程碑，正是其空间布局与文化内涵从古代走向当今、传统与现代彼此交融的反映。[①]

北京中轴线是承上启下的里程碑，它是对以往都城建筑思想与实践的集大成，这对于近代以来北京城的新规划、发展奠定了坚实的基础，更是奠定了稳固的人文环境。随着新中国的成立，北京城成为了凝聚人心、经济社会发展的新起点。尤其是改革开放以来，随着新思想、新观念的改变，北京中轴线突破了旧有的价值体系，融入了新时代的发展观，北京中轴线也由此进一步向南、向北延伸，这本质上也是经济社会飞速发展的集中体现。

正因为如此，北京中轴线具有十分重要的价值与意义，它有丰富的历史文化价值、教育价值、经济价值、社会价值等，其实不止北京中轴线，其他历史文化遗产也都是如此。如有学者所总结分析的：

---

① 孙慧羽：《北京城市轴线的变迁历程与未来趋向》，《城市变迁与政治制度》，第371页。

历史地段蕴涵着丰富的文化信息资源，保留着真实的历史遗存以及历史风貌，历史地段可供进行考古科学研究和教育开发。不仅能唤起强烈的民族认同感，还可唤起人们对历史的崇敬心和乡土文化热爱之情。所以历史地区是国家的宝藏，是宝贵的精神资源。在历史地段应该发展旅游，把独特的历史面貌或乡土人情，自然风光展现给参观者，结合历史环境进行适当的开发，把历史地段的资源结合经济能达到更好的显著的效益。[①]

北京中轴线承载着丰富的历史文化记忆及文化精神，在这里让人们能够充分感悟到中华优秀传统文化的魅力所在，也可以强化人们的文化认同、国家认同以及民族自豪感。通过这种实物进行教化，可以起到不言而喻的效果，这在古代也是最好的经世致用的手段。更为主要的是，即使发展经济，这里也是老百姓特别喜欢参观考察的地方，可以实现文化与旅游的有机结合。这也可以说是北京中轴线价值的现代转化。不仅如此，在全球化的时代，北京中轴线作为全人类共有的文化财富，需要我们时刻以全球视野去肯定、发掘其普遍性价值，让世界各国人民都享受它所带来的精神财富。

总之，北京中轴线作为世界性的遗产，它既是中华文明建筑史上的杰作，更是中华传统文化的重要承载者。它拥有中华文化的核心价值观，更是承载了具有世界性的普遍性价值，比如仁、义、礼等，包括在艺术、美学、人文方面的思想观念

① 张艺：《北京北中轴历史文化街区环境设计研究》，北京建筑大学硕士学位论文，2014 年 6 月未刊本，第 22 页。

也具有了世界性的意义。所以，结合时代语境，做好北京中轴线的价值表述，形成作为世界历史文化遗产相应的话语体系至关重要。可以说，北京中轴线是人类文明进步的见证，是人类建筑历史上的天才杰作；在这里，世界各国人民交流、合作，也是未来人们文明共享的重要平台与重要场所，更是人类发展史上文明与进步的重要见证。

4. 管理、服务意识及能力的与时俱进

北京中轴线作为中国也是人类文明的集中体现，为了让更多的人分享它，就应该提升服务意识、能力，这种服务意识是新时代对北京城市发展的新要求，也是新时代大数据、互联网时代，北京作为国际化大都市发展的重要内容。对于围绕着北京中轴线开发的管理、规划、服务意识及能力的提升主要体现在以下几个方面：

与时俱进，进一步强化对北京中轴线及北京国际文化中心建设的认知与思考。北京中轴线是中华文明辉煌灿烂的集中体现，更是中华传统文化的重要载体，是中华民族文化自信的重要体现，成为北京、中华文明标识性的存在。另外，北京中轴线作为新时代北京文化、经济与社会发展的基础及重要增长点，势必会在文化、社会、经济、政治、科技、国际交流等多个领域对未来产生深远的影响。所以，为了更好地推动北京中轴线及北京城市的整体规划与发展，应该成立一个专门的学科——北京中轴线学来对之进行深入研究，以此为北京城市的未来规划与发展提供学理上的解释与思想上的指导。北京中轴线学较故宫学、北京学来说，更加的圆融、科学，涉及北京故宫、北京城的规划、北京文化、北京历史、北京未来等多个方面，由此更加具有可操作性，以及可拓展的空间。

北京中轴线是一个系统的工程，包括了大量的建筑、遗迹、文物等，其中也包括北京中轴线核心区域之外的缓冲区域，但是在现实社会中，它们分属不同的机构及单位，以至于条块分割，对此如有学者所分析的：

管理机构的分散给城市发展所带来了保护管理方面的各类问题。中轴线保护管理工作涉及城市规划、建设、土地、文物、水利、园林、环保、市政等多个方面工作，涉及部门多、范围广，行政审批事项繁多，行政审批程序交错在一起，异常复杂。①

所以，要想最大限度发挥北京中轴线的价值与意义，就必须成立相应的机构，形成中央、地方与所属机构的上下联动机制，在腾退保护、修旧如旧、新建筑规划、景观样式与色调、园林绿化、科学开发等方面达成共识，从而最大限度发挥人财物优势及实现北京中轴线的遗产价值。另外，通过协同管理，建立与时俱进的北京中轴线的官方网站及大数据平台，以此凸显北京中轴线发展的整体性。总之，要切实认识到北京中轴线的价值与意义，要从管理入手，切实解决长期以来所形成的铁路警察、各管一段的局面，最大限度发挥北京中轴线的价值与意义。

---

① 刘保山：《北京传统中轴线文化景观保护管理研究》，北京建筑大学硕士学位论文，2015 年 6 月未刊本，第 49 页。

深入发掘北京中轴线相关的民俗、手工艺、传统娱乐。深入发掘北京中轴线所固有的历史文化价值，以及相关的民俗、传统娱乐项目、工艺等，这些既和北京中轴线有一定的关系，也可以进一步满足游客的好奇心，从而强化人们对北京中轴线的关注。实际上，北京中轴线作为北京旧城的骨架与纲领，是北京文化的集中承载者，同时我们也应该关注中轴线之外的北京全城及历史上所形成的民俗、工艺、传统娱乐等，这些也都是北京中轴线及北京城文化的一部分，不可忽视。另外，民俗、手工艺、传统娱乐项目等可以让游客通过体验式旅游的方式，进一步感受到中华传统文化的魅力，比如元宵节、点花灯、庙会等等。

讲好北京中轴线的故事、做好相应的价值表述。北京中轴线在历史文化方面具有非常深厚的底蕴及思想，无论是在申遗环节，还是在未来北京城市的开发方面，北京中轴线作为传统与旧城的代表而备受关注，它更是涉及到了与未来新城的有机融合问题。所以，如何基于北京未来发展的大框架下，从全球的视野出发，利用大数据、互联网等多种形式，讲好北京中轴线的故事，具有十分重要的现实价值与指导意义。同时，结合时代的需要，对北京中轴线所承载的价值内涵进行表述与建构，形成具有普遍性价值的话语体系，从而赢得全球文化体系的普遍认同。目前，这方面的工作依然存在着巨大的空缺与不足，不论是学术界，还是社会文化界，都存在着条块分割、简单罗列、人云亦云、自说自话的情形，所以如何基于新时代的需要，建构出北京中轴线的学科体系、学术体系、话语体系、价值体系及传播体系都是势在必行的举措。

旅游产品的开发、文化创意等强化。在这方面，北京传统老字号的品牌依然有很多，如何支持并开发它们依然很重要，这样可以让游客体验北京的风俗、风土人情、传统文化及特色美食等。也就是说，对于北京中轴线及相关的建筑，一定要做好文化类的创意工作，这个创意不仅仅包括与日常生活相关的日用品，也包括书籍、绘画、电影、电视剧等艺术产品，由此强化人们对于北京中轴线及传统文化的深刻认知。

对于旅游观光服务的进一步优化。比如观光路线的设定，不仅仅局限于北京中轴线的整体旅游考察，也可以分段，比如针对钟鼓楼、地安门大街、什刹海、万宁桥、南锣鼓巷、四合院、名人故居、王公府邸、寺观庙宇等相关线路的开发。或者若干个北京中轴线遗产点的线路设定。总之，为了强化游客对北京中轴线的认知，可以在北京中轴线各个景点，设置“北京中轴线游览观光车站”。另外，根据当地的资源分布，设计各种旅游的主题，从而让游客在不同的主题旅游中获得新知、美育与德育的综合提升。

总之，北京中轴线作为北京历史文化遗产，也是中华文化的重要承载者，一直以来得到了人们的高度关注。随着北京中轴线申遗的进行，与北京中轴线保护开发的服务意识及能力也需要与时俱进，得到切实提升，唯有如此，才能真正将之与未来北京的发展、国家形象的打造有机地结合在一起，切实发挥北京中轴线作为文化遗产的价值与意义。

小结

北京中轴线作为北京的轴线及脊梁，是三千年来北京城市发展的根基与核心，它承载着数千年中华传统文化，更是元明清时期北京城市的灵魂与中枢。在北京中轴线申遗之际，尽管自民国以来，北京中轴线不断被改造、完善，甚至东西走向的中轴线也日益明晰。但在过去相当长的一段时间内，我们由于缺乏整体性、科学性及历史性思维的保护开发，以至于中轴线部分传统空间布局及建筑甚至遭到了毁灭性的破坏。随着21世纪初北京中轴线申遗工作的启动，必将弥补以往在中轴线保护开放方面所存在的不足，为北京城市的发展注入新的活力。可以说，北京中轴线的申遗与建设有十分重要的历史与现实价值、文化与社会意义，如有学者所言："中轴线申遗，不仅是对历史记忆的开掘与保护，更是对当今乃至未来美好前景的展望与担当；中轴线的建设，不仅事关北京这座城市的功能与布局，更是事关整个中华民族从历史走向未来的精神寄托。"[①]

北京中轴线是中国历史文化传统的思想荟萃，也是全人类共有的物质与精神财富。当今世界，各国都在世界文化遗产的保护开发方面积累了丰富的经验，所以，我们应当基于全球的思维，兼采众长、守正创新，积极吸纳新思想、新方法，最大限度地实现北京中轴线价值的发掘与利用。不仅如此，我们

① 李建平：《魅力北京中轴线》，北京：文化艺术出版社，2012年版，代序，第3页。

还应该将北京中轴线与北京国际文化中心的地位相结合，将之与北京乃至中华文化的重建、弘扬有机结合起来，让北京中轴线成为整个人类共享的财富，进而实现其价值的普遍化、恒久性。

十八、全球化视野下北京文化遗产的发展与未来

北京不仅是中国历史文化名城，更是数百年的首都，其文化遗产非常丰富，这些都为北京的发展提供了重要的资源。北京中轴线只是众多历史文化遗产的核心部分。与之相关或者区域内的历史文化遗产依然数不胜数，尽管有的随着时间流逝已经消失了，但是从文化精神及价值上来说依然具有它的现实意义。正因为如此，在北京作为首都、国际大都市的发展历程中，既要做好自己的合理定位，更要处理好现代与传统的关系，尤其是在涉及到如何发掘历史文化遗产价值方面，更需要审慎考虑，从而实现历史文化遗产价值的现代转化，进而科学而合理地处理好历史文化遗产与现代城市规划之间的衔接问题。当然，对于这些问题人们也开始关注，并提出了很多建设性的想法[①]。所以，在全球化的大背景下，如何更加合理地优化既有以北京中轴线为核心的历史文化遗产资源，依然是未来北京作为首都、国际大都市建设所需要考虑的首要问题。

---

① 喻涛:《北京旧城历史文化街区可持续复兴的“公共参与”对策研究》，清华大学硕士学位论文，2013 年 5 月未刊本。

（一）北京文化遗产的历史、现实与未来

北京有着3000余年的建城史和800多年的建都史。在辽代以前，北京一直被称为幽州蓟城。辽代称之为南京（燕京），宋称之为燕山府，金称之为中都，元代称之为大都。明初称之为北平，后改称北京，清代相沿不改。北京从元朝开始，由地域性大城市正式被确立为全国的首都，此后历经明清几百年时间。如今，中华人民共和国仍定都北京。尽管在中国历史上，北京古代城址有过数次变迁，城市的规模、布局也因为各个历史时期所发挥的功能不同而有所不同。但北京作为历朝历代的北方重镇，在文化传承、地域安定、边疆民族、国家控制等诸多方面扮演着至关重要的角色。尤其是在北京作为元明清三朝首都之时，开始在政治、文化、经济等诸多方面扮演着主导角色，成为大一统帝国的核心。

1. 辉煌灿烂的北京历史文化遗产

北京有800多年的建都史、3000年左右的建城史，已经产生并留存有数量巨大且辉煌灿烂的历史文化遗产。这些遗产不仅仅有传世的、可见的物质遗产，还有很多流传于民间的非物质文化遗产，它们共同构成了北京丰厚的历史文化财富。正是这些历史文化遗产，上千年以来，它们不断强化着北京作为北方大都市、尤其是元明清以来全国乃至全球核心城市的重要角色。可以说，北京所拥有的丰富灿烂的历史文化遗产，是北京作为首都、国际大都市难得的精神财富，其在未来文化中心的建设过程中必将扮演着至关重要的角色。

实际上，从元代开始，北京就利用作为首都所拥有的历史文化遗产建构首都文化体系，并积极以此为基础向全球传播中华文化，使之成为当时享誉海内外的国际大都市。在当时，北京作为一个世界性的大都市，居住着不同民族、不同文化背景的百姓。明清时期依然是如此。可以说，北京市在过去数百年间不仅是当时全国文化的中心城市，更是全球文化发展的重镇所在。

近代以来，西方文明及文化的入侵，这不仅对当时中华文化及文明产生了直接的冲击，而且也进一步加速了北京作为文化大都城的多元化。从 20 世纪 80 年代，随着改革开放政策的实施，中西方各种文化涌入北京，北京也由此成为具有文化多元化的国际化大都市。尽管如此，相对于西方很多国际大都市，北京的国际化程度依然不高。比如，有学者统计认为，作为世界性的大都市纽约、伦敦的国际人口比重都超过 15%，东京国际人口比重最少，但也超过了 6%，而北京目前的国际人口比重只有 1%。但实际上，鉴于东西方文化世界观、价值观、意识形态、文化理念等诸多方面的差异，北京能否传承与弘扬中华传统文化，理解、兼容甚至整合不同民族、种族的思想文化，无疑是一个非常严峻的挑战。

不能否认的是，现代化的发展理念与布局，与传统的思维方式及治国之道有一定的差异。北京尽管定位为国际化大都市，拥有以中轴线为核心的丰富的历史文化遗产，但这些遗产如何和现代社会文化，以及未来经济发展与城市规划进行有机的融合，都是不得不面对的重要问题与课题，如有学者所言：

我国历史悠久文化久远，历史文化名城数不胜数，而北京城就是一个悠久的历史文化名城，而在北京中轴线上的历史文化街区蕴藏着丰富的历史文化，而这里也传承着几千年的历史文化。随着这几十年经济的快速发展，北京的城市化进程的速度越来越快，我国的经济快速转型，北京城市建设的高速发展，北中轴历史街区的有效保护与北京现代城市发展的矛盾也是越来越激烈。①

的确，北京历史文化遗产作为客观的存在，尽管在历史上发挥着巨大的作用。但由于时过境迁，随着近代以来思想观念的变化，北京历史文化遗产就与现代理念有了巨大的分歧，如何协调或者说将固有的历史文化遗产融入到现代社会发展的氛围与布局中，显得至关重要。实际上，北京的历史文化遗产，既包括古代的，也包括近代以来形成的新遗产，这些遗产都需要进行统筹协调。

北京作为中国的首都，是全国的政治中心、经济中心、文化中心，在很大程度上代表和反映着中国的形象与城市发展水平。尤其是改革开放以来，北京在发展速度与质量上都与世界著名大城市比肩。但实际上，文化是一个世界大城市的灵魂所在，也是其发展历史厚度的精华所在。毕竟，世界城市不仅仅以经济数据来衡量，更重要的是城市文化和城市精神。在经济飞速发展、物质文明不断提高的同时，还需要提升文化品位，塑造城市精神。因为没有与经济繁荣相称的文化繁荣，没

① 张艺:《北京北中轴历史文化街区环境设计研究》，北京建筑大学硕士学位论文，2014年6月未刊本，摘要，第1页。

有广泛影响的国际文化中心地位，一个城市是没有资格被称为“世界城市”的。

也就是说，北京未来的发展固然要瞄准具有国际性的目标，但是为了凸显具有中国特色的文化、社会与经济模式，这就需要我们立足于中国固有的历史文化、经济社会的特点，充分体现中华文明的模式，这样在发展上才能保持可持续性、可延展性、可继承性。基于此，在具体的操作层面上，就首先需要我们对这些遗产分门别类进行梳理分析，既要以整体性、系统性的思维来看待它们的价值与意义，更要对历史文化遗产进行个性化的价值发掘。毕竟，社会的发展、人类的需求是多元的，传统历史文化遗产具有多层次性、多维性。

另外，北京文化遗产并不仅仅具有文化的价值，也具有巨大的经济社会价值。具体而言，北京文化遗产并不仅仅具有历史文化属性，它也是当代经济社会发展的热点，之所以如此说，因为文化本身也具有经济价值，北京作为历史文化名城，历史文化遗产作为重要的文化资源，一直以来被作为重要的经济资源而被开发利用，直到今天，它为北京经济的发展提供了重要的活力；就社会价值而言，北京文化遗产是国家、民族的象征，这里也是中华儿女的精神家园，更是人们进行教育实践的重要基地。正因为如此，我们未来就要从全球化的视野出发，与时俱进，结合时代的需要，重新界定、思考北京文化遗产所扮演的角色，以此来实现其价值的最大化。

总之，北京作为历史文化名城，其本身的发展体现了它兼收并蓄的特征，这对于它的认知开发与发展，自然也要体现多元化认知维度。北京文化遗产并不仅仅具有文化价值，也有巨大的经济社会价值，这些价值是无形的，也是其他城市难以比拟的。所以，我们应该与时俱进，基于全球视野来审视、考察，并充分利用其价值，使之成为中国乃至人类共有的财富。

2. 北京是中华传统文化传承弘扬的主阵地

基于北京中轴线形成的北京城，在文化传承上具有重要的历史地位，它不仅汇集了元明清时期的文化，是中华民族传统文化传承、发展的重镇，也是近代以来中华文化传承、弘扬的排头兵。对此如有学者所总结的：

北京文化的发展历史悠久，源远流长。从“北京人”揭开北京史的第一页起，北京的文化史也随之开始了。在经过许多年的“野蛮”与“文明”前后两种文化的交错演进之后，北京地区出现有文字记载的实据。琉璃河商周古城址更是文化发展的确证。自公元前十一世纪周武王封召公奭定都于燕以来，北京先为方国的燕都邑，又为秦汉统一王朝的北方重镇。唐代中期以后，这里渐次成为一个中心，接着辽、金、元、明、清相继在这里建为帝都。特备是自明清以后历时八百多年，北京集中封建国家都城建设之大成，在全国、全世界享有盛名。北京文化汇聚全国的文化，同时又辐射全国，代表丰富多彩的中华民族文化的整体。北京是近现代历史文化的发祥地。从公车上书，戊戌变法，五四运动，第一个马克思学说研究会成立，及后来的重大政治、文化事件多从这里发祥。一种新思想，新文化，也多是先进入北京以后才造成全国性的影响。北京文化在中国文化史上是占有突出而重要地位的。[①]

北京文化如果从北京人开始算起，至今已经有五六十万年的历史了。此后，随着历朝历代的发展，北京文化也日渐形成它的特色。尤其是在金元明清时期，作为首都的北京在文化发展与传承上，更是体现了它的主体性、包容性与先进性。

北京自金代作为首都之后，以其发达的交通、丰富的物资，在这里汇集了各族人民及文化，当时来自汉族、女真、蒙古、契丹、渤海等民族的人民在这里居住，由此不同族群所带来的文化也在这里汇集。更为主要的是，金朝被视为中原正统王朝之一，很大程度上是因为它认同并继承、弘扬了中原的儒家文化。也就是说，金朝作为少数民族女真族建立的王朝，为了赢得所占领的黄河流域汉族群体的认同，便在“黄河流域推行女真化的尝试遭到失败之后，更是积极倡导尊孔、读经”[②]。他们从“建国初期即走向几乎全盘汉化之途，故在思想文化上鲜少干格之处，礼仪典制为汉制，学术上亦唯有汉制是从”[③]。金朝比辽、西夏的儒化、汉化更为彻底，不但由金熙宗废除了勃极烈制，改行辽、宋的汉官制度，更是在金太宗、宗干等

---

① 丁守和、劳允兴:《北京文化综览》，北京：北京师范学院出版社，1990年版，第1页。

② 李锡厚、白滨:《辽金西夏史》，上海：上海人民出版社，2003年版，第414页。

③ 王明荪:《辽金元史学与思想论稿》，台北：花木兰文化出版社，2009年版，第141页。

人的推动下，实行全面儒化、汉化的国策，据《金史》记载："议礼制度，正官名，定服色，兴庠序，设选举，治历明时，皆自宗干启之。四年，官制行，诏中外。"[①] 到金世宗、金章宗时期，"儒风丕变，庠序日成，士繇科第位至宰辅者接踵"[②]。儒学在当时盛极一时，以至于"文风振而人材辈出，治具张而纪纲不紊，有国虽余百年，典章文物，至比隆唐宋之盛"[③]。不过，就金朝儒学的发展水平而言，基本上是以汉唐注疏之学为主，据《金史·选举志》记载：

金承辽后，凡事欲轶辽世，故进士科目兼采唐、宋之法而增损之。……凡经，《易》则用王弼、韩康伯注；《书》用孔安国注；《诗》用毛苌注、郑玄笺；《春秋左氏传》用杜预注；《礼记》用孔颖达疏；《周礼》用郑玄注、贾公彦疏；《论语》用何晏集注、邢昺疏；《孟子》用赵岐注、孙奭疏；《孝经》用唐玄宗注。[④]

金人所习众经解，除了《论语》《孟子》兼用宋疏之外，其余皆为汉唐注疏。原因在于，金朝文化发展缓慢，加上与宋朝相对峙，所以义理之学，尤其是程朱理学，自然难以在其境

① ［元］脱脱等：《金史》卷七十六《宗干传》，北京：中华书局，1997年版，第1742页。

② ［元］脱脱等：《金史》卷一百二十五《艺文上》，第2713页。

③ ［元］王恽：《秋涧集》卷五十八《浑源刘氏世德碑铭》，影印文渊阁《四库全书》本，台北：台湾商务印书馆，1986年版，第756页。

④ ［元］脱脱等：《金史》卷五十一《选举志一》，第1129页。

内传播，以至于其“学术界［的］因循守旧，满足于对唐和北宋思想的重复，似乎成为金统治下中国哲学的一个特征”[①]。尽管如此，这并没有影响儒家学说借助注疏之学在境内大力宣扬与实践。

随着儒学在金朝的广泛传播，当时北方地区的金朝中都——今天的北京由此成为当时北方儒学与人才培养的中心，“改变了历代以来名人士大夫多出南方的局面，对促进北京地区的经济文化发展起了划时代的作用。特别是对偏远的东北地区，产生了更加深远的影响。”[②]金朝中都——北京的儒学盛行，也为后来蒙元建都此地、继续推行儒学奠定了重要的思想文化基础。也正是因为如此，元朝在编纂宋、金、辽历史的时候，将金视为与宋代一样都是中原的正统王朝之一。

元代建立之后，忽必烈作为中国皇帝为了赢得南方社会精英阶层——儒士大夫们的文化认同，实现对南宋旧地的有效控制，故推崇程朱之学，并促使它在北方地区尤其是元大都的传播。到忽必烈统治后期，程朱理学基本上成为北方占主导地位的学说思想，而首都——大都（北京）也基本上告别了窝阔台汗时期由全真道主导的时代，变成了程朱理学研习和传承的中心。受到元廷及大都崇儒重道的风气影响，各地方也大力重视程朱理学的宣扬与教育，以至儒学校舍遍及全国、甚至边

① ［德］傅海波，［英］崔瑞德编；史卫民等译：《剑桥中国辽西夏金元史》，北京：中国社会科学出版社，1998 年版，第 354 页。

② 张博泉等：《金史论稿》（第二卷），长春：吉林文史出版社，1992 年版，第 422 页。

远地区，如元人余阙说："大元之兴，百有余年，列圣丕臣，日务兴学以为教，党庠塾序遍于中国，虽成周之盛，将不是过。"[①]刘岳申亦说："宋亡元兴，修道设教，天下学者复知尊信朱氏之学。学校修旧起废，至时无不轮奂一新。"[②]到了14世纪初期，程朱理学已经为蒙元各地域、社会各阶层所普遍接受，当时"海内之士，非程朱之书不读"[③]，"非程朱学不试于有司，于是天下学术，凛然一趋于正"[④]。

明朝作为取代"蛮夷"蒙元的汉族政权更是对理学重视有加，除了朱元璋时代大力传承儒学、推广理学之外，明成祖时期还笼络了诸多儒士大夫编纂了《五经四书性理大全》，将之颁行全国，作为科举考试的必修书目。尽管在明中期兴起了心学，但它也是理学的重要补充。清朝入关之后，为了赢得广大江南儒士大夫的文化认同与政治支持，皇太极、多尔衮、顺治、康熙等人都积极推崇程朱理学，并将之作为官方意识形态推向全国，由此形成了臣民基于理学认同的政治认同。可以说，北京在明清时期的文化传承、发展过程中，主要通过既有的经典诠释及思想，如《四书》学、《易》学、程朱理学等来实现这一目的，以至于明清时期程朱理学作为当时

① ［元］余阙:《青阳先生文集》卷三《穰县学记》，影印文渊阁《四库全书》本，台北：台湾商务印书馆1986年版。

② ［元］刘岳申:《申斋集》卷五《南安路重修庙学记》，影印文渊阁《四库全书》本，台北：台湾商务印书馆，1986年版，第238页。

③ ［元］欧阳玄:《圭斋文集》卷九《文正许先生神道碑》，影印文渊阁《四库全书》本，台北：台湾商务印书馆，1986年版，第75页。

④ ［元］欧阳玄:《圭斋文集》卷五《赵忠简公祠堂记》，第37页。

文化的主要形态得到了很好的诠释与发展，进而保证了中华文化的传承与弘扬。

总之，元明清时期，北京城是全国的政治文化中心，也是当时国家交流中心，而北京中轴线一带更是中心中的中心。一方面当时治国理政的思想与方法，都是从这里产生并影响到了全国；另一方面这里也汇集了来自全国乃至全世界的人文、科学、艺术、文学、历史等各种文化，以及商品货物等等，集中体现了北京城在全国的灵魂与核心位置。正因为如此，它们主导并引领了全国的思想文化、社会经济的发展，也由此成为中华文化、中华文明传承发展的主阵地，直到今天，北京依然发挥着这样的作用与功能。不能不说，北京及中轴线依然是中华文化、中华文明的引擎所在，也是全世界、全人类发展与未来的聚焦点所在。

3. 守正创新，发掘遗产丰富的内涵及精神

北京作为数百年的首都，它承载着中华文明最为辉煌的一段历史，也是中华民族由衰微走向兴盛的历史见证。随着全球化时代的到来，北京的文化遗产也面临着时代的挑战。实际上，文化遗产是一个城市精神的内涵所在，也是一个城市未来发展的基础，更是“文化强国”时代最重要的资源与宝贵财富，正如单霁翔在何为城市化的解释时就这样说道：

城市化水平不是一个简单的百分比数字。仅仅从科学研究和理论架构上进行分析，就涉及经济、社会、城市规划、建筑、能源、环境和文化遗产保护等方面。城市化进程不单单是一个量的

指标，更应该是一个质的飞跃。从“功能城市”到“文化城市”，就是这种质的飞跃的核心理念和理论概括。①

北京作为历史文化名城，具有它自身独特的魅力与文化精神，这是传统文化的集中体现，更是当代我们所需要的思想文化资源。所以，在全球化的时代，随着城市化成为一个国家社会发展的必然选择时，我们就不能仅仅追随西方而忘却自身的历史传统。所以，在尊重传统、吸收历史经验教训的基础上，保护文化遗产并实现其价值的现代转化，也是当代城市化的重要内容所在。

文化不仅是一个城市的灵魂，它还是提升城市内涵、发展质量的重要手段。毕竟，文化是一种软实力，也是一种生产力，文化产业具有稳定性、低碳、高附加值等特点，符合未来产业发展的方向。所以，北京要想真正成为世界一流的大城市，不仅仅要有一流的经济水平与规模，更为主要的是还要打造北京特色的文化软实力。基于中轴线所形成的现代北京城，依然展现了它的价值与魅力，何况随着近代以来，北京中轴线上及周围的文化遗产已经实现了民众化、社会化，这也集中体现了它们所具有的现代价值与意义。

尽管北京在文化传承、创新与认同诸方面面临着巨大的挑战，但北京也有自己的诸多优势。北京历史悠久，战国以来一直是中国北方的重镇，作为我国六朝古都，有三千多年的建

① 单霁翔：《城市化发展与文化遗产保护》，天津：天津大学出版社，2019 年版，第 175 页。

城史。自元明清北京作为首都之后，更是产生了丰富而繁多的文化成就，至今北京作为世界城市拥有着众多闻名海内外、底蕴深厚的历史文化遗迹。2003 年联合国教科文组织第 27 届世界遗产大会将故宫、周口店猿人遗址、长城、颐和园、天坛、明十三陵等六项列入世界文化遗产。可以说，悠久而丰厚的历史文化积淀，是北京的重要优势。“历史上，北京曾是世界上最繁荣、最发达、最辉煌的城市，其代表的东方文化、儒家文化具有世界影响”。党的十八大报告明确提出要“建设优秀传统文化传承体系，弘扬中华优秀传统文化”，从而将我国建立为一个文化强国，以推动中华民族的伟大复兴。“中华民族传统文化有着十分丰富的内涵，是中华民族赖以生存和发展的道德根基、精神支柱”。

北京中轴线不仅仅是北京的历史文化遗产，更是中华传统文化的重要载体，毕竟，它作为古代建筑文化的集大成之作，而与之相关的北京城作为文化开展的重要场所，这里也成为古代政治、思想、学术、艺术、科技、经济、社会、道德、乱伦、宗教等等各方面文化的荟萃之地。也就是说，中轴线是数百年来北京城的坐标与框架，而北京城又是数百年来中华传统文化、中华文明最为核心、最有影响的城市所在。可以说，北京中轴线不仅仅是北京作为首都的脊梁与核心，更是中华文化、中华文明的脊梁所在。

实际上，北京不仅拥有世界上独一无二的、能够标识首都意义且文化底蕴深厚的中轴线，还拥有一大批历史悠久、文化意义丰富的历史文化遗产，这些遗产共同构成了北京城、首都独有的文化内容。由于北京城是世界上独一无二的历史文化遗产，所以积极推动多种模式的保存与宣传，其中历史文化遗产的数字化是非常重要的选择。

对于历史文化遗产的数字化保护模式，1992 年，世界教科文组织就推动了“世界记忆（World Memory）”项目，目的就是要在全球范围内推动世界文化遗产的数字化建设，以此让遗产能够永久保存并最大限度地让全球民众共享资源。1995 年，虚拟遗产会议（Virtual Heritage’95）在英国举行，这次会议首次将虚拟数字化技术运用到遗产保护之中。基于此，世界很多国家都积极践行遗产的数字化保护工作，比如日本通过数字化技术虚拟复原了毁于 1498 年的庇护大佛主殿的建筑模型，等等。在中国，历史文化遗产的数字化建设也比较普遍，比如北京故宫、敦煌莫高窟、龙门石窟、曲阜孔庙等。北京中轴线作为一个系统工程，所涉及到的内容及信息非常多，这就需要作为一个系统工程、全方位对相关的现存实物信息、文件记载、民俗传统等不同类别的信息进行科学而严谨的处理，从而形成一个可以保留长久的数字化存在。

尽管北京中轴线及各种文化遗产需要进行时代性的保存与完善，以及数字化的保存与价值转化，但是，北京历史文化遗产作为中华文明的重要体现，更多的是价值层面，比如历史价值、艺术价值、科技价值、文化价值、审美价值、社会价值、政治价值、经济价值，等等。正是因为如此，北京中轴线及历史文化遗产需要被保护、开发与利用，从而最大限度发挥其应有的价值与作用。可以说，我们除了注重北京文化遗产的历史性之外，还要从多元的视角出发，发掘其丰富的内涵，结合时代的需要，守正创新，最大限度地发挥北京文化遗产的时代性价值及现代意义。

（二）国际社会文化遗产保护的经验与启示

文化遗产具有不可再生的特点，一旦损毁就必定无法恢复。所以，我们在现实中一定要加强保护，合理利用。在国际上，有很多国家在文化遗产的保护利用方面积累了丰富的经验教训，这对于我们保护利用北京中轴线来说，无疑提供了非常好的借鉴。所以，充分利用国际上其他国家或者组织保护利用文化遗产的经验教训，有助于我们进一步推动北京中轴线的健康发展与文化传承。

1. 加强保护，完善相应的法律法规

我们国家对文化遗产的认知与保护由来已久，就基于北京中轴线所形成的北京城而言，在元明清时期就有充分的体现，明清时期继承并发展了元代中轴线，并有了全新的内容与思想。新中国成立之后，也对以往的文化遗产做了继承与发展。当然，北京中轴线作为保护对象则开始于民国时期。比如 1925 年，朱启钤成立了营造学会研究古建筑，并有梁思成、林徽因、杨廷宝、刘敦桢等专家的加入，这为现代中国古建筑研究奠定了坚实的基础。与此同时，南京国民政府也于 1928 年成立了古物保存委员会，由蔡元培担任主任委员。这在某种意义上，也算是中国历史上第一个国家级的文物保护管理机构。解放前夕，梁思成主持编写了《全国重要文物建筑简目》，成为了中国现代最早记载全国重要古建筑目录的专书，这为后来公布全国第一批文物保护提供了重要参考。

新中国成立之后，就古代文物、文化遗产的普查与保护做出了进一步的努力。1958 年，国务院还将“国家保护名胜古迹、珍贵文物和其他重要历史文化遗产”的法律法规正式写进了《中华人民共和国宪法》。1961 年，国务院公布了第一批全国重点文物保护单位名单。等等。这些努力自然为中华民族的文化遗产保护起到了重要的推动作用。1985 年，中国加入了《世界遗产公约》，与世界共同分享中国的自然与文化遗产。1989 年，全国人大常委会通过了《中华人民共和国城市规划法》，明确规定城市规划应该保护历史文化遗产、城市传统风貌和地方特色。2011 年，全国人大常委会通过了《中华人民共和国非物质文化遗产保护法》，扩大了文物保护的范围，保护了文化的多样性。

但实际上，长期以来，我们对于文化遗产的认知与保护也存在着很多的误解、误区甚至是错误的做法，尤其是“文革”“破四旧运动”期间，很多历史名胜古迹遭到了毁灭性的破坏。不过，改革开放之后，人们对于文化遗产的认知与保护走向了正轨，对于北京中轴线及城区建设出台了很多法律。随着 2011 年北京中轴线申遗的提出，全方位保护恢复北京中轴线的建设提上日程。

随着北京中轴线申遗的开展，如何借鉴西方文物的保护开发经验也特别值得思考。西方文物的保护非常成功，很大程度上就是引进了公众的参与机制。在西方国家，很多文化遗产的保护，一般都是由民间组织倡导的，他们也推动了国家或地区出台一些重要的文化遗产保护法律法规。所以，我们一方面要加强宣传，让民众认识到文化遗产对城市的发展有十分重要的价值与意义。另一方面，要加强民间人士及资本对文化遗产的保护与投入。

提高民间与公众的参与度，首先提高他们的认知。比如在北京文化遗产中，很多都是数百年的存在，所以对于一些文化遗产的保护，一定要注意其材质的特殊性，很多传统遗产都是木质结构，木材干燥，很容易燃烧。近代以来，由于雷电、拉乱电线等引发的火灾，所造成的文物损毁也有很多的例子。所以，在历史遗址中，不应该把古建筑当做办公、住宅场所，以免出现乱拉电线所导致的火灾。这些都是人们对于文化遗产的重要性、特殊性及不可再生性认知不够，从而导致了行动的鲁莽、轻率甚至是不负责任。

2. 文化遗产保护要尊重客观历史

文化遗产是经过若干年的积淀所形成，如何对现存的文化遗产进行恢复和重建依然是十分艰巨的任务。一方面文化遗产本身作为古人智慧的结晶，随着时间的推移，很多的技术、知识与文献已经失传，所以修复与重建是一项充满了高度专业性、挑战性的工作，所以如何实现既要尊重文化遗产的原始性，又能达到保护的目的，这都需要确凿的历史文献、原始技术为依据，否则一旦修复失败，就会造成不可逆的损失。

所以，在修复之际，一定要对文化遗产进行充分的考古、历史研究，然后根据翔实的历史资料，对之进行科学而严谨的测量、修复。对于一些文化遗产一定要以历史文献的记载进行保护，比如一些遗址已经不存在，可以根据史料种植花草树木，并附有原来的诗文记载，等到客观条件或技术成熟的时候，可以重建。

另外，对于文化遗产的保护，自然也要注意它们与周边的协调性，以保证在风格上的整体上一致，这其中甚至涉及到了大的商铺规划，小到非常细小的布置，比如座椅、灯具、垃圾箱、服务亭等。不仅如此，在开发利用文化遗产之际，也要充分考虑到本地的历史文化优势，充分利用民俗、文创等，如有学者研究北京中轴线北段的开发时就这样建议：

> 北中轴地区可利用的民俗文化旅游资源包括老北京的传统生活方式、民俗节庆文化、传统休闲娱乐文化、民俗手工艺等几个主要的内容。这些传统的民俗本身就是极佳的旅游资源，可以满足那些外地特别是国外游客的好奇心。体验异域文化的最好方式就是参与到其中，北中轴地区丰富的民俗文化资源为这种参与体验提供了发展的可能性，注重传统民俗文化的保护与挖掘对该地区的文化旅游具有重要的意义。[①]

北京中轴线承载着北京丰富的历史文化思想，更是拥有丰富的民俗文化，所以如何发掘这些文化、手工业等依然值得

① 张艺：《北京北中轴历史文化街区环境设计研究》，北京建筑大学硕士学位论文，2014年6月未刊本，第88页。

关注的。一方面它们可以进一步丰富北京作为历史文化名城的内涵，另一方面可以强化人们对于传统文化的认知、理解与认同，既有助于经济社会的发展，更有助于传承和弘扬中华优秀传统文化。

实际上，北京作为三千年的都城史、800多年的首都史，积淀了太多的历史文化，也遗留下了太多的文化遗产，所以我们对于北京文化遗产的时候，既要突出重点，比如北京中轴线上的遗产点，也要整体、全面而系统地看待北京历史文化遗产，将它们作为一个整体来看待，有效分析它们的历史发展脉络与文化精神价值。从全球化、北京国际大都市的视野出发来看待它们的定位、价值与意义，从而实现传统与现代的有机融合。

3. 深入发掘文化遗产所具有的文化价值

文化遗产包括有形的文化遗产与无形的文化遗产。我们对待每一项文化遗产，不仅要看到它固有的存在，还要结合历史文献，发掘每一个细节、设计与施工的文化内涵，从而最大限度地传承弘扬它们所具有的文化精神。传统的文化遗产具有一定的生命力，对于它们的开发、利用，我们一定要坚持发展符合人民生活、精神需要的中华传统文化思想，努力发掘其所具有的现代价值与意义。毕竟，人民群众是社会发展的基本力量，要以满足人民需要为目标。

对于北京中轴线为核心的文化遗产，要充分发掘它们的价值，结合它们在公共空间增加景观雕塑、浮雕、壁画等多种形式，甚至通过故事叙事的形式，将北京中轴线及北京城的历史文化讲述出来，从而让人们在历史文化的氛围中，潜移默化中得到启发与教化。需要注意的是，在发掘北京文化遗产所具有的文化价值之际，一定要结合时代的审美、价值观、文化观、社会需要，对文化遗产的传统价值进行现代转化，从而实现文化遗产传统价值的现代转化。这其实也是我们当前文化建设的重要内容之一，更是中华民族伟大复兴的必由之路，如有学者所说的：

> 实现中华民族伟大复兴需要强大的物质力量，更需要无比的精神力量。弘扬中国精神、培育中华民族共同的精神家园，是中国特色社会主义思想文化建设的首要任务。为此，不但需要发展现实文化，而且需要大力传承发展中华优秀传统文化，促进二者的有机统一，为中国精神夯实根基、助添效能、引领方向。文化是一个国家、一个民族的灵魂，优秀传统文化更是其中的精髓。传承发展中华优秀传统文化，关键在于古为今用的创造性转化与创新性发展。正是在这一过程中，传统文化才能焕发出更大的价值与更强的生命力。[①]

中华传统文化经过上千年的传承、发展已经成为了中国人民固有的思维方式、信念、观念、行为、风俗、信仰，已经镌刻在本民族的文化基因里，并渗透在遗留至今的文化遗产之中。所以，我们对于古代留存至今的文化遗产，努力发掘其承

---

① 金紫微：《传承发展中华优秀传统文化》，《中国社会科学报》，2019年11月26日，第9版，第2页。

载的文化精神理念，古为今用，实现其创造性转化与创新性发展，为中华民族的伟大复兴提供更加丰厚的精神力量。

不仅如此，我们还需要将文化遗产放在全球化的大背景下，发掘它们的普世价值，找到它们对于全人类精神诉求、物质生产及社会国家治理的价值与意义，从而实现中华文化遗产的普世化、全球化。可以说，对于传统文化遗产，一定要立足于全人类，立足于“人类命运共同体”，实现其价值的普世化，毕竟它们是全人类的财富。

总之，发掘北京中轴线及文化遗产的文化价值与意义，这是深刻认知的必然结果，也是有效开发北京中轴线及文化遗产的重要手段。只有深入发掘其价值与意义，才能实现不同遗产类型及种类的有机融合，才能实现文化遗产的系统性、整体性的思考。北京中轴线并不仅承载着中华传统文化，也包含了多元一体、兼容并包的文化观，以及以礼治国、以德治国、注重伦理道德、以民为本、以人为本等治国思想，这些即使在今天依然有十分重要的价值与意义。换言之，我们对待北京中轴线及文化遗产并不能仅仅停留历史的维度，而是要发掘其与现代文化、社会所具有的内在相通的精神理念，并传承弘扬之，从而通过文化遗产强化民族认同感与文化主体意识，才能更好地结合时代的需要建构出符合具有中国特色的文化体系、思想体系及话语体系。

4. 文化遗产保护的科学化与现代化

北京中轴线的保护利用是一项系统工程，不仅仅是 14 个文化遗产点，也包括相关的建筑、街区、园林、坛庙、民居、民俗等等。所以，在北京文化遗产的保护利用上要注意科学化。首先在对象上，一定要注意轻重缓急、层次性。对于14个具有代表性的遗产点，首先要进行历史文化的研究，基于历史原貌来保护恢复。另外，对于那些年久失修、问题严重的景点及局部建筑，一定要先进行维护。最后，在维修保护上，既要考虑到传统工艺，也要充分吸纳当前科学技术最新成果。

另外，对于北京文化遗产一定要充分发挥数字化优势，比如数字化博物馆、展览馆的建设，以此将更多的文物解放出来，不再遭受游客的破坏；更为主要的是，通过数字化的建设，强化对北京中轴线上文化遗产及资源的发掘，系统归纳梳理优秀传统文化、红色文化、革命文化、社会主义先进文化中的文化元素，形成北京中轴线“文化数据库”，由此通过大数据、互联网可以让更多的人、更远的人看到并了解北京中轴线的文化内容及内涵，最大限度地发挥其价值。比如采取VR三维的技术或者动画的形式，让文化遗产实现虚拟展示。

北京城及中轴线的纪录片及数字化产品的生产，这些都需要加强。比如通过新媒体技术，创新传播渠道和话语表达方式，调动人民群众关注、了解、研究中华传统文化遗产的热情与积极性；利用现代复原、书画修复、文物数字化入库、VR等技术，努力展现中华优秀传统文化遗产的真实面貌，吸引更多的人民大众欣赏、了解中华传统文化。增强北京中轴线的文化软实力，需要讲好其相关故事，将中华优秀传统文化、红色文化、社会主义先进文化的价值内涵融入到电视剧、电影、书籍、报刊与网络之中，通过市场运作将优质的文化产品传递给大众。

不仅如此，作为北京中轴线，它们是一个系统的文化群，不仅展现了传统文化，也有红色文化、社会主义文化，还有城区西化建筑所展现的西方文化等，所以这就需要我们做好相关的价值发掘工作，比如通过文创的形式，让更多的人了解北京中轴线的历史文化，了解它们所具有的时代价值与现实意义；还可以通过北京中轴线专项考察、旅游等形式，来让更多的人了解北京文化、中华文化的博大精深；等等。

进一步强化北京文化遗产的现代产业发展，将之融入到北京现代经济与社会发展之中，从而实现北京文化遗产的创新与现代化，这不仅需要从内容上创新、制度上创新、文化形态上创新，更要在经营模式上的创新。其中，文化遗产与科技的有机融合，实现文化形态上的创新至关重要，如有学者所言："实现文化与科技的融合，创造新的文化业态。发展手机电视、网络电视、数字出版、设计服务、动漫游戏等战略性新兴文化产业。充分运用高新技术特别是数字技术网络技术发展的最新成果，加快构建覆盖广泛、技术先进的文化传播体系和创新体系，切实增强首都的文化传播力和文化感染力。实施网络内容建设工程，推动优秀传统文化瑰宝和当代文化精品网络传播，制作适合互联网和手机等新兴媒体传播的精品佳作，鼓励网民创作格调健康的网络文化作品。"[①]

---

① 北京市人大常委会课题组编：《推进全国文化中心建设》，北京：红旗出版社，2011年版，第36页。

5. 强化民众文化遗产保护的自觉意识

历史文化遗产的保护、开发与利用，并不仅仅是政府的事情，更是全民、全社会共有的福祉。所以，如果仅仅依靠政府，就会花费巨大的人力、物力、财力，而且有时候还得不到理解与认同，以至于一些人在文化遗产的参观、休闲时出现了不爱护、不珍惜的情形。鉴于此，如何强化民众对文化遗产的重视，以及自觉参与保护的意识，都显得至关重要。

首先，要加大对历史文化遗产价值与意义的宣传。历史文化遗产不仅仅是中华民族文化的珍贵财富，也是劳动人民创造的物质文明。这种财富具有公共性、人民性，不为统治阶级所独有，尤其是近代以来，随着北京文化遗产的全面开放，越来越多的民众在这些历史文化遗产中休闲娱乐、参观考察，充分享受到了精神上的愉悦。不仅如此，在这种身临其境的参观考察中，也在无形之中接受了精神上的洗礼与心灵的教育。

更为主要的是，北京历史文化遗产承载丰厚的传统文化精神，这些精神是无形的财富，是中华民族文化传承五千年的历史积淀，这些文化内涵因人而异，随着时代发展也有不同的解读；同时，它们也具有普世的意义，比如人文精神、孝悌之道、以仁兴邦、人与自然的和谐、协和万邦等等，这些观念价值不仅仅属于中华民族，也是全人类的。所以，如果通过宣传，让中国乃至全世界的民众都充分认识到这一点，那么这些历史文化遗产就会在无形中得到人们的关注、呵护与自觉参与保护，就会得到有效的传承发展。

在具体操作上，既要发掘文化遗产的价值与意义，以讲故事的形式，让更多的人了解，更要将保护、开发及规划的相关思想，及时传达给民众，让民众知道遗产开发保护的思想与进展所在。总之，在宣传上，也要突出民众的主体性，突出他们的责任意识、使命意识。

其次，在历史文化遗产保护开发的过程中要顾及民众的利益。历史文化遗产虽然是属于全民的，但是在具体的保护开发中，一般都是由政府主导的，但由于缺乏科学而合理的规划布局，甚至是一刀切的做法，民众有时候会从自身出发，觉得利益受损，自然导致了政府与民众在意愿上的分歧，以至于产生了对文化遗产开发保护的抵触情绪，从而造成了开发保护的迟滞。所以，在这方面就需要政府兼顾民众利益，从而实现开发保护的最大效果，如有学者研究后也这样说道：

基于公共利益出发的旧城保护，疏解旧城功能和人口及控制旧城建设强度往往更需要宏观层面上的统筹协调。如以政府为主导，利用市场化手段，建立旧城内外容积率补偿机制，有计划定向建立廉租屋，旧区改造中的市地重划，地块之间的联合开发，以及城市整体或街坊整体要求干预局部地块等。在开发时要注意尊重现有产权结构，保证私房住户和部分重点单位的回迁率。规划的实施不可能一蹴而就，在改建实施之前，必须加强对这一地区居民的管理和引导，以居民自愿，街道为主，社会参与，政府统筹等原则，采取小规模、渐进式、微循环、有机更新的方式，以院落为单位进行改造，通过适宜的公共政策，市场化运作，做好基础设施建设。

城乡规划编制中，规划指标及建设条件的设计上应更具弹性，采取硬性限制条件与弹性指导条件相结合的方法，确保为城乡建设的可持续发展，为激励机制预留弹性空间。在管理过程中，随着城市公共治理覆盖面的增加，特别是在城市规划激励机制实施过程中，往往会遇到“法律盲点”和“政策真空”难题。应当给予规划管理者部分自由裁量权，并提出自由裁量权的使用原则和法律控制标准。①

民众是文化遗产保护的主力军，所以我们不能忽视他们的利益诉求，通过科学的规划，充分利用市场经济规律，让民众自觉自愿地加入到文化遗产的保护开发之中，让他们成为主体所在。不仅如此，在后续的开发利用之中，也要充分利用民众，通过民俗、旅游、就业等多种渠道的形式，让民众享受到这种福利。换言之，当形成以政府为主导、民众为主体的开发保护团队之际，那么就会非常便利于文化遗产的保护开发，并促使其形成长效机制。

最后，形成政府—民众—社区良好的实施制度、沟通机制等，以此促成文化遗产保护事业的源远流长。针对文化遗产及新旧城的开发改造，政府出台了诸多的规划、方案、条例等，大多自然是通过专家的考察与论证，也考虑地方经济社会的长远发展，其科学性与逻辑性一般也是无可置疑。但由于所形成的“自上而下”的规划方案，有时候忽视历史遗产相关居

① 朱洁、王雅捷：《北京旧城更新规划实施激励机制探索——以钟鼓楼地区为例》，《中国城市规划年会论文》，2013年版，第7页。

民、文保人士的参与，以至于形成的“自上而下”的规划方案，在具体操作实施时，很多实际的问题没有考虑充分，尤其忽略了民众的利益诉求，使得方案难以得到民众的一致响应与支持，自然导致了很多改造开发项目进展缓慢。在国内，很多城市的历史文化遗产及街区保护改造实践中，都遭遇到了这样的问题，甚至引发了激烈的社会争议，最终导致了规划建设不了了之。

所以，不论是北京文化遗产还是全国其他的文化遗产，都要考虑到民众的参与，通过社区共建、新旧城规划调研、座谈会、新闻发布会、网络参与等等多种形式，真正发挥民众的主体性，让他们从积极地参与，到积极地自觉保护开发，这样不仅可以推动历史文化遗产的有效保护，更能够有效地发挥历史文化遗产的文化价值、教育价值与思想价值。

余论

北京最初是战国时期燕国的都城，当时叫作蓟。秦统一六国之后，蓟成为了当时广阳郡的行政中心。此后在中古时期的数百年里，蓟城始终是北方的军事重镇。隋朝以蓟城作为当时涿郡的行政中心，唐朝则称之为幽州。辽朝建立之后，将蓟城作为陪都，改称为南京，也叫燕京。金朝建立之后，又将都城迁到北京，改称为中都。到了元朝，在中都之外建立了大都。明朝改建大都，称之为北京。清朝继续建都北京。中华人民共和国成立之后，继续将北京作为首都。北京作为元明清时期的都城，并由此产生了北京中轴线，这不仅仅是元明清时期传统文化的承载，更是中华五千年文化的重要体现。毕竟，八百年的北京城作为中国以往都城文化的集大成者，集中体现了建筑、人文、伦理、道德、政治、经济、外交、军事等各方面的思想。不能不说，北京中轴线不仅仅是辉煌灿烂的历史文化遗产，也是五千年中华传统文化的集中体现。即使在当代，北京中轴线所承载的中华传统文化精髓，依然是我们不可或缺的精神财富。

一、北京中轴线的发展历史及其功能变迁

北京作为首都，它在城市规划建设方面，是中国古代都城建设的集大成之作，更承载了中华传统文化的思想精髓。今天北京城的前身是元大都，而元大都在设计建设伊始就已经体现了这一点，当时的总规划师刘秉忠受命营建，就秉承传统的经典——《周礼·考工记》来进行设计，所谓："匠人营国，方九里，旁三门，国中九经九纬，经涂九轨。左祖右社，面朝后市。"[①] 这集中体现了天人感应的思想，更是体现了皇权至上、科学严谨的思想。实际上，元大都的建设规划的理念源于《周礼·考工记》，这也是对西周时期洛邑建设思想的继承与发展。元大都的建造充分体现了中华传统的元素，比如元大都所有的城门命名根据《周易》而定。不仅如此，当时皇城的建设就在中轴线上，全城的规划体现了东西对称、纵横交错而又中正典雅的特征。

就北京中轴线而言，《中国建筑史》把中国古代大建筑群平面中统率全局的轴线称为中轴线。北京的中轴线奠基于金代，当时一条御道贯穿外城的丰宜门、皇城的宣阳门和宫城的应天门，只是当时御道上没有有名的建筑。到了元代，中轴线才正式形成，并有了全新的发展与规划。换言之，北京的中轴线真正开始于元大都的建设规划之际，当时在积水潭东北岸选定了大都的几何中心（在今钟鼓楼处），设置了

① ［汉］郑玄注，［唐］贾公彦疏：《周礼注疏》卷四十一《匠人》，北京：北京大学出版社，2000 年版，第 1345—1346 页。

中心台。然后向北引出了一条贯通南北、正南正北的直线，是为全城的中轴线。当时元大都的大内宫殿便坐落于中轴线之上。元代中轴线的产生，实际上是将传统都城建筑理念与中华文化的融为一体，集中体现了天人合一、大宗正统、皇权至上、以礼治国、以仁兴邦等理念，这为明清时期北京城市的建设提供了基础。

明代继承了元大都的中轴线，于永乐十八年（1420）将中心阁改建为鼓楼，并在附近建了钟楼，钟鼓楼由此成为北京城中轴线北端的重要标志。永乐十九年（1421），在中轴线两侧建了太庙、社稷坛。正统元年（1436），建成万岁山（今景山）。正统四年（1439），改丽正门为正阳门。嘉靖三十二年（1553），兴建了永定门。这样一来，明朝北京城中轴线在元代的基础上有了发展，奠定了元明清时期中轴线的基本内容与格局。随后，清朝继承了元明的中轴线，并将一些重要建筑进行了更名，比如将大明门改为大清门，承天门改为天安门，宣武门改为神武门，北安门改为地安门。

可以说，经过元明清时期的努力，最终北京中轴线形成了一条贯通南北、长约 7.8km 的建筑群。这条中轴线是北京城的脊梁，也是中心坐标，也是世界上现存最长的城市中轴线。对于这条中轴线，梁思成在其《北京——都市计划的无比杰作》（1951）一文中给予了高度评价：

一根长达八公里，全世界最长，也最伟大的南北中轴线穿过了全城。北京独有的壮美秩序就由这条中轴的建立而产生。[①]

北京的中轴线可以说是元明清北京城的脊梁与中枢，更是构建北京城的重要坐标所在，也是当时天人感应、皇权至上等传统观念的集中体现。另外，元明清时期，北京中轴线的功能具有多元性，除了有政治文化功能之外，也体现为经济、社会等，比如前门集市、天桥演艺区、鼓楼商业区等，这些都充分展现了中华文化、文明的包容与伟大。

民国时期，由于社会性质的改变，北京中轴线也在功能上有了巨大的转变，更加突出其公共性、人民性与社会性的一面。新中国成立之后，对北京的中轴线也做了进一步的改造与发展，不仅将一些标志性的建筑如永定门、中华门、地安门等拆除，还在中轴线左右新建了毛主席纪念堂、人民英雄纪念碑、国旗旗杆、人民大会堂、中国历史博物馆、中国革命博物馆等。后来为了筹备亚运会、奥运会又将中轴线向北进行了延伸。最终北京市新中轴线全长 25 千米左右，核心区宽度约 1000 米，是北京市的脊梁，也是形成北京市空间架构的重要组成部分。

纵观来看，北京中轴线从元代开始奠定，经过明清时期的丰富、完善，最终成为中国古代宫廷建筑史上的集大成之作。由于北京中轴线是首都的脊梁，它不仅仅具有建筑学上的重要价值，更是在政治、文化、伦理、道德、经济、军事、外

① 梁思成：《北京——都市计划的无比杰作》，《梁思成全集》第五卷，北京：中国建筑工业出版社，2001 年版，第 107 页。

交等方面承载了古代的思想观念，是中华五千年传统文化的集中体现。可以说，北京中轴线是中华传统文化最重要的载体。在民国时期，北京中轴线受到社会政治的影响，开始在功能上有了新的变化，随着一些遗产点比如社稷坛、故宫等的开放，北京中轴线充分体现了它公共性、人民性的一面。随着新中国的建立，北京中轴线不仅在建筑上有了增加，比如人民英雄纪念碑、毛主席纪念堂、人民大会堂、国家博物馆等，也在文化精神上也有了新的内涵，比如社会主义文化、红色文化等。更为主要的是，北京中轴线也成为了世界人民了解中华文化、中华文明的重要窗口。另外，北京中轴线上的天安门及周围的人民大会堂等，也成为了世界人民关注中华民族的当代发展的重要门户，毕竟，国家领导人会在这里作重要的讲话，以及重要的阅兵式都在这里进行。此外，每年人民大会堂两会的召开，这些都成为世界人民关注的焦点所在。总之，新中国成立之后，北京中轴线真正成为了具有人民性、公共性、社会性、全球性的城市坐标。这种发展变化，体现了三千年来北京的历史文化变迁，更是体现了新中国成立之后，以往期盼的人民当家做主、民本思想、以仁兴邦等都成为了现实。不仅如此，北京中轴线也是世界文明、文化的重要组成部分，是人类文明的重要组成部分。

二、文化强国背景下北京中轴线及文化发展

北京中轴线作为中华古都建筑史上的杰作，更是中华文

化、文明的集大成之作，集中体现了古人的聪明才智与勤劳勇敢。北京中轴线作为历史文化遗产，不仅仅体现为有形的建筑物、园林宫殿、寺庙街区，也体现为蕴含在这些具体建筑之中的文化传统、思想精神，所以北京中轴线它不仅仅是一个具象的文物荟萃，更是一个反映中华传统文化的精神实体。如有学者也这样说道：

北京城中轴线是记述北京城文明历史的重要证据，是古人进行城市规划和建设的科学创举。中轴线所涵盖的历史建筑、皇家园林、宗教场所、文化街市和人文景观等都是构成北京古都文化的脊梁。中轴线的建筑景观设计对于北京城市发展产生了重大的影响，这种影响不仅限于建筑本身的辉煌和文化内涵，而且通过各种建筑形式构成了一条完整的北京历史文脉，呈现出中华民族优秀传统文化的博大精深和丰富多彩。

我们之所以把北京城中轴线申报为世界遗产，就是因为她具有世界遗产的特性。我们所定义的“文物”，既包括“物”，也包含“文”。我们所进行的文物保护工作既要重视对文物本体的保护，也要包含对其文化内涵的挖掘和保护，而且对其文化内涵的研究和保护似乎更为迫切和重要。北京城中轴线建筑本身只是表象，只是具体的“物”，我们应该研究、了解和弘扬的是北京城中轴线所蕴涵的文化精髓。既包括蕴涵于每一座文物本体的文化，也包括由北京城中轴线所构成的北京特有的庞大文化体系。例如，以紫禁城为核心的中国皇家文化、以三海为代表的中国皇家园林文化、以“九坛八庙”为代表的皇家祭祀文化、以北海和黄寺为代表的民族大一统文化、以景山为标志的皇城风水文化、以皇史宬和中国第一历史档案馆为核心的皇家档案文化、以京师图书馆为代表的知识传播文化、以老天桥为代表的北京南城民俗文化、以琉璃厂和国子监为代表的明清科举文化、以前门和大栅栏为代表的老北京商业文化、以大高玄殿和白云观为代表的皇城道教文化、以钟鼓楼为核心的皇城后市文化、以原燕京大学为标志的北京新文化运动、以天安门广场为代表的新中国创立文化和以奥运会场馆为标志的新中国复兴文化等。这些都是构成北京城中轴文化的重要因素，至今仍然影响着北京的建设与城市的发展，影响着城市的形象和人们的生活。因此，中轴线又是一种文化的体现，这些文化内涵构成了北京城中轴线的“魂”，而承载这些文化之“魂”的载体自然属于北京城中轴线的保护范畴。所以中轴线是以轴线上的建筑群落和街市为表象、以依附于中轴线所构成的各种文化体系为核心、以北京作为千年古都的特殊历史为背景，所构成的一种作为北京标志的特殊文化形象。

中轴线正是因为有这些传承了数千年却依然鲜活的文化因素，才构成了现代北京城特有的中轴文化体系以及古都形象，支撑起北京作为千年古都的文化体系和脊梁。如果这些文化因素不是附着在北京城中轴线上，其文化价值就会大打折扣，甚至早已不复存在。如果抛弃了这些文化内容和区域去谈北京学研究、北京城中轴线的保护和建设世界城市，申报北京城中轴线为世界遗产，则完全是片面的，其结果将会使北京城中轴线的“申遗”范围和未来北京城中轴线的保护工作被限制在极为狭窄的范围内。重视对轴线上的建筑的保护，而忽略了对与之相关联的文物建筑和文化区域的保护；重视对“物”的保护，而忽略对其文化的保护，那样的结果是中轴线作为世界文化遗产将黯然失色。将中轴线所涵盖区域的文物建筑、历史文化、人文景观等一切内涵统一作为世界遗产是对北京文物和历史文化保护的最佳方案，这将对北京作为首都的文化发展和建设世界城市产生巨大的影响。[①]

这些话说得都非常有道理。北京中轴线不仅仅是中华民族在宫廷建筑方面的集大成之作，更是展现了中华文化几千年的精神文明，它们通过各种建筑及形制，集中“呈现出中华民族优秀传统文化的博大精深和丰富多彩”。另外，北京中轴线的不同区域、不同建筑、不同形制都有其深厚的文化底蕴与思想观念，比如皇权至上、以礼治国等都有很多种展现，同样以民为本、孝悌之道也有多种体现，这些在万宁桥、正阳门、太庙、景山、故宫等都可以找出它们的物质载体来。更为主要的是，北京中轴线不仅仅承载的是北京的历史文化，更是中华民族不同民族、不同地域、不同时段的文化精神，这里也是中西文化的交汇点。可以说，北京中轴线的文化具有区域性、世界性等多重属性。

中华传统文化是中华民族的灵魂，更是中华民族实现伟大复兴的有效支撑。经过数千年的传承、发展，中华传统文化已经成为中华民族的内在文化基因、价值观念、信仰、行动指南，并蕴含在各种文化遗产之中。所以，如何有效利用，结合

① 张富强：《从城市学和城市文化的视角探讨北京中轴线》，《北京规划建设》，2012 年第 2 期，第 44 页。

时代需要，推动中华传统文化的现代转化，这也是未来中华文化重建、复兴的必由之路，如有学者所说的：

中华优秀传统文化包含了很多反映人与人、人与社会、人与自然和谐共存的真理性认识，揭示了人类社会发展的根本问题。其中既有重视以德治国的政治思想，强调“为政以德”治国理政的为政之道，以及厚德载物、孝悌忠信、向上向善、待人以诚、奋发有为、推陈出新的社会规范和伦理道德，又有追求人与自然和谐统一的“天人合一”的生态思想，形成了精忠报国、崇尚和平、团结统一、自强奋进、勇敢勤劳的伟大民族精神，其思想具有鲜明时代价值，是我们坚持社会主义先进文化，坚持文化自信的坚强精神支柱。“文化自信，一个国家、一个民族、一个政党对自身文化价值的充分肯定，对自身文化生命力的坚定信念。”中华优秀传统文化是我们的血脉，是中华民族的精神瑰宝，它积淀着中华民族的精神追求，是发展中国特色社会主义文化、社会主义核心价值观的深厚基础。我们要不断从中华优秀传统文化中汲取丰厚的营养，发掘其更深层次的思想价值，合理利用其资源，创新其发展，打通传统与现代的节点，使其成为文化自信的有力支撑。①

中华传统文化伴随着中华民族形成、发展的整个过程，基本上回应了人与自然、人与人、人自身的很多问题及答案，

① 徐奇志、李可心：《论中华优秀传统文化在新型主流媒体中的传播》，《山东行政学院学报》，2020 年第 5 期，第 122 页。

并形成了一系列的精神理念，它们呈现为有形的、无形的各种存在，通过各种物质、非物质文化遗产传承发展着。可以说，中华传统文化至今依然无所不在、无时不在地影响着中国人民的思想观念、言行举止、思维方式、价值判断、治国理政等。尽管中华传统文化存在着较多的时代性、历史性的认知与错误，但是它们也有很多具有跨越时代的、具有普世意义、放之四海而皆准的理论、思想与方法，这些都是我们今天需要传承发展的，任何的无视或者歪曲，都不是辩证唯物主义、历史唯物主义的正确态度，只有充分认识、发掘并利用其价值，才能真正实现传统文化的传承发展及中华民族的伟大复兴。

即使在全球化的今天，随着文明尤其是西方文明成为人类典范的时候，也出现了基于西方中心主义的霸权思想与霸权主义，进而引发不同文明之间的冲突。文明的冲突，从根本上讲是文化的冲突，更是利益的冲突。如何维护各民族及其文明的根本利益，这就必须坚持文化主体性的建设。随着中华文明的崛起，文化主体性的建设更是迫在眉睫。对于中华文化主体性的建设，最基本的表现便是对中华文化传统的传承与弘扬，并基于此汲取其他人类文化体系中有用的思想资源，最终实现中华文化的现代化。

文化话语体系的建立，并不是一味地复古、自我肯定，而是基于全球化的多元融会贯通，从而形成了具有全球化视野的文化体系、价值体系。不仅如此，这种话语体系，必须是基于传统文化且包括一套社会化、生活化、教育化等多种维度的体系，以便最大限度地被社会各个阶层、各个年龄段、各个民族所接受与认同，唯有如此，才是真正的文化话语体系的建立。可以说，未来中华文化话语体系的建立，不仅仅包括学术体系、学科体系，还要服务于生活的社会化的文化体系，尤其注重将传统文化所固有的价值实现现代、全球的转化，比如传统的仁义礼智信、温良恭俭让等转化为当代的生活用语，形成诸如关爱、尊重、礼让、友好、公平、秩序等新时代话语体系。所以，基于北京中轴线文化价值的发掘，努力通过多元方式，让更多的人了解传统文化，使礼仪、孝悌、秩序、包容等思想形成新的话语体系，从而形成具有中国特色的文化体系。

在今天，我们不能否认，思想文化界还存在着中华传统文化、马克思主义、西方学说思想，但是它们并不是非此即彼、水火不容，而是具有内在的相通性。所以，我们必须对这三方面的优秀文化成就进行发掘，找出它们共性的存在，进而整合为一。毕竟，对于它们三者的特点及价值，也已经有很多学者从各个维度作了分析，并认为要想实现中华文化的现代转化，就必须切实考虑到它们的特征、意义及共同性，比如有学者所分析的：

对于中国文化的近现代转化，应该把握住三个方面：(1) 应该看到中国文化自身内在包容性、动态性和开放性，看到中国文化自身具有的发展张力与发展机制。中国文化的历史演进历程充分昭示出中国文化的“和实生物”、“和而不同”、“生生谓易”的精神。(2) 应该看到西方文化对中国文化转化的催化作用。西方文化的理性精神、民主精神、法治精神和科学精神恰恰是中国传统农业文明基础上的文化所缺少的文化精神。中国文化从传统农业性文化转向现代工业性文化需要西方文化的这种精神。(3)更应该看到马克思主义在中国文化从传统向现代的转化中起到的关键作用和核心作用。马克思主义是在批判西方资本主义文化的基础上发展成长起来的。[①]

从这段的分析我们可以看出，中国传统文化、西学、马克思主义各有自己的特征及特质，传统文化有一定的包容性、开放性与延展性，西学具有民主、理性、法制、科学等精神，对于现代工业文明的发展有十分重要的价值与意义。马克思主义则是对西学的继承与超越。总之，这三种文化并非是对立的关系，而是相互补充、相互促进的。可以说，形成具有中国特色的核心价值体系，就是要形成全面的当代道德价值体系。所以，北京作为全国的首都，不仅应在自身文化传承、发展上努力，同时也应当做好全国文化的标杆。

① 车美萍等:《全球化与当代中国文化形态》，济南：山东大学出版社，2009年版，第8页。

参考文献

（一）基础文献

1. ［春秋］管子：《管子》，北京：中华书局，2009年版。
2. ［汉］董仲舒：《春秋繁露》，北京：中华书局，2012年版。
3. ［宋］程颢、程颐：《二程集》，北京：中华书局，1981年版。
4. ［宋］李昉：《太平御览》，北京：中华书局，1960年版。
5. ［宋］徐梦莘：《三朝北盟会编》，影印文渊阁《四库全书》本，台北：台湾商务印书馆，1986年版。
6. ［元］李翀：《日闻录》，影印文渊阁《四库全书》本，台北：台湾商务印书馆，1986年版。
7. ［元］刘岳申：《申斋集》，影印文渊阁《四库全书》本，台北：台湾商务印书馆，1986年版。
8. ［元］马祖常著，李叔毅点校：《石田先生文集》，郑州：中州古籍出版社，1991年版。
9. ［元］欧阳玄：《圭斋文集》，影印文渊阁《四库全书》本，台北：台湾商务印书馆，1986年版。
10. ［元］脱脱等：《金史》，北京：中华书局，1997年版。
11. ［元］王恽：《秋涧集》，影印文渊阁《四库全书》本，台北：台湾商务印书馆，1986年版。

12. ［元］熊梦祥：《析津志辑佚》，北京：北京古籍出版社，1983年版。

13. ［元］熊梦祥著，北京图书馆善本组辑佚：《析津志辑佚》，北京：北京古籍出版社，1983年版。

14. ［元］许衡：《鲁斋遗书》，影印文渊阁《四库全书》本，台北：台湾商务印书馆，1986年版。

15. ［元］叶子奇：《草木子》，影印文渊阁《四库全书》本，台北：台湾商务印书馆，1986年版。

16. ［元］余阙：《青阳先生文集》，影印文渊阁《四库全书》本，台北：台湾商务印书馆，1986年版。

17. ［元］虞集：《道园学古录》，《四部丛刊》景明景泰翻元小字本。

18. ［明］雷礼：《皇明大政纪》，明万历刻本。

19. ［明］刘侗、于奕正撰，孙小力校注：《帝京景物略》，上海：上海古籍出版社，2001年版。

20. ［明］邱濬：《大学衍义补》，北京：京华出版社，1994年版。

21. ［明］史玄：《旧京遗事》，北京：北京古籍出版社，1986年版。

22. ［明］宋濂等：《元史》，北京：中华书局，1997年版。

23. ［明］佚名：《秘阁元龟政要》，明钞本。

24. ［清］陈鼎：《东林列传》，江苏：广陵书社，第2007年版。

25. ［清］陈立：《白虎通疏证》，北京：中华书局，1994年版。

26. ［清］陈宗蕃：《燕都丛考》，北京：北京古籍出版社，1991年版。

27. ［清］鄂尔泰、涂天相等纂修：《八旗通志初集·钦定八旗通志》，北京：国家图书馆，2013年版。

28. ［清］顾嗣立：《元诗选三集》，北京：中华书局，1987 年版。
29. ［清］官修：《大清会典事例》，上海：上海古籍出版社，2003 年版。
30. ［清］官修：《钦定大清会典图》，北京：线装书局，2006 年版。
31. ［清］官修：《圣祖仁皇帝实录》，北京：中华书局，1985 年版。
32. ［清］官修：《世祖章皇帝实录》，北京：中华书局，1986 年影印本。
33. ［清］皮锡瑞：《经学历史》，北京：中华书局，1959 年版。
34. ［清］阙名：《燕京杂记》，北京：北京古籍出版社，1986 年版。
35. ［清］吴长元：《宸垣识略》，北京：北京出版社，1964 年版。
36. ［清］夏仁虎：《旧京琐记》，北京：北京古籍出版社，1986 年版。
37. ［清］徐珂：《清稗类钞》，北京：中华书局，1984 年版。
38. ［清］杨静亭：《都门纪略》，道光二十五年初刻大字本。
39. ［清］于敏中：《日下旧闻考》，北京：北京古籍出版社，1981 年版。
40. ［清］俞蛟：《梦厂杂著》，上海：上海古籍出版社，1988 年版。
41. ［清］张廷玉等：《明史》，北京：中华书局，1974 年版。
42. ［清］赵尔巽：《清史稿》，北京：中华书局，1976 年版
43. ［清］仲芳氏：《庚子纪事》，北京：中华书局，1978 年版。
44. ［清］朱一新：《京师坊巷志稿》，北京：北京古籍出版社，1982 年版。
45. ［清］于敏中编：《日下旧闻考》，北京：北京古籍出版社，1981 年版。

（二）研究著述

46. 白宝泉、白鹤群：《北京街巷胡同分类图志》，北京：金城出版社，2005 年版。

47. 北京市人大常委会课题组编：《推进全国文化中心建设》，北京：红旗出版社，2011 年版。

48. 车美萍等：《全球化与当代中国文化形态》，济南：山东大学出版社，2009 年版。

49. 陈高华、史卫民：《元代大都上都研究》，北京：中国人民大学出版社，2010 年版。

50. 陈高华：《元大都》，北京：北京出版社，1982 年版。

51. 陈高华：《元史研究论稿》，北京：中华书局，1991 年版。

52. 陈桥驿：《中国七大古都》，北京：中国青年出版社，2005 年版。

53. 陈桥驿主编：《中国七大古都》，北京：中国青年出版社，2005 年版。

54. 陈学恂等主编：《中国教育史研究》（宋元分卷），上海：华东师范大学出版社，2009 年版。

55. 崇彝：《道咸以来朝野杂记》，北京：北京古籍出版社，1982 年版。

56. 单霁翔：《城市化发展与文化遗产保护》，天津：天津大学出版社，2019 年版。

57. 丁守和、劳允兴：《北京文化综览》，北京：北京师范学院出版社，1990 年版。

58. 方彪：《北京士大夫》，北京：京华出版社，2000 年。

59. 方龄贵校注：《通制条格校注》，北京：中华书局，2001 年版。

60. 高巍等:《漫话北京城》,北京:学苑出版社,2003年版。
61. 高智瑜:《紫气贯京华》,北京:中国人民大学出版社,1994年版。
62. 郭超:《北京中轴线变迁研究》,北京:学苑出版社,2012年版。
63. 洪烛、邱华栋:《北京的前世今生》,北京:中国文联出版社,2002年版。
64. 侯仁之:《北京城的生命印记》,北京:三联书店,2009年版。
65. 姜海军:《元明清北京官方经学的传承、诠释与文化认同》,北京:北京师范大学出版社,2018年版。
66. 李登科:《北京历史民俗》,北京:中国环境科学出版社,1993年版。
67. 李建平:《魅力北京中轴线》,北京:文化艺术出版社,2012年版。
68. 李旻:《紫禁城传说》,北京:解放军出版社,2002年版。
69. 李锡厚、白滨:《辽金西夏史》,上海:上海人民出版社,2003年版。
70. 李孝聪:《历史城市地理》,山东:山东教育出版社,2007年版。
71. 李约瑟著,陈立夫译:《中国古代科学思想史》,南昌:江西人民出版社,1999年版。
72. 李允鉌:《华夏意匠》,天津:天津大学出版社,2005年版。
73. 李治安:《元史十八讲》,北京:中华书局,2014年版。
74. 梁实秋:《梁实秋散文》,北京:人民文学出版社,2005年版。
75. 梁漱溟:《中国文化要义》,上海:上海人民出版社,2005年版。
76. 梁思成:《梁思成全集》(第五卷),北京:中国建筑工业出版社，2001 年版。
77. 梁思成：《中国古建筑调查报告》，北京：三联书店，2012 年版。
78. 梁思成：《中国建筑史》，天津：百花文艺出版社，1998 年版。
79. 刘少奇：《论共产党员的修养》，北京：人民出版社，2018 年版。
80. 刘心武：《钟鼓楼》，北京：人民文学出版社，1985 年版。
81. 刘勇：《北京历史文化十五讲》，北京：北京大学出版社，2009 年版。
82. 罗哲文、王振复主编：《中国建筑文化大观》，北京：北京大学出版社，2001 年版。
83. 马连儒、柏裕江编：《毛泽东自述》，北京：人民出版社，2003 年版。
84. 毛泽东：《毛泽东文集》第 2 卷，北京：人民出版社，1993 年版。
85. 毛泽东：《毛泽东选集》第 3 卷，北京：人民出版社，1991 年版。
86. 孟凡人：《明朝都城》，南京：南京出版社，2013 年版。
87. 孟凡人：《南京都城》，南京：南京出版社，2013 年版。
88. 孟森：《清史讲义》，北京：中华书局，2006 年版。
89. 齐心主编：《图说北京史》，北京：北京燕山出版社，1999 年版。
90. 秦红岭：《城魅：北京提升城市文化软实力的人文路径》，武汉：华中科技大学出版社，2014 年版。
91. 王岗：《北京文化通史》（元代——明代卷），北京：中国社会科学出版社，2016 年版。
92. 王岗：《古都北京》，杭州：杭州出版社，2011 年版。

93. 王贵祥：《北京天坛》，北京：清华大学出版社，2009 年版。
94. 王军：《城记》，北京：三联书店，2003 年版。
95. 王明德：《从黄河时代到运河时代：中国古都变迁研究》，成都：巴蜀书社，2008 年版。
96. 王明荪：《辽金元史学与思想论稿》，台北：花木兰文化出版社，2009 年版。
97. 王南：《古都北京》，北京：清华大学出版社，2012 年版。
98. 昔宝赤·却拉布吉：《元大都研究：元大都七百五十周年祭》，沈阳：辽宁民族出版社，2019 年版。
99. 萧默：《巍巍帝都：北京历代建筑》，北京：清华大学出版社，2006 年版。
100. 萧启庆：《元代的族群文化与科举》，台北：联经出版社，2008 年版。
101. 辛向阳，倪健中主编：《首都中国：迁都与中国历史大动脉的流向》，北京：中国社会出版社，2008 年。
102. 严正：《五经哲学及其文化学的阐释》，济南：齐鲁书社，2001 年版。
103. 阎崇年：《北京史话》，北京：中华书局，1982 年版。
104. 杨伯峻：《论语译注》，北京：中华书局，2014 年版。
105. 杨宽：《中国古代都城制度史》，上海：上海人民出版社，2006 年版。
106. 余棨昌：《故都变迁记略》，北京：北京燕山出版社，2000 年版。
107. 张博泉等：《金史论稿》（第二卷），长春：吉林文史出版社，1992 年版。

108. 张富强：《景山寿皇殿历史文化研究》，北京：金城出版社，2012年版。
109. 赵寰熹：《清代北京城市形态与功能演变》，广州：华南理工大学出版社，2016年版。
110. 赵洛、史树青：《天安门》，北京：北京出版社，1980年版。
111. 郑珺编著：《北京“两轴“与全国文化中心建设》，北京：经济科学出版社，2018年版。
112. 中共中央文献研究室编：《十八大以来重要文献选编》(中)，北京：中央文献出版社，2016年版。
113. 中共中央文献研究室编撰：《毛泽东年谱(1949—1976)》，北京：中央文献出版社，2013年版。
114. 中华人民共和国外交部、中共中央文献研究室：《毛泽东外交文选》，北京：中央文献出版社、世界知识出版社，1994年版。
115. 中央公园委员会：《中央公园二十五周年纪念册》，北京：中央公园事务所，1939年版。
116. 中共中央文献研究室、中共湖南省委编纂：《毛泽东早期文稿》，长沙：湖南人民出版社，1990年版。
117. 周恩来：《周恩来选集》，北京：人民出版社，1984年版。
118. 朱正伦，李小雁：《城脉：图解北京坛庙》，北京：北京大学出版社，2013年版。
119. 朱祖希：《北京城演进的轨迹》，北京：光明日报出版社，2004年版。
120. 邹昌林：《中国礼文化》，北京：社会科学文献出版社，2000年版。

121. 邹朝霞:《觅踪之旅:北京篇》,北京:中国旅游出版社,2006年版。

122. [德]傅海波,[英]崔瑞德编,史卫民等译:《剑桥中国辽西夏金元史》,北京:中国社会科学出版社,1998年版。

123. [美]埃德加·斯诺:《红星照耀中国》,北京:人民文学出版社,2019年版。

124. [美]埃德蒙·N.培根著,黄富厢、朱琪译:《城市设计》,北京:中国建筑工业出版社,2003年版。

125. [美]白立文(Lowell Bennett)著,耿芳译:《大城北京》,北京:外文出版社,2013年版。

126. [美]史沫特莱著,袁文等译:《史沫特莱文集:中国的战歌》,北京:新华出版社,1985年版。

127. [日]山本隆义:《元代に於ける翰林學士院について》,《东方学》第11辑,1955年10月。

128. [瑞典]奥斯伍尔德·喜仁龙著,许永全译:《北京的城墙和城门》,北京:北京燕山出版社,1985年版。

129. [意大利]马可·波罗著,冯承钧译:《马可波罗行纪》,上海,上海书店出版社,2006年版。

(三)研究论文

130. 北京市文物局:《北京传统中轴线文化价值研究》,《中国文物报》,2012年6月6日,第8版。

131. 陈高华:《元大都的酒和社会生活探究》,《中央民族学院学报》,1990年第4期。

132. 陈晓虎:《明清北京城墙的布局与构成研究及城垣复原》,北京建筑大学硕士学位论文，2015年6月未刊本。

133. 陈艳红:《探寻景山的文化价值》,《2014年学术前沿论坛文集》，2015年。

134. 程莉:《北京祭坛园林的保护与利用——以中山公园（社稷坛）为例》，北京林业大学硕士学位论文，2007年6月未刊本。

135. 崔金生、郭希军:《北京“桥中三老”》,《北京档案》，2009年第2期。

136. 单超:《北京城市副中心定位下通州城市遗产保护利用研究》，北京建筑大学博士学位论文，2020年8月未刊本。

137. 单霁翔:《发挥故宫遗产价值，助推中华传统文化复兴》,《北京人大》，2019年第7期。

138. 单晓燕:《北京旧城传统中轴线保护和控制区域色彩控制研究》，北京建筑大学硕士学位论文，2014年6月未刊本。

139. 丁佳昕:《明清北京都城中轴线之右安门复原研究》，北京建筑大学硕士学位论文，2020年6月未刊本。

140. 丁清华:《严复译著对青年毛泽东的影响》,《福州大学学报》（哲社版），2020年11月。

141. 董光器:《〈古都北京五十年演变录〉节选：1956年以前天安门广场的历史及规划建设》,《建筑创作》，2014年。

142. 董纪平:《北京先农坛三析》,《中国紫禁城学会论文集》，第五辑（2007年）。

143. 高兴:《北京中央公园与民国文人的文化心态》,《北京社会科学》，2012年第3期。

144. 古玉玲、刘蕊、李卫伟:《北京中轴线文化遗产保护规划研究》，

《北京城市学院学报》，2021年第2期。

145. 国庆工程设计审查会议办公室：《国庆工程设计审查会议简报（第2号）》（1959年2月23日），北京市档案馆藏，档案号：131-001-00359。

146. 韩洁：《北京先农坛建筑研究》，天津大学硕士学位论文，2005年6月未刊本。

147. 贺善徽：《北京的旧"皇城"》，《紫禁城》，1982年第1期，第23页。

148. 侯仁之：《北京城：历史发展的特点及其改造》，《历史地理》，第2辑，上海：上海人民出版社，1982年版。

149. 侯仁之：《北京城市发展的三个里程碑》，《北京文博》，1996年第4期。

150. 侯仁之：《北京旧城平面设计的改造》，《文物》，1973年第5期。

151. 呼延云：《北京正阳门关帝庙600年前人气旺》，《工会信息》，2019年第24期。

152. 贾福林：《北京中轴线申遗和太庙文化传承研究》，《中国紫禁城学会论文集》第八辑。

153. 金紫微：《传承发展中华优秀传统文化》，《中国社会科学报》，2019年11月26日，第9版。

154. 景萌：《大运河北京段古桥研究》，北京建筑大学硕士学位论文，2018年4月未刊本。

155. 孔繁峙：《北京中轴线的历史文化意义》，《北京观察》，2017年第10期。

156. 雷家军：《毛泽东的文化自信论析》，《理论学刊》，2020年第

6 期。

157. 李建平：《北京中轴线的文化内涵》，《北京联合大学学报》（人文社会科学版），2020 年第 4 期。

158. 李建平：《北京中轴线及南、北延长线规划建设的思考》，《北京联合大学学报》（人文社科版），2019 年第 3 期。

159. 李丽丽：《明清北京天坛建筑中皇权象征的研究》，黑龙江大学硕士学位论文，2019 年 4 月未刊本。

160. 李萌萌：《北京旧城历史文化街区城市色彩管理策略研究》，北京建筑大学硕士学位论文，2017 年 6 月未刊本。

161. 李晴：《正阳门文化旅游价值的挖掘与利用》，载于北京联合大学，北京数字科普协会主编：《博物馆的数字化之路》，2015 年版。

162. 李铁：《国家中央政务区纪念性城市空间研究》，北京交通大学硕士学位论文，2017 年 6 月未刊本。

163. 梁思成：《北京——都市计划的无比杰作》，《梁思成文集》，北京：中国建筑工业出版社，1985 年版。

164. 林语堂：《迷人的北平》，载姜德明：《北京乎：现代作家笔下的北京》，北京：三联书店，1992 年版。

165. 刘保山：《北京传统中轴线文化景观保护管理研究》，北京建筑大学硕士学位论文，2015 年 6 月未刊本。

166. 刘欢：《北京：宏伟天安门 气势北京城》，《城市形象专刊》，2012 年 11 月。

167. 刘潞：《〈祭先农坛图〉与雍正帝的统治》，《清史研究》，2010 年第 3 期。

168. 刘学：《返本开新 传承文明》，《新湘评论》，2021年第4期。
169. 刘亚男：《北京城中轴线文化价值评价研究》，首都师范大学硕士学位论文，2013年5月未刊本。
170. 刘媛《北京明清祭坛园林保护和利用》，北京林业大学博士学位论文，2009年6月未刊本。
171. 柳彤：《匠意天成——明代北京城中轴线叙说》，《文史知识》，2021年第2期。
172. 陆原：《历数北京中轴线四十二座古建筑》，《北京规划建设》，2012年第2期。
173. 毛思宇：《参观毛主席纪念堂》，《辅导员》，2013年第12期。
174. 潘景林：《1915年正阳门改造对北京城市现代化的推动》，《城市学刊》，2016年第5期。
175. 彭真：《关于天安门广场和人民大会堂的建设》（1958年9月至11月），北京市档案馆、中共北京市委党史研究室编：《北京市重要文献选编》第10册，北京：中国档案出版社，2003年版。
176. 秦红岭：《论北京旧城中轴线的设计特征与文化价值》，《华中建筑》，2014年第3期。
177. 阙维民：《“北京中轴线”项目申遗有悖于世界遗产精神》，《中国历史地理论丛》，2018年第4辑。
178. 荣开明：《辩证认识和处理新时代爱国主义教育中的六个关系》，《学习月刊》，2021年第1期。
179. 沈欣：《清内务府景山官学设置运行考述》，《故宫学刊》，2015年版。
180. 侍文君、边兰春：《未来之轴——北京南中轴的保护与发展》，

《北京城市规划》，2012 年第 2 期。

181. 孙慧羽：《北京城市轴线的变迁历程与未来趋向》，《北京史学》，2018 年秋季刊。

182. 汪芳：《北京城市南北轴线与东西轴线的认知比对》，《城市问题》，2014 年第 4 期。

183. 王丹丹：《北京公共园林的发展与演变历程研究》，北京林业大学博士学位论文，2012 年 6 月未刊本。

184. 王菲：《清代永定门建筑意象及环境特征研究》，北京建筑大学硕士学位论文，2018 年 6 月未刊本。

185. 王岗：《“北京中轴线”的文化魅力》，《北京日报》，2017 年 2 月 27 日，第 19 版。

186. 王岗：《北京中轴线的历史文化内涵与当代政治意义》，《北京联合大学学报》（人文社科版），2015 年第 2 期。

187. 王广宏：《关于天安门地区定位的认识》，《前线》，2017 年第 10 期。

188. 王洪波：《古都脊梁 灵魂所系》，《北京日报》，2021 年 2 月 17 日，第 4 版。

189. 王辉：《北京天坛及其周围街区的历史保护研究》，北京林业大学硕士学位论文，2004 年 6 月未刊本。

190. 王吉美、李飞：《北京城中轴线时空演化与旅游发展研究——基于廊道遗产视角》，《干旱区资源与环境》，2016 年第 2 期。

191. 王军、李亚星：《重读南苑：探寻尘封的京南明珠》，《人类居住》，2019 年第 1 期。

192. 王谦：《民初北京正阳门的改造与北京城市空间的变迁》，《文化研究》(第20辑，2014年·秋)。
193. 王子秦、王海燕:《共享发展理念对大同社会思想的传承与创新》,《湖北经济学院学报》(人文社会科学版)，2020年第9期。
194. 韦文英、张治银、刘长军:《毛泽东纪念堂（馆）建设基本情况调查研究》,《毛泽东思想研究》，2015年第1期。
195. 项瑾斐:《从文物保护规划谈天坛保护的真实性和完整性》,《北京规划建设》，2019年第1期。
196. 辛鸣:《马克思主义中国化“两个结合”的理论创新逻辑》,《光明日报》，2021年12月29日，第11版。
197. 徐奇志、李可心:《论中华优秀传统文化在新型主流媒体中的传播》,《山东行政学院学报》，2020年第5期。
198. 闫凯:《北京太庙建筑研究》，天津大学硕士学位论文，2004年6月未刊本。
199. 严思远:《北京长安街空间研究》，北京建筑大学硕士学位论文，2017年6月未刊本。
200. 杨婧:《试论明清时期的正阳门》,《北京史学》，2018年秋季刊。
201. 杨琴:《北京传统中轴线“一轴九门”与地安门建筑的数字化复原研究》，北京建筑大学硕士学位论文，2013年6月未刊本。
202. 杨婷:《历史的见证 永远的铭记——开国大典文物背后的故事》,《秘书工作》，2019年9月。
203. 殷陆君:《英雄丰碑——中华民族最闪亮的坐标》,《学习时报》，2019年8月2日，第4版。
204. 尤明慧、路瑶:《“社－稷”之于乡土中国的人类学阐释》,《武陵学刊》，2019年第6期。

205. 喻涛:《北京旧城历史文化街区可持续复兴的“公共参与”对策研究》，清华大学硕士学位论文，2013 年 5 月未刊本。

206. 袁家方:《朝后市——鼓楼》,《时代经贸》，2018 年 10 月。

207. 袁娟萍:《毛泽东家风研究》，江西师范大学硕士学位论文，2018 年 6 月未刊本。

208. 张宝秀等:《北京中轴线的文化空间格局及其重构》,《北京联合大学》(人文社会科学版)，2015 年第 2 期。

209. 张帆:《元代经筵述论》,《元史论丛》第五辑，北京：中国社会科学出版社，1993 年版。

210. 张富强:《景山公园中的元代皇帝亲耕田》,《北京档案》，2014 年第 2 期。

211. 张怀承、刘磊:《论中国共产党对传统道德文化的继承与发展》,《伦理学研究》，2021 年第 2 期。

212. 张剑葳:《白浮泉、都龙王庙与龙泉寺——京杭大运河通惠河段旧源的建筑与景观》,《第五届中国建筑史学国际研讨会》，北京：故宫出版社，2012 年。

213. 张伟:《北京故宫的建筑伦理思想研究》，湖南工业大学硕士学位论文，2010 年 3 月未刊本。

214. 张玮琪:《“城市双修”理念下北京老城公共空间有机更新策略研究——以北京中轴线南段沿线区域为例》，中央美术学院硕士学位论文，2020 年 6 月未刊本。

215. 张小古:《北京先农坛建筑群整体价值与保护利用研究》,《中国紫禁城学会论文集》(第七辑)，北京：故宫出版社，2012 年版。

216. 张晓丽:《北京景山—北海区域建筑色彩风貌研究》，北京建筑大学硕士学位论文，2020 年 6 月未刊本。

217. 张学俊：《毛泽东伟大人格与崇高精神形成的文化因素分析》，《决策与信息》，2021 年第 5 期。

218. 张艺：《北京北中轴历史文化街区环境设计研究》，北京建筑大学硕士学位论文，2014 年 6 月未刊本。

219. 张英杰、刘晓明、殷晓峰：《北京景山的保护策略探讨》，《西南大学学报》（自然科学版），2011 年第 2 期。

220. 赵传军：《“大跃进的产儿”：人民大会堂的设计与建造研究》，中共中央党校硕士学位论文，2018 年 7 月未刊本。

221. 郑孝燮：《古都北京皇城的历史功能、传统风貌与紫禁城的“整体性”》，《故宫博物院院刊》，2005 年第 5 期。

222. 郑欣淼：《北京中轴线是个文化整体》，《人民日报 · 海外版》，2014 年 3 月 25 日，第 5 版。

223. 郑瑄、吕海虹：《对北京南中轴区域发展的一些思考》，《北京规划建设》，2012 年第 2 期。

224. 周莉丽：《北京地区皇家园林的保护与利用——以景山公园为例》，中国林业科学研究院硕士学位论文，2013 年 7 月未刊本。

225. 周乾：《“一亩三分地”：古代农业发展的朴素哲学观》，《科技日报》，2020 年 3 月 20 日。

226. 周乾：《北京景山的那些“曾用名”》，《科技日报》，2020 年 4 月 17 日。

227. 周悦煌：《景山寿皇殿建筑研究》，天津大学硕士学位论文，2015 年 8 月未刊本。

228. 朱洁、王雅捷：《北京旧城更新规划实施激励机制探索——以钟鼓楼地区为例》,《中国城市规划年会论文》, 2013 年。

229. 朱祖希:《北京城中轴线的文化渊源》,《北京观察》, 2011 年第4 期。

230. 邹怡情、李娜奇、剧楚凝:《北京社稷坛(中山公园)整体保护策略研究》,《北京城市规划建设》, 2019 年第 1 期。

后　记

本书即将出版了，再次表达一下自己的感悟与感激。就北京中轴线及其文化而言，研究了许久，感悟可谓颇深，也收获非常多。北京中轴线是中国古代都城中轴线的代表与集大成之作，更是北京城市的脊梁与灵魂，它不仅担负的是北京城市空间格局的建设功能，也承载着丰厚的中华历史与传统思想文化的精髓。进而言之，元明清时期的北京中轴线作为都城建设的脊梁与坐标，充分体现了它的极大贡献及魅力。

实际上，北京中轴线不仅仅是建筑群体的组合，更不是简单的城市空间布局，也是一种传统建筑文化尤其是政治文化的集中体现，这种文化传统直到今天依然有一定的影响力。当然，随着近代以来北京中轴线传统政治文化功能的转向，先农坛、天安门广场、天坛、正阳门、太庙等向后向公众开放，充分体现了“人民当家作主的公共性”[①]，这自然标志着北京传统中轴线内涵与内容的现代转向。北京中轴线作为一种文化体系，尤其自身的特质，这种特质也具有中华传统文化的共性。北京中轴线文化注重天道、地道与人道的有机融合，注重人与自然的和谐相处。与此同时，作为集中体现政治文化的轴线，

① 北京文物局:《北京传统中轴线文化价值研究》，载于《中国文物报》2012 年 6 月 6 日，第 4 页。

也集中反映了传统文化中礼治、德治等价值观。当然，北京中轴线并不是一个封闭的文化体系，而是自始至终保持了它的开放性、包容性，正因为如此，北京作为首都在文化内涵上不断丰富完善，为中华文明的源远流长提供了内在支撑。

另外，北京中轴线既是有形的存在，更是一种无形的文化存在，而这种文化意义也充分体现在北京中轴线、长安街东西横通的横轴方面。毕竟，它也是近代一百多年来北京中轴线及北京城发展的历史见证。北京的横向轴线主要是在民国之初朱启钤进行长安街的改造之际，才真正凸显出它的存在及价值。这种基于长安街的贯通，直接消除了北京中轴线固有的不足，极大地拓展了北京城市规划与发展的空间，这自然为今天及未来北京城市的高速发展、国际化提供了有力的空间保障，更是丰富了北京中轴线的文化意义。尽管基于长安街贯通的横向轴线极大地拓展了北京的发展空间，淡化了北京传统中轴线的历史意义，但是不能否认的是，这又进一步强化了北京中轴线的文化价值与社会价值，体现了北京中轴线文化所具有的时代性、包容性等特质。对此，正如侯仁之所指出的："至于从长安街开始继续向东西两方径直延伸的大干路，又彻底扭转了几百年来北京旧城在平面设计上那条南北中轴线的支配地位，从而使新市区的扩建，沿着一条新轴线向东西两方有计划有步骤地发展起来。"[①] 也就是说，随着时代的发展，北京中轴线所具有的文化特质得到了进一步强化，而这也为北京城市的新时

---

① 侯仁之:《北京旧城平面设计的改造》,《文物》, 1973年第5期。

代发展提供了思想文化支持，更是为未来北京城的发展提供了新的起点与方向。

实际上，北京中轴线及其承载的文化，已经超越了其本身所带来的各种价值，怎么评价也不过分。换言之，它所具有的象征意义，远远超越了其所固有的实际意义。毕竟，在过去三千年的历史中，北京作为文化都城经历了太多的风雨，也承载着太多的文化内涵，成为中华文化、中华文明不可逾越的一座丰碑。为此，我们既不能静态地考察某一个建筑、某一个工艺品，也不能孤立地审视每一个文物所具有的价值与意义。相反，北京中轴线作为一个整体，更能凸显它所具有的历史性意义，凸显它所承载的中华文化的博大精深及精神的源远流长。本书的写作便是极力发掘北京中轴线的价值与内涵，从而传承弘扬中华文化，推动其价值的现代转化。

另外，该书在写作与出版过程中，非常感谢多位领导、老师们的支持与指导，正是由于他们的努力，使得这部书及其项目得到立项，并获得了很多新的思想启发。他们是北京师范大学北京文化发展研究院院长沈湘平教授、常书红副教授、石峰副教授、杨志老师等，他们对该项目的大力支持，使得本书能够立项并顺畅进行，并提供了后续诸多的帮助。该书的写作也得到了诸多同行专家的指导，他们是中国人民大学历史学院考古文博系主任魏坚教授、清华大学建筑学院副院长吕舟教授、故宫博物院考古部主任徐海峰研究馆员、故宫博物院考古部宫殿考古组组长张晓玮研究馆员、北京社会科学研究院历史所副所长王建伟研究员、北京大学国际合作部项目主管蒲清老师，以及北京文物局处长黄威、北京市文物局申遗处副处长昌硕、北京师范大学历史学院院长张皓教授、北京师范大学历史学院副院长刘林海教授，等等。他们对本项目给予了大力支持与思想指导，使得本项目开展顺利，并最终撰写完成。另外，还要特别感谢北京哲学社会科学办公室、北京中轴线申遗办的诸多领导及专家学者，他们组织的与北京中轴线申遗有关的诸多调研活动、座谈会，也给本课题及本书带来了很多的灵感与思想。

最后，特别感谢北京燕山出版社的夏艳社长，她对本书的大力支持，让本书在出版社得以立项出版。非常感谢该社的责任编辑王长民先生，他非常尽心尽力、严谨细致，让本书得以又快又好的出版。也非常感谢我的研究生韩雨欣、罗文雨、桂晨昊、茹兆龙等对本书注释的校对，让本书精益求精。最后，特别感谢我的爱人蒲清老师，她对本人的支持一如既往，让我始终乐于著述而没有后顾之忧，并完成了本书的撰述！

总之，北京中轴线文化博大精深，需要发掘的资源可谓浩瀚无穷，其价值可谓不可估量！本人虽然不断地在学习中，但学养依然有限，如有不妥之处，还敬请各位方家多多海涵与雅正，以期尽善尽美、精益求精！另外，在研究过程中，也非常感恩人生所遇到的各种帮助，只是尺短情长，难以尽述！故以此只言片语，略表本人的感激之情！

姜海军书于金晖嘉园

2022 年 9 月 22 日